DAS LEBEN MONTAIGNES

250 JAHRE

C.H.Beck

**JUBILÄUMS
EDITION**

Biographien

Sarah Bakewell
DAS LEBEN MONTAIGNES
in einer Frage und zwanzig Antworten

Jan Caeyers
BEETHOVEN
Der einsame Revolutionär

Werner Dahlheim
AUGUSTUS
Aufrührer, Herrscher, Heiland

Olaf B. Rader
FRIEDRICH II.
Der Sizilianer auf dem Kaiserthron

Heinz Schilling
MARTIN LUTHER
Rebell in einer Zeit des Umbruchs

Daniel Schönpflug
LUISE VON PREUSSEN
Königin der Herzen

Sarah Bakewell

DAS LEBEN MONTAIGNES

in einer Frage und

zwanzig Antworten

Aus dem Englischen von Rita Seuß

C.H.BECK

Dieses Buch erschien zuerst 2012 in gebundener Form
unter dem Titel «Wie soll ich leben? oder
Das Leben Montaignes in einer Frage und zwanzig Antworten».
2. Auflage. 2012
3. und 4. Auflage. 2013

Titel der englischen Originalausgabe:
«How To Live or A Life of Montaigne
in one question and twenty attempts at an answer»
Copyright © Sarah Bakewell 2010
Zuerst erschienen 2010 bei Chatto & Windus, London

Mit 14 Abbildungen und 2 Karten

Jubiläumsedition 2013

Für die deutsche Ausgabe:
© Verlag C.H.Beck oHG, München 2012
Umschlaggestaltung:
Kunst oder Reklame, München
Umschlagabbildung:
Porträt von Michel de Montaigne,
französische Schule, 17. Jahrhundert,
© The Bridgeman Art Library
Satz: Fotosatz Amann, Aichstetten
Druck und Bindung: CPI, Ulm
Gedruckt auf säurefreiem, alterungsbeständigem Papier
(hergestellt aus chlorfrei gebleichtem Zellstoff)
Printed in Germany
ISBN 978 3 406 65629 3

www.beck.de

Für Simo

Inhalt

Wie soll ich leben?
Michel de Montaigne in einer Frage
und zwanzig Versuchen,
eine Antwort zu geben

Die Welt des 21. Jahrhunderts ist voll von Menschen, die sich intensiv mit sich selbst beschäftigen. Ein halbstündiger Streifzug durch das Meer von Blogs und Tweets, von Tubes, Spaces, Faces, Pages und Pods erbringt eine reiche Ausbeute an Individuen, die von sich selbst fasziniert sind und nach Aufmerksamkeit gieren. Sie kreisen um sich selbst. Sie schreiben Tagebuch, sie chatten und stellen ihre Fotos ins Netz. Hemmungslos extrovertiert, sind sie zugleich auf beispiellose Weise introspektiv. In einer gemeinsamen großen Feier des Ichs teilen Blogger und Networker ihre intimsten Erfahrungen miteinander.

Ein paar Optimisten haben versucht, diesen globalen geistigen Austausch zum Ausgangspunkt einer neuen Art der Kommunikation zu machen. Der Historiker Theodore Zeldin hat die Webseite «The Oxford Muse» ins Leben gerufen und fordert die Menschen auf, ihr Alltagsleben, ihre Fähigkeiten und Fertigkeiten in kurzen Selbstporträts zu beschreiben, die von anderen gelesen und kommentiert werden können. Für Zeldin ist diese öffentliche Form der Selbstdarstellung der beste Weg, Vertrauen und Kooperation zu fördern und stereotype Vorstellungen von Menschen aus anderen Ländern durch ein realistisches Bild von Individuen zu ersetzen. Das große Abenteuer unserer Zeit, sagt er, bestehe darin, «zu entdecken, wer diese Welt bewohnt, und zwar jeden Einzelnen». «The Oxford Muse» ist daher angefüllt mit persönlichen Texten und Interviews, die Titel tragen wie:

Warum eine gebildete Russin als Reinigungskraft in Oxford arbeitet.
Warum der Friseurberuf das Perfektionsbedürfnis befriedigt.

Wie man anhand eines Selbstporträts erkennt, dass man nicht der ist,
der man zu sein glaubt.
Was man entdecken kann, wenn man nicht trinkt oder tanzt.
Warum man schriftlich mehr über sich preisgibt als mündlich.
Wie man gleichzeitig erfolgreich und faul sein kann.
Wie ein Koch seine Menschenfreundlichkeit zum Ausdruck bringt.

Indem die Teilnehmer beschreiben, worin sie sich von allen anderen
unterscheiden, verraten sie, was sie mit allen anderen gemeinsam
haben: ihr Menschsein.

Diese Idee, über sich selbst zu schreiben und damit anderen einen
Spiegel vorzuhalten, existierte durchaus nicht immer. Sie musste erst in
die Welt gesetzt werden. Und anders als bei vielen anderen kulturellen
Erfindungen lässt sich in diesem Fall eine bestimmte Person als Schöp-
fer dingfest machen: Michel Eyquem de Montaigne, ein Adliger, Staatsbeamter und Besitzer eines Weinguts, der zwischen 1533 und 1592 im
Périgord im südwestlichen Frankreich lebte.

Montaigne etablierte diese Idee schlicht dadurch, dass er sie praktisch umsetzte. Anders als den meisten Memoirenschreibern seiner
Zeit ging es ihm nicht darum, seine Verdienste und Leistungen zu
dokumentieren. Er lieferte auch keinen Augenzeugenbericht historischer Ereignisse, obwohl er auch das hätte tun können: Er lebte in einer
Zeit der religiösen Bürgerkriege, die sein Land verwüsteten, während
die Idee zu den *Essais* in ihm reifte und er zu schreiben begann. Seine
Generation wuchs ohne jenen hoffnungsvollen Idealismus auf, der die
Generation seines Vaters geprägt hatte. Montaigne trotzte den Wirr-
nissen seiner Zeit, bewirtschaftete sein Landgut, nahm als Gerichtsrat
an Prozessen teil und führte Bordeaux als Bürgermeister mit so leichter Hand wie niemand vor und wie niemand nach ihm. Und während
dieser ganzen Zeit schrieb er introspektive, ziellos mäandernde Texte,
denen er schlichte Titel gab:

Über die Freundschaft
Über die Menschenfresser
Über den Brauch, Kleider zu tragen
Wie wir über ein und denselben Gegenstand lachen und weinen

Über Namen
Über Gerüche
Über Grausamkeit
Über die Daumen
Wie unser Urteilsvermögen sich selbst behindert
Über die Ablenkung
Über Wagen
Über die Erfahrung

Insgesamt verfasste er einhundertsieben solcher *Essais*. Manche sind ein, zwei Seiten lang, andere sehr viel umfangreicher, so dass neuere Gesamtausgaben als dicke Wälzer daherkommen. Diese *Essais* wollen weder rechtfertigen noch belehren. Montaigne präsentiert sich in ihnen als jemand, der alles notierte, was ihm durch den Kopf ging, sobald er die Feder zur Hand nahm, um Begegnungen und Bewusstseinszustände festzuhalten. Diese Erfahrungen bildeten für ihn den Ausgangspunkt, um sich Fragen zu stellen, allen voran die große Frage, die ihn wie viele seiner Zeitgenossen bewegte und die sich in vier Worte fassen lässt: «Wie soll ich leben?»

Das ist nicht dasselbe wie die ethische Frage: «Wie sollte man leben?» Moralische Zwickmühlen interessierten Montaigne zwar auch, aber sein Interesse galt weniger dem, was die Leute tun sollten, als dem, was sie tatsächlich taten. Er wollte wissen, wie man ein gutes Leben führen kann: ein richtiges und redliches Leben, das gleichzeitig zutiefst menschlich, befriedigend und gedeihlich ist. Diese Frage drängte ihn zum Schreiben und Lesen über das menschliche Leben in Gegenwart und Vergangenheit. Er machte sich unablässig Gedanken über die Gefühle und Motive, die hinter dem steckten, was die Menschen taten. Und da er mit sich selbst das Exemplar eines solchen Menschen vor Augen hatte, der seinen alltäglichen Geschäften nachging, machte er sich ebenso viele Gedanken über sich selbst.

«Wie soll ich leben?» ist eine pragmatische Frage, die sich in eine Vielzahl gleichermaßen pragmatischer Fragen aufsplittert. Wie alle Menschen rang auch Montaigne mit den großen Rätseln der menschlichen Existenz: mit der Todesangst, dem Tod seiner Kinder und dem Verlust eines geliebten Freundes, mit dem eigenen Scheitern und der Frage, wie man aus jedem Augenblick das Beste machen kann, um das

Leben voll auszuschöpfen. Aber auch alltäglichere Fragen beschäftigten ihn: Wie entgeht man einem fruchtlosen Streit mit seiner Frau oder
einem Bediensteten? Wie ist ein Freund zu beruhigen, der sich einbil-
det, er sei verhext worden? Wie kann man eine weinende Nachbarin
aufmuntern? Wie sein eigenes Haus schützen? Was ist die beste Strategie, wenn man sich in der Gewalt bewaffneter Räuber befindet, die
nicht wissen, ob sie einen töten oder als Geisel festhalten sollen? Ist es
klug, sich einzumischen, wenn man die Erzieherin seiner Tochter
etwas sagen hört, was den eigenen Grundsätzen widerspricht? Wie
geht man mit einem üblen Raufbold um? Was sagt man seinem Hund,
der zum Spielen ins Freie will, während man selbst lieber am Schreibtisch sitzen und an seinem Buch weiterarbeiten möchte?

Montaigne gibt keine abstrakten Antworten, sondern teilt uns mit,
was er selbst in der jeweiligen Situation getan hat. Er liefert uns die
konkreten Details – und manchmal noch viel mehr. Ohne besonderen
Grund teilt er uns mit, das einzige Obst, das er gern esse, seien Melonen; dass er Sex lieber im Liegen als im Stehen mache; dass er nicht singen könne, anregende Gesellschaft schätze und im Eifer des Gefechts
manchmal Rundumschläge austeile. Er beschreibt aber auch Gefühle,
die schwerer in Worte zu fassen oder auch nur wahrnehmbar sind:
Wie es ist, faul zu sein, mutig oder unentschlossen; wenn man seiner
Eitelkeit nachgibt oder versucht, sich von einer alles beherrschenden
Angst zu befreien. Er schreibt sogar über das schiere Gefühl, am Leben
zu sein.

Montaigne beschäftigte sich mehr als zwanzig Jahre lang mit solchen Phänomenen, er stellte sich selbst immer wieder in Frage und
zeichnete schreibend ein Bild seiner Person. Auf diese Weise entstand ein sich beständig veränderndes Selbstporträt, das bis heute so
lebendig ist, dass der Leser das Gefühl hat, Montaigne trete aus den
Buchseiten heraus, setze sich neben ihn und lese mit. Montaigne sagt
zuweilen überraschende Dinge. Vieles hat sich verändert, seit Montaigne vor fast fünfhundert Jahren geboren wurde, und weder die
von ihm geschilderten Verhaltensweisen noch die Ansichten und
Überzeugungen sind für uns heute immer nachvollziehbar. Dennoch:
Montaigne zu lesen bedeutet, erschrocken festzustellen, wie vertraut
er uns ist. Der zeitliche Abstand zwischen ihm und dem Leser des

*Michel de Montaigne um 1588,
Bleistiftzeichnung von François
Quesnel. Es dürfte sich hier
um das authentischste Porträt
Montaignes handeln.*

21. Jahrhunderts scheint aufgehoben. Viele Leser erkennen sich in ihm in ähnlicher Weise wieder, so wie die Besucher der Webseite «The Oxford Muse» in der Geschichte der gebildeten russischen Putzfrau oder in der Beschreibung eines Menschen, der aufs Tanzen verzichtet, Facetten ihrer selbst erkennen.

Der Journalist Bernard Levin schrieb 1991 in einem Artikel für die *Times:* «Jeder Leser Montaignes lässt irgendwann das Buch sinken und fragt ungläubig: ‹Woher wusste er das alles über mich?›» Die Antwort lautet natürlich, dass er es wusste, weil er über sich selbst Bescheid wusste. Umgekehrt verstehen ihn die Leser, weil auch sie «das alles» schon aus eigener Erfahrung wissen. Blaise Pascal, ein obsessiver Montaigne-Leser, schrieb im 17. Jahrhundert: «Nicht bei Montaigne, sondern in mir selbst finde ich alles, was ich dort sehe.»

Virginia Woolf stellte sich vor, wie die Menschen an Montaignes literarischem Selbstporträt vorbeispazieren wie Besucher vor den Bildern in einem Museum. Sie bleiben stehen und beugen sich vor, um durch die Spiegelung im Glas hindurchzusehen. «Immer stehen eine Menge Menschen vor dem Bilde, schauen in seine Tiefe, sehen ihre eigenen Gesichter darin gespiegelt, sehen um so mehr, je länger sie schauen, und wissen nie so recht zu sagen, was sie da eigentlich sehen.»

Das Gesicht des Porträts und ihr eigenes fließen ineinander. Das war für Virginia Woolf die Art und Weise, wie Menschen generell aufeinander reagieren:

> Wie wir in Omnibussen und Untergrundbahnen einander gegenübersitzen, schauen wir in den Spiegel [...]. Und die Romanciers werden künftig immer mehr die Bedeutung dieser Spiegelungen wahrnehmen, denn selbstverständlich gibt es nicht nur eine Spiegelung, sondern eine nahezu unendliche Anzahl; dies werden die Tiefen sein, die sie ergründen, dies die Phantasie, die sie verfolgen werden.

Montaigne war der erste Schriftsteller, dessen Texte genau diesen Effekt haben sollten. Den Stoff dafür schöpfte er aus seinem eigenen Leben, er erörterte keine abstrakten philosophischen Probleme und schilderte keine fiktionalen Begebenheiten. Er war ein sehr menschlicher Schriftsteller und ein sehr kommunikativer obendrein. Würde er heute leben, im Zeitalter der Massenkommunikation per Internet, würde er gewiss staunen, in welchem Ausmaß dieser Austausch möglich geworden ist. Es sind nicht Dutzende oder Hunderte Besucher eines Museums, sondern Millionen Menschen, die sich aus unterschiedlichen Blickwinkeln gespiegelt sehen.

Die Wirkung – zu Montaignes Zeit ebenso wie heute – kann berauschend sein. Ein Bewunderer Montaignes im 17. Jahrhundert, Étienne Tabourot des Accords, sagte, wer die *Essais* lese, habe das Gefühl, sie selbst geschrieben zu haben. Mehr als zweihundertfünfzig Jahre später drückte Ralph Waldo Emerson dies fast in denselben Worten aus: «Es war mir, als ob ich es in irgendeinem früheren Leben selbst geschrieben hätte.» André Gide schrieb im 20. Jahrhundert: «Ich habe ihn mir so zu eigen gemacht, dass es mir vorkommt, er sei ich selbst.» Und Stefan Zweig, der von den Nationalsozialisten ins Exil gezwungen wurde, fand kurz vor seinem Freitod in Montaigne seinen einzigen wahren Freund: «Hier ist ein Du, in dem mein Ich sich spiegelt, hier ist die Distanz aufgehoben, die Zeit von Zeiten trennt. Nicht ein Buch ist mit mir, nicht Literatur, nicht Philosophie, sondern ein Mensch, dem ich Bruder bin. [...] Nehme ich die ‹Essais› zur Hand, so verschwindet im halbdunklen Raum das bedruckte Papier. [...] Vierhundert Jahre sind verweht wie Rauch.»

Begeisterte Leser heute urteilen im Internet ähnlich. Einer nennt die *Essais* «kein Buch, sondern einen Begleiter durchs Leben». Der Nächste prophezeit, dieses Buch werde «der beste Freund werden, den du jemals hattest». Und ein Leser, der das Buch auf seinem Nachttisch liegen hat, bedauert, dass es (in der vollständigen Ausgabe) «zu groß ist, um es mit sich herumzutragen». «Das ist Lesestoff für ein ganzes Leben», sagt ein anderer. «Dieser dicke fette Klassiker liest sich, als wäre er erst gestern geschrieben worden. Wenn Montaigne heute leben würde, wäre er längst in der Zeitschrift *Hello!* gelandet.»

All das ist deshalb möglich, weil die *Essais* keine tiefere «Bedeutung» haben, auf nichts hinaus- und nichts beweisen wollen. Sie belassen dem Leser seine Freiheit. Montaigne lässt seine Gedanken aus sich herausströmen, und es kümmert ihn nicht, wenn er auf einer Seite etwas sagt und zwei Seiten später oder schon im nächsten Satz genau das Gegenteil behauptet. Sein Motto hätte er Walt Whitman entnehmen können:

Widerspreche ich mir selber?
Dann widerspreche ich mir eben,
(Ich bin groß, ich enthalte Vielheiten).

Alle paar Sätze betrachtet er die Dinge aus einer anderen Perspektive und ändert die Blickrichtung. Er folgt seinen irrationalen und träumerischen Gedanken und schreibt sie auf: «So vermag ich den Gegenstand meiner Darstellung nicht festzuhalten, denn auch er wankt und schwankt in natürlicher Trunkenheit einher.» Dem Leser steht es frei, ihm zu folgen oder ihn allein weitermäandern zu lassen. Früher oder später werden sich ihre Wege erneut kreuzen.

Mit dieser Art zu schreiben begründete Montaigne ein ganz neues Genre – und erfand dafür sogar einen neuen Begriff: *Essais*. *Essayer* bedeutet im Französischen «versuchen». Etwas zu versuchen heißt, es zu testen, es auszuprobieren. Ein Montaigne-Interpret des 17. Jahrhunderts verglich die *Essais* mit dem Abfeuern einer Pistole, um zu sehen, wie gut sie trifft, oder mit dem Aufsitzen auf einem Pferd, um zu sehen, wie es sich reiten lässt. Montaigne jedenfalls entdeckte, dass die Pistole wie wild durch die Gegend feuerte und das Pferd durchging, aber das

störte ihn nicht weiter. Er freute sich, dass sich sein Werk so unvorher-
sehbar entwickelte.

Eine solche literarische Revolution im Alleingang hatte er wahrscheinlich gar nicht geplant, doch im Nachhinein war ihm sehr wohl
bewusst, was er zu Papier gebracht hatte: «Mein Buch ist auf der Welt
das einzige seiner Art», schrieb er, «geplant planlos, gleichsam Wild-
wuchs.» Jedenfalls ohne ein festes Konzept. Die *Essais* sind nicht in
geordneter Folge vom Anfang bis zum Ende durchgeschrieben, sondern zwischen 1572 und 1592 Schicht um Schicht gewachsen wie ein
Korallenriff. Das Einzige, was dieses Wachstum zum Stillstand brachte,
war Montaignes Tod.

Andererseits könnte man sagen, dass sein Projekt bis heute nicht
an ein Ende gekommen ist. Es wächst immer weiter, nicht durch unent-
wegtes Fortschreiben, sondern durch unentwegte Lektüre. Angefangen mit dem ersten Nachbarn oder Freund im 16. Jahrhundert, der
Montaignes Entwurf auf dessen Schreibtisch durchblätterte, bis zum
letzten Menschen (oder einem anderen mit Bewusstsein begabten
Wesen), der es von der Datenbank einer künftigen virtuellen Bibliothek
abrufen wird, bedeutet jede neue Lektüre einen neuen *Essais*-Band. Die
Leser nähern sich ihm aus ihrer ganz persönlichen Perspektive und
bringen ihre eigenen Lebenserfahrungen ein. Gleichzeitig werden diese Erfahrungen durch Trends genährt, die unablässig kommen und
gehen. Wer vierhundertdreißig Jahre Montaigne-Lektüre Revue passieren lässt, erkennt, wie sich diese Trends aufbauen und wieder ver-
schwinden wie Wolken am Himmel oder wie Menschentrauben am
Bahnsteig zwischen zwei Pendlerzügen. Jede Interpretation ist ihrer
Zeit verhaftet. Dann taucht plötzlich eine neue Art und Weise auf,
Montaigne zu lesen, und die alte wird so unzeitgemäß, dass sie bald nur
noch Historikern verständlich ist.

Die *Essais* sind also viel mehr als nur ein Buch. Sie sind ein Dialog
mit Montaigne über die Jahrhunderte hinweg, und am Anfang steht
jedes Mal der Ausruf: «Woher wusste er das alles über mich?» Gleichzeitig mit dieser Begegnung von Autor und Leser vollzieht sich ein kon-
tinuierlicher Dialog zwischen den Lesern. Ob bewusst oder nicht: Jede
Generation nähert sich Montaigne mit Erwartungen, die von ihren
Zeitgenossen und von Lesern früherer Generationen geweckt wurden.

Mit der Zeit erweitert sich dieser Kreis von Lesern immer mehr. Aus einer kleinen privaten Festivität wird ein großes, rauschendes Bankett mit Montaigne als unfreiwilligem Gastgeber. Dieses Buch handelt von Montaigne, dem Menschen und Schriftsteller. Es handelt aber auch von jenem großen Montaigne-Fest, von den öffentlichen und privaten Dialogen über einen Zeitraum von vierhundertdreißig Jahren. Ein ungewöhnlicher und holpriger Weg, denn Montaignes Buch bewegte sich nicht durch die Zeit wie ein Kieselstein, der vom Flusswasser glattgeschliffen wird. Es wurde vielmehr hin und her geworfen, nahm unterwegs Material auf und stieß immer wieder auf Hindernisse. Auch das vorliegende Buch lässt sich von der Strömung mitnehmen. Es verläuft «geplant planlos» und folgt keinem festen Kurs. Zunächst hält es sich strenger an die Person: an Montaignes Leben, seine Persönlichkeit und seinen literarischen Werdegang. Später löst es sich davon und erzählt Geschichten über Montaignes *Essais* und seine Leser – bis in die unmittelbare Gegenwart. Es ist ein Buch des 21. Jahrhunderts und erzählt damit unweigerlich von einem Montaigne des 21. Jahrhunderts. Wie es in einem seiner Lieblingssätze heißt: Wir können unserer eigenen Sichtweise nie entkommen. Wir müssen mit unseren eigenen Beinen gehen und können nur auf unserem eigenen Hintern sitzen.

Die meisten Menschen, die Montaignes *Essais* lesen, erwarten sich etwas ganz Bestimmtes. Sie suchen Unterhaltung, Erleuchtung, historische Einsichten oder etwas Persönlicheres. Einer Freundin, die wissen wollte, wie sie Montaigne lesen solle, empfahl Gustave Flaubert:

> Lesen Sie ihn nicht, wie die Kinder lesen, um sich zu vergnügen, noch wie die Ehrgeizigen lesen, um sich zu bilden. Nein, lesen Sie, um zu leben.

Unter dem Eindruck von Flauberts Empfehlung greife ich die zentrale Frage der Renaissance auf: «Wie soll ich leben?», und benutze sie als Seil, an dem ich mich entlanghangle, um einen Weg durch das Dickicht von Montaignes Leben und Nachleben zu finden. Die Frage bleibt das ganze Buch hindurch stets dieselbe, aber jedes Kapitel setzt zu einer neuen Antwort an, wie sie Montaigne selbst gegeben haben könnte.

Tatsächlich beantwortete er für gewöhnlich Fragen mit neuen Fragen und mit einer Vielzahl von Anekdoten, die oft in unterschiedliche Richtungen weisen und zu widersprüchlichen Schlussfolgerungen führen. Und diese Fragen und Geschichten waren seine Antworten oder Möglichkeiten, der Frage auf den Grund zu gehen.

Daher hat auch jeder der zwanzig Antwortversuche dieses Buches die Form einer Anekdote: einer Episode oder eines Themas aus Montaignes Leben oder dem Leben seiner Leser. Es sind keine endgültigen Antworten, doch in diesen zwanzig «Versuchen», eine Antwort zu geben, werden wir Gesprächsfetzen jenes Dialogs über die Jahrhunderte aufgreifen. Wir werden aber auch die Gesellschaft Montaignes selbst genießen, der ein genialer Gesprächspartner und Gastgeber ist.

1

Frage: Wie soll ich leben?

Antwort: Habe keine Angst vor dem Tod!

«... am Rande der Lippen zu hängen»

Montaigne war nicht immer ein geselliger Mensch. In seiner Jugend, während seine Freunde tanzten, lachten und tranken, saß er manchmal in düsteren Gedanken abseits. Seine Freunde erkannten ihn dann gar nicht wieder, denn er flirtete sonst gern mit den Frauen oder diskutierte leidenschaftlich über eine neue Idee, die ihn beschäftigte. Seine Freunde fragten sich in solchen Momenten, ob er sich über irgendeine Bemerkung von ihnen geärgert habe. Wie er später in seinen *Essais* bekannte, nahm er jedoch in dieser trüben Stimmung seine Umgebung kaum wahr. Inmitten des geselligen Treibens dachte er über eine beängstigend wahre Geschichte nach, die er irgendwo gehört hatte – beispielsweise über den jungen Mann, der ein paar Tage zuvor nach einem ähnlichen Fest über leichtes Fieber geklagt hatte und daran gestorben war, noch bevor seine Freunde ihren Kater überwunden hatten. Wenn der Tod so heimtückisch sein konnte, dann war auch er selbst, Montaigne, nur durch eine hauchdünne Membran vom Nichts getrennt. Seine Todesfurcht wurde so groß, dass sie ihm seine ganze Lebensfreude nahm.

Mit zwanzig litt Montaigne unter dieser Obsession, weil er sich zu intensiv mit den antiken Philosophen beschäftigt hatte. Der Tod war ein Thema, über das die klassischen Autoren unermüdlich nachdachten. Cicero fasste ihren zentralen Gedanken in dem Satz zusammen: «Philosophieren heißt sterben lernen.» Diesen Ausspruch sollte Montaigne später als Titel eines seiner *Essais* verwenden.

Doch wenn seine Probleme mit einem Zuviel an Philosophie in einem Alter begannen, in dem man für Eindrücke besonders empfänglich ist, so verschwanden sie nicht einfach, als er erwachsen wurde. Mit dreißig, also in einem Alter, in dem man eine abgeklärtere Sichtweise erwarten könnte, empfand Montaigne die niederschmetternde Nähe des Todes stärker als je zuvor, denn jetzt war er auch persönlich betroffen. Der Tod war nicht länger eine abstrakte, sondern eine reale Bedrohung, denn er raffte Menschen hinweg, die ihm nahestanden. 1563, als Montaigne dreißig Jahre alt war, starb sein bester Freund Étienne de La Boétie an der Pest. 1568 starb sein Vater, wahrscheinlich an Komplikationen nach einer Nierenkolik. Im Frühjahr des folgenden Jahres verlor Montaigne seinen jüngeren Bruder Arnaud de Saint-Martin bei einem ungewöhnlichen Sportunfall. Er selbst hatte zu dem Zeitpunkt gerade geheiratet. Das erste Kind aus dieser Ehe starb mit nur zwei Monaten im August 1570. Montaigne musste den Tod vier weiterer seiner Kinder erleben. Nur eine Tochter erreichte das Erwachsenenalter. Diese Schicksalsschläge machten zwar den Tod als Bedrohung konkreter, aber das war alles andere als tröstlich. Montaignes Ängste waren so stark wie zuvor.

Der schmerzlichste Verlust für ihn war sicherlich der Tod seines Freundes La Boétie, den er über alles liebte, doch der größte Schock muss der Tod seines Bruders Arnaud gewesen sein. Er war siebenundzwanzig Jahre alt, als er beim Paume-Spiel, einem Vorläufer des heutigen Tennis, von einem Ball am Kopf getroffen wurde. Es kann kein sehr heftiger Schlag gewesen sein, denn er blieb ohne unmittelbare Wirkung. Fünf, sechs Stunden später jedoch verlor Arnaud das Bewusstsein und starb, wahrscheinlich an einem Blutgerinnsel oder einer Hirnblutung. Niemand konnte es fassen, dass ein kerngesunder junger Mann durch etwas so Harmloses so schnell aus dem Leben gerissen werden konnte. Es ergab keinen Sinn und war noch viel beängstigender als die Geschichte des jungen Mannes, der an einem Fieber gestorben war. «Wie kann man angesichts der Tatsache, dass dergleichen Fälle sich so häufig, ja Tag für Tag vor unsren Augen ereignen», schrieb Montaigne über Arnaud, «die Gedanken an den Tod abschütteln und die Empfindung, dass er uns jeden Augenblick am Kragen gepackt hält?»

Er konnte sich von diesem Gedanken einfach nicht befreien, und er wollte es auch nicht. Auch stand er nach wie vor unter dem Eindruck seiner philosophischen Lektüre. «Bedenken wir nichts so oft wie den Tod», schrieb er in einem frühen *Essai* zu diesem Thema:

> Stellen wir ihn jeden Augenblick und in jeder Gestalt vor unser inneres Auge. Fragen wir uns beim Stolpern eines Pferdes, bei einem herabstürzenden Ziegel, beim geringsten Nadelstich immer wieder sogleich: «Wie, könnte das nicht der Tod persönlich sein?»

Wenn man sich seinen eigenen Tod nur oft genug vor Augen führe, behaupteten seine Lieblingsphilosophen, die Stoiker, könne er einen nicht mehr überraschen und verliere seinen Schrecken. Wenn man auf ihn vorbereitet sei, könne man ohne Furcht vor ihm leben. Doch Montaigne stellte fest, dass das genaue Gegenteil stimmte. Je eindringlicher er sich vor Augen hielt, was ihm oder seinen Freunden alles zustoßen konnte, desto unruhiger wurde er. Selbst wenn es ihm für einen flüchtigen Augenblick gelang, den Gedanken abstrakt zu akzeptieren, so konnte er sich doch niemals konkret an ihn gewöhnen. Seinen Geist beherrschten Bilder von Verletzungen und Fieberkrankheiten, von Menschen, die an seinem Sterbebett weinten, und von der «Berührung durch eine vertraute Hand», die sich zum Abschied auf seine Stirn legte. Er stellte sich vor, wie sich die Welt um die Lücke schloss, die sein Tod gerissen hatte; wie seine Kleider zusammengesucht und unter seinen Freunden und Bediensteten verteilt wurden. Diese Gedanken waren keine Befreiung, sie nahmen ihn gefangen.

Zum Glück gelang es Montaigne, sich im Alter zwischen vierzig und fünfzig davon zu lösen, und er wurde heiter und unbeschwert. Jetzt konnte er leichte, lebensbejahende *Essais* schreiben, und seine Todesbesessenheit verschwand. Wie stark sie gewesen war, wissen wir nur, weil sein Buch davon erzählt. Doch jetzt lehnte er es ab, sich über irgendetwas den Kopf zu zerbrechen. Das Sterben «geht ja im Nu vorbei», schrieb er in einem seiner letzten Einträge zu den *Essais*. Es lohne sich nicht, sich deshalb zu ängstigen. Einst der trübsinnigste unter seinen Freunden, wurde er jetzt, in mittleren Jahren, zu deren sorglosestem und zu einem Meister der Lebenskunst. Kuriert hatte ihn eine dramatische Todeserfahrung, gefolgt von einer Midlife Crisis, die ihm den Anstoß gab, seine *Essais* zu schreiben.

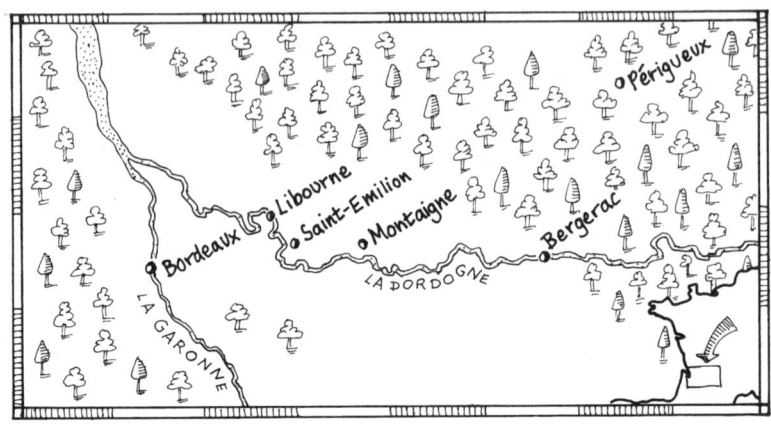

Die französischen Regionen Dordogne und Périgord

Diese Todeserfahrung machte Montaigne 1569 oder Anfang 1570 – das genaue Datum ist unbekannt – bei einem Ausritt zu Pferd. Normalerweise zerstreute ein Ausritt seine Ängste und weitete ihm das Herz. Er war etwa sechsunddreißig Jahre alt und hatte das Gefühl, vielem entfliehen zu müssen. Nach dem Tod seines Vaters hatte er die alleinige Verantwortung für das Schloss und das Landgut der Familie in der Dordogne zu tragen, einer schönen Gegend, damals wie heute, mit Weinbergen, sanften Hügeln, Dörfern und Wäldern. Doch Montaigne empfand diese Verantwortung als eine schwere Last. Ständig musste er Entscheidungen treffen, ständig war jemand unzufrieden mit seinen Anordnungen. Doch er war der *seigneur* und hatte sich um alles zu kümmern.

Wenigstens war es nicht schwierig, sich dem zu entziehen. Seit seinem vierundzwanzigsten Lebensjahr arbeitete Montaigne als Gerichtsrat im *parlement* oder Parlament (dem obersten Gerichtshof für Straf- und Zivilsachen, der auch Verwaltungsbefugnisse hatte) der Regionalhauptstadt Bordeaux fünfundvierzig Kilometer entfernt, und für eine Reise dorthin gab es immer einen Grund. Auch die auf verschiedene Parzellen verstreuten ausgedehnten Weinberge im Besitz der Familie mussten gelegentlich aufgesucht werden. Ab und zu schaute Montaigne auch bei den Bewohnern der umliegenden Schlösser vorbei, mit denen es galt, eine gutnachbarschaftliche Beziehung zu pflegen. Alles war ein willkommener Vorwand für einen Ausritt durch die Wälder an einem sonnigen Tag.

Bei solchen Ausritten konnte Montaigne seine Gedanken schweifen lassen, auch wenn er stets von Bediensteten und Bekannten begleitet wurde: Im 16. Jahrhundert war kaum jemand allein unterwegs. Aber Montaigne konnte seinem Pferd die Sporen geben, um langweiligen Gesprächen zu entfliehen und seinen Tagträumen nachzuhängen. Er konnte beobachten, wie das Licht durch die Baumkronen fiel. Stimmte es tatsächlich, fragte er sich dann vielleicht, dass das Sperma des Mannes ein Ausfluss des Marks der Wirbelsäule war, wie Platon behauptete? Konnte ein kleiner Fisch wirklich so stark sein, dass er jedes Schiff, an dem er sich festsaugte, zum Stillstand brachte? Und was war mit dem erstaunlichen Vorfall, den er kürzlich zu Hause beobachtet hatte, als eine Katze den Vogel auf einem Baum so lange anstarrte, bis sich der Vogel wie tot in ihre Krallen fallen ließ? Was für eine Macht ging von der Katze aus? Solche Spekulationen nahmen Montaigne manchmal so sehr gefangen, dass er nicht auf den Weg achtete oder auf das, was seine Begleiter taten.

Bei einer dieser Gelegenheiten ritt er mit einer Gruppe, fast allesamt Bedienstete seines Landguts, gemächlich durch den Wald, etwa eine Wegstunde von seinem Schloss entfernt. Es war kein beschwerlicher Ausritt, weshalb er ein fügsames, aber nicht besonders kräftiges Pferd gewählt hatte. Er trug wie gewöhnlich eine Reithose, Hemd, Wams und wahrscheinlich einen Umhang. Er hatte den Degen an seiner Seite, von dem sich ein Adliger niemals trennte, aber keinen Brustpanzer oder sonst irgendeinen Schutz, obwohl außerhalb des Schlosses stets Gefahren lauerten. Straßenräuber waren nichts Ungewöhnliches, und in jener kurzen Zeitspanne zwischen zwei Bürgerkriegen befand sich Frankreich in einem recht- und gesetzlosen Zustand. Marodierende Soldaten, die in Friedenszeiten wie dieser keinen Sold erhielten, zogen beutehungrig übers Land. Trotz seiner Todesfurcht blieb Montaigne solchen Gefahren gegenüber in der Regel gelassen. Er schreckte nicht vor jedem Fremden zurück wie andere oder zuckte bei unbekannten Geräuschen im Wald zusammen. Doch von der allgemeinen Anspannung konnte wohl auch er sich nicht ganz befreien, denn als er plötzlich von hinten ein schweres Gewicht auf sich stürzen spürte, war sein erster Gedanke, dass er angegriffen worden sei. Es war, als hätte jemand mit einer Arkebuse, dem Gewehr jener Zeit, auf ihn geschossen.

Sein Pferd wurde zu Boden gerissen, und Montaigne flog in hohem Bogen durch die Luft, schlug ein paar Meter entfernt hart auf die Erde und verlor augenblicklich das Bewusstsein.

> Da lag nun mein Pferd gänzlich betäubt der Länge nach hingestreckt, ich zehn, zwölf Schritte davon entfernt, wie tot, rücklings, das Gesicht rundum voller Blutergüsse und zerschunden, mein Degen, den ich in der Hand gehalten hatte, mehr als zehn Schritte weiter weg, mein Gurt zerfetzt, und in mir kein Gefühl mehr, keine Regung: ein Holzklotz.

Den Gedanken, er habe eine Arkebusenkugel in den Kopf bekommen, hatte er erst später. In Wirklichkeit war keine Waffe im Spiel. Einer von Montaignes Leuten, ein muskulöser Kerl, der hinter ihm ritt, hatte sein kräftiges Pferd zu vollem Galopp angetrieben, um «den Wagemutigen zu spielen und sich gegenüber seinen Gefährten hervorzutun», wie Montaigne vermutete. Er bemerkte Montaigne nicht oder schätzte die Breite des Weges falsch ein und glaubte, er käme seitlich vorbei. Stattdessen stürzte er «einem Koloss gleich auf mich kleinen Reiter auf dem kleinen Pferd».

Die anderen Reiter hielten bestürzt an. Montaignes Bedienstete stiegen ab und versuchten, ihn wiederzubeleben, aber er blieb bewusstlos. Sie hoben ihn auf und versuchten, seinen erschlafften Körper ins Schloss zurückzutragen. Unterwegs kam Montaigne wieder zu sich. Sein erster Gedanke war, er sei am Kopf getroffen worden (worin ihn die Bewusstlosigkeit bestätigte). Aber er begann auch zu husten, als hätte er einen Schlag auf die Brust bekommen. Als seine Bediensteten ihn nach Luft ringen sahen, stellten sie ihn auf die Füße und schleppten ihn so nach Hause. Mehrmals erbrach er einen Klumpen Blut – ein alarmierendes Symptom, aber das Husten und das Blutspucken hielten ihn wach.

Als sie sich dem Schloss näherten, gewann er zwar mehr und mehr sein Bewusstsein wieder, fühlte sich aber immer noch eher, als würde er in den Tod hinübergleiten, statt ins Leben zurückzufinden. Er sah alles verschwommen und nahm kaum das Tageslicht wahr. Zwar hatte er durchaus ein Gefühl für seinen Körper, aber es war eher unangenehm. Seine Kleider waren mit erbrochenem Blut verschmiert. Der Gedanke an die Arkebuse tauchte kurz auf, bevor Montaigne wieder wegdämmerte.

Später berichtete man ihm, er habe sich hin- und hergeworfen und versucht, mit den Fingernägeln sein Wams aufzureißen, als wolle er sich einer Last entledigen. «Mein Magen war damals von dem geronnenen Blut übervoll, und meine Hände fuhren ganz von selbst dorthin, wie sie oft gegen das Geheiß unsres Willens an die Stelle fahren, wo es uns juckt.» Es schien, als wolle er seinen Körper in Stücke reißen oder sich seiner entledigen, damit seine Seele entweichen konnte. Dabei fühlte er sich innerlich ganz ruhig:

> Mir schien mein Leben nur noch am Rande der Lippen zu hängen, und ich schloss die Augen, als wollte ich so mithelfen, es ganz zu vertreiben; ich genoss es, mich der Mattigkeit hinzugeben und mich gehnzulassen. Es war ein Empfinden, das nur leicht über die Oberfläche meiner Seele streifte, so schwach und so hauchzart wie alles Übrige – und dabei nicht nur jedes Unbehagens bar, sondern zudem von der wohligen Süße durchdrungen, die man verspürt, wenn man in den Schlaf hinübergleitet.

Er war in einem Zustand der inneren Ermattung und äußeren Unruhe, als die Bediensteten ihn ins Haus trugen. Seine Angehörigen bemerkten den Aufruhr und liefen zu ihm hinaus – «mit dem bei solchen Widerfahrnissen üblichen Geschrei», wie er es später ausdrückte. Sie wollten wissen, was passiert war. Montaigne konnte Antwort geben, aber nur unzusammenhängend. Er sah seine Frau auf dem holprigen Weg näher kommen und erwog, seinen Männern zu befehlen, ihr ein Pferd zu bringen. Man könnte meinen, diese Überlegung sei «von einer wachen Seele ausgegangen», schrieb er, «und doch war ich ganz woanders». Es handelte sich «um ungreifbare, nebelartig hin und her wabernde Gedanken, die von den äußeren Wahrnehmungen der Augen und Ohren in Bewegung gesetzt wurden; sie tauchten nicht aus meinem Innern auf [*ils ne venayent pas de chez moy*]». Alle diese Bewegungen und Worte brachte der Körper ganz allein hervor. «Was die Seele dazu beitrug, tat sie träumend, ganz leise angerührt vom weichen Druck der Sinne, wie angehaucht von ihnen und nur leicht benetzt.» Montaigne und das Leben, so schien es, waren im Begriff, voneinander zu scheiden, ohne Bedauern oder förmlichen Abschied – wie zwei betrunkene Gäste, die beim Verlassen des Festes viel zu benebelt sind, um sich voneinander zu verabschieden.

Seine Verwirrung hielt an, nachdem er im Haus war. Er fühlte sich, als schwebte er auf einem Zauberteppich, er spürte keine Schmerzen und keine Angst beim Anblick all der besorgten Menschen um ihn herum, nur Mattigkeit und Schwäche. Seine Diener brachten ihn zu Bett, und ein unbeschreiblich sanftes und friedliches Gefühl erfüllte ihn, ohne dass er im Geringsten über seinen Körper nachdachte. «Ich empfand ein unsägliches Wohlgefühl in dieser Ruhe, denn ich war von den armen Leuten übel herumgezerrt worden, die sich die Mühe aufgebürdet hatten, mich über einen langen und äußerst schlechten Weg auf ihren Armen zu tragen.» Er lehnte jede Arznei ab, überzeugt, dass er sterben werde. Es wäre «fürwahr ein seliger Tod gewesen».

Diese Erfahrung des Sterbens war ganz anders, als Montaigne es sich bis dahin vorgestellt hatte. Er hatte eine Reise an die Grenze des Todes unternommen, war ihm ganz nah gekommen, hatte ihn mit seinen Lippen berührt und gekostet wie ein unbekanntes Aroma. Dies war ein *essai* über den Tod: eine Übung oder *exercitation* – dies ist das Wort, das Montaigne verwendete, als er über diese Erfahrung schrieb. Später spielte er seine Empfindungen immer und immer wieder durch und rekonstruierte sie so genau wie möglich, um daraus zu lernen. Das Schicksal hatte ihm die Chance gegeben, den philosophischen Konsens über den Tod am eigenen Leib zu erfahren. Aber er war nicht sicher, ob er die richtige Antwort gefunden hatte. Die Stoiker hätten seine Schlussfolgerungen sicher missbilligt.

Teile der Lektion waren aber ganz im Einklang mit den Philosophen: Diese *exercitation* lehrte ihn, die eigene Nichtexistenz nicht zu fürchten. Der Tod konnte ein freundliches Gesicht haben, wie es die Philosophen versprochen hatten. Montaigne hatte ihm ins Auge geblickt, aber nicht mit scharfem Verstand, wie es einem Vernunftmenschen angemessen gewesen wäre. Statt mit offenen Augen auf den Tod zuzumarschieren, tapfer wie ein Soldat, hatte er sich mit kaum einem klaren Gedanken in diesen Zustand fallen lassen, von ihm verführt. Beim Sterben, so erkannte er jetzt, begegnet man keineswegs dem Tod, denn man ist schon vorher nicht mehr da. Man stirbt, als würde man in den Schlaf hinübergleiten. Die Stimmen derjenigen, die einen festzuhalten versuchen, streifen einen nur «an der Oberfläche der Seele». Das eigene Leben hängt an einem Faden, «nur noch am Rande der Lippen», wie Montaigne sich ausdrückte. Das Sterben war nichts, auf das man sich vorbereiten konnte. Die Vorstellung, man könne «sterben lernen», war ein Hirngespinst.

Von nun an interessierte sich Montaigne weniger für den exemplarischen Tod der großen Philosophen als vielmehr für den Tod der einfachen Leute, besonders jener, die in einem Dämmerzustand starben, verloren in «Ermüdung und Entkräftung». In seinen reifsten *Essais* schrieb er voll Bewunderung über die Römer Petronius und Tigellinus, die inmitten von Scherzen, Musik und Alltagsgesprächen den Tod gleichsam einlullten, umgeben von einer allgemeinen Fröhlichkeit. Statt ein Fest in eine Todesszene zu verwandeln, wie es Montaigne in seiner jugendlichen Phantasie getan hatte, machten sie aus ihrem Sterben ein Fest. Besonders gefiel ihm die Geschichte von Marcellinus, der einen qualvollen Tod durch Krankheit vermeiden wollte und zu einer sanften Sterbehilfe Zuflucht nahm: Nachdem er mehrere Tage gefastet hatte, nahm er ein sehr heißes Bad. Bereits geschwächt von der Krankheit, raubte ihm das Bad die letzte Lebenskraft. Er sank langsam in Bewusstlosigkeit und hauchte sein Leben aus, während er seinen Freunden zumurmelte, was für ein Wohlgefühl ihn dabei durchströme.

Man kann sich vorstellen, dass ein Tod wie der des Marcellinus angenehm war. Aber Montaigne hatte noch etwas viel Überraschenderes gelernt: dass er dasselbe Gefühl des sanften Hinübergleitens auch dann empfand, wenn sich sein Körper wand und scheinbar in Schmerzen hin- und herwarf.

Diese Entdeckung widersprach dem, was ihn die antiken Philosophen gelehrt hatten. Sie widersprach aber auch dem christlichen Ideal seiner eigenen Epoche. Ein Christ empfahl in seinem letzten

Augenblick nüchtern seine Seele Gott, er starb nicht mit einem glückseligen «Aaaaah ...» auf den Lippen. In Montaignes Todeserfahrung
spielte der Gedanke an Gott offenkundig keine Rolle. Und ihm schien
auch nicht einzufallen, dass ein Mensch, der betrunken und von Huren
umgeben starb, ein Leben nach dem Tod im christlichen Sinn verwirkt
haben könnte. Ihn interessierte vielmehr die sehr profane Erkenntnis,
dass die menschliche Psyche und die Natur ganz allgemein die besten
Freunde eines Sterbenden waren. Und jetzt schien es ihm, dass die
Einzigen, die so tapfer starben, wie es dem Idealbild des Philosophen
entsprach, von Philosophie überhaupt keine Ahnung hatten: die unge-
bildeten Bauern auf den Gütern und Dörfern der Umgebung. «Ich
habe in meiner Nachbarschaft noch nie einen Bauern darüber nachgrübeln sehen, mit wie großer Fassung und Festigkeit er seine letzte Stunde durchstehn werde», schrieb er. Bei ihnen übernahm die Natur die
Führung. Die Natur lehrte diese Menschen, erst dann an den Tod zu
denken, wenn der Augenblick des Sterbens gekommen war, und selbst
dann kaum. Den Philosophen fiel es schwer, die Welt zu verlassen, weil
sie die Kontrolle nicht verlieren wollten. So viel zu «Philosophieren
heißt sterben lernen». Die Philosophie schien den Menschen eher
beizubringen, jene natürliche Fähigkeit zu *verlernen*, die einem Bauern
angeboren war.

Trotz seiner Bereitschaft, in den Tod hinüberzugleiten, starb
Montaigne nach diesem Unfall nicht. Er erholte sich – und führte von
da an ein etwas anderes Leben. Aus seinem «Versuch» über den Tod
bezog er eine entschieden unphilosophische philosophische Lektion,
die er folgendermaßen beschrieb:

> Falls ihr nicht zu sterben versteht – keine Angst! Die Natur wird euch,
> wenn es so weit ist, schon genau sagen, was ihr zu tun habt, und die
> Führung der Sache voll und ganz für euch übernehmen; grübelt also
> nicht darüber nach.

«Habe keine Angst vor dem Tod» wurde zu seiner fundamentalen,
befreienden Antwort auf die Frage, wie man leben soll. Sie befreite
ihn – zum Leben.

Aber das Leben ist schwieriger als der Tod. Statt passivem Sichergeben bedarf es der Aufmerksamkeit und des aktiven Engagements. Und das Leben kann auch schmerzlicher sein. Montaignes wohliges Sich-treiben-Lassen auf der Woge des Vergessens blieb kein Dauerzustand. Als er zwei, drei Stunden später wieder das volle Bewusstsein erlangt hatte, befielen ihn körperliche Schmerzen, seine Gliedmaßen waren «ganz zerquetscht und zerschlagen», tagelang. Und mehr als drei Jahre später schrieb er: «Noch heute spüre ich die Wucht jenes Zusammenpralls.»

Bis die Erinnerung zurückkehrte, dauerte es länger, obwohl er tagelang versuchte, durch die Befragung von Augenzeugen über das Geschehene Klarheit zu gewinnen. Und dann stand ihm urplötzlich alles wieder vor Augen, als hätte ihn ein Blitz getroffen. Seine Rückkehr ins Leben vollzog sich so schlagartig wie sein Unfall: massiv, voller Wucht. Das Leben fuhr mit aller Macht in ihn, während der Tod etwas Sanftes und Oberflächliches gewesen war.

Von nun an versuchte er, diese Sanftheit und Leichtigkeit des Todes ins Leben hinüberzuretten. Es gab «so viele Löcher in unsrem Weg über die Erde», heißt es in einem späten *Essai*, «dass wir, um sicherzugehen, möglichst leicht und oberflächlich auftreten sollten». Diese Entdeckung nahm ihm weitgehend seine Angst vor dem Tod und gab ihm gleichzeitig ein neues Gefühl dafür, dass das Leben, wie es durch seinen Körper strömte, sein eigenes Leben, das Leben Michel de Montaignes, ein hochinteressantes Untersuchungsobjekt war. Er achtete jetzt auf Empfindungen und Erfahrungen nicht im Hinblick darauf, wie sie sein sollten oder welche philosophischen Lehren man aus ihnen ziehen konnte, sondern wie sie tatsächlich waren. Von nun an würde er sich dem Strom des Lebens überlassen.

Das war für ihn eine neue Disziplin, die nun sein Alltagsleben bestimmte und ihm – durch sein Schreiben – eine Form der Unsterblichkeit verschaffte. In der Mitte seines Lebens also gab Montaigne seinen bisherigen Kurs auf und wurde neu geboren.

2

Frage: Wie soll ich leben?

Antwort: Lebe den Augenblick!

Anfangen zu schreiben

Der Reitunfall selbst, der Montaignes Sichtweise so grundlegend veränderte, dauerte nur wenige Augenblicke, seine Wirkung dagegen entfaltete sich in drei Phasen, die sich insgesamt über mehrere Jahre hinzogen. Da ist zunächst der am Boden liegende, zerschundene Montaigne, den ein Gefühl der Euphorie durchströmt. Dann, in den Wochen und Monaten danach, begegnen wir einem Montaigne, der über dieses Erlebnis nachdenkt und es mit seiner philosophischen Lektüre in Einklang zu bringen sucht. Und schließlich tritt uns jener Montaigne entgegen, der ein paar Jahre später anfängt, darüber – und über zahllose andere Dinge – zu schreiben. Der Unfall selbst konnte jedem passieren. Das Nachdenken darüber war typisch für einen empfindsamen und gebildeten jungen Mann zur Zeit der Renaissance. Doch dass Montaigne darüber zu schreiben begann, macht ihn zu etwas Besonderem.

Wie der Unfall mit dem Entschluss, darüber zu schreiben, zusammenhängt, ist nicht leicht zu erklären. Jedenfalls richtete sich Montaigne nicht im Bett auf und griff zur Feder. Mit den *Essais* begann er erst ein paar Jahre später, um 1572, und auch dann schrieb er zuerst andere Kapitel, bevor er über jene Erfahrung des Todes Rechenschaft ablegte. Doch der Entschluss, auf diese Art zu schreiben, führte zu etwas ganz Neuem, das kein anderer Autor vor ihm versucht hatte: Montaigne analysierte seine innersten Empfindungen und folgte ihnen schreibend von einem Augenblick zum nächsten. Und es scheint tatsächlich einen chronologischen Zusammenhang zwischen dem Reitunfall und einem anderen Wendepunkt in seinem Leben gegeben zu haben, der ihn den Weg zum Schreiben einschlagen ließ: dem Entschluss, sein Amt als Parlamentsrat von Bordeaux aufzugeben.

Montaigne hatte bis dahin zwei Leben geführt: ein Leben in der Stadt als Inhaber politischer Ämter und eines auf dem Land als Verwalter seiner Güter. Nach dem Tod seines Vaters im Jahr 1568 hatte er das Familienanwesen übernommen, seinen Posten in Bordeaux jedoch behalten. Anfang 1570 verkaufte er dieses Amt. Neben dem Unfall gab es dafür noch andere Gründe. Er hatte sich vergeblich um eine Stelle an einer höheren Kammer des Parlaments beworben: eine Beförderung, die wahrscheinlich von politischen Gegnern hintertrieben wurde. Es wäre normal gewesen, Widerspruch einzulegen und um die Beförderung zu kämpfen, aber Montaigne zog sich zurück, sei es aus Verärgerung, sei es aus Enttäuschung. Vielleicht aber auch, weil sich durch die Begegnung mit dem eigenen Tod und nach dem Tod seines Bruders seine Einstellung zum Leben grundsätzlich verändert hatte.

Montaigne hatte dreizehn Jahre lang im Parlament von Bordeaux gearbeitet, jetzt war er siebenunddreißig – nach den Maßstäben seiner Zeit in mittleren Jahren, aber keineswegs alt. Trotzdem entschloss er sich zum Rückzug aus dem Trubel des öffentlichen Lebens, um eine neue, kontemplative Existenz zu beginnen. An seinem achtunddreißigsten Geburtstag, fast ein Jahr nach seinem Rückzug aus allen politischen Ämtern, dokumentierte er diesen Schritt durch eine lateinische Inschrift, die er an der Wand seiner Bibliothek anbringen ließ:

Im Jahr des Herrn 1571, im achtunddreißigsten Lebensjahr, am letzten Tag des Februar, seinem Geburtstag, hat sich Michel de Montaigne, seit langem der Bürden des Gerichts und der öffentlichen Ämter müde, in voller Schaffenskraft in den Schoß der gelehrten Jungfrauen [der Musen] zurückgezogen, wo er in Ruhe und aller Sorgen ledig die Tage verbringen wird, die ihm noch zu leben bleiben. Möge das Schicksal es ihm vergönnen, diese Wohnung der süßen Weltflucht seiner Ahnen zu vollenden, die er seiner Freiheit, seiner Ruhe und seiner Muße geweiht hat.

Von nun an lebte Montaigne ganz für sich und nicht mehr für die Pflicht. Vielleicht unterschätzte er, wie viel Mühe ihn die Bewirtschaftung des Landguts kosten würde, und noch lässt nichts darauf schließen, dass er vorhatte, *Essais* zu schreiben. Er spricht lediglich von «Ruhe» und «Freiheit». Und doch hatte er zu diesem Zeitpunkt schon mehrere kleinere literarische Projekte abgeschlossen. Eher widerwillig hatte er auf Drängen seines Vaters ein theologisches Werk übersetzt, hatte die nachgelassenen Schriften seines Freundes Étienne de La Boétie herausgegeben, Widmungen dazu verfasst und einen Brief, in dem er La Boéties letzte Lebenstage beschrieb. Während dieser Jahre um 1570, in denen er erste literarische Versuche unternahm, musste er den Tod mehrerer ihm nahestehender Menschen erleben und kam selbst in die Nähe des Todes. Er verspürte den Wunsch, sich aus dem politischen Leben in Bordeaux zurückzuziehen und ein geruhsameres Leben zu beginnen, und noch etwas geschah: Seine Frau wurde mit ihrem ersten Kind schwanger. Die Erwartung eines neuen Lebens wurde von der Erfahrung des Todes überschattet. Beides gemeinsam veränderte seine bisherige Existenz.

Montaignes Entschluss wurde den großen Lebensumbrüchen bedeutender Protagonisten der Weltliteratur an die Seite gestellt: Don Quijote, der aufbrach, um Ritterabenteuer zu suchen; oder Dante, der sich «in seines Lebens Mitte» in einem dunklen Wald verirrte. Montaignes Schritte in das Gestrüpp des Waldes in der Mitte seines eigenen Lebens und wie er wieder herausfand – beides hinterließ Spuren: die Spuren eines Menschen, der strauchelt, stürzt und sich wieder aufrappelt.

Juni 1568: Montaigne schließt seine Übersetzung aus dem Lateinischen ab. Sein Vater stirbt; er erbt das Anwesen.
Frühjahr 1569: Sein Bruder stirbt nach einem Unfall beim Paume-Spiel.
1569: Seine berufliche Karriere in Bordeaux gerät ins Stocken.
1569 oder Anfang 1570: Der beinahe tödliche Reitunfall.
Herbst 1569: Seine Frau wird schwanger.
Anfang 1570: Er entschließt sich zum Rückzug aus seinen Ämtern.
Sommer 1570: Er gibt seine Ämter auf.
Juni 1570: Sein erstes Kind wird geboren.
August 1570: Sein erstes Kind stirbt.
1570: Er veröffentlicht La Boéties nachgelassene Schriften.

*Montaignes Turm hat als einziges
Gebäude den Brand von 1885
überstanden. Im Hintergrund das
Dach des inzwischen wieder-
aufgebauten Château de Montaigne*

Februar 1571: Er lässt die Geburtstagsinschrift in seiner Bibliothek anbringen.

1572: Er beginnt mit der Arbeit an den *Essais*.

Nachdem er sich diesem, wie er hoffte, kontemplativen neuen Leben überantwortet hatte, machte er sich daran, es nach seinen Vorstellungen einzurichten. Er wählte einen der beiden Rundtürme an den Ecken des Schlosskomplexes zu seinem Refugium und zu seiner Operationszentrale; den anderen Turm bezog seine Frau. Zusammen mit dem Hauptgebäude des Schlosses umgrenzten diese beiden Ecktürme einen schlichten quadratischen Hof. Ringsherum lagen Felder und Wälder.

Das Hauptgebäude wurde 1885 bei einem verheerenden Brand zerstört und durch einen Neubau nach einem ähnlichen Entwurf ersetzt, Montaignes Turm jedoch blieb vom Feuer verschont. Er ist bis heute im Wesentlichen unverändert und kann besichtigt werden. Bei einem Rundgang erkennt man sofort, warum sich Montaigne hier wohlfühlte: Für einen vierstöckigen Turm mit Mauern so dick wie bei einer Sandburg wirkt er von außen alles andere als wuchtig, eher gedrungen. Er war zur Verteidigung errichtet, von Montaignes Vater jedoch zu

friedlicheren Zwecken umgebaut worden: mit einer Kapelle im Erdgeschoss und einer schmalen, den Turmrundungen entlanglaufenden
Wendeltreppe. Das Stockwerk über der Kapelle wurde Montaignes
Schlafzimmer, wo er oft übernachtete, anstatt ins Hauptgebäude des
Schlosses zurückzukehren. Ein paar Stufen über diesem Raum befand
sich eine Nische mit einer Toilette. Und darüber wiederum, direkt
unter dem Dachstuhl mit seiner «mächtigen Glocke», die ohrenbetäu-
bend laut schlug, lag Montaignes liebster Aufenthaltsort: seine Bibliothek.

Steigt man die ausgetretenen Steinstufen hoch und betritt die
Bibliothek, hat man einen weiten Blick über den Hof und die Landschaft, wie ihn auch Montaigne genossen haben muss. Das Zimmer
selbst sah wohl anders aus als heute. Es ist jetzt kahl und weiß getüncht,
mit einem nackten Steinfußboden, der zu seiner Zeit wahrscheinlich
mit einem Binsengeflecht bedeckt war. Im Winter brannte in den
meisten Zimmern des Schlosses ein Feuer, die Hauptbibliothek jedoch
hat keinen Kamin. An kalten Tagen zog sich Montaigne in das beheiz-
bare angrenzende, gemütlichere Zimmer zurück.

Das Beeindruckendste in diesem runden Turmzimmer aber war
wohl Montaignes erlesene Sammlung von Büchern, die in fünf Reihen
übereinander in rundum laufenden Holzregalen standen, für den
Schreiner gewiss eine Herausforderung. Von seinem Schreibtisch aus
erfasste er mit einem Blick alle seine Bücher. Als er die Bibliothek
bezog, besaß er rund tausend Bände: eine stattliche Sammlung, und
Montaigne las diese Bücher auch tatsächlich. Heute ist die Sammlung
zerstreut, und auch die Regale sind verschwunden.

Hier bewahrte Montaigne auch seine anderen Sammlungen auf:
historische Memorabilien, Familienerbstücke, Artefakte aus Südamerika. Über seine Vorfahren schrieb er: «Von den meisten halte ich noch
das Schreibzeug in Ehren, das Siegel, die Stundenbücher und ein von
ihnen benutztes Schwert ganz eigner Art; und aus meinem Arbeitszimmer habe ich noch nicht die langen Reitgerten weggeräumt, die
mein Vater gewöhnlich in der Hand trug.» Die Südamerika-Sammlung
bestand aus Reisemitbringseln und enthielt Schmuck, Holzschwerter
und Rohrstäbe, die beim Tanzen den Takt vorgaben: Montaignes Bibliothek war nicht nur Aufbewahrungsort für diese Objekte und Stu-

dierstube, sie war eine Wunderkammer, vergleichbar Sigmund Freuds letztem Arbeitszimmer in Hampstead, London: eine Schatzkammer voller Bücher, Schriftstücke, Statuetten, Bilder, Vasen, Amulette und ethnographischer Kuriositäten, die Verstand und Phantasie anregten. Die Bibliothek beweist auch, dass Montaigne durchaus mit der Mode ging. Der Trend, sich ein solches Refugium zu schaffen, hatte sich, ausgehend von Italien ein Jahrhundert zuvor, in ganz Frankreich verbreitet. Wer es sich leisten konnte, füllte Zimmer mit Büchern und Lesepulten und zog sich unter dem Vorwand zu arbeiten dorthin zurück. Montaigne trieb diese Rückzugstendenz auf die Spitze, indem er seine Bibliothek außerhalb des Wohnhauses einrichtete. Es war ein Adlerhorst und eine Höhle oder, wie er selbst sagte, eine *arrière-boutique:* ein Hinterzimmer in einem Geschäft. In dieses Hinterstübchen konnte er Besucher einladen, was er oft tat, ohne dass er dazu verpflichtet gewesen wäre. «Arm dran ist meines Erachtens, wer bei sich zu Hause nichts hat, wo er bei sich zu Hause ist, wo er sich verbergen, wo er mit sich selbst hofhalten kann.»

Seine Bibliothek war für ihn der Inbegriff der Freiheit, und daher überrascht es auch nicht, dass er sein Refugium fern vom Hauptgebäude bezog und wohlüberlegt ausgestaltete. Außer der Inschrift, die seinen Rückzug ins Private dokumentierte, war das kleine Zimmer neben der Bibliothek mit Wandmalereien vom Boden bis zur Decke geschmückt. Sie sind heute verblasst, waren aber wohl Bilder großer Schlachten, eine Darstellung der Venus, den Tod des Adonis betrauernd, eines bärtigen Neptuns, von Schiffen im Sturm sowie bukolische Szenen: gängige Motive der antiken Welt. Die Deckenbalken seiner Bibliothek waren mit Sinnsprüchen antiker Autoren versehen, und auch dies entsprach dem Geschmack seiner Zeit, wenn auch nur dem einer Minderheit. Schon der italienische Humanist Marsilio Ficino hatte die Wände seiner Villa in der Toskana mit klassischen Zitaten geschmückt, und der Baron de Montesquieu tat später dasselbe in seinem Schloss bei Bordeaux als Hommage an Montaigne.

Die verblassenden Inschriften auf den Holzbalken wurden kürzlich restauriert und sind jetzt gut lesbar, so dass einem beim Gang durch das Zimmer Stimmen von oben ins Ohr flüstern:

Solum certum nihil esse certi
Et homine nihil miserius aut superbius
Einzig dass nichts gewiss ist, ist gewiss,
und dass es nichts Erbärmlicheres gibt
als den Menschen, und dabei nichts Hochmütigeres. (Plinius der Ältere)

ΚΡΙΝΕΙ ΤΙΣ ΑΥΤΟΝ ΠΩΠΟΤ ΑΝΘΡΩΠΟΝ ΜΕΓΑΝ ΟΝ
ΕΞΑΛΕΙΦΕΙ ΠΡΟΦΑΣΙΣ Η ΤΥΧΟΥΣ᾽ ΟΛΟΝ
Wer je an seine Menschengröße glaubt, den stürzt die erste beste
Gelegenheit in gänzliches Verderben. (Euripides)

ΕΝ ΤΩ ΦΡΟΝΕΙΝ ΓΑΡ ΜΗΔΕΝ ΗΔΙΣΤΟΣ ΒΙΟΣ
ΤΟ ΜΗ ΦΡΟΝΕΙΝ ΓΑΡ ΚΑΡΤ᾽ ΑΝΩΔΥΝΟΝ ΚΑΚΟΝ
Es gibt kein schöneres Leben als das eines unbekümmerten Mannes.
Unbekümmertheit ist ein wahrhaft schmerzloses Übel. (Sophokles)

Die Holzbalken dokumentieren Montaignes Entscheidung für ein
Leben ganz im Zeichen der Reflexion und Philosophie statt der Politik.
Eine solche Verschiebung entsprach dem Rat der antiken Philosophen.
Der große stoische Philosoph Seneca drängte seine römischen Zeitge-
nossen immer wieder, sich zurückzuziehen, um sich selbst zu finden,
wie wir heute vielleicht sagen würden. In der Renaissance wie im alten
Rom war dieser Rückzug Teil einer guten Lebensführung. Es gab eine
Zeit der politischen Geschäftigkeit, aus der man sich irgendwann
zurückzog, um zu entdecken, worauf es im Leben wirklich ankam, und
um mit dem langen Prozess der Vorbereitung auf den Tod zu beginnen.
Dieser zweiten Forderung gegenüber hatte Montaigne seine Vorbehalte, aber sein Wunsch nach einem kontemplativen Leben steht außer
Zweifel: «Lösen wir also alle Bindungen an andre, und gewinnen wir es
über uns, wahrhaft allein leben zu können, in voller Geruhsamkeit!»
Seneca hatte bei seiner Empfehlung, sich zurückzuziehen, auch
vor Gefahren gewarnt. In seinem Dialog *Die Ruhe der Seele* schrieb er,
Untätigkeit und Abkapselung brächten alle Auswirkungen einer fal-
schen Lebensführung zum Vorschein – Auswirkungen, denen sich der
Mensch gewöhnlich dadurch entziehe, dass er sich beschäftigt halte,
also dieses falsche Leben weiterführe. Zu den Symptomen gehörten
Unzufriedenheit, Selbsthass, Angst, Unentschlossenheit, Lethargie und
Melancholie. Das Tätigsein aufzugeben bringe geistige Übel hervor,

besonders wenn man anfange, zu viele Bücher zu lesen – oder, noch
schlimmer, die Bücher nur zur Repräsentation auslege, um damit zu
prahlen.

Anfang der 1570er Jahre, als Montaigne seine Wertvorstellungen
neu ordnete, erlebte er offenbar genau die existentielle Krise, vor der
Seneca warnte. Er hatte zwar zu tun, dennoch aber weniger Aufgaben
zu erfüllen als vorher. Dieser Müßiggang brachte ihn auf seltsame
Gedanken und führte zu «einer melancholischen Gemütsverfassung»,
die gar nicht seinem Naturell entsprach. Sobald er sich zurückgezogen
hatte, sagte er, sei sein Geist losgaloppiert wie ein durchgegangenes
Pferd – ein naheliegender Vergleich, wenn man bedenkt, was ihm kurz
zuvor zugestoßen war. Sein Kopf sei mit abstrusen Gedanken erfüllt
gewesen, die wucherten wie Unkraut auf brachliegenden Äckern. In
einem anderen eindringlichen Bild – er steigerte die Wirkung gern,
indem er solche Bilder aneinanderreihte – verglich er den müßigen
Geist mit dem Schoß einer Frau, der, wenn er nicht mit gutem Samen
gleichsam bestellt werde, nur Klumpen unförmigen Fleisches hervor-
bringe, so jedenfalls die zeitgenössische Vorstellung. Und in einem
Vergil entnommenen Bild verglich er seine Gedanken mit den Mus-
tern, die über die Zimmerdecke tanzen, wenn sich das Sonnenlicht auf
der Oberfläche einer mit Wasser gefüllten Schüssel bricht. Wie das zit-
ternde Licht den Raum durchflirrt, so werfe sich auch ein untätiger
Geist ziellos hin und her und erzeuge im grenzenlosen Feld der Ein-
bildungen *fantaisies* oder *rêveries* – Begriffe, die damals eine weniger
positive Konnotation hatten als heute und eher Wahngebilde, Hirngespinste bezeichneten als Tagträume.

Seine *rêverie* brachte Montaigne auf einen weiteren absonderlichen
Gedanken: die Idee zu schreiben. Er spricht zwar auch hier von *rêverie*,
aber sie enthielt immerhin das Versprechen eines tätigen Geistes.
Erfüllt von «Schimären und phantastischen Ungeheuern, immer neu-
en, ohne Sinn und Verstand», beschloss er, über diese Hirngespinste zu
schreiben, nicht um sie loszuwerden, sondern um ihre Eigenart besser
zu verstehen. Und so nahm er die Feder zur Hand. Der erste *Essai* war
geboren.

Seneca wäre zufrieden gewesen. Wenn man nach seinem Rückzug
aus dem öffentlichen Leben niedergeschlagen oder gelangweilt war, so

empfahl er, solle man sich umsehen und sich für die Vielfalt und Erhabenheit der Dinge ringsum interessieren. Die Rettung liege in der umfassenden Aufmerksamkeit für die Natur der Erscheinungen. Und Montaigne wandte sich dem ihm am nächsten liegenden Naturphänomen zu: sich selbst. Er begann, sich selbst zu betrachten, seine eigenen Erfahrungen zu hinterfragen und aufzuschreiben, was er dabei beobachtete.

Zunächst folgte er seinen persönlichen Vorlieben, besonders den Geschichten, die er gelesen hatte: Erzählungen von Ovid, historischen Beschreibungen von Caesar und Tacitus, biographischen Abrissen von Plutarch, Ratschlägen zur Lebenskunst von Seneca und Sokrates. Dann schrieb er Geschichten auf, die er von Freunden gehört hatte, alltägliche Vorfälle von seinem Landgut, Begebenheiten, die er noch aus seiner Zeit am Gericht und in der Politik in Erinnerung hatte, sowie Merkwürdigkeiten, deren Zeuge er auf seinen (bis dahin nicht sehr weiten) Reisen geworden war. Das waren seine bescheidenen Anfänge. Später kam immer mehr Stoff hinzu, bis er fast das ganze Spektrum seines Fühlens und Denkens abschritt, nicht zuletzt seine merkwürdige Reise in die todesähnliche Bewusstlosigkeit.

Der Gedanke an eine Veröffentlichung mag ihm schon früh gekommen sein, auch wenn er behauptete, er habe nur für Angehörige und Freunde geschrieben. Vielleicht begann er sogar mit der Absicht, ein Kollektaneenbuch zu schreiben, eine Sammlung thematisch geordneter Zitate und Geschichten, wie es zu jener Zeit populär war. Wenn dies der Fall war, so gab er die Idee bald wieder auf, womöglich unter dem Einfluss jenes Schriftstellers, den er neben Seneca am meisten schätzte: Plutarch. Plutarch hatte im 1. Jahrhundert n. Chr. anschauliche Biographien historischer Gestalten, die *Vitae*, geschrieben sowie die kürzeren Abhandlungen der *Moralia*, die im selben Jahr ins Französische übersetzt wurden, in dem Montaigne mit seinen *Essais* begann. Es waren Gedanken und Geschichten zu Fragen wie: «Können Tiere als vernünftig bezeichnet werden?» oder «Wie gelangt man zu innerem Frieden?» Plutarch hielt hierzu denselben Rat bereit wie Seneca: Konzentriere dich auf das, was vor dir liegt, und schenke ihm deine ganze Aufmerksamkeit.

Im Laufe der 1570er Jahre richtete sich Montaigne immer besser in seinem Leben nach der Krise ein, und seine Aufmerksamkeit zu fokussieren wurde seine liebste Beschäftigung. Das produktivste Jahr war 1572, in dem er die meisten *Essais* des ersten und Teile des zweiten Buches schrieb. Der Rest folgte 1573 und 1574. Bis er so weit war, die *Essais* zu veröffentlichen, dauerte es aber noch lange. Vielleicht spielte er tatsächlich zunächst nicht mit dem Gedanken, vielleicht war er erst nach all den Jahren mit dem Ergebnis seines Schreibens zufrieden. Zwischen seinem Rückzug ins Privatleben im Jahr 1570 und dem 1. März 1580, dem Tag nach seinem siebenundvierzigsten Geburtstag, als er das Vorwort zur ersten Ausgabe der *Essais* abschloss, die ihn über Nacht berühmt machten, liegen jedenfalls zehn Jahre.

Schreibend hatte Montaigne seine «Hirngespinste» und «Wahngebilde» überwunden. Jetzt beobachtete er die Welt genauer und entwickelte die Gewohnheit, innere Empfindungen und soziale Begegnungen sehr präzise zu beschreiben. Hierfür war Plinius sein Gewährsmann: «Jedermann, sagt Plinius, sei sich selbst der beste Lehrmeister, vorausgesetzt, er habe die Fähigkeit, sich genau zu beobachten.» Montaigne, der Mensch, der seinen alltäglichen Verrichtungen auf seinem Gut nachging, wurde stets von dem Schriftsteller Montaigne begleitet, der alles ausforschte und notierte.

Als er daher schließlich über seinen Reitunfall schrieb, ging es ihm nicht nur darum, die noch verbliebene Todesfurcht loszuwerden wie Sand, den man aus seinen Schuhen schüttelt, sondern auch darum, seine Selbsterforschung auf ein ihm bis dahin unbekanntes Niveau zu heben. So, wie er sich in den Tagen nach seinem Unfall immer wieder von seinen Bediensteten den Hergang erzählen ließ, so muss er jetzt seinen Geist erforscht haben, um jenes Hinübergleiten von damals nachzuerleben, als sein Atem oder sein Geist im Begriff war, seinen Körper zu verlassen, aber auch den Schmerz der Rückkehr ins Leben. Diese Erfahrung «verarbeitete» er, wie Psychologen heute sagen würden, indem er darüber schrieb. Er rekonstruierte die Geschichte, wie er sie tatsächlich erlebt hatte, nicht, wie man sie philosophisch korrekt erleben sollte.

Dieses neue Hobby war kein Zeitvertreib. Montaigne behauptete immer wieder, er habe die *Essais* unbekümmert hingeworfen, aber manchmal legte er diese Pose ab und gestand, dass es harte Arbeit war:

Es ist ein schwieriges Unterfangen – und dies weit mehr, als es scheint –,
der so schweifenden Bewegung unsres Geistes bis in seine tiefsten und
dunkelsten Winkel zu folgen und noch seine winzigsten Windungen
und Wendungen auszumachen und aufzuzeichnen; und es ist zugleich
eine völlig ungewöhnliche Beschäftigung, die uns von den gewöhnlichen Weltgeschäften abzieht.

Montaigne feierte die Schönheit des Dahingleitens über die Oberfläche des Lebens: eine Kunst, die er mit zunehmendem Alter immer
mehr vervollkommnete. Gleichzeitig jedoch bemühte er sich als
Schriftsteller darum, die Tiefen zu ergründen: «Wann immer ich
mich glücklich fühle, sinne ich hierüber nach; ich schöpfe nicht nur
den Schaum dieser Empfindung ab, sondern lote sie aus.» Er war so
fest entschlossen, einem Phänomen auf den Grund zu gehen, das
per definitionem als unauslotbar galt – dem Schlaf –, dass er sich von
einem leidgeprüften Diener mitten in der Nacht wecken ließ in der
Hoffnung, einen Blick in sein zurückweichendes Unbewusstes werfen zu können.

Montaigne wollte wegdämmern, gleichzeitig aber die Wirklichkeit festhalten und beobachten. Beim Schreiben war beides zugleich
möglich. Selbst wenn er sich in seinen *rêveries* verlor, traf er insgeheim Vorkehrungen, um sie jederzeit zurückrufen zu können. Sterben lernen hieß loslassen, leben lernen hieß festhalten.

Bewusstseinsstrom

Tatsächlich lässt sich keine Erfahrung vollständig wiederholen, sosehr
man sich auch bemüht. Um es mit einem berühmten Diktum des griechischen Philosophen Heraklit zu sagen: Man kann nicht zweimal in
denselben Fluss steigen. Selbst wenn man an dieselbe Stelle des Ufers
zurückkehrt, fließt anderes Wasser vorbei. Gleichermaßen unmöglich
ist es, die Welt genauso wiederzuerleben, wie man sie eine halbe Stunde zuvor erlebt hat, oder sie aus der Perspektive des Menschen zu
sehen, der neben einem steht. Der Geist fließt immer weiter, in einem
unaufhörlichen «Bewusstseinsstrom». Der Begriff wurde von dem

Psychologen William James im Jahr 1890 geprägt, auch wenn er erst später durch Romanautoren geläufig wurde.

Auch Montaigne zitiert Heraklit, wenn er beschreibt, wie wir von unseren Gedanken vorwärtsgetragen werden, «bald sanft, bald heftig, je nachdem, ob das Wasser aufgewühlt oder ruhig dahinfließt [...]. Jeden Tag eine neue Grille, derart wetterwendisch sind unsre Anwandlungen!» Kein Wunder, dass der Geist sich so verhält, da sich ja selbst die offenkundig feste, materielle Welt in unaufhörlicher Bewegung und Veränderung befindet. Wenn Montaigne die Landschaft ringsherum betrachtete, stellte er sich vor, wie sie auf und ab wogte wie blubbernder Haferbrei. Der Fluss Dordogne vor seiner Haustür grub sich sein Bett, wie ein Tischler Vertiefungen ins Holz schnitzte. Ihn erstaunten die mächtigen Wanderdünen des Médoc, wo einer seiner Brüder lebte: Sie nahmen das Land in Besitz und verschlangen es wie Tiere. Wenn wir die Welt im Zeitraffer beobachten könnten, sinnierte er, würden wir «ein unaufhörliches Wechselspiel sich endlos vervielfachender Formen» sehen. Die Materie existierte in einem endlosen *branloire:* ein aus dem Bauerntanz *(branle)* des 16. Jahrhunderts abgeleiteter Begriff. Die Welt war «ein ewiges Auf und Ab», ein wogender Tanz.

Auch andere Autoren des 16. Jahrhunderts waren wie Montaigne von der Instabilität fasziniert. Ungewöhnlich war jedoch seine Überzeugung, dass der Betrachter genauso unzuverlässig ist wie das Betrachtete. Beide Bewegungen verhalten sich zueinander wie Variablen einer komplexen mathematischen Gleichung – mit der Folge, dass man keinen festen Punkt findet, von dem aus man messen und beurteilen kann. Der Versuch, die Welt zu verstehen, gleicht dem Greifen nach einer Gaswolke oder einer Flüssigkeit mit Händen, die selbst aus Gas oder Wasser sind und sich auflösen, sobald man die Finger schließt.

Und deshalb fließt auch Montaignes Buch auf seine ganz eigene Art dahin: Es folgt dem Bewusstseinsstrom des Autors, ohne zu versuchen, ihn aufzuhalten oder einzudämmen. Die *Essais* sind eine Abfolge von Mäandern, Windungen und Abschweifungen. Man muss sich diesem Strom anvertrauen und hoffen, nicht zu kentern, wenn einen ein erneuter Richtungswechsel aus dem Gleichgewicht wirft. Das Kapitel «Über die Hinkenden» zum Beispiel beginnt ganz konventionell mit einem Gerücht über hinkende Frauen. Es hieß, der Sex mit ihnen sei vergnüglicher. Warum sollte das der Fall sein?, fragt Montaigne. Vielleicht weil ihre Bewegungen ungleichmäßig sind? Mag sein, doch er fügt hinzu: «Kürzlich erfuhr ich jedoch, dass die antike Philosophie die Frage bereits entschieden hat.» Aristoteles sagt, die Vagina einer Hinkenden sei muskulöser, weil sie besser durchblutet sei als die Beine, deren Nährstoffe ihr zugute kommen. Montaigne referiert diesen Gedanken, äußert aber Zweifel: «Doch was vermöchten wir auf dieser Ebene nicht alles ins Feld zu führen!» Solche Spekulationen seien unzuverlässig. Schließlich verrät er, er habe es selbst ausprobiert und dabei etwas ganz anderes gelernt: dass nämlich die Frage irrelevant ist, da die Phantasie einen glauben macht, man erlebe eine gesteigerte Lust, egal, ob sie «real» ist oder nicht. Letztlich ist nur eines sicher: die Absonderlichkeit des menschlichen Geistes. Eine ungewöhnliche Schlussfolgerung, die keinen Bezug zu dem Thema zu haben scheint, von dem der *Essai* ursprünglich ausging.

Ein anderer *Essai*, «Über unser Glück sollte man erst nach dem Tode urteilen», beginnt mit der nach Solon zitierten Plattitüde, dass kein Mensch glücklich genannt werden könne, solange er noch den Gefahren des Lebens ausgesetzt sei. Dann wechselt Montaigne zu einem interessanteren Gedanken: dass unser Urteil über das Leben eines Menschen womöglich davon abhängt, wie er gestorben ist. Ein Mensch, der einen schönen und glückhaften Tod hat, bleibt als jemand in Erinnerung, der gut gelebt hat. Dafür gibt Montaigne Beispiele, und dann wechselt er erneut den Kurs. Tatsächlich, fährt er jetzt fort, könne jemand, der gut gelebt hat, qualvoll sterben, und umgekehrt. Zu Montaignes Lebzeiten starben drei der verruchtesten Menschen, die er kannte, einen «bis zur Vollkommenheit friedlichen Tod». Das Kapitel ist also eine lange, dreifach gewundene Einleitung, um lediglich Montaignes Hoffnung auf ein gutes Ende seines eigenen Lebens zu bekunden – wobei er hinzufügt, dass ein gutes Ende bedeutet: «ruhig und in aller Stille» zu sterben, also alles andere als bewundernswürdig. Das Kapitel endet unvermittelt in dem Augenblick, da der Leser sich fragt, ob das nun bedeutet, dass Montaigne gut gelebt hat oder nicht.

Die meisten Überlegungen Montaignes laufen auf die Schlussfolgerung hinaus, dass das Leben nicht so einfach ist, wie er es soeben beschrieben hat.

Könnte meine Seele jemals Fuß fassen, würde ich nicht *Versuche* mit mir machen, sondern mich entscheiden. Doch sie ist ständig in der Lehre und Erprobung.

Der ständige Richtungswechsel erklärt sich teils aus dieser Grundhaltung des Fragens, teils aber auch daraus, dass er mehr als zwanzig Jahre lang an den *Essais* schrieb – ein langer Zeitraum, in dem sich die Ansichten eines Menschen verändern, vor allem wenn er viel reist, liest, mit interessanten Leuten spricht und politische und diplomatische Ämter bekleidet. Bei der Durchsicht früherer Entwürfe der *Essais* fügte er weiteren Stoff hinzu und bemühte sich erst gar nicht, eine künstliche Einheit zu schaffen. Im Verlauf weniger Zeilen begegnen wir Montaigne deshalb als jungem Mann, als altem Mann, der mit einem Fuß schon im Grab steht, und dann wieder als Bürgermeister in seinen besten Jahren, der eine schwere politische Verantwortung zu tragen hat. Er klagt über Impotenz, und im nächsten Augenblick erleben wir ihn jung und sinnenfroh, «bis zur Unverschämtheit genital». Er ist hitzköpfig, freimütig und verschwiegen; von anderen Menschen begeistert und dann wieder ihrer überdrüssig. Seine Gedanken hören wir, wie sie ihm in den Sinn kommen. Er lässt uns das Vergehen der Zeit in seiner inneren Welt erleben: «Ich schildere nicht das Sein, ich schildre das Unterwegssein: weniger von einem Lebensalter zum andern […] als von Tag zu Tag, von Minute zu Minute.»

Zu den Lesern, die von Montaignes Beschreibung des Dahinströmens seines Erlebens fasziniert waren, zählte eine große Pionierin der Literatur des «Bewusstseinsstroms» im frühen 20. Jahrhundert, Virginia Woolf. Ihr eigenes Schreiben zielte darauf ab, in den Fluss des Geistes einzutauchen und ihm zu folgen, wohin er sie führte. Ihre Romane tauchen «von Minute zu Minute» immer wieder neu in die Welt verschiedener Figuren ein. Manchmal wechselt Virginia Woolf von einem Flussarm in einen anderen, und dann verändert sich die Perspektive, als würde ein Mikrofon von einem Sprecher zu einem anderen weitergereicht, doch der Strom selbst bricht nie ab, bis zum Schluss nicht. Virginia Woolf betrachtete Montaigne als den ersten Schriftsteller, der etwas in der Art versucht hat, wenngleich nur mit einem einzigen, seinem eigenen Bewusstseinsstrom. Sie würdigte ihn auch als den

Ersten, der dem schieren Gefühl, am Leben zu sein, so viel Aufmerksamkeit schenkte. «Beobachte, beobachte unaufhörlich», sei seine Maxime gewesen, so Virginia Woolf. Und das, was er beobachtete, war dieser Strom des Lebens, der seine ganze Existenz durchfloss.

Montaigne war der Erste, der auf diese Weise schrieb, aber er war nicht der Erste, der versuchte, sich jeweils auf den gegenwärtigen Augenblick zu konzentrieren. Diese Achtsamkeit war schon eine Grundregel der antiken Philosophen gewesen. Das Leben vollzieht sich, während man mit anderen Dingen beschäftigt ist, sagten sie. Deshalb müsse die Philosophie die Aufmerksamkeit des Menschen immer wieder dorthin zurücklenken, wohin sie gehört: ins Hier und Jetzt. Die Philosophie spielt damit eine ähnliche Rolle wie die Mynas in Aldous Huxleys Roman *Eiland*: Vögel, die darauf abgerichtet sind, den ganzen Tag herumzufliegen und «Gib acht, gib acht!» und «Hier und jetzt!» zu rufen. Wie Seneca sagt, hält das Leben nicht inne, um einen darauf hinzuweisen, dass es vergeht:

> Wenn man versäumt, das Leben festzuhalten, wird es einem entwischen. Aber auch wenn man es festhalten will, wird es entfliehen. Also muss man gegen den schnellen Lauf der Zeit ankämpfen und «wie aus einem reißenden Gießbach, der nicht ständig fließen wird, geschwind trinken».

Der Trick besteht darin, sich in jedem Augenblick ein kindliches Staunen zu bewahren. Und die beste Methode dafür ist, über all das zu schreiben. Einen Gegenstand auf dem Tisch oder den Blick aus dem Fenster zu beschreiben öffnet einem die Augen für das Wunder der gewöhnlichen Dinge. Doch der Blick in das eigene Innere eröffnet eine noch phantastischere Welt. Der Philosoph Maurice Merleau-Ponty nannte Montaigne einen Autor, der «ein über sich selbst staunendes Bewusstsein als den Kern der menschlichen Existenz» begriff. Und für Colin Burrow, einen zeitgenössischen Literaturkritiker, war das Staunen neben Montaignes anderer Hauptqualität, der fließenden, sich unablässig verändernden Leichtigkeit, etwas, was die Philosophie in ihrer abendländischen Tradition nur selten erreichte.

Mit zunehmendem Alter verstärkte sich Montaignes Wunsch, das

Leben staunend zu betrachten, nur noch mehr. Am Ende des langen Prozesses der Arbeit an den *Essais* hatte er diese Kunst fast zur Perfektion gebracht. Er wusste, dass sich sein Leben dem Ende zuneigte, und schrieb: «Ich will, dass es an Gewicht zunehme; ich will der Schnelligkeit seiner Flucht durch die Schnelligkeit meines Zugriffs Einhalt gebieten [...]. Je kürzer ich das Leben noch besitze, desto tiefer und umfassender muss ich von ihm Besitz ergreifen.» Beim Spazierengehen entdeckte er eine Meditationstechnik:

> Wenn ich einsam durch einen schönen Park spaziere und meine Gedanken sich eine Zeitlang mit anderweitigen Dingen beschäftigen, lenke ich sie dann eine Zeitlang auf den Spaziergang zurück, auf den Park, auf den Zauber dieser Einsamkeit, auf mich.

In Augenblicken wie diesen scheint er beinahe das Ziel des Zen erreicht zu haben: einfach nur zu sein.

> Wenn ich tanze, tanze ich, und wenn ich schlafe, schlafe ich.

Es klingt simpel, aber nichts ist schwerer als das. Deshalb verbringen Zen-Meister auch ihr ganzes Leben oder mehrere Leben damit, dies zu lernen. Und selbst dann gelingt es ihnen erst, wenn ihnen ihr Lehrer mit einem Stock, dem *keisaku*, einen Schlag auf den Kopf versetzt, um ihnen zu helfen, sich bei der Meditation zu konzentrieren. Montaigne hat diesen Zustand am Ende eines einzigen, recht kurzen Lebens erreicht, nicht zuletzt deshalb, weil er einen Großteil dieses Lebens damit verbracht hat, mit einer Feder aufs Papier zu kritzeln.

Indem er über diese Erfahrungen schrieb, als wäre sein Leben selbst ein Fluss, begründete er eine literarische Tradition der Selbstbeobachtung, die uns heute so vertraut ist, dass wir uns erst einmal klarmachen müssen, dass es tatsächlich eine Tradition ist. Das Leben tritt uns entgegen, wie es ist, und das Wechselspiel innerer Zustände zu beobachten ist die Aufgabe des Schriftstellers. Vor Montaigne war dies keineswegs ein selbstverständlicher Gedanke, und sein eigentümlich ruheloses, frei dahinmäanderndes Schreiben war etwas vollkommen Neues. Indem Montaigne es erfunden und damit einen zweiten Ver-

such einer Antwort auf die Frage unternommen hat, wie man leben
soll – «Lebe den Augenblick!» –, überwand er seine Krise und münzte
sie sogar in etwas Positives um.

«Habe keine Angst vor dem Tod!» und «Lebe den Augenblick!» waren Montaignes Antworten auf seine Orientierungslosigkeit in der Mitte seines Lebens. Sie entsprangen der Erfahrung eines Menschen, der
lange genug gelebt hatte, um Fehler und Irrtümer zu begehen. Sie mar-
kierten aber auch einen Neuanfang: die Geburt eines neuen, *Essais*
schreibenden Ichs.

3
Frage: Wie soll ich leben?

Antwort: Werde geboren!

Micheau

Montaignes ursprüngliches Ich, also jener Mensch, der keine *Essais* schrieb, sondern lebte und atmete wie alle anderen auch, hatte bessere Startbedingungen als die meisten. Er wurde am 28. Februar 1533 geboren, im selben Jahr wie die spätere Königin Elisabeth I. von England. Zwischen elf Uhr und zwölf Uhr am Mittag erblickte er im Familienschloss, das lebenslang sein Zuhause blieb, das Licht der Welt. Man gab ihm den Namen Michel, aber zumindest für seinen Vater blieb er zeitlebens Micheau. Der Name taucht sogar im väterlichen Testament auf, als der Junge längst zum Mann geworden war.

In seinen *Essais* schrieb Montaigne, die Schwangerschaft seiner Mutter habe elf Monate gedauert – eine sonderbare Behauptung, da man damals schon wusste, dass ein solches Naturwunder unmöglich war. Böswillige Zungen hätten sicher unschöne Schlussfolgerungen gezogen. In Rabelais' *Gargantua und Pantagruel* verbringt der Riese Gargantua gleichfalls elf Monate im Mutterleib. Rabelais fragt, ob das nicht abstrus klinge, und beantwortet die Frage mit der ironischen Schilderung von Fällen, in denen gewiefte Rechtsanwälte die Legitimität eines Kindes zu beweisen suchten, dessen angeblicher Vater bereits elf Monate vor der Geburt gestorben war: «Auf dieses Gesetz hin können die Witfrauen noch zwei Monate lang nach dem Abscheiden ihres Eheliebsten frank und frei das Liebesspiel betreiben.» Montaigne hatte Rabelais gelesen und muss gewusst haben, wie man darüber witzeln würde, aber das schien ihn nicht zu kümmern.

An keiner Stelle der *Essais* äußert Montaigne Zweifel an Pierre Eyquems Vaterschaft. Er denkt nach über die Macht der Vererbung und

die Eigenschaften, die über seinen Urgroßvater, Großvater und Vater
an ihn weitergegeben worden waren, darunter Aufrichtigkeit und die
Neigung zu Nierensteinen. Er scheint sich also zweifelsfrei als den Sohn
seines Vaters betrachtet zu haben.

Montaigne sprach gern über Aufrichtigkeit und Erbkrankheiten.
Über andere Aspekte seiner Herkunft schwieg er sich lieber aus, denn
er entstammte keinem alten Adelsgeschlecht, sondern mütterlicher-
wie väterlicherseits einer Kaufmannsfamilie. Seine Behauptung, «die
meisten» seiner Vorfahren seien auf dem Anwesen geboren worden,
war eine glatte Lüge. Sein Vater war der Erste, der dort zur Welt kam.
Das Landgut selbst war allerdings schon länger in Familienbesitz.
Montaignes Urgroßvater Ramon Eyquem kaufte es im Jahr 1477, am
Ende eines langen Lebens, in dem er lukrativ mit Wein, Heringen und
Färberwaid gehandelt hatte, einer wichtigen einheimischen Pflanze
zur Gewinnung des blauen Farbstoffs. Ramons Sohn Grimon berei-
cherte das Anwesen selbst zwar lediglich um einen von Eichen und
Zedern gesäumten Weg zur nahe gelegenen Kapelle, vermehrte aber
den Reichtum der Eyquems und begründete mit seinem Engagement
in der Politik von Bordeaux eine neue Familientradition. Irgendwann
gab er den Handel auf und begann ein «adliges» Leben zu führen: ein
bedeutsamer Schritt. Adel stand damals nicht für einen verfeinerten
Lebensstil, er bezeichnete vielmehr etwas ganz Pragmatisches: Um in
den Adelsstand erhoben zu werden, durfte eine Familie seit mindestens
drei Generationen keinen Handel mehr getrieben und damit auch keine Steuern gezahlt haben. Grimons Sohn Pierre verzichtete gleichfalls
auf die Kaufmannstätigkeit, und somit fiel erstmals Michel Eyquem de
Montaigne als dem Vertreter der dritten Generation der Status des
Adligen zu. Zu der Zeit allerdings hatte sein Vater Pierre ironischerweise das Landgut bereits zu einem erfolgreichen Wirtschaftsbetrieb aus-
gebaut. Das *château* wurde zum Zentrum eines relativ großen Wein-
baubetriebs, der jährlich Zehntausende Liter Wein produzierte – und
bis heute produziert. Das war zulässig: Mit den Erzeugnissen aus den
eigenen Ländereien konnte man so viel Geld verdienen, wie man wollte, es wurde nicht als Handel betrachtet.

Die Geschichte der Familie Eyquem belegt somit eine Mobilität
zumindest am oberen Ende der sozialen Stufenleiter. Neuer Adel

konnte sich bisweilen nur schwer die volle Anerkennung verschaffen, doch das galt vor allem für die sogenannte *noblesse de robe*, den Amtsadel, der seinen Stand aufgrund seiner Verdienste in der staatlichen Finanz- und Rechtsverwaltung erlangt hatte, nicht für die *noblesse d'épée*, den Schwertadel, der auf Besitz gründete, wie im Fall von Montaignes Familie, und stolz war auf die damit verbundenen militärischen Verpflichtungen. Die Bauern dagegen blieben auf der sozialen Stufenleiter auf ihrem angestammten Platz: ganz unten. Ihr Leben wurde von dem lokalen *seigneur* bestimmt, in unserem Fall vom Oberhaupt der Familie Eyquem. Ihm gehörte das Haus, in dem sie wohnten, er setzte sie in Lohn und Brot und gestattete ihnen gegen einen Mietzins die Benutzung seiner Weinkelter und seines Backofens. In seiner Eigenschaft als *seigneur* erschien ihnen Montaigne wohl als typischer Vertreter seines Standes, auch wenn er in seinen *Essais* die Weisheit der Bauern über alles lobte – in einem Buch, das keiner der auf seinen Gütern arbeitenden Bauern lesen konnte.

Laut dem Eintrag ins Familienbuch wurde Montaigne «in confiniis Burdigalensium et Petragorensium» geboren, also im Grenzgebiet zwischen Bordeaux und dem Périgord. Ein wichtiges Detail, denn Bordeaux war mehrheitlich katholisch, das Périgord dagegen wurde von den Anhängern der neuen Religion des Protestantismus beherrscht. Die Familie Eyquem musste sich mit beiden Lagern gutstellen, deren religiöse Divergenzen auch noch lange nach Montaigne Europa spalteten.

Die Reformation war immer noch ein relativ neues Phänomen. Ihr Beginn wird gewöhnlich auf das Jahr 1517 datiert, als Martin Luther seine 95 Thesen gegen den Ablasshandel der römischen Kirche verfasste und, so will es die Überlieferung, an der Tür der Schlosskirche zu Wittenberg anschlug. Die Schrift fand weithin Verbreitung und führte zu einer immer stärker anwachsenden Widerstandsbewegung gegen die römische Kirche. Der Papst tat Luther zunächst als einen «betrunkenen Deutschen» ab, später exkommunizierte er ihn. Die weltlichen Herrscher des Heiligen Römischen Reichs erklärten Luther für vogelfrei. Jeder konnte ihn töten, und das machte ihn zu einem Volkshelden. Bald zerfielen weite Teile Europas in zwei konfessionelle Lager: diejenigen, die der römischen Kirche treu blieben, und diejenigen, die Luthers

Rebellion unterstützten. Diese Spaltung folgte weder geographisch
noch ideologisch festen Grenzen. Europa zerfiel wie ein krümeliger
Brotlaib, nicht wie ein mit dem Messer sauber halbierter Apfel.
Fast alle Staaten waren davon betroffen, doch nur wenige gingen entschieden
den einen oder den anderen Weg. Vielerorts und besonders in Frankreich verlief die Spaltung mitten durch Dörfer, ja sogar Familien, nicht
entlang fester territorialer Grenzen.

Montaignes Heimatregion Guyenne (oder Aquitanien) wies jedoch
ein klareres Grundmuster auf. Die ländlichen Gebiete schlugen sich
auf die eine, die Hauptstadt auf die andere Seite. Die Spannungen verschärften sich durch das in dieser Gegend bereits vor der Reformation
vorhandene Gefühl der Nichtzugehörigkeit Aquitaniens zu Frankreich.
Die Region hatte eine eigene Sprache, die historischen Bindungen an
den Norden des Landes waren schwach. Lange Zeit war Aquitanien
englisches Territorium gewesen. Erst 1451 wurden die Engländer von
französischen Eroberern vertrieben, die als wenig vertrauenswürdige
Eindringlinge angesehen wurden. Die Bewohner sehnten sich wehmü-
tig nach der alten Zeit zurück, nicht weil sie die Engländer vermissten,
sondern weil sie die Nordfranzosen hassten. Immer wieder kam es zu
Aufständen. Die Behörden errichteten drei starke Festungen, um Bordeaux unter ihrer Kontrolle zu halten: das Château Trompette, das Fort
du Hâ und das Fort Louis, die heute längst geschleift sind.

Wo immer möglich, knüpfte Bordeaux diplomatische Beziehungen, nur nicht zu seinen Eroberern. Zu Montaignes Lebzeiten stand
die Region unter dem starken Einfluss des protestantenfreundlichen
Hofs von Navarra im Béarn an der Grenze zu Spanien. Sie pflegte
weiterhin enge Beziehungen mit England, wo die Nachfrage nach
Bordeauxwein groß war. Eine englische Weinflotte legte regelmäßig
in der Stadt an, um Nachschub zu holen – sehr zur Freude der regio-
nalen Produzenten, nicht zuletzt der Familie Eyquem vom Château
de Montaigne.

Je wichtiger das Landgut wurde, desto stärker setzte sich die Selbst-
bezeichnung «Montaigne» gegenüber dem älteren Namen Eyquem
durch, der deutlich regionale Anklänge hatte. Ein Zweig der Familie
ist bis heute für seinen Wein mit dem berühmten Namen Château
d'Yquem bekannt. Trotz seiner Bevorzugung des Lokalen und Eigen-

tümlichen war Montaigne der Erste, der den alten Namen ablegte und unter dem einfacheren französischen Namen seines Stammsitzes bekannt wurde. Biographen tadelten ihn dafür, aber er setzte nur den von seinem Vater begonnenen Weg fort, der offizielle Dokumente mit «de Montaigne» unterzeichnet hatte. Während sein Vater diesen Namenszusatz wegließ, wenn er knapp sein wollte, verzichtete Montaigne auf das «Eyquem».

Wenn Michel Eyquem de Montaigne, Nutznießer eines kometenhaften sozialen Aufstiegs, in seinen *Essais* über den kaufmännischen Hintergrund seines Vaters schweigend hinwegging, dann vielleicht, um sein Buch einem adligen, vornehmen Publikum schmackhaft zu machen. Vielleicht dachte er aber auch gar nicht lange darüber nach. Wahrscheinlich verzichtete sein Vater darauf, ihm Geschichten über den Ursprung der Familie zu erzählen. Montaigne war sich in seiner Jugend seiner Herkunft womöglich gar nicht so genau bewusst. Aber vielleicht spielte auch eine gewisse Eitelkeit eine Rolle. Sie war eine der vielen kleinen Schwächen, die Montaigne leichthin zugab, wenn er schrieb:

> Wenn sich die andren ebenso aufmerksam betrachteten wie ich mich, würden sie sich ebenso voller Nichtigkeit und Torheit finden. Mich ihrer entledigen kann ich aber nicht, ohne mich meiner selbst zu entledigen. Wir sind alle durchtränkt hiervon, die einen wie die andern; aber jene, die es erkennen, stehn sich etwas besser dabei (doch nicht einmal dessen bin ich mir sicher).

Dieser Zusatz – «doch nicht einmal dessen bin ich mir sicher» – ist typisch Montaigne. Man muss sich die Bemerkung am Ende fast jeder Passage seines Buchs hinzudenken. Sie enthält im Kern seine ganze Philosophie. Ja, sagt er, wir sind Dummköpfe, aber anders kann es gar nicht sein, also entspannen wir uns und finden uns damit ab.

Wenn der familiäre Hintergrund seines Vaters ein wenig im Dunkeln liegt, so umgibt die Familie seiner Mutter ein ungleich tieferes Geheimnis. Auch Antoinette de Louppes de Villeneuves Vorfahren waren Kaufleute. Sie waren im späten 15. Jahrhundert aus Spanien eingewandert, wahrscheinlich als jüdische Flüchtlinge, die unter Zwang das Christentum annahmen und das Land verließen, um der Judenverfolgung zu entgehen.

Falls Montaigne mütterlicherseits tatsächlich jüdischen Ursprungs war, so war er sich dessen womöglich gar nicht bewusst. Er interessierte sich nicht besonders für dieses Thema und erwähnte die Juden in den *Essais* nur gelegentlich, in der Regel in einem neutralen oder wohlwollenden, nie jedoch persönlich betroffenen Ton. Auf seiner Italienreise, die er in seinen späteren Lebensjahren unternahm, besuchte er Synagogen und nahm an einer Beschneidung teil, doch mit derselben Neugier, die er allem anderen entgegenbrachte: der protestantischen Liturgie, Hinrichtungen, Bordellen, Wasserspielen, Felsengärten und außergewöhnlichen Möbelstücken.

Er äußerte sich auch mit ironischer Skepsis zur «Konversion» neu angekommener jüdischer Flüchtlinge – zu Recht, denn es war kein freiwilliger Übertritt. Wenn es sich, wie manche vermuteten, um eine subtile Stichelei gegen die Familie seiner Mutter Antoinette handelte, so könnte es kaum überraschen, legten ihm Verwandte seiner Mutter in Bordeaux bei seiner politischen Karriere doch immer wieder Steine in den Weg. Und auch die Beziehung zu seiner Mutter selbst war von Spannungen geprägt.

Montaignes Mutter war zweifellos eine starke Persönlichkeit, doch den Konventionen ihrer Zeit entsprechend war sie ohne Macht und Einfluss. Sie heiratete jung, wie es damals üblich war, und wurde dabei kaum nach ihrer Meinung gefragt. Pierre Eyquem war sehr viel älter als sie. In der Heiratsurkunde vom 15. Januar 1529 wird ihr Alter mit dreiunddreißig Jahren angegeben, in Wirklichkeit war sie gerade «volljährig», also zwischen zwölf und fünfundzwanzig. Da sie ihr letztes Kind dreißig Jahre nach ihrer Hochzeit bekam, muss sie zum Zeitpunkt der Eheschließung eher jung gewesen sein. Die beiden vor Michel geborenen Kinder starben. Sie war wohl noch ein Teenager, als Michel zur Welt kam: vier Jahre nach ihrer Heirat.

Falls sie als junge Ehefrau etwas Kindliches oder Zurückhaltendes gehabt hatte, so war davon bald nichts mehr zu spüren. Rechtsurkunden aus verschiedenen Abschnitten ihres Lebens zeichnen das Bild einer resoluten, durchsetzungsfähigen und praktisch denkenden Frau. In seinem ersten Testament von 1561 übertrug ihr Mann die Führung des Haushalts nach seinem Tod ihr und nicht seinem ältesten Sohn; erst später änderte er diese Verfügung. Im Jahr 1561 mangelte es Pierre Eyquem entweder an Vertrauen in Micheau (der damals bereits fast achtundzwanzig war), oder er hatte eine außergewöhnlich hohe Meinung von seiner Frau – was erstaunlich wäre in einer Zeit, da man Frauen kaum eines vernünftigen Gedankens für fähig hielt.

Das zweite Testament vom 22. September 1567 bewies mehr Vertrauen in seinen Sohn. Jetzt schien Pierre die Notwendigkeit verspürt zu haben, mit Hilfe des geänderten Testaments seiner Frau die Liebe zu ihren Kindern beizubringen, seinen Kindern dagegen, ihre Mutter zu achten und zu ehren. Offensichtlich fürchtete er ein Zerwürfnis zwischen ihr und ihrem ältesten Sohn, denn er trug Michel auf, eine andere Bleibe für sie zu suchen, falls ein harmonisches Zusammenleben auf dem Familienanwesen nicht möglich wäre. Nach dem Tod ihres Mannes blieb Antoinette bis etwa 1587 bei ihrem Sohn und seiner Familie, doch das Verhältnis war nicht besonders gut. Ein Vertrag vom 31. August 1568 gestand Antoinette das Recht auf die «Ehrerbietung, den Respekt und die Dienste ihres Sohnes» zu sowie persönliche Bedienstete und jährlich hundert *livres tournois* für ihre Privatschatulle. Sie wiederum anerkannte seine Befehlsgewalt über das Schloss und das Landgut. Der Vertrag lässt darauf schließen, dass Antoinette sich schlecht versorgt fühlte und Montaigne sich gegen weitere Einmischungen seiner Mutter schützen wollte.

Doch es kam noch schlimmer. In ihrem eigenen Testament vom 19. April 1597, fünf Jahre nach dem Tod ihres Sohnes, hielt Antoinette ihren Wunsch fest, nicht auf dem Familienanwesen begraben zu werden, und sie enterbte praktisch Montaignes einziges Kind, die Tochter Léonor. Ihre eigene Mitgift, schrieb sie, hätte dazu verwendet werden sollen, weiteres Land zu kaufen; dies sei nicht geschehen. «Ich habe mit meinem Gemahl vierzig Jahre hindurch im Hause Montaigne geschafft, derart, dass durch meine Arbeit, Sorge und Haushalterei besagtes Haus höchlich an Wert und Gütern zugenommen hat», fügte sie hinzu. Ihr seliger Sohn Michel de Montaigne habe «friedlich die Vorteile genossen», ebenso Léonor, die so «reich und wohlhabend» geworden sei, dass sie nun nichts mehr benötige. Und schließlich verwies Antoinette noch darauf, dass sie in ihrem Alter «leicht zu umgehen» sei; sie war wohl um

die achtzig. Offensichtlich fürchtete sie, man werde das Testament
wegen Senilität anfechten.

In Montaignes *Essais* finden sich häufig Eingeständnisse der eigenen Trägheit und Unfähigkeit, und es lässt sich leicht ersehen, warum
Antoinette das Gefühl haben konnte, das Gut werde unter der Aufsicht
ihres Sohnes vernachlässigt. Die praktischen Angelegenheiten des
Lebens waren für ihn eine lästige Pflicht, der er sich so gut wie möglich
zu entledigen suchte. Überraschend allerdings ist, dass sie dieselben
Vorwürfe gegen ihren Ehemann erhob, von dem Montaigne in den
Essais das Bild eines zupackenden und pflichtbewussten Mannes zeichnet, der rastlos bestrebt war, das Anwesen auszubauen und besser zu
organisieren.

Pierre Eyquem de Montaigne war ganz dem Geist des 15. Jahrhunderts verhaftet, auch wenn er am 29. September 1495 geboren wurde. In
nahezu jeder Hinsicht stand er der Welt seines Sohnes fern. Adliger
Tradition folgend, widmete er sich, als Erster seiner Familie, dem
Kriegshandwerk. Michel folgte ihm darin nicht: Als Adliger war er zwar
verpflichtet, den Degen zu tragen, aber in den *Essais* findet sich kein
Hinweis darauf, dass er ihn oft zückte. Brantôme, ein Zeitgenosse,
schrieb, Montaigne habe ihn hinter sich «hergeschleift», womit er wohl
sagen wollte, dass er besser daran getan hätte, seine Feder zur Hand zu
nehmen und an seinen *Essais* weiterzuschreiben. Solcher Spott hätte
seinen Vater Pierre nicht treffen können, der sich bei der erstbesten
Gelegenheit den Italienfeldzügen Frankreichs anschloss.

Französische Truppen hatten seit 1494 immer wieder Staaten auf
der italienischen Halbinsel angegriffen und erobert. Erst mit dem Frieden von Cateau-Cambrésis 1559 verzichtete Frankreich auf weitere
kriegerische Auseinandersetzungen, ebnete damit jedoch den Weg in
die eigentliche Katastrophe des 16. Jahrhunderts: die Bürgerkriege. Die
italienischen Kriegsabenteuer richteten weniger Schaden an, aber sie
waren kostspielig und sinnlos und für die Beteiligten traumatisierend.
Pierre nahm etwa seit 1518 am Kampfgeschehen teil. Abgesehen von
einem kurzen Zwischenspiel ein Jahr später blieb er bis Anfang 1529
fern von zu Hause. Als er schließlich zurückkehrte, heiratete er.

Die Kriegführung im 16. Jahrhundert war eine chaotische Angelegenheit, die mit glanz- und ruhmvollen Siegen auf dem Schlachtfeld

sehr viel weniger zu tun hatte als mit Kälte, Fieber, Hunger, Krankheit und infektiösen Stich- und Schussverletzungen, für die es kaum eine wirksame Behandlung gab. Vor allem aber bestanden diese Kriege aus endlosen Belagerungen, bei denen Soldaten und Zivilisten ausgehungert und damit zur Kapitulation gezwungen wurden. Vielleicht nahm Pierre an der Belagerung Mailands und Pavias im Jahr 1522 teil, vielleicht auch an der verheerenden Belagerung Pavias im Jahr 1525, wo viele französische Soldaten hingemetzelt und der französische König gefangen genommen wurde. Später beglückte Pierre seine Angehörigen mit schauerlichen Geschichten von seinen Kriegserlebnissen, darunter Schilderungen von Dörfern, deren komplette Einwohnerschaft ausgehungert wurde und aus Verzweiflung Selbstmord beging. Wenn Montaigne lieber die Feder führte als das Schwert, so lag hier vielleicht der Grund dafür.

Die Kriege in Oberitalien mögen unerquicklich gewesen sein, in kultureller Hinsicht waren sie für die Franzosen durchaus nutzbringend. In den Zeiten zwischen den Belagerungen lernten sie neue und aufregende wissenschaftliche, politische, philosophische und pädagogische Ideen, Sitten und Gebräuche kennen. Die italienische Hochrenaissance war zu Ende, doch Italien repräsentierte nach wie vor die weitaus fortschrittlichste Kultur Europas. Französische Soldaten wurden mit innovativen Ideen in fast allen Bereichen vertraut und brachten ihre Erkenntnisse und Entdeckungen nach Hause zurück. Pierre zählte ganz gewiss zu diesen neuen italianisierten französischen Adligen, die unter dem Eindruck ihrer Reisen und dem Einfluss ihres charismatischen, für modernes Gedankengut aufgeschlossenen Königs Franz I. standen. Nachfolgende Könige gaben die Ideale der Renaissance auf, die Franz I. hochgehalten hatte, und in den Bürgerkriegen ging der Zukunftsglaube vollends verloren. Doch in Pierres Jugend lag diese Desillusionierung noch weit entfernt, die Ideale waren immer noch aufregend neu.

Abgesehen von seiner soldatischen Grundeinstellung war Pierre seinem Sohn sehr ähnlich. Montaigne beschreibt ihn als einen «kleinwüchsigen Mann, höchst kraftvoll und von aufrechter, wohlgeformter Statur» mit «angenehmen Gesichtszügen, ins Bräunliche gehendem Teint». Er war körperlich fit und hielt sich gelenkig, trainierte seine

Muskeln mit Stäben, die mit Blei ausgegossen waren, und trug blei-
besohlte Schuhe, um seine Beine beim Laufen und Springen zu kräftigen. Dies war eine besondere Begabung seines Vaters. «Im Hoch-
sprung aus dem Stand vollbrachte er, wie sich die Leute noch erinnern,
kleine Wunder», schrieb Montaigne. «Ich sah ihn, wie er, unsere Gelen-
kigkeitsübungen belächelnd, mit mehr als sechzig Jahren im Pelzman-
tel aufs Pferd sprang oder, nur vom Daumen gestützt, sich überm Tisch
drehte – und kaum je in sein Zimmer hinaufeilte, ohne voller Elan drei,
vier Stufen auf einmal zu nehmen.»

Sein Vater verfügte noch über andere Qualitäten, die für die Generation Montaignes nicht mehr typisch waren. Er achtete auf untade-
liges Aussehen und Kleidung und war «durchgängig von skrupulöser,
fast zur Übertreibung neigender Gewissenhaftigkeit». Seine sportliche
Begabung und sein galantes Auftreten machten ihn beim weiblichen
Geschlecht beliebt. Montaigne beschreibt ihn als einen, der «für den
Umgang mit den Damen von Natur aus wie durch seine Lebenskunst
die besten Voraussetzungen mitbrachte». Wahrscheinlich sprang er
über Tische, um die weibliche Gesellschaft zu unterhalten. Was sexuelle Eskapaden betrifft, so übermittelte Pierre seinem Sohn wider-
sprüchliche Botschaften. Einerseits erzählte er «von erstaunlich inti-
men, doch über jeden Verdacht erhabnen (und namentlich den eignen)
Beziehungen zu ehrbaren Damen». Andererseits schwur er «heilige
Eide, dass er selber unberührt in den Ehestand getreten sei». Montaigne schien dies nicht zu glauben, da der Vater «lange Zeit Teilnehmer
an den Kriegen jenseits der Alpen» gewesen sei.

Nach seiner Rückkehr aus Italien und seiner Heirat begann Pierre
eine politische Karriere in Bordeaux. 1530 wurde er zum Schöffen *(jurat)*
und zum Chef des Ordnungswesens *(prévôt)* gewählt, 1537 wurde er Vize-
bürgermeister und 1554 schließlich Bürgermeister. Es waren schwierige
Zeiten für Bordeaux: Die Einführung einer neuen Salzsteuer 1548
beschwor einen Aufstand herauf, den «Frankreich» dadurch bestrafte,
dass es der Stadt viele Privilegien entzog. Als Bürgermeister tat Pierre,
was er konnte, um die Geschicke der Stadt in die richtigen Bahnen zu
lenken, aber seine Stadtrechte gewann Bordeaux nur langsam zurück.
Die Anstrengung schadete Pierres Gesundheit. So, wie die Geschichten
über Kriegsgräuel Montaigne vom Soldatenleben abschreckten, so be-

stärkte ihn die Erschöpfung seines Vaters, ein wenig mehr Distanz zu seinem Amt zu wahren, als er dreißig Jahre später selbst Bürgermeister von Bordeaux wurde.

Pierre hatte einige brillante Ideen, zum Beispiel wollte er eine Art eBay des 16. Jahrhunderts schaffen. Er hätte gern veranlasst, dass in den Städten Börsen eingerichtet wurden, wo jeder kaufen und verkaufen konnte, was er wollte: «Zum Beispiel: ‹Ich suche Perlen zu verkaufen› oder ‹Ich suche Perlen zu kaufen›. Der und der möchte eine Reisebegleitung nach Paris; der und der hält nach einem Diener mit den und den Eigenschaften Ausschau, der und der nach einem Dienstherrn, der und der nach einem Arbeiter; der eine sucht dies, der andre das, jeder nach seinem Bedarf.» Ein sinnvoller Vorschlag, aus dem jedoch nichts wurde.

Er führte auch Buch über alle Geschehnisse und Vorfälle auf dem Gut und hielt das Kommen und Gehen der Dienerschaft fest sowie alle möglichen finanziellen und landwirtschaftlichen Daten. Seinen Sohn ermunterte er, diese Eintragungen fortzuführen. Montaigne begann damit nach Pierres Tod und stellte seine guten Absichten unter Beweis, aber er gab es bald wieder auf. Nur Fragmente seiner Aufzeichnungen sind erhalten. «Was bin ich doch für ein Trottel, es versäumt zu haben», heißt es in den *Essais*. Eine andere, gleichfalls von seinem Vater begonnene Art der Dokumentation behielt er jedoch bei: Er führte einen vorgedruckten Kalender in Buchform, die *Ephemeris historica* des deutschen Gelehrten Michael Beuther, kurz «Beuther» genannt. Dieser Kalender ist bis auf ein paar Seiten nahezu vollständig erhalten und enthält Aufzeichnungen Montaignes und seiner Angehörigen. Jeder Tag des Jahres hat eine eigene Seite mit einer gedruckten Zusammenfassung wichtiger historischer Ereignisse und mit Platz für persönliche Einträge. Montaigne notierte Geburten, Reisen und wichtige Besuche. Er führte dieses Buch konsequent, brachte aber oft Daten, Altersangaben und andere Informationen durcheinander.

Trotz der Klagen seiner Frau liebte Pierre offenkundig schwere Arbeit aller Art nicht weniger als den Ausbau des Anwesens. Vielleicht war sie verärgert, dass er das Geld in die Verbesserung des bereits Bestehenden investierte statt in den Erwerb neuer Ländereien und dass er zwar vieles in Angriff nahm, aber wenig vollendete. Dass

Pierre die Idee mit der Kaufbörse aufgab, stand wohl mehr im Einklang mit seinem Charakter, als es scheint. Bei seinem Tod erbte
Montaigne eine Menge halbfertiger Projekte, die zu vollenden er sich
vornahm. Liegengebliebene Arbeiten sind etwas Entsetzliches, und
sie einfach liegen zu lassen war wohl Pierres Art und Weise, damit
umzugehen, so wie es Antoinettes Art und Weise war, sich lautstark
darüber zu empören.

Manches Halbfertige ist wohl Pierres schwindenden körperlichen
Kräften geschuldet, denn seit seinem sechsundsechzigsten Lebensjahr
litt er an kräftezehrenden Nierenkoliken. Montaigne erlebte seinen
Vater in den letzten Lebensjahren oft vor Schmerzen zusammenge-
krümmt. Er vergaß nie den Schock, als er Zeuge des ersten derartigen
Anfalls wurde: Pierre verlor vor Schmerzen das Bewusstsein und sank
in die Arme seines Sohnes. Wahrscheinlich verursachte ein solcher
Anfall letztlich auch seinen Tod. Er starb am 18. Juni 1568 im Alter von
vierundsiebzig Jahren. Zu dem Zeitpunkt hatte Pierre sein erstes Testament geändert und Montaigne die Aufgabe übertragen, sich um seine
jüngeren Brüder und Schwestern zu kümmern und ihnen den Vater zu
ersetzen. «Er muss meinen Platz einnehmen und mich bei ihnen ersetzen», heißt es in seinem Testament. Montaigne trat an die Stelle seines
Vaters, was er nicht immer als einfache Aufgabe empfand.

In den *Essais* erscheint er als dessen krasses Gegenbild. Dem Lob
des Vaters folgt häufig die Aufzählung seiner eigenen negativen Eigenschaften. Er beschreibt, wie Pierre das Anwesen ausbaute, und zeichnet
dann ein fast karikaturhaftes Bild seiner eigenen Defizite, seines Des-
interesses und Unvermögens. «Wenn ich mich darangemacht habe, ein
altes Stück Mauer hochziehn oder einen schlecht ausgeführten Gebäu-
deteil in Ordnung bringen zu lassen, dann gewiss mehr seinem Willen
als meinem Wunsch zuliebe», schreibt er. Wie Nietzsche es sehr viel
später formulierte: «Man muss den Fleiß seines Vaters nicht überbieten – das macht krank.» Montaigne unternahm diesen Versuch erst gar
nicht und blieb gesund.

Auch wenn er sich in den praktischen Dingen des Lebens nicht
bewandert fühlte, kannte er seine Stärken, wenn es um Literatur und
Gelehrsamkeit ging. Pierres literarische Kenntnisse waren so beschränkt gewesen, wie seine Liebe zu Büchern grenzenlos war. Nach

Montaignes Ansicht war es typisch für die Generation seines Vaters, Bücher zu Kultobjekten zu stilisieren und gelehrte Männer «in seinem Haus wie Heilige» zu empfangen und «ihre Sentenzen und Darlegungen» aufzunehmen, «als wären es Orakelsprüche». Trotzdem bewies Pierre nur ein geringes kritisches Verständnis. Er konnte sich mit nur einem Daumen überm Tisch drehen, aber eine intellektuelle Leuchte war er nicht. Er verehrte Bücher, ohne sie zu verstehen. Sein Sohn bemühte sich lebenslang um das Gegenteil. Montaigne sah in Pierres Bücherliebe zu Recht ein typisches Merkmal der Vätergeneration. Französische Adlige des frühen 16. Jahrhunderts begeisterten sich für die Gelehrsamkeit und für alles, was aus Italien kam. Dabei übersah der Sohn jedoch, dass er selbst typisch für seine Zeit war, wenn er den Fetisch der Buchgelehrsamkeit ablehnte. Die Väter stopften ihre Söhne mit Literatur und Geschichte voll, bildeten ihr kritisches Denken aus und brachten ihnen bei, mit den klassischen philosophischen Schulen wie mit Bällen zu jonglieren. Zum Dank verwarfen die Söhne all das als wertlos und dünkten sich überlegen. Einige versuchten sogar, eine ältere, der Gelehrsamkeit feindliche Tradition wiederzubeleben, als wäre es etwas radikal Neues.

In Montaignes Generation zeigten sich Ermüdung und Verdrießlichkeit, gleichzeitig aber eine rebellische neue Kreativität. Verständlich ist daher auch ein Hang zum Zynismus: Die Ideale, in deren Geist man sie erzogen hatte, hielten der grausamen Wirklichkeit nicht stand. Die Reformation, anfänglich als frischer Wind willkommen geheißen, der auch der römischen Kirche guttun würde, führte zu einem blutigen Krieg, der die zivilisierte Welt zu zerstören drohte. Ideale der Renaissance wie Schönheit und Anmut, Klarheit und Klugheit pervertierten zu Gewalt, Grausamkeit und religiösem Extremismus. Die zweite Hälfte des 16. Jahrhunderts, in der Montaigne lebte, war für Frankreich so verheerend, dass das Land ein weiteres halbes Jahrhundert brauchte, um sich davon zu erholen – und in gewisser Hinsicht erholte es sich gar nicht mehr, denn die Wirren des späten 16. Jahrhunderts verhinderten den Aufbau eines mächtigen Weltreichs analog zu England und Spanien. Als Montaigne starb, war Frankreich wirtschaftlich geschwächt und wurde von Seuchen, Hungersnöten und politischen Wirren heimgesucht. Kein Wunder, dass junge Adlige seiner Generation zu hochgebildeten Misanthropen wurden. Auch Montaigne war nicht frei von dieser antiintellektuellen Grundeinstellung. Er wuchs in dem Gefühl auf, die einzige Hoffnung für die Menschheit sei die Rückkehr zur Einfachheit und zur Unwissenheit der Bauern. Sie seien die wahren Philosophen der modernen Welt, die Erben der antiken Weisen Seneca und Sokrates. Nur sie seien bewandert in der Kunst des Lebens, gerade weil sie von anderen Dingen nicht viel wussten. Insofern wandte sich auch Montaigne dem Kult der Unwissenheit zu: ein Schlag ins Gesicht seines Vaters.

Aber nichts wiederholt sich. Und niemand unterschied sich von den mittelalterlichen Adligen mehr als Montaigne mit seinen Versuchen, seinen Wagnissen und seinen Fragezeichen am Ende eines jeden Abschnitts, den er zu Papier brachte. Mit dem impliziten oder expliziten Zusatz «obwohl ich nicht weiß ...» am Ende fast jedes seiner Gedanken war er von den alten Sicherheiten sehr weit entfernt. Doch die väterlichen Ideale lebten in ihm weiter, wenn auch gemildert, eingetrübt und ohne das Gefühl absoluter Gewissheit.

Das Experiment

Vielleicht lag diese Entschlossenheit, vermeintliche Gewissheiten und Vorurteile in Frage zu stellen, bei Montaigne in der Familie. In einer Zeit der konfessionellen Spaltungen waren die Eyquems bekannt – Montaigne sagte: «berühmt» – für ihre «brüderliche Eintracht». Die meisten in seiner Familie blieben katholisch, einige traten zum Protestantismus über, ohne dass es in der Folge zu großen Auseinandersetzungen gekommen wäre. Als ein junges protestantisches Mitglied der Familie Eyquem extremistische Anwandlungen an den Tag legte, riet ihm La Boétie, sich zu mäßigen «aus Achtung vor dem guten Ruf, den Euer Haus durch eine ununterbrochene Eintracht erworben hat – ein Haus, das ich so teuer halte wie irgendein Haus in der Welt (mein Gott, welches Haus, aus dem nur die Handlung eines Biedermannes hervorgegangen ist!)».

Diese bewundernswerte Sippe war weit verzweigt. Montaigne

hatte sieben Brüder und Schwestern, allesamt jünger als er, nicht mit-
gerechnet die beiden vor ihm geborenen, die früh starben. Der Alters-
unterschied zwischen den Geschwistern war beträchtlich. Er betrug
beinahe eine ganze Generation, denn Montaigne war fast siebenundzwanzig Jahre alt, als sein jüngster Bruder Bertrand zur Welt kam.
Soweit wir wissen, wurde keinem der anderen Geschwister so viel
Aufmerksamkeit oder eine so außergewöhnliche Erziehung zuteil wie
dem kleinen Micheau. Die Töchter erhielten wohl die für Frauen
übliche Bildung, also so gut wie keine. Und selbst die anderen Söhne
wurden, so scheint es, konventioneller erzogen. Das einzige Kind der
Familie, dessen Erziehung gut dokumentiert ist, war Michel de Montaigne – und er wurde nicht einfach nur erzogen. Er war das Objekt
eines beispiellosen pädagogischen Experiments.

Es begann bereits direkt nach seiner Geburt, als Micheau zu einer
einfachen Bauernfamilie ins Nachbardorf in Pflege gegeben wurde.
Eine Bäuerin als Amme zu nehmen war damals nichts Ungewöhnliches, aber Montaignes Vater wollte, dass sein Sohn die Gepflogenheiten der einfachen Leute gleichsam mit der Muttermilch aufnahm, und
deshalb wuchs Montaigne bei den Leuten auf, die der Hilfe eines *seigneur* am meisten bedurften. Statt dass die Amme zu dem Säugling
kam, schickte sein Vater den Säugling zur Amme, wo er blieb, bis er der
Muttermilch entwöhnt war. Er wurde auch von «Leuten des niedrigs-
ten Standes» aus der Taufe gehoben. Von Anfang an hatte Montaigne
das Gefühl, ein Bauernkind unter Bauern und gleichzeitig etwas ganz
Besonderes zu sein. Dieses Gefühl verließ ihn sein Leben lang nicht
mehr. Er hielt sich für einen ganz gewöhnlichen Menschen, und gerade
das machte seine Außergewöhnlichkeit aus.

Die Idee mit der bäuerlichen Pflegefamilie hatte jedoch einen
Nachteil, den Pierre wahrscheinlich nicht bedacht hatte. Da sein Sohn
unter fremden Leuten aufwuchs, konnte er, wie wir heute sagen, keine
«Bindung» an seine Eltern entwickeln. Das galt in gewisser Weise für
alle Kinder, die von einer Amme gestillt wurden, aber sie blieben in der
Regel die meiste Zeit bei ihrer Mutter. Bei Montaigne war dies offenbar
anders. Wenn wir von den entwicklungspsychologischen Ideen des
20. und 21. Jahrhunderts ausgehen (die sich vielleicht bald als fragwürdig erweisen werden: vielleicht ist die Mutter-Kind-Bindung ein ebenso

kurzlebiges, kulturell bedingtes Phänomen wie das Gestilltwerden durch eine Amme), so muss der mangelnde Kontakt zu den Eltern in den entscheidenden ersten Lebensmonaten Montaignes Beziehung zu seiner Mutter tiefgreifend geprägt haben. Montaignes eigener Einschätzung nach jedoch funktionierte der Plan perfekt, und er empfahl seinen Lesern, mit ihren Kindern möglichst dasselbe zu tun: «Überlasst es dem Schicksal, sie nach den natürlichen und landläufigen Gesetzen heranzubilden.»

Wie alt auch immer er war, als er ins väterliche Schloss zurückkehrte – ein, zwei Jahre vielleicht –, er wurde seiner Pflegefamilie abrupt wieder entrissen, denn der zweite Teil seiner experimentellen Erziehung war das krasse Gegenteil des ersten. Der kleine, bäuerlich geprägte Micheau wurde von nun an in der lateinischen Sprache erzogen.

Die Sprache, die er bei seinen Pflegeeltern gehört hatte, war der Dialekt des Périgord gewesen. Als er alt genug war, das Essen seiner Gastfamilie zu essen, war er auch alt genug, um sein Ohr an deren Sprache zu gewöhnen, wenngleich er sie noch nicht sprechen konnte. Jetzt musste er ins Lateinische wechseln, ohne den Zwischenschritt der Sprache, in der er später schreiben sollte: Französisch. Ein in jeder Hinsicht ungewöhnliches Experiment, das vor praktische Probleme stellte. Pierre selbst beherrschte die lateinische Sprache nur minimal, seine Frau und die Bediensteten gar nicht. Auch im näheren Umkreis gab es niemanden, der Latein wie seine Muttersprache beherrschte. Wie wollte Pierre es schaffen, seinem Sohn die Sprache Ciceros und Vergils beizubringen?

Er verfiel auf ein zweistufiges Modell. Für Stufe eins engagierte er einen Lehrer, der Latein flüssig beherrschte, obgleich es nicht seine Muttersprache war. Dr. Horsts größter Pluspunkt war, dass er zwar gut Lateinisch, aber kaum Französisch konnte, geschweige denn den heimischen Dialekt, so dass er mit dem kleinen Micheau nur auf Latein kommunizieren konnte. So wurde Dr. Horst – latinisiert Horstanus – schon früh zu seiner wichtigsten Bezugsperson, «noch bevor sich meine Zunge zu lösen begann», wie Montaigne sich ausdrückte.

Stufe zwei bestand in dem Verbot für alle Haushaltsmitglieder, mit Micheau eine andere Sprache als Latein zu sprechen. Wenn sie dem

Kind sagen wollten, es solle sein Frühstück essen, mussten sie den lateinischen Imperativ und die richtige Kasusendung benutzen. Also begannen alle, sich ein paar Brocken Latein anzueignen, und auch Pierre selbst kratzte seine schulischen Sprachkenntnisse zusammen. Wie Montaigne berichtet, profitierten auf diese Weise alle davon:

> Mein Vater und meine Mutter lernten auf diese Weise genug Latein, um es zu verstehn und sich notfalls seiner zu bedienen; dasselbe traf auch auf all jene im Hause zu, deren besondrer Obhut ich anvertraut war. Kurz, wir latinisierten uns dermaßen, dass einiges hiervon bis in die rundum liegenden Dörfer drang, wo es für manche handwerkliche Berufe und Arbeitsgeräte heute noch lateinische Bezeichnungen gibt, die sich durch ständigen Gebrauch dort eingewurzelt haben. Ich meinerseits verstand noch nach meinem sechsten Lebensjahr Französisch oder das heimische Périgordisch nicht besser als Arabisch.

So lernte Montaigne «ohne System und Buch, ohne Grammatik und Lehrplan, ohne Rute und Tränen» ein Latein so tadellos wie das seines Lehrers, und es kam ihm noch natürlicher über die Lippen als diesem. Spätere Lehrer lobten seine Lateinkenntnisse.

Warum tat sein Vater das? Bei dieser Frage wird uns bewusst, was für ein Abgrund sich zwischen uns und dem Gegenstand unserer Betrachtung auftut. Die meisten Menschen würden es heute als verrückt betrachten, Eltern und Kind einer toten Sprache wegen zu trennen. In der Renaissance erschien dieser Preis nicht zu hoch. Die Beherrschung eines schönen und grammatikalisch makellosen Lateins war das oberste Ziel einer humanistischen Bildung. Es war der Schlüssel zur antiken Welt, die als Inbegriff menschlicher Weisheit betrachtet wurde, aber auch der Schlüssel zur zeitgenössischen Kultur, da die meisten Gelehrten nach wie vor Lateinisch schrieben. Die Beherrschung dieser Sprache war zudem die Voraussetzung für eine Laufbahn im juristischen und staatlichen Dienst. Latein verlieh seinem Sprecher die höheren Weihen. Wer geschliffen Lateinisch sprach, der musste, so die Vorstellung, auch in der Lage sein, geschliffen zu denken. Pierre wollte seinem Sohn die besten Startbedingungen fürs Leben geben: einen Zugang zum verlorenen Paradies der Antike und zu einer erfolgreichen persönlichen Zukunft.

Pierres Erziehungsmethode belegt auch die Ideale jener Zeit. Die meisten Jungen lernten Latein mühselig in der Schule, die Römer dagegen hatten es ohne großen Aufwand sprechen gelernt, so natürlich wie das Atmen. Die Tatsache, dass die Heutigen diese Sprache künstlich erlernen mussten, galt als Ursache dafür, dass sie sich nicht zur Seelengröße und Erkenntnisfülle der Griechen und Römer aufschwingen konnten.

Es war alles andere als ein grausames Experiment, zumindest vordergründig. Die neuen Erziehungstheorien der Zeit betonten, Lernen müsse Vergnügen bereiten, und die wichtigste Lernmotivation der Kinder sei ihr angeborener Wissensdurst. Als Montaigne älter wurde, lernte er auch Griechisch auf spielerische Weise. «So schoben wir uns die Deklinationsformen Zug um Zug wie jene Schüler zu, die Arithmetik und Geometrie mittels bestimmter Brettspiele erlernen», schrieb er. Vom Griechischen blieb jedoch bei ihm nicht viel hängen. Später bekannte er, nur geringe Griechischkenntnisse zu besitzen. Insgesamt aber erwies sich dieser hedonistische Erziehungsansatz als vorteilhaft. Von frühester Kindheit an hatte er sich allein von seiner Neugier leiten lassen, und er wuchs zu einem unabhängigen Geist heran, der seinen eigenen Weg ging, ohne sich der Pflicht und Disziplin zu unterwerfen – mit einem Ergebnis, das vielleicht wertvoller war, als sein Vater es erhofft hatte.

Andere Aspekte von Montaignes Kindheit spiegeln ähnlich zwanglose Grundsätze wider. Man war der Ansicht, «es verwirre das zarte Gehirn der Kinder, wenn man sie am Morgen jählings wachrüttle», weshalb Pierre seinen Sohn wie eine Kobra aus dem Bett locken ließ – vom Wohlklang eines Spinetts oder eines anderen Musikinstruments. Körperliche Züchtigung erfuhr das Kind kaum, es wurde nur zweimal mit einer Rute geschlagen, und auch dann nur sehr sanft. Es war eine Erziehung mit «Umsicht und Fingerspitzengefühl».

Pierre bezog seine pädagogischen Ideen von seinen gelehrten Freunden und vielleicht auch von Leuten, die er in Italien kennengelernt hatte. Doch der wichtigste Ideologe für diesen Ansatz war ein Holländer, Erasmus von Rotterdam, der während seines Italienaufenthalts zwanzig Jahre zuvor über die Erziehung geschrieben hatte. Montaigne behauptete, das pädagogische Konzept sei die Idee seines

Der junge Montaigne wird geweckt. Kupferstich aus dem 19. Jahrhundert

Vaters gewesen, der «alle menschenmöglichen Erkundigungen über eine besonders empfehlenswerte Erziehungsmethode einholte». Wie für Pierre typisch, war es ein wissenschaftlich fundiertes Konzept und gleichzeitig ziemlich unausgegoren. Es ist mit Sicherheit deutlicher von Montaignes Vater Pierre als von seiner Mutter Antoinette inspiriert, und man würde allzu gern wissen, was sie davon hielt. Wenn Montaignes Säuglingsjahre bei einer Bauernfamilie ihren Sohn von ihr entfremdet hatten, so verstärkte die weitere Erziehung diese Distanz noch zusätzlich. Sie wohnten jetzt zwar im selben Haus, aber sprachlich und kulturell lebten sie auf verschiedenen Planeten. Es ist unwahrscheinlich, dass sich seine Mutter die lateinische Sprache gut aneignete, auch wenn Montaigne sagt, sie habe ihm zuliebe ein wenig gelernt. Auch Pierres Kenntnisse blieben rudimentär. Wenn das Experiment tatsächlich so streng war, wie es seine Beschreibung nahelegt (was durchaus zu bezweifeln ist), dann konnten Vater und Mutter mit ihrem Sohn nur sehr gestelzt und unnatürlich kommunizieren. Selbst Horstanus konnte sich nicht völlig spontan mit ihm unterhalten, so profund seine Kenntnisse auch waren. So viel zur «Natürlichkeit» dieser Erziehung. Man kann nur vermuten – und hoffen –, dass die strengen Regeln gelegentlich durchbrochen wurden. Darüber lässt Montaigne nichts verlauten. Und er lässt auch keinen Zweifel daran, dass das Experiment in seinen Augen ein großer Erfolg war.

Er sprach zwar fließend Latein, aber diese Saat ging später nicht auf. Mangels Sprachpraxis sank sein Niveau wieder auf das aller anderen gebildeten jungen Adligen. Als jedoch sein Vater Jahrzehnte später während einer Nierenkolik bewusstlos wurde und in seine Arme sank, kamen Montaignes «erste Worte aus dem tiefsten Innern» – auf Latein.

Nachhaltiger war die Wirkung dieser Erziehung auf Montaignes Persönlichkeit. Wie so oft bei frühkindlichen Erfahrungen lagen Nutzen und Schaden nah beieinander. Er war anders als seine Familie und alle seine Zeitgenossen, was vielleicht zu einer gewissen Distanziertheit in den zwischenmenschlichen Beziehungen führte, ihm aber gleichzeitig geistige Unabhängigkeit verschaffte. Es wurden hohe Erwartungen in ihm geweckt, da er in Gesellschaft der größten Schriftsteller der Antike und nicht der provinziell geprägten Franzosen seiner Nachbarschaft aufgewachsen war. Gleichzeitig enthob es ihn anderer, konventionellerer Ambitionen, da er alles in Frage stellte, was andere zu erreichen suchten. Der junge Montaigne war einzigartig. Er musste sich nicht mit anderen messen, und er musste sich kaum anstrengen. Seine Erziehung verlief in den bizarrsten Grenzen, die jemals einem Kind gesetzt wurden, gleichzeitig genoss er eine geradezu unbegrenzte Freiheit. Er lebte in seiner ganz eigenen Welt.

Am Ende eignete er sich ein gutes Französisch an, wenngleich nie diese disziplinierte, makellose Version, die spätere Jahrhunderte ihren Schriftstellern abverlangten. Er hatte eine eigenwillige Ausdrucksweise. Manche fanden, er schreibe wie ein ungehobelter Bauerntölpel. Dennoch war Französisch, nicht Lateinisch die Sprache seiner Wahl. In den *Essais* nennt er dafür einen merkwürdigen Grund: Französisch sei unbeständiger als die klassischen Sprachen, weshalb seine Schriften unweigerlich der Vergänglichkeit anheimfallen würden – und er daher schreiben könne, wie und was er wolle, ohne sich um seinen guten Ruf den Kopf zu zerbrechen. Die Tatsache, dass eine Sprache nicht in Perfektion erstarrt war, sondern sich stetig veränderte, sagte ihm grundsätzlich zu. Wenn sie unvollkommen war, stand er nicht unter dem Druck, sie fehlerlos zu handhaben.

Obwohl Montaigne idealistische Konzepte ablehnte, befürwortete er doch das pädagogische Experiment seines Vaters. Wenn er sich über die Erziehung äußerte, waren seine Ideen eine moderate Variante der väterlichen Vorstellungen, die viel zu extrem waren, um allgemeine Zustimmung zu finden. Der Schriftsteller Tabourot des Accords, ein Zeitgenosse Montaignes, regte sogar an, Adlige sollten sich zusammenschließen, um ihre Kinder in einer Art lateinischer Kommune zu erziehen – ein Plan, der wohl nie realisiert wurde.

Weniger bizarre Aspekte einer kindgerechten Erziehung im 16. Jahrhundert setzten sich jedoch durch und wurden bis in unsere Zeit praktiziert. Im 18. Jahrhundert begründete Jean-Jacques Rousseau den Kult der natürlichen Kindererziehung. Einige seiner Ideen bezog er von Montaigne, besonders aus seinem untypisch normativen *Essai* über die Erziehung.

Der *Essai* «Über die Knabenerziehung» setzte zwangsläufig Normen, denn er war von einer Nachbarin, der schwangeren Diane de Foix, Comtesse de Gurson, in Auftrag gegeben worden. Sie wollte wissen, welcher Start ins Leben Montaignes Ansicht nach für ihr noch ungeborenes Kind (falls es ein Sohn wäre) am besten sei. Montaignes Ratschläge offenbaren, wie zufrieden er auf die Erziehung zurückblickte, die ihm selbst zuteil geworden war. Er empfahl der Comtesse, ihre mütterlichen Instinkte zu zügeln und einen Außenstehenden zum Mentor ihres Sohnes zu bestellen, denn Eltern ließen sich zu sehr von ihren Gefühlen leiten. Sie machten sich unablässig Sorgen, dass das Kind sich im Regen erkälte oder sich beim Fechten verletze. Ein Lehrer sei da weniger zimperlich. Gleichzeitig dürfe man dem Lehrer auch keine Grausamkeiten erlauben. Lernen solle für das Kind ein Vergnügen sein, und es solle mit der Vorstellung aufwachsen, dass Wissen ein freundliches, kein grimmiges und erschreckendes Gesicht hat.

Er wetterte gegen die brutalen Methoden der meisten Schulen. «Hinweg mit dem Zwang, mit der Gewalttätigkeit!», forderte er. Wenn man zur Unterrichtszeit in eine Schule komme, höre man «nichts als das Geschrei geprügelter Zöglinge und wutschäumender Lehrer». All das nehme den Kindern für den Rest ihres Lebens die Lust aufs Lernen.

Oft brauche man gar kein Buch zu Hilfe zu nehmen. Tanzen lerne man durch Tanzen, Laute zu spielen, indem man Laute spiele. Dasselbe gelte für das Denken, ja für das Leben überhaupt. Jede Erfahrung sei eine Chance, etwas zu lernen: «die losen Reden eines Pagen, die Begriffsstutzigkeit eines Stallknechts oder auch muntere Tischgespräche». Das Kind solle lernen, alles in Frage zu stellen, «alles durchs eigene Sieb zu schlagen, und nichts setze er [der Lehrer] ihm lediglich kraft seiner Autorität und seines Ansehns in den Kopf». Auch Reisen sei nützlich, ebenso der Umgang mit Menschen, die dem Kind Offenheit und Anpassungsfähigkeit beibringen. Eigenbröteleien müssten frühzeitig bekämpft werden. «Ich habe Leute erlebt, die vor dem Geruch von Äpfeln entsetzter flohen als vor Arkebusenschüssen; andere, die vor einer Maus erschraken; andere, die sich erbrachen, wenn sie Rahm sahen, und wieder andre, wenn vor ihnen ein Federbett aufgeschüttelt wurde.» All dies sei widernatürlich und stehe dem menschlichen Zusammenleben entgegen. Es könne überwunden werden, denn Kinder seien formbar.

Wenigstens bis zu einem bestimmten Punkt. An einer anderen Stelle äußert sich Montaigne ganz anders: Veranlagungen seien nicht zu verändern, man könne sie zwar in gewisse Bahnen lenken oder trainieren, davon befreien könne man sich nicht. «Da ist keiner, der, falls er sich ausforscht, nicht in sich eine ihm eigne Form entdeckte, eine Grundform, die sich gegen die Erziehung […] zu behaupten sucht.»

Pierre hatte wohl eine weniger fatalistische Sicht auf die menschliche Natur, war er doch überzeugt, dass er den jungen Micheau tatsächlich formen könne und dass sein pädagogisches Experiment gelingen werde. Mit seiner zupackenden Mentalität machte er sich stets daran, etwas aufzubauen und auszugestalten – sein Anwesen und eben auch seinen Sohn.

Doch wie so viele andere Vorhaben ließ Pierre auch die experimentelle Erziehung seines Sohnes unvollendet, das jedenfalls glaubte Montaigne. Im Alter von sechs Jahren wurde das Kind aus diesem unkonventionellen pädagogischen Umfeld abrupt herausgerissen und in eine ganz normale Schule gesteckt. Montaigne blieb lebenslang überzeugt, dies habe er sich selbst zuzuschreiben: Seine Widerspenstigkeit, seine «Grundform», habe den Vater veranlasst, das Experiment abzubrechen. Vielleicht aber hatte Pierre sich nur der Konvention gebeugt, nachdem er seine gelehrten Ratgeber nicht mehr an seiner Seite hatte. Wahrscheinlicher ist allerdings, dass Pierre von Anfang an die Absicht hatte, Micheau ab einem bestimmten Alter zur Schule zu schicken. Montaigne verstand den Plan nicht und sah darin eine Kritik an seiner Person, die wohl gar nicht vorhanden war. Das mehrstufige Erziehungskonzept von der Bauernfamilie über den Lateinlehrer bis hin zur Schule hatte das Ziel, den Sohn zu einem vollendeten Edelmann heranzubilden, der geistig unabhängig, aber auch anpassungsfähig war. Seit 1539 also besuchte Montaigne zusammen mit anderen Knaben seines Alters das Collège de Guyenne in Bordeaux.

Er blieb dort zehn Jahre lang, bis mindestens 1548, und er gewöhnte sich daran, doch zunächst war es ein schwerer Schock. Nach dem freien Leben auf dem Land fiel es ihm nicht leicht, sich an das Stadtleben zu gewöhnen. Bordeaux lag knapp sechzig Kilometer von seinem Elternhaus entfernt, mehrere Stunden Ritt, selbst auf einem schnellen Pferd. Die Reise wurde dadurch verlangsamt, dass man den Fluss Dordogne überqueren musste. Die Passagiere wurden mit einer Fähre von einer Landschaft mit sanft gewellten grünen Hügeln und Weinbergen mitten in den Handelsdistrikt von Bordeaux übergesetzt, in eine völlig andere Welt.

Von einer Stadtmauer umgeben und mit Häusern, die sich in klaustrophobischer Enge am Fluss zusammendrängten, unterschied sich das Bordeaux des 16. Jahrhunderts grundlegend von der heutigen Stadt. Im 18. und 19. Jahrhundert wurden die alten engen Straßen durch breite Boulevards und große beigefarbene Gebäude ersetzt, die der Stadt bis heute ihren besonderen Charakter verleihen. Zur Zeit Montaignes war es eine mit rund 25 000 Einwohnern dichtbesiedelte und geschäftige Stadt. Der Fluss wimmelte von Booten, und an seinen Ufern herrschte ein reger Warenverkehr. Hauptsächlich Wein wurde ver- und entladen, aber auch – in einem Gemisch der Gerüche und Aromen – getrocknete Fische, Salz und Holz.

Das Collège de Guyenne lag in einem ruhigeren Teil der Stadt, abseits des Handelszentrums, inmitten von Ulmen. Es war eine ausgezeichnete Schule, auch wenn Montaigne kein gutes Haar an ihr ließ. Ihr Lehrplan und ihre Lehrmethoden waren für unser heutiges

Empfinden furchteinflößend. Alles drehte sich um das Auswendiglernen der lateinischen Sprache, jenes Fachs, in dem Montaigne seinen Mitschülern so überlegen war, dass sogar seine Lehrer staunten. Von Lehrern und Schülern wurde erwartet, dass sie sich in dieser Sprache unterhalten konnten. Wie bei Montaigne zu Hause wurde in der Schule sehr gekünstelt gesprochen – doch damit endeten auch schon die Gemeinsamkeiten. Hier wurde man nicht mit sanfter Musik geweckt. Hier stand nicht das Vergnügen an erster Stelle, und, am schockierendsten: Der kleine Micheau wurde nicht als der Mittelpunkt des Universums betrachtet.

Jetzt musste er sich einfügen. Der Unterricht begann frühmorgens mit der sezierenden Lektüre literarischer Texte, in der Regel von Autoren wie Cicero, die dem Geschmack junger Leser am wenigsten entsprachen. Nachmittags wurde Grammatik gepaukt, theoretisch und nicht anhand von Beispielen, und abends wurden Texte gelesen. Die Lehrer diktierten ihre Analysen, die die Jungen auswendig zu lernen hatten.

Aufgrund seiner Lateinkenntnisse wurde Montaigne schnell in eine höhere Klasse versetzt, doch der schlechte Einfluss seiner weniger privilegierten Mitschüler ließ, wie er schreibt, sein Latein schnell «verlottern», so dass er am Ende der Schulzeit weniger konnte als am Anfang.

In Wirklichkeit war das Collège relativ experimentierfreudig und offen, und einige Aspekte des Schulalltags gefielen Montaigne mehr, als er zugeben wollte. Die Schüler der höheren Klassen wetteiferten in der Redekunst und im Debattieren, selbstverständlich ausschließlich auf Latein und mit weniger Konzentration auf den Inhalt als auf den sprachlichen Ausdruck. Hier lernte Montaigne kritisches Denken und rhetorische Fähigkeiten, die ihm ein Leben lang von Nutzen waren. Hier begegnete er wohl erstmals auch den «Kollektaneenbüchern», Notizheften, in die man Lektürezitate eintrug; diese Zitate stellte man zu neuen, kreativen Sammlungen zusammen. Später beschäftigte sich der Schüler Montaigne mit interessanteren Themen: unter anderem mit Philosophie, allerdings nicht mit der praktischen Philosophie der Lebenskunst, sondern mit aristotelischer Logik und Metaphysik. Es gab aber auch Vergnügliches. Ein neuer Lehrer, Marc-Antoine Muret, schrieb und inszenierte Theaterstücke. In einem spielte Montaigne eine Hauptrolle. Er hatte schauspielerisches Talent, beherrschte die «Mimik» und zeigte «eine große Geschmeidigkeit von Stimme und Gebärden», wie er schrieb.

All dies vollzog sich in einer für das Collège schwierigen Zeit. 1547 wurde der fortschrittliche Rektor André Gouvéa von konservativen politischen Gruppen aus dem Amt gedrängt. Er ging nach Portugal und nahm seine besten Lehrer mit. Im Jahr darauf brach in Bordeaux der Aufstand aus, der Montaignes Vater, zu der Zeit Bürgermeister, so viel Kummer bereitete. Der Südwesten Frankreichs war seit jeher von der Salzsteuer befreit gewesen, doch jetzt erhob der neue König, Heinrich II., diese Steuer auch hier. Daraufhin kam es zum Aufstand.

Fünf Tage lang, vom 17. bis zum 22. August 1548, zog ein wütender Mob durch die Straßen und steckte die Häuser der Steuereinnehmer in Brand. Häuser der Reichen wurden geplündert, und die Unruhen weiteten sich immer weiter aus. Einige Steuerbeamte wurden getötet, ihre Leichen durch die Straßen geschleift und demonstrativ mit Salzhaufen bedeckt. Tristan de Moneins, der Generalleutnant und Gouverneur der Stadt und damit offizieller Repräsentant des Königs, wurde gelyncht. Er hatte sich in einer mächtigen königlichen Festung, dem Château Trompette, verschanzt, vor deren Toren eine Volksmenge sein Herauskommen forderte. Vielleicht wollte er sich dadurch Respekt verschaffen, dass er der Aufforderung nachkam. Aber das war ein Fehler. Er wurde von der Menge erschlagen.

Montaigne, damals fünfzehn Jahre alt, trieb sich auf den Straßen herum, denn im Collège fand aufgrund der Gewalttätigkeiten kein Unterricht statt. Er wurde Zeuge, wie Moneins getötet wurde – eine Szene, die er nie mehr vergessen sollte. Vielleicht zum ersten Mal tauchte in seinem Kopf eine Frage auf, die in unterschiedlichen Abwandlungen seine *Essais* durchziehen sollte: ob es besser war, sich den Respekt des Feindes durch offenen Widerstand zu verschaffen, oder ob man sich seiner Gnade überantworten und hoffen sollte, ihn durch Unterwerfung oder den Appell an seine Güte zu gewinnen.

Montaignes Ansicht nach bestand Moneins' Fehler in seiner Unschlüssigkeit. Zunächst wollte er der Menge trotzen, verlor aber dann den Mut zu seinem Entschluss und zeigte sich unterwürfig. Seine Botschaft war nicht eindeutig. Außerdem unterschätzte er die Psychologie der Massen. Ein aufgepeitschter Mob kann entweder beschwichtigt oder niedergeschlagen werden, normale menschliche Gefühle darf man nicht von ihm erwarten. Dies schien Moneins nicht gewusst zu haben. Er erwartete vom Mob dieselben menschlichen Regungen wie von einem Individuum.

Es war gewiss tapfer, sich unbewaffnet in diese «tobende See von Wahnsinnigen zu stürzen», aber er habe bis zum Schluss durchhalten müssen und

> seine Rolle nicht aufgeben dürfen; so aber bekam er angesichts der ihm auf den Leib rückenden Gefahr kalte Füße und verschlimmerte seine Lage noch, indem er aus seiner bis dahin demütigen und willfährigen Haltung nun in völlige Fassungslosigkeit verfiel, vor Entsetzen und Zerknirschung die Augen aufgerissen und die Stimme schrill. Als er dann noch versuchte, das Hasenpanier zu ergreifen, entflammte er die Meute erst recht und hetzte sie sich endgültig auf den Hals.

Moneins' Ermordung und gewiss auch andere grausame Szenen, deren Zeuge er in jener Woche wurde, lehrten Montaigne viel über die psychologische Komplexität von Auseinandersetzungen und über die Schwierigkeit, sich in einer kritischen Situation richtig zu verhalten. Dass die Gewalttätigkeiten schließlich abebbten, war hauptsächlich das Verdienst von Montaignes späterem Schwiegervater Geoffrey de La Chassaigne, der einen Waffenstillstand aushandelte. Doch für ihre Unbotmäßigkeit wurde die Stadt hart bestraft. Im Oktober schickte der König zehntausend Soldaten unter dem Kommando des Connétable de Montmorency nach Bordeaux. In den folgenden drei Monaten führte Montmorency eine Schreckensherrschaft und ermunterte seine Soldaten zu Plünderungen und Mord wie eine Besatzungsmacht. Wer als Teilnehmer an den Unruhen dingfest gemacht wurde, den band man aufs Rad oder verbrannte ihn. Bordeaux wurde physisch, finanziell und moralisch gedemütigt. Die Stadt verlor die Befugnis zur Rechtsprechung in ihren eigenen Angelegenheiten, Artillerie und Schießpulver wurden beschlagnahmt, das *parlement* wurde aufgelöst und Bordeaux eine Zeitlang von Beamten aus anderen Teilen Frankreichs verwaltet.

Die Kosten für die Besatzung musste die Stadt selbst tragen. Und als Moneins' Leiche exhumiert wurde, um in der Kathedrale beigesetzt zu werden, mussten die städtischen Beamten vor Montmorencys Haus auf die Knie fallen und für den Mord um Vergebung bitten.

Im Laufe der Zeit erhielt Bordeaux seine Privilegien zurück, nicht zuletzt durch die Bemühungen von Montaignes Vater, dem Bürgermeister. Erstaunlicherweise erreichte die Rebellion langfristig ihr Ziel. Entnervt von den Aufständen, beschloss Heinrich II., die Salzsteuer nicht einzufordern. Doch der Preis dafür war hoch gewesen.

1549 brach in Bordeaux die Pest aus. Die Seuche wütete zwar nicht verheerend, aber doch so schlimm, dass jeder ängstlich seine Haut untersuchte und zusammenzuckte, wenn er auch nur jemanden husten hörte. Erneut musste das Collège schließen, doch zu dem Zeitpunkt hatte Montaigne wahrscheinlich die Schule bereits beendet. Er verließ sie um 1548 und brach auf in die nächste Phase seines jungen Lebens.

Für die lange Zeitspanne bis 1557 ist ungewiss, womit genau er sich beschäftigte. Vielleicht kehrte er auf das väterliche Anwesen zurück, vielleicht besuchte er aber auch eine Akademie, wo junge Adlige den letzten Schliff im Reiten, Fechten, Jagen, in Wappenkunde, Gesang und Tanz erhielten. (Montaigne scheint sich nur für den Reitunterricht interessiert zu haben, der einzigen Disziplin, die er, wie er später behauptete, beherrschte.) Irgendwann muss er auch Rechtswissenschaften studiert haben. Als er ins Erwachsenenalter eintrat, war er jedenfalls mit allem gerüstet, um ein erfolgreicher *seigneur* zu werden. Er hatte in der Schule sämtliche dafür erforderlichen Kenntnisse und Fertigkeiten erworben. Hierzu gehörte auch etwas, was seinen Vater gefreut hätte: die Liebe zu Büchern und die Entdeckung der Welten, die sie ihm eröffneten – Welten, die die Weinberge von Guyenne und die Langeweile des Alltags einer Schule im 16. Jahrhundert weit hinter sich ließen.

4

Frage: Wie soll ich leben?

Antwort: Lies viel, vergiss das meiste wieder,

und sei schwer von Begriff!

Lesen

Die intensiven Grammatikstudien, für die Cicero und Horaz herhalten mussten, hätten Montaignes Interesse an der Literatur fast im Keim erstickt. Doch es gab an seiner Schule auch Lehrer, die dem Kind die unterhaltsameren Bücher nicht aus der Hand rissen, wenn sie es bei deren Lektüre ertappten, sondern ihm noch weitere zusteckten – so diskret, dass es sie verschlingen konnte und sich trotzdem weiter als Rebell fühlte.

Eines dieser als unpassend erachteten Bücher, die Montaigne im Alter von sieben, acht Jahren für sich entdeckte und die sein Leben veränderten, waren Ovids *Metamorphosen*. Die Geschichten über die wundersamen Verwandlungen der antiken Götter und Sterblichen hielten für die Leser im Zeitalter der Renaissance etwas bereit, das späteren Jahrhunderten dann die erschreckenden und erheiternden Märchen der Gebrüder Grimm oder Hans Christian Andersens bieten sollten. Jedenfalls waren sie ganz anders als das, was im Unterricht behandelt wurde. Ein phantasiebegabter Junge des 16. Jahrhunderts konnte die *Metamorphosen* mit großen, staunenden Augen lesen und sich von ihnen in ihren Bann schlagen lassen.

Bei Ovid verwandeln sich die Menschen in Bäume, Tiere, Gestirne, Gewässer oder auch in körperlose Stimmen. Sie ändern ihr Geschlecht oder werden zu Werwölfen. Eine Frau namens Scylla taucht in einen giftigen Teich ein und beobachtet, wie sich ihre Gliedmaßen in hundeähnliche Ungeheuer verwandeln, denen sie sich nicht entziehen kann, weil diese Ungeheuer mit ihr identisch sind. Der Jäger Aktaion verwandelt sich in einen Hirsch und wird von seinen eigenen Hunden gejagt. Ikarus fliegt so hoch, dass er von der Sonne verbrannt wird. Ein König und eine Königin verwandeln sich in Berge. Die Nymphe Samacis stürzt sich in den Teich, in dem der schöne Hermaphroditus badet, und umschlingt ihn wie ein Tintenfisch seine Beute, bis ihr Körper mit seinem verschmilzt und sie eins werden, halb Mann, halb Frau. Nachdem Montaigne einmal Geschmack an dieser Art Geschichten gefunden hatte, verschlang er weitere Bücher ähnlichen Inhalts: Vergils *Aeneis*, Terenz, Plautus und neuere italienische Komödien. Für ihn wurde das Lesen jetzt zu einem aufregenden Abenteuer – und zum einzig Positiven, das ihm die Schule zu bieten hatte. «Es blieb halt eine Lehranstalt», meinte Montaigne.

Viele seiner frühen Entdeckungen begleiteten ihn durch sein ganzes Leben. Die Begeisterung für Ovids *Metamorphosen* ließ zwar später nach, trotzdem sind die *Essais* voll mit Geschichten daraus, und Montaigne imitierte Ovids Stil, unvermittelt und scheinbar willkürlich von einem Thema zum anderen zu springen. Auch Vergil zählte zu seinen Lieblingsschriftstellern, obwohl der reife Montaigne dreist genug war zu behaupten, über einige Passagen der *Aeneis* hätte der Autor «noch einmal mit dem Kamm» gehen können.

Doch noch mehr als dafür, was sich Menschen vorstellten, interessierte sich Montaigne für die Handlungen realer Menschen. Und deshalb verlagerte sich sein Interesse bald von den Dichtern zu den Geschichtsschreibern und Biographen. In Geschichten aus dem wirklichen Leben trete der Mensch «mit all der Vielfalt seiner wahren Wesenszüge im Großen und im Kleinen» in Erscheinung, mit «all seinen mannigfachen Umgangsformen und all den Misslichkeiten, die ihn bedrohn», schrieb er. Unter den Geschichtsschreibern schätzte er besonders Tacitus, dessen *Historien* er in einem Zug las. Er kenne keinen Autor, bekannte er, der «einer öffentlichen Chronik so viele Betrachtungen über individuelle Verhaltensweisen und Neigungen beimischte» wie Tacitus, der, so Montaigne, in einer ebenso merkwürdigen und extremen Epoche gelebt habe wie er selbst. «Oft meint man geradezu, wir seien es, die er beschreibt und brandmarkt.»

Unter den Biographen schätzte Montaigne besonders jene, die über die Beschreibung äußerer Ereignisse hinausgingen und versuch-

ten, die innere Welt eines Menschen zu rekonstruieren. In Montaignes
Augen konnte das keiner besser als Plutarch, der um 46 bis 120 n. Chr.
lebte und in seinen *Vitae* das Leben großer Griechen und Römer nach-
zeichnete. Für Montaigne war Plutarch das, was er selbst für viele
Leser wurde: ein Vorbild, dem man nacheifern konnte, und eine Fund-
grube an Gedanken, Zitaten und Geschichten. «Er ist in allem derart
bewandert, dass er sich bei jeder Gelegenheit, man mag eine noch so
ausgefallne Sache aufgreifen, sogleich erbietet, aus seinem unerschöpf-
lichen Vorrat mit freigebiger Hand Verschönerungen und Reichtümer
beizusteuern.» Tatsächlich flossen in die *Essais* nahezu unverändert
ganze Abschnitte aus Texten Plutarchs ein. Niemand wäre damals auf
die Idee gekommen, hier von einem Plagiat zu sprechen. Ausführliche
Zitate großer Autoren waren gängige Praxis. Außerdem stellte Montaigne seine Funde in einen neuen Zusammenhang und verwischte die
Konturen.

Ihm gefiel die Art und Weise, wie Plutarch Bilder, Gespräche, Menschen, Tiere und Gegenstände aller Art zu einem großen Ganzen
zusammenfügte, statt abstrakte Argumente aneinanderzureihen. Er
schreibe, meint Montaigne, handfest und konkret: «Plutarch ist voller
Sachlichkeit.» Wenn Plutarch sagen möchte, es komme im Leben darauf an, aus jeder Situation das Beste zu machen, erzählt er von einem
Jungen, der nach einem Hund werfen will und stattdessen seine Stief-
mutter trifft. «So war es ja auch nicht übel!», sagt er. Wenn er uns darauf hinweisen will, dass wir die guten Dinge des Lebens leicht vergessen und auf die schlechten fixiert bleiben, schreibt er: «Wie die Fliegen
über die glatten Stellen eines Spiegels dahingleiten, bei Unebenheiten
und Rauheiten aber sich aufhalten, so gleiten auch die Menschen über
heitere, fröhliche Tage dahin und verweilen nur in der Erinnerung an
die Unannehmlichkeiten.» Plutarchs Geschichten sind nicht wohlge-
rundet, vielmehr sät er eine Saat, aus der ganz neue Welten hervorge-
hen und erkundet werden können. Er zeigt Wege auf, die wir beschrei-
ten können, und es liegt an uns, ob wir ihnen folgen wollen.

Montaignes Wertschätzung galt auch der Tatsache, dass Plutarchs
Persönlichkeit in seinem Werk deutlich zum Ausdruck kommt: «Ich
glaube, ihn so bis ins Innerste kennengelernt zu haben.» Das war es,
wonach Montaigne in einem Buch suchte – und es ist dasselbe, was

die Leser später bei ihm suchten: das Gefühl, über die Kluft der Jahrhunderte hinweg einem realen Menschen zu begegnen. Wenn Montaigne Plutarch las, verschwand der zeitliche Abstand, der ihn von
dem griechischen Biographen trennte (und der viel größer war als
der zwischen Montaigne und uns heutigen Lesern). Es sei unerheblich, schrieb er, ob jemand, den man liebt, seit 1500 Jahren oder – wie
damals sein Vater – seit achtzehn Jahren tot war. Beide seien gleich
weit entfernt, beide gleich nah.

Montaignes Vergleich seiner Lieblingsautoren mit seinem Vater ist
aufschlussreich für seine Art des Lesens. Er nahm Bücher zur Hand, als
wären es Menschen, die er im Kreis seiner Familie willkommen hieß.
Der widerspenstige, Ovid lesende Junge sollte später eine rund tausend
Bände umfassende Bibliothek besitzen: eine stattliche Zahl, aber keineswegs ein bunt zusammengewürfelter Haufen. Einige Bücher waren
das Vermächtnis seines Freundes La Boétie, andere kaufte er selbst. Er
hatte keinen Sinn für die Schönheit des Einbands oder den Seltenheits-
wert eines Buchs. Montaigne wiederholte nicht den Fehler seines
Vaters, Bücher oder deren Autoren zum Fetisch zu machen. Unvorstell-
bar, dass er Bücher küsste, als wären es Heiligenreliquien, wie es von
Erasmus oder Petrarca überliefert ist. Oder dass er, bevor er mit der
Lektüre begann, seine besten Kleider anzog, wie Machiavelli, der
bekannte: «Ich ziehe mein schmutziges, verschwitztes Alltagsgewand
aus und lege das Gewand des Hofes und des Palastes an, und in dieser
festlicheren Kleidung betrete ich den Hof der antiken Autoren und
werde von ihnen willkommen geheißen.» Montaigne hätte dieses Verhalten lächerlich gefunden. Er verkehrte mit den antiken Autoren in
einem kameradschaftlichen Ton, manchmal machte er sich sogar über
sie lustig, etwa wenn er Cicero als selbstgefällig bezeichnete oder meinte, Vergil hätte sich mehr anstrengen können.

Anstrengung aber ist etwas, wozu er selbst sich nie bequemte,
weder beim Lesen noch beim Schreiben. «Da oben blättere ich einmal
in diesem, einmal in jenem Buch», schrieb er, «ohne Ordnung, ohne
Plan: wie es sich eben ergibt.» Wenn er das Gefühl hatte, als gewissen-
hafter Gelehrter betrachtet zu werden, konnte er richtig ärgerlich werden. Ertappte er sich dabei, dass er soeben gesagt hatte, Bücher würden
Trost spenden, beeilte er sich hinzuzufügen: «Ich bediene mich ihrer

Der lesende Narr. Holzschnitt
von Albrecht Dürer

nämlich kaum häufiger als jene, die überhaupt keinen Umgang damit haben.» Und einer seiner Sätze beginnt so: «Wir, die wir kaum gelehrten Umgang mit Büchern haben ...» Seine Grundregel bei der Lektüre hatte er bei Ovid gelernt: Suche dein Vergnügen. «Stoße ich beim Lesen auf Schwierigkeiten», schrieb er, «zernage ich mir denn auch nicht die Nägel hierüber, sondern lasse die Sache, nachdem ich sie zwei-, dreimal vergeblich angegangen bin, auf sich beruhn.»

In Wirklichkeit konnte er durchaus hart arbeiten, allerdings nur, wenn sich die Mühe für ihn lohnte. Anmerkungen von Montaignes Hand finden sich in einigen Büchern seiner Sammlung, besonders in seiner Ausgabe von Lukrez' *Über die Natur der Dinge* – ein Text, der seine Aufmerksamkeit gewiss verdient hatte. Eigenwillig und intellektuell abenteuerlich, war es genau die Art Werk, das für Montaigne die Anstrengung wert war.

Er bezeichnete sich selbst gern als Faulenzer, der ein paar Seiten liest, bevor er gähnend das Buch beiseitelegt. Das passt zu dem Eindruck des Dilettantischen, den er in seinem eigenen Schreiben vermitteln wollte. Wie die Lukrez-Ausgabe zeigt, war die Wahrheit komplizierter. Aber zweifellos legte er beiseite, was ihn langweilte. In diesem Geist war er schließlich erzogen worden. Sein Vater hatte ihm gesagt, alles solle «in aller Milde und Freiheit [...], ohne Härte und Zwang» angegangen werden. Diesen Rat machte Montaigne zum Grundprinzip seines Lebens.

Montaigne, der Langsame und Vergessliche

Wenn Montaigne sich die Mühe machte, ein Buch durchzublättern, vergaß er, wie er selbst sagte, hinterher gleich wieder, was er gelesen hatte. «Das Gedächtnis ist ein höchst hilfreiches Instrument, ohne das der Verstand sein Werk kaum verrichten kann», schrieb er und fügte hinzu: «Mir fehlt es völlig.»

> Keinem Menschen steht es schlechter an als mir, vom Gedächtnis zu reden, denn ich entdecke in mir kaum eine Spur davon, und ich bezweifle, dass es auf der ganzen Welt ein zweites gibt, das so ungeheuerlich versagt.

Er gab zu, dass ihn das störte. Es war ärgerlich, dass sich die interessantesten Ideen wieder verflüchtigten, die ihm bei einem Ausritt kamen, wenn er kein Papier dabei hatte, um sie zu notieren. Auch an seine Träume hätte er sich gern deutlicher erinnert. Er zitiert Terenz, wenn er schreibt: Mein Gedächtnis «ist durchlöchert wie ein Sieb».

Montaigne verteidigte oft jene, die außerordentliche Anforderungen an ihr Gedächtnis zu bestehen hatten. Es berührte ihn beispielsweise zutiefst, als er las, wie Lynkestes vor dem versammelten Heer eine Rede zu seiner Verteidigung halten musste, nachdem man ihn der Verschwörung gegen Alexander den Großen beschuldigt hatte. Lynkestes hatte den Text vorher memoriert, aber jetzt brachte er nur stammelnd ein paar Worte heraus. Einige Soldaten verloren die Geduld und töteten ihn mit ihren Speeren, im Glauben, seine Verwirrung bekunde sein schlechtes Gewissen. «Ein schlüssiges Argument, fürwahr!», rief Montaigne aus. Die Verwirrung beweise jedoch nur, dass ein überlastetes Gedächtnis unter Anspannung und Erwartungsdruck scheut wie ein Pferd in Panik und zusammenbricht.

Selbst wenn das eigene Leben nicht auf dem Spiel stand, war es nicht unbedingt eine gute Idee, eine Rede auswendig zu lernen. Einem spontanen Vortrag konnte man besser zuhören. Als Montaigne selbst öffentlich reden musste, bemühte er sich um Lockerheit und legte es darauf an, seine «Gebärden so erscheinen zu lassen, als ob sie sich unwillkürlich und ohne Vorbedacht aus den Umständen ergäben». Insbesondere vermied er Gliederungen bei der Aufzählung von Argumenten, da man leicht einzelne Punkte vergaß oder weitere hinzufügte. Manchmal vergaß er ausgerechnet das, was ihm als die wichtigste Information erschien. Als er Tupinambá-Eingeborenen begegnete, die von französischen Siedlern aus Brasilien mitgebracht worden waren, hörte er genau zu, als sie ihre Eindrücke von Frankreich schilderten. Es gab drei interessante Aspekte, doch als Montaigne sie in seinen *Essais* wiedergeben wollte, erinnerte er sich nur noch an zwei. Andere Vergesslichkeiten waren gravierender. In einem später veröffentlichten Brief zum Tod seines Freundes La Boétie, des Menschen, den er in seinem Leben am meisten geliebt hatte, gestand er, einige der letzten Handlungen und Worte des Freundes vergessen zu haben.

Montaignes Eingeständnis solcher Unzulänglichkeiten war eine direkte Infragestellung des rhetorischen Ideals der Renaissance, dem zufolge gut denken so viel bedeutete wie gut sprechen. Und gut und angemessen zu sprechen bedeutete, die Argumentation mit geistreichen Zitaten und Beispielen auszuschmücken. Anhänger der Erinnerungskunst, der *ars memoriae*, eigneten sich Techniken zur ellenlangen Aneinanderreihung rhetorischer Figuren an und entwickelten diese Techniken zu einem Programm der philosophischen Selbstverbesserung. Für Montaigne hatte ein solches Bemühen keinen Reiz.

Schon einige seiner frühesten Leser bezweifelten, dass sein Gedächtnis tatsächlich so schlecht war, wie er behauptete. Das ärgerte ihn so sehr, dass er sich in den *Essais* darüber beklagte. Die Zweifler wiesen dennoch darauf hin, dass er beispielsweise keine Schwierigkeiten zu haben schien, Lektürezitate zu behalten. In den *Essais* tauchen viele auf, etwa, sein Gedächtnis sei «durchlöchert wie ein Sieb». Entweder war er weniger vergesslich, als er glaubte, oder er war weniger faul, als er behauptete, denn wenn er die Zitate nicht im Kopf behielt, muss er sie wohl aufgeschrieben haben. Einige waren regelrecht wütend auf ihn. Der Dichter Dominique Baudier, fast ein Zeitgenosse, sagte, Montaignes Klagen über sein schlechtes Gedächtnis stießen ihn ab und brächten ihn gleichzeitig zum Lachen: eine extreme Reaktion. Und der Philosoph Malebranche aus dem 17. Jahrhundert hatte das Gefühl, von Montaigne belogen zu werden – ein schwerwiegender Vorwurf gegenüber einem Autor, der sich viel auf seine Aufrichtigkeit zugute hielt. An dem Vorwurf ist aber durchaus etwas dran. Montaignes Erinnerungsvermögen war bestimmt besser, als er zugeben wollte. Jeder Mensch fühlt sich manchmal von seinem Gedächtnis im Stich gelassen, das ist ganz normal. Und ein undiszipliniertes, sprunghaftes Gedächtnis war in Anbetracht von Montaignes lockerer Erziehung und seines Unwillens, sich Zwang anzutun, nicht weiter verwunderlich. Wenn er immer wieder die Unzulänglichkeit seiner Erinnerung bekundet, so kann man darin auch einen impliziten Hinweis auf Tugenden sehen, die er für wichtiger hielt. Hierzu zählte paradoxerweise die Aufrichtigkeit. Das Sprichwort sagt: Ein Lügner muss ein gutes Gedächtnis haben. Wenn Montaigne nichts behalten konnte, musste er die Wahrheit sagen. Ein schlechtes Gedächtnis zwang auch dazu, sich in seinen Reden und Anekdoten kurz zu fassen, und ermöglichte ein sicheres Urteil. Menschen mit einem guten Gedächtnis haben den Kopf voll, Montaignes Kopf jedoch war so wunderbar leer, dass dem gesunden Menschenverstand nichts in die Quere kommen konnte. Und schließlich vergaß ein vergesslicher Mensch auch rasch die Kränkungen, die andere ihm zufügten, und hegte weniger Groll. Kurzum, er präsentierte sich als jemand, der auf einer Wolke des glückseligen Vergessens durch die Welt schwebte.

Ein Bereich, in dem Montaignes Gedächtnis gut zu funktionieren schien, wenn er es nur wollte, war die Wiedergabe persönlicher Erlebnisse wie des Reitunfalls. Er verlor sich nicht in netten, oberflächlichen Anekdoten, sondern konnte seine inneren Gefühle wiedergeben – nicht bis in die kleinste Einzelheit, weil ihn Heraklits Fluss forttrug, dennoch aber sehr präzise. Der Psychologe Dugald Stewart meinte im 19. Jahrhundert, Montaignes schlechtes Gedächtnis habe ihn für diese Art der Beobachtung geradezu prädestiniert. Montaigne war empfänglich für jenes «unfreiwillige» Sicherinnern, das später auch Proust in Bann schlug: für den unvermittelten Einbruch der Vergangenheit in die

Gegenwart, ausgelöst durch einen längst vergessenen Geschmack oder Geruch. Solche Momente scheinen nur dann möglich, wenn man tief in das Meer des Vergessens eintaucht, wenn man in der richtigen Stimmung ist und über Ruhe und Muße verfügt.

Montaigne erzwang nichts. «Nur ganz behutsam darf ich es in Anspruch nehmen», schrieb er über sein Gedächtnis. «Es dient mir zu seiner, nicht zu meiner Stunde.» Was man unbedingt festhalten will, entzieht sich nur noch mehr. Umgekehrt prägt sich einem nichts tiefer ein als das, was man unbedingt vergessen möchte.

«Was mir sonst leicht und natürlich von der Hand geht, will mir nicht gelingen, wenn ich es mir ausdrücklich vorschreibe und gebiete.» Seinem Gedächtnis eigene Wege zu erlauben war Teil seiner Strategie, sich in seinem Handeln von der Natur leiten zu lassen. In seiner Kindheit war das Ergebnis oft, dass er faul und nichtsnutzig erschien, was er in vieler Hinsicht wohl auch war. Trotz der ständigen Bemühungen seines Vaters, ihn zu motivieren, schrieb er, sei er «so schwerfällig, schlaff und verschlafen gewesen, dass man mich meiner Saumseligkeit nicht einmal zum Spielen entreißen konnte».

Seiner eigenen Einschätzung nach war er nicht nur müßiggängerisch, sondern auch schwer von Begriff. «Schon ein winziges Wölkchen», schrieb er, trübe ihm derart den Blick, dass er «zum Beispiel nie auch nur das leichteste Rätsel zu lösen vermochte [...]. Daher verstehe ich von allen Spielen, die sein [des Geistes] Mitspiel erfordern – Dame und Schach etwa oder Karten und dergleichen –, nur die gröbsten Züge.» Er war «schwer von Begriff» und «statt findig – lahm; vor allem aber litt ich an einer unglaublichen Gedächtnisschwäche». Er tut so, als hätten alle seine Talente und Begabungen in friedlichem Schlummer gelegen.

Aber es gab auch Vorteile. «Was ich einmal begriffen habe, behalte ich» und «Was ich freilich sah, das sah ich gut», behauptete er. Darüber hinaus benutzte er seine träge Gemütsart gern als Deckmäntelchen, unter dem er «kühne Gedanken» und unabhängige Ansichten verstecken konnte. Seine angebliche Unzulänglichkeit ermöglichte es ihm, etwas viel Wichtigeres für sich in Anspruch zu nehmen als eine schnelle Auffassungsgabe: ein gesundes Urteilsvermögen.

Montaigne wäre ein gutes Beispiel für die Bewegung «Slow Movement», die sich seit ihren Anfängen Ende des 20. Jahrhunderts langsam und bedächtig zu einem regelrechten Kult entwickelt hat. Wie Montaigne erklären auch die Anhänger dieser Bewegung die Langsamkeit zum Lebensprinzip. Ihr Manifest ist Sten Nadolnys Roman *Die Entdeckung der Langsamkeit*, der die Lebensgeschichte des Polarforschers John Franklin erzählt. Franklin wird als Kind gehänselt, doch im hohen Norden entdeckt er die seinem Naturell angemessene Umgebung: einen Ort der Gemächlichkeit, wo man innehalten und nachdenken kann, ohne überstürzt handeln zu müssen. Der 1983 erschienene Roman wurde zum Weltbestseller und sogar als alternatives Managementhandbuch empfohlen. Unterdessen entwickelte sich die Slow-Food-Bewegung, die in Italien als Protest gegen die Eröffnung eines McDonald's-Restaurants in Rom gegründet worden war, zu einer Philosophie vom guten Leben.

Montaigne hätte all das sehr gut nachvollziehen können. Für ihn war Langsamkeit der Schlüssel zur Weisheit und Mäßigung die Geisteshaltung gegen die Exzesse und den religiösen Fanatismus, die zu seinen Lebzeiten Frankreich beherrschten. Zum Glück war er von seinem Charakter her gegen beides immun und ließ sich nicht von einem religiösen Eifer mitreißen, der seine Zeitgenossen erfasst zu haben schien. Ich «bleibe fast immer in derselben Verfassung, wie es für schwere und träge Körper kennzeichnend ist», schrieb er. Sein träges Naturell habe ihn resistent gegen Einschüchterungen gemacht, da er «völlig unfähig gewesen wäre, sich dem Joch von Zwang und Gewalt zu beugen».

Aber wie so oft bei Montaigne ist auch das nur die halbe Wahrheit. Als junger Mann konnte er durchaus über die Stränge schlagen, und er war rast- und ruhelos. In den *Essais* schreibt er: «Ich weiß nicht, was mir schwerer fällt: den Geist oder den Körper an einem Punkt festzuhalten.» Vielleicht spielte er die Rolle des trägen Faulenzers nur, wenn es ihm passend schien.

«Das meiste von dem, was man gelernt hat, wieder vergessen» und «schwer von Begriff sein» sind zwei von Montaignes besten Antworten auf die Frage, wie man leben soll. Diese Bedächtigkeit verhalf ihm zu sicheren Urteilen und immunisierte ihn gegen Fanatismus und Täuschungen, denen andere ausgeliefert waren. Und sie ermöglichte ihm,

seinen eigenen Gedanken nachzugehen, wohin immer sie ihn führten – das Einzige, worauf es ihm wirklich ankam.

Begriffsstutzigkeit und Vergesslichkeit konnten trainiert werden,
Montaigne jedoch war überzeugt, dass er das Glück hatte, beides von
Geburt an zu besitzen. Seine Neigung, den eigenen Vorstellungen zu
folgen, wurde schon früh offenkundig und manifestierte sich in einer
erstaunlichen Selbstsicherheit: «Ich erinnre mich, dass seit meiner zartesten Kindheit an meiner Körperhaltung und meinem Gebaren irgend
etwas auffiel, das auf einen gewissen eitlen und törichten Stolz hinzu-
deuten schien.» Die Eitelkeit war oberflächlich, er war allenfalls «besprenkelt» damit. Aber seine innere Unabhängigkeit schenkte ihm Cool-
ness. Stets bereit, seine Ansichten kundzutun, war der junge Montaigne
auch bereit, andere auf das warten zu lassen, was er zu sagen hatte.

Der junge Montaigne in unruhigen Zeiten

Seine lässige Überlegenheit auch nach außen hin zur Schau zu stellen
wurde ihm durch seine geringe Körpergröße erschwert: ein Umstand,
der ihm zu ständigen Klagen Anlass gab. Bei Frauen falle die Körpergröße nicht ins Gewicht, schrieb er, und könne durch andere Vorzüge
ausgeglichen werden. Bei Männern hingegen sei eine stattliche Gestalt
die einzige «Schönheit» – und ausgerechnet daran mangelte es ihm.

> Ist einer kleinwüchsig, vermögen weder die Breite und Wölbung der
> Stirn noch die Klarheit und Sanftheit der Augen, weder der mittlere
> Schnitt der Nase noch die Feinheit von Ohren und Mund, weder die
> Wohlgeordnetheit und Weiße der Zähne noch die gleichmäßige Fülle
> eines kastanienbraunen Bartes, weder das kräftige Haar noch die rech-
> te Rundung des Kopfes, weder die Frische der Hauttönung noch die
> angenehmen Gesichtszüge, weder die Geruchlosigkeit des Körpers
> noch das stimmige Größenverhältnis der Gliedmaßen einen schönen
> Mann aus ihm zu machen.

Selbst Montaignes Bedienstete blickten nicht zu ihm auf, und wenn er
mit einem Gefolge von Dienern reiste oder den königlichen Hof
besuchte, fand er es ärgerlich, dass man ihn fragte: «Wo ist der Herr?»

Aber er konnte wenig dagegen tun, außer möglichst auf einem Pferd zu sitzen, sein bevorzugter Trick.

Ein Besuch in Montaignes Turm scheint diese Selbstwahrnehmung zu bestätigen: Die Türen sind nur etwa einsfünfzig hoch. Damals waren die Menschen zwar generell kleiner, und die Türen stammen aus der Zeit vor Montaigne, aber er schlug sich sicher nicht oft genug den Kopf an, um den Türstock versetzen zu lassen. Freilich lässt sich schwer sagen, ob seine geringe Körpergröße oder seine selbstbehauptete Faulheit hierbei die entscheidende Rolle spielte.

Er war klein von Gestalt, aber von «kräftigem Wuchs», und stützte sich gern «mit gespielter Lässigkeit» auf einen Stock. In späteren Jahren übernahm er die Gepflogenheit seines Vaters, fast nur asketisches Schwarz und Weiß zu tragen. Als junger Mann jedoch trug er «den Mantel schräg umgebunden, die Kapuze auf einer Schulter, einen Strumpf nicht straffgezogen».

Das anschaulichste Bild des jungen Montaigne vermittelt ein Gedicht, das sein Freund Étienne de La Boétie ihm widmete. Es beschreibt die bedenklicheren und die attraktiven Seiten Montaignes. La Boétie, nur wenige Jahre älter, betrachtete seinen Freund als einen klugen und vielversprechenden Kopf, sah aber die Gefahr, dass er seine Talente vergeudete. Er bedürfe der Führung durch einen ruhigeren, weiseren Mentor – eine Rolle, die La Boétie sich selbst zuschrieb –, weigere sich aber hartnäckig, diese Führung anzunehmen, wenn sie ihm angeboten wurde. Er sei allzu empfänglich für hübsche junge Frauen und ein wenig zu selbstgefällig. «Mein Haus stellt große Reichtümer zur Verfügung, mein Alter große Kräfte», lässt La Boétie Montaigne in dem Gedicht selbstzufrieden sagen. «Und tatsächlich lächelt mich ein hübsches Mädchen an.» La Boétie vergleicht ihn mit Alkibiades, dessen Schönheit und Charme unwiderstehlich waren, oder mit Herkules, der heroischer Taten fähig ist, aber an den moralischen Scheidewegen zu lange zögert. Sein Charme war zugleich sein größtes Manko.

Als dieses Gedicht entstand, hatte Montaigne seine Schulzeit längst hinter sich und ein Amt als Gerichtsrat im Parlament von Bordeaux übernommen. Nach dem Ende seiner Schulzeit am Collège verschwand er für ein paar Jahre aus dem Fokus der Biographen, bevor er als junger Parlamentsrat erneut in Erscheinung trat.

Um dieses Amt antreten zu können, muss er Rechtswissenschaften studiert haben – wohl nicht in Bordeaux, sondern in Paris oder Toulouse, wahrscheinlich in beiden Städten. Bemerkungen in den *Essais* zeigen, dass er Toulouse gut kannte und auch über Paris einiges zu sagen wusste. Er habe die Stadt von Jugend an ins Herz geschlossen, schrieb er; das kann jedes Alter bis zu seinem fünfundzwanzigsten Lebensjahr bedeuten. «Ich liebe sie zärtlich», bekennt er, «bis in ihre Warzen und Muttermale.» Paris war die einzige Stadt, in der es ihm nichts ausmachte, sich als Franzose zu fühlen statt als stolzer Gascogner. Eine Stadt, groß in jeder Hinsicht: «groß durch die Zahl ihrer Einwohner, groß durch ihre glückliche Lage, unvergleichlich groß aber durch die Fülle und Vielfalt ihrer Annehmlichkeiten».

Wo auch immer er sein Studium absolvierte, es bereitete ihn auf eine juristische und politische Karriere vor, die vielleicht von Anfang an für ihn ins Auge gefasst worden war und die er dreizehn Jahre lang verfolgte. In den Biographien wird diese Lebensphase in der Regel nur kurz abgehandelt, da sie lückenhaft dokumentiert ist, doch die Jahre zwischen seinem vierundzwanzigsten und seinem siebenunddreißigsten Geburtstag waren entscheidend. Als er sich schließlich aufs Land zurückzog, Wein anbaute und in seinem Turm schrieb, verfügte er über einen reichen Schatz an Erfahrungen im Staatsdienst, das ist in seinen ersten *Essais* deutlich zu spüren. Als er die späteren Kapitel verfasste, lagen noch viel größere politische Verantwortlichkeiten hinter ihm.

Seine erste Stelle trat Montaigne jedoch nicht in Bordeaux, sondern in der nahe gelegenen Stadt Périgueux nordöstlich seines Familienstammsitzes an. Das dortige Steuergericht war erst im Jahr 1554 gegründet worden, hauptsächlich zur Aufbesserung der staatlichen Finanzen, denn öffentliche Ämter waren käuflich. Das Gericht wurde aber bereits 1557 wieder aufgelöst, weil das mächtigere Parlament von Bordeaux gegen dieses Steuergericht und vor allem gegen die höheren Gehälter der dortigen Beamten opponierte.

Montaigne ging Ende 1556 nach Périgueux. Das Gericht bestand gerade so lange, um ihm den beruflichen Einstieg zu ermöglichen. Ja, es ebnete ihm sogar den Weg in die Politik von Bordeaux, weil nach seiner Auflösung sämtliche Beamte aus Périgueux dorthin versetzt wurden, auch Montaigne. Sie wurden in Bordeaux nicht gerade begeistert empfangen, aber die dortigen Gerichtsräte hatten keine Wahl. Dafür machten sie ihren Kollegen aus Périgueux das Leben schwer, indem sie ihnen beengte Räumlichkeiten zuwiesen und ihnen keine Gerichtsdiener zur Verfügung stellten. Der Groll ist verständlich, denn ihre Kollegen aus Périgueux bezogen weiterhin höhere Gehälter, die allerdings im August 1561 angeglichen wurden, womit wiederum die aus Périgueux stammenden Beamten unzufrieden waren. Mit achtundzwanzig Jahren war Montaigne zwar immer noch recht jung, dennoch ernannten ihn seine Kollegen zum Vertreter ihrer Beschwerde. Seine aktenkundige Rede dokumentiert seine Präsenz in Bordeaux. Zweifellos setzte er seine rhetorischen Tricks und Kniffe ein – Spontaneität und unverbrauchten Charme –, allerdings ohne Erfolg. Das Parlament entschied gegen die Kläger, und die Gehälter wurden nach unten angepasst.

Trotz der unharmonischen Atmosphäre muss die Tätigkeit im Parlament von Bordeaux interessanter gewesen sein als in Périgueux. Es war eines der acht wichtigsten Stadtparlamente Frankreichs, und obwohl Bordeaux seine Privilegien nur teilweise zurückerhalten hatte, zählte sein Parlament zu den mächtigsten des Landes. Ihm oblag weitgehend die lokale Rechtsprechung und die Zivilverwaltung, es konnte königliche Edikte ablehnen oder formal Beschwerde einlegen, wenn der König ein unliebsames Gesetz erließ, was in diesen unruhigen Zeiten oft geschah.

Anfangs hatte Montaigne mehr mit Aufgaben der Rechtsprechung als mit Politik zu tun. Er war hauptsächlich für die Chambre des Enquêtes, die Berufungskammer, tätig und führte den Vorsitz bei Zivilprozessen, die zu kompliziert waren, um von den Richtern der Grande Chambre behandelt zu werden. Er führte die Untersuchungen, fasste sie zusammen und übergab seine schriftliche Beurteilung des Falls den Richtern. Er selbst fällte keine Urteile, sondern lieferte lediglich eine Dokumentation des Rechtsstreits und legte die Standpunkte der verschiedenen Parteien dar. Vielleicht entwickelte er hier seine Überzeugung von der Vielfalt der Perspektiven in jeder Situation, ein Gedanke, der sich wie ein roter Faden durch die *Essais* zieht.

Unter diesem Aspekt betrachtet, erscheint die Rechtsprechung des 16. Jahrhunderts als eine sehr anspruchsvolle Angelegenheit, doch in

Wirklichkeit wurde sie durch formalistische Spitzfindigkeiten behindert. Sämtliche juristischen Argumente mussten durch Autoritäten belegt und in vorgefertigte Kategorien eingepasst werden. Die konkreten Umstände des Einzelfalls spielten gegenüber den Gesetzbüchern, Statuten, Rechtstraditionen, juristischen Abhandlungen und vor allem den in zahllosen Bänden niedergelegten Kommentaren und Glossen oft eine sekundäre Rolle. Selbst in den einfachsten Fällen mussten scheinbar endlos lang Dokumente studiert werden, eine Aufgabe, die in der Regel jüngeren Juristen wie Montaigne übertragen wurde. Am meisten hasste Montaigne die juristischen Kommentare und die Sekundärliteratur allgemein.

> Es macht einem mehr zu schaffen, die Interpretationen zu interpretieren, als die Sachen, und es gibt mehr Bücher über Bücher als über irgendeinen Gegenstand sonst. Wir tun nichts anderes, als uns gegenseitig zu glossieren.

Rabelais hatte sich über den Wust von Dokumenten lustig gemacht, die sich um jeden Fall auftürmten. Sein Richter Reitgans in *Gargantua und Pantagruel* studierte stundenlang Akten und wog bedächtig ab, bevor er schließlich durch Würfeln eine Entscheidung traf – eine Methode, die auch nicht schlechter war als andere. Viele Autoren kritisierten zudem die unter Juristen weit verbreitete Bestechlichkeit. Die Justiz galt generell als so ungerecht, dass Montaigne klagte, das einfache Volk ginge ihr aus dem Weg, statt sein Recht zu suchen. Er erzählte die Geschichte einiger Bauern, die einen Mann blutüberströmt in einem Waldstück fanden. Der Mann flehte sie an, ihm Wasser zu geben und ihm beizustehen, aber die Bauern liefen davon aus Angst, für den Überfall verantwortlich gemacht zu werden. Montaigne hatte die Aufgabe, mit ihnen zu sprechen. «Was sollte ich ihnen sagen?», schrieb er. Sie hatten zu Recht Angst. In einem anderen von Montaigne erwähnten Fall gestanden Mörder einen Mord, für den bereits andere verurteilt worden waren und kurz vor der Hinrichtung standen. Die Hinrichtung jedoch wurde nicht aufgeschoben. Das Gericht entschied, die Männer hinzurichten, um für die Annullierung von Urteilen keinen Präzedenzfall zu schaffen.

Montaigne war nicht der Einzige, der im 16. Jahrhundert eine Rechtsreform forderte. Viel von seiner Kritik ist ein Widerhall dessen, was sein Zeitgenosse, der aufgeklärte Kanzler Frankreichs, Michel de L'Hôpital, in einer Kampagne anprangerte, die zu spürbaren Verbesserungen führte. Andere Argumente Montaignes waren origineller und weitsichtiger. Das größte Problem der Rechtsprechung sei, dass sie eine Grundtatsache außer Acht lasse: die Fehlbarkeit des Menschen. Es werde ein endgültiges Urteil erwartet, aber oft sei es unmöglich, zu einem Urteil zu kommen, das Hand und Fuß hatte, denn die Beweislage war mangelhaft oder inadäquat, und die Richter machten Fehler. Kein Richter könne ehrlicherweise davon ausgehen, dass alle seine Entscheidungen unanfechtbar waren. Sie folgten oft mehr seinen Neigungen als der Beweislage, und nicht selten spielte es für die Entscheidungsfindung eine Rolle, ob die Richter ihr Mittagessen gut verdaut hatten oder nicht. Das sei ganz natürlich und unvermeidlich, aber ein kluger Richter müsse sich zumindest seiner Fehlbarkeit bewusst sein. Er könne lernen, seine ersten Impulse noch einmal zu überdenken und sorgfältiger zu urteilen. Das einzig Gute an der Rechtsprechung sei, dass sie die Fehlbarkeit des Menschen offenkundig mache: eine gute philosophische Lektion.

Wenn die Juristen nicht unfehlbar waren, dann ebenso wenig die Gesetze, die sie formulierten. Auch das war eine Tatsache, die man anerkennen und hinnehmen musste. Der zweifelnde, kritisch distanzierte Blick auf sich selbst und das Eingeständnis der eigenen Unvollkommenheit sind ein Kennzeichen von Montaignes Denken allgemein. Es ist wohl nicht zu weit hergeholt, den Grundimpuls dieses Denkstils auch in seinen frühen Erfahrungen in Bordeaux zu suchen.

Wenn Montaigne nicht im Gericht war, widmete er sich einem anderen Bereich, der gleichfalls die Beschränktheit und Unzuverlässigkeit menschlichen Handelns verdeutlichte: der Politik. Oft wurde er auf Dienstreise in andere Städte geschickt, mehrmals auch nach Paris, wo er das Parlament und den Königshof aufsuchte. Mitunter war er eine ganze Woche unterwegs. Besonders die Besuche am königlichen Hof lehrten ihn viel über die menschliche Natur.

Der erste Hof, den Montaigne kennenlernte, war der Heinrichs II. Er muss den König persönlich getroffen haben, denn er beklagte sich, dass er «einen Edelmann aus meiner heimatlichen Gascogne nie korrekt anzureden vermochte». Damit ist vermutlich er selbst gemeint, trug er doch immer noch den regional geprägten Namen Eyquem. Heinrich II. war ganz anders als sein brillanter Vater, Franz I., von dem er 1547 den Thron geerbt hatte. Ihm fehlte dessen politischer Weitblick, und er verließ sich auf Ratgeber, unter ihnen seine alternde Mätresse Diane de Poitiers und seine mächtige Gemahlin Katharina von Medici. Die Schwäche Heinrichs II. war mitverantwortlich dafür, dass Frankreich in eine politisch so schwierige Situation geraten war. Rivalisierende Gruppen witterten die Chance, an die Macht zu kommen, und entfachten einen Kampf, der das Land jahrzehntelang lähmte. Es war ein Machtkampf zwischen den Familien Guise, Montmorency und Bourbon. Ihre persönlichen Ambitionen vermischten sich auf unheilvolle Weise mit den konfessionellen Spannungen, die sich in Frankreich wie in ganz Europa immer mehr zuspitzten.

In religiösen Fragen war Heinrich II. repressiver als Franz I., der erst nach einem aggressiven protestantischen Propagandafeldzug im Jahr 1534 hart gegen die Häresie vorging. Johannes Calvin, der Wortführer der französischen Reformierten, floh nach Genf und errichtete dort im Exil eine Art revolutionäres Hauptquartier. Der Calvinismus und nicht das weit weniger fanatische Luthertum der Frühreformation wurde nun zur protestantischen Hauptströmung in Frankreich. Er stellte für die Autorität des Königs und der katholischen Kirche eine ernste Bedrohung dar.

Der Calvinismus ist heute in Frankreich zwar die Religion einer Minderheit, aber er besitzt nach wie vor großen Einfluss. Als Ausgangspunkt dient ihm die Grundüberzeugung von der völligen Verderbtheit des Menschen, der ganz von der Gnade Gottes abhängig ist. Die Erlösung erfolgt ohne Zutun des Menschen, und sogar seine Entscheidung, zum Calvinismus überzutreten, ist nicht frei. Es gibt kaum eine persönliche Verantwortung, alles ist vorherbestimmt, ein Kompromiss nicht möglich. Einem solchen Gott kann man sich nur bedingungslos unterwerfen. Im Gegenzug gibt Gott denen, die er erwählt hat, unbezwingbare Stärke. Das bedeutet jedoch nicht, dass man sich untätig zurücklehnen kann. Während die Lutheraner sich aus den weltlichen Angelegenheiten heraushielten und versuchten, nach ihrem Gewissen

zu leben, waren die Calvinisten aufgefordert, sich in die Politik einzumischen und mitzuhelfen, dass sich Gottes Wille auf Erden erfülle. Im
16. Jahrhundert wurden die Calvinisten in der Genfer Akademie ausge-
bildet und dann mit Argumenten und verbotenen Schriften bewaffnet
nach Frankreich geschickt, um die Menschen zu bekehren und den
Staat zu destabilisieren. Seit den 1550er Jahren bezeichnete man die
französischen Protestanten als Hugenotten. Der Name leitet sich wahrscheinlich von einem frühen Zweig der Reformierten im Exil ab. Er ist
eine Verballhornung von «Eidgenossen» und wurde von den französischen Protestanten und ihren Gegnern gleichermaßen benutzt.

Anfangs reagierte die katholische Kirche auf die protestantische
Bedrohung mit inneren Reformen. Als Montaigne aufwuchs, standen
die Gewissenserforschung und die Selbstbefragung der Kirche im Zentrum – Anliegen, denen sich religiöse Institutionen in der Regel nicht
mit sehr viel Eifer widmen. Gleichzeitig erstarkten jedoch militantere
Kräfte. Auch der 1534 von Ignatius von Loyola gegründete Jesuitenor-
den widmete sich dem ideologischen Kampf. Eine noch fanatischere,
allerdings weniger intellektuelle Bewegung, die in Frankreich in den
1550er Jahren als eher lose Gruppe entstand, war die katholische Liga.
Deren Mitstreitern ging es nicht um das Übertrumpfen der Häretiker
durch schlagkräftige Argumente, sondern um deren Auslöschung mittels brutaler Gewalt. Sie und ihr calvinistisches Pendant standen einander kompromisslos und in fanatischem Glaubenseifer gegenüber. Die
Liga stellte sich gegen jeden französischen König, der dem Protestantismus auch nur ein Minimum an Toleranz entgegenbrachte. Diese
Opposition wurde im Laufe der Jahrzehnte immer stärker.

Unter dem Druck der Liga führte Heinrich II. strengere Häresiegesetze ein und gründete eine neue Kammer des Pariser Parlaments zur
Verurteilung religiöser Straftaten. Seit Juli 1577 wurden Blasphemie, die
Veröffentlichung verbotener Bücher und illegale Predigten mit dem
Tod bestraft. Dazwischen jedoch versuchte der König immer wieder,
die Hugenotten zu beschwichtigen, ließ in bestimmten Gebieten den
protestantischen Ritus zu und reduzierte die Strafe für religiöse Vergehen. Doch jedesmal protestierte die katholische Lobby, so dass er zu
neuen Repressionen Zuflucht nahm. Er lavierte hin und her, ohne
eines der beiden Lager zufriedenzustellen.

In diesen Jahren wurde Frankreich auch noch von anderen Problemen bedrängt: einer galoppierenden Inflation, von der der landbesitzende Adel profitierte, der jetzt höhere Pachteinnahmen erhielt und noch mehr Land kaufen konnte, wie es Montaignes Familie über mehrere Generationen hinweg tat. In den weniger begüterten sozialen Schichten schürte die wirtschaftliche Krise den Extremismus: Die sündige Menschheit habe dieses Elend in die Welt gebracht und müsse Gott besänftigen, indem sie der einen, wahren Kirche folge. Aber welche war die wahre Kirche?

Aus diesen religiösen, wirtschaftlichen und politischen Ängsten und Bedrängnissen erwuchsen die Bürgerkriege, die Frankreich fast das ganze restliche Jahrhundert hindurch beherrschten: von 1562, als Montaigne neunundzwanzig Jahre alt war, bis 1598, ein paar Jahre nach seinem Tod. Vor 1560 wurden die innenpolitischen Spannungen durch militärische Abenteuer vor allem in Oberitalien entschärft. Doch im April 1559 endeten mit dem Frieden von Cateau-Cambrésis schlagartig mehrere Kriege, die Frankreich in Europa geführt hatte. Die sozialen Spannungen verschärften sich, und in einer Phase der wirtschaftlichen Depression wurde Frankreich von Soldaten überflutet, die keine Beschäftigung mehr hatten: Der Frieden ging fast nahtlos in einen noch grausameren Bürgerkrieg über.

Das erste böse Omen war ein Turnier anlässlich der Feier des Friedensvertrags, an dem auch der König teilnahm, selbst ein begeisterter Turnierkämpfer. Doch dann durchbohrte ein scharfer Holzsplitter des abgebrochenen Lanzenstumpfs seines Gegners sein Visier über dem Auge. Nach ein paar Tagen schien der König auf dem Weg der Besserung, doch ein Splitter war in sein Gehirn eingedrungen. Am vierten Tag bekam er Fieber, am 10. Juli 1559 starb er.

Die Protestanten deuteten den Tod Heinrichs II. als ein Zeichen Gottes, dass es falsch war, ihre Religion zu unterdrücken. Aber mit dem Tod des Königs wurde für sie alles nur noch schlimmer. Der Thron ging nacheinander an drei seiner Söhne über: Franz II., Karl IX. und Heinrich III. Die ersten beiden waren minderjährig, fünfzehn beziehungsweise zehn Jahre alt. Sie waren schwach und wurden von ihrer Mutter Katharina von Medici beherrscht, und keiner von ihnen konnte den religiösen Konflikt beilegen. Franz II. starb bereits 1560 an Tuberkulose, Karl IX. regierte bis 1574, wobei zunächst seine Mutter die Regentschaft führte, die zwischen den konfessionellen und politischen Lagern einen Ausgleich zu schaffen suchte, mit geringem Erfolg.

Frankreichs politische Situation zu Beginn der 1560er Jahre, dem Jahrzehnt, in dem Montaigne seine berufliche Karriere in Bordeaux begann, war geprägt von einem schwachen König, erbitterten Machtkämpfen, wirtschaftlicher Verelendung und wachsenden konfessionellen Spannungen. Im Dezember 1560 brachte der Kanzler Michel de L'Hôpital das allgemeine Gefühl zum Ausdruck, als er sagte: «Es ist Torheit, sich von Menschen unterschiedlicher Religion Frieden, Ruhe und Freundschaft zu erhoffen.» So wünschenswert es sei, es bleibe ein unerreichbares Ideal. Der einzige Weg zu politischer Einheit sei die religiöse Einheit. Und ein spanischer Theologe meinte, keine Republik könne gut regiert werden, wenn «jeder seinen Gott als den wahren Gott betrachtet [...] und alle anderen als blind und irregeleitet». Den meisten Katholiken erschien dies ohnehin selbstverständlich. Und selbst die Protestanten plädierten für die Einheit, allerdings in einem eigenen Staat. *Une foi, une loi, un roi* lautete der Slogan. Der Hass auf jeden, der einen Kompromiss vorzuschlagen wagte, blieb das Einzige, in dem sich alle einig waren.

L'Hôpital und seine Verbündeten forderten keine Toleranz oder «Vielfalt» im modernen Sinn. Aber sie fanden es besser, verirrte Schafe zurückzuholen, indem sie die katholische Kirche attraktiver machten, statt sie durch Drohungen zu vergraulen. Unter seinem Einfluss wurden Anfang der 1560er Jahre die Häresiegesetze gelockert. Ein Edikt vom Januar 1562 erlaubte es den Protestanten, außerhalb von Ortschaften und in privatem Rahmen innerhalb der Stadtmauern ihren Gottesdienst abzuhalten. Wie bei den Kompromissen zuvor war niemand ganz damit zufrieden. Die Katholiken fühlten sich verraten, die Protestanten ermuntert, mehr Rechte einzufordern. Die Angst wuchs. Wie es der venezianische Botschafter wenige Monate zuvor prophezeit hatte, verbreitete sich im französischen Königreich eine «große Furcht».

Am 1. März 1562 kam es in Vassy (oder Wassy) in der Champagne nordöstlich von Paris zu einem folgenschweren Vorfall; dies war der berühmte Tropfen, der das Fass zum Überlaufen brachte. Fünfhundert Protestanten hatten sich innerhalb der Stadtmauern zum Gottesdienst in einer Scheune versammelt – ein verbotener Akt, da solche Versammlungen nur außerhalb der Stadtmauern erlaubt waren. Der Herzog von Guise, ein radikaler Anführer der Katholiken, stürmte die Scheune mit dem Ruf: «Tötet sie alle!» Die Hugenotten setzten sich zur Wehr. Entschlossen, sich zu verteidigen, drängten sie die Soldaten hinaus und verbarrikadierten das Tor, kletterten auf das Dach und bewarfen die Soldaten des Herzogs mit Steinen. Die eröffneten das Feuer mit ihren Arkebusen und drangen erneut in die Scheune ein. Um ihr Leben zu retten, ergriffen die Hugenotten die Flucht. Dreißig von ihnen starben, mehr als hundert wurden verwundet.

Die Folgen waren dramatisch. Der Protestantenführer Ludwig I. von Bourbon, Fürst von Condé, drängte seine Anhänger zum Widerstand gegen weitere Überfälle. Viele griffen zu den Waffen, auch die Katholiken, gleichfalls mehr von Furcht getrieben als von Hass. Katharina von Medici ordnete im Namen ihres zwölfjährigen Sohnes Karl IX. eine Untersuchung des Überfalls von Vassy an, die im Sande verlief, aber es war ohnehin längst zu spät. In Paris versammelten sich die Führer beider Parteien mit ihren Anhängern. Als der Herzog von Guise in die Stadt kam, begegnete er einem Zug von Protestanten unter Führung des Fürsten von Condé. Die beiden tauschten mit dem Knauf ihrer Degen einen frostigen Gruß.

Ein Anwalt und Freund Montaignes, Étienne Pasquier, schrieb in einem Brief, nach dem Massaker von Vassy redeten alle nur noch von Krieg. «Wenn mir eine Bewertung dieser Ereignisse gestattet ist, würde ich sagen, sie sind der Beginn einer Tragödie.» Er sollte recht behalten. Die Konfrontation eskalierte, es kam zum ersten französischen Bürgerkrieg: ein kurzer, aber erbitterter Kampf, der im Jahr darauf endete, als der Herzog von Guise erschossen wurde und die Katholiken, kurzzeitig führerlos, widerstrebend einem Vertrag zustimmten. Aber dieser Vertrag war keine Lösung und stellte keine der beiden Seiten zufrieden. Am 30. September 1567 wurde durch ein weiteres Blutbad in Nîmes, diesmal von protestantischer Seite, ein neuer Krieg ausgelöst.

Man spricht von «Kriegen», aber genauso gut könnte man von einem einzigen langen Krieg mit kurzen Friedenszeiten dazwischen sprechen. Montaigne und seine Zeitgenossen bezeichneten den Ausbruch immer wieder neuer Kämpfe als *troubles*, «Unruhen». Es herrscht Konsens, dass es acht solcher «Unruhen» gab. Eine kurze Chronologie vermittelt einen Eindruck davon, wie sehr Montaignes Leben davon geprägt war.

Erste «Unruhe» (1562–1563):	ausgelöst durch das Massaker an Protestanten in Vassy und endend mit dem Frieden von Amboise.
Zweite «Unruhe» (1567–1568):	ausgelöst durch ein Massaker an Katholiken in Nîmes, endend mit dem Frieden von Longjumeau.
Dritte «Unruhe» (1568–1570):	ausgelöst durch neue antiprotestantische Gesetze, endend mit dem Frieden von Saint-Germain.
Vierte «Unruhe» (1572–1573):	ausgelöst durch die Bartholomäusnacht, das Massaker an Protestanten in Paris und anderswo, endend mit dem Frieden von La Rochelle.
Fünfte «Unruhe» (1574–1576):	ausgelöst durch Kämpfe im Poitou und in der Saintonge, endend mit dem Edikt von Beaulieu («Paix de Monsieur»).
Sechste «Unruhe» (1576–1577):	ausgelöst durch antiprotestantische Gesetze der nach Blois einberufenen Generalstände, endend mit dem Frieden von Poitiers.
Siebte «Unruhe» (1579–1580):	ausgelöst durch die protestantische Einnahme von La Fère in der Normandie, endend mit dem Frieden von Fleix.
Achte «Unruhe» (1585–1598):	die bei weitem längste und blutigste; ausgelöst durch die Agitation der Liga, endend mit dem Vertrag von Vervins und dem Edikt von Nantes.

Jede dieser Auseinandersetzungen folgte einem durch den ersten und zweiten Krieg vorgegebenen Muster: Eine Phase des Friedens wurde durch ein Massaker oder eine Provokation beendet. Schlachten, Belagerungen und allgemeine Not waren die Folge, bis die Schwäche der einen oder anderen Seite zu einem Friedensvertrag führte – und eine neue Provokation den Kreislauf der Gewalt erneut in Gang setzte. Selbst der letzte Friedensvertrag stellte kaum jemanden zufrieden. Aber auch die Fronten verliefen keineswegs immer so klar. An den meisten «Unruhen» waren mindestens drei Fraktionen beteiligt, die sich ihren Einfluss auf den Thron sichern wollten. Es waren Religionskriege, wie sie zur selben Zeit auch in anderen europäischen Ländern stattfanden, aber gleichzeitig auch politische Kriege.

Das Ende eines außenpolitisch motivierten Kriegs hatte die Bürgerkriege erst ermöglicht, und sie endeten, als Heinrich IV. im Jahr 1595 Spanien den Krieg erklärte. Der positive Effekt dieser Provokation wurde damals durchaus erkannt. Während der letzten «Unruhe» schrieb Montaigne, dass viele auf einen Krieg gegen ein fremdes Land hofften. Die Gewalt müsse wie ein bösartiges Fieber dem Staatskörper entzogen werden. Doch Montaigne zweifelte an der moralischen Richtigkeit dieser Methode. «Den Nachbarn herauszufordern und in einen blutigen Streit zu ziehn, nur weil es einem gerade zupass kommt – ein solch ruchloses Unterfangen würde Gott, davon bin ich überzeugt, niemals gutheißen.» Aber genau einen solchen außenpolitischen Konflikt brauchte Frankreich – und bekam ihn: mit Heinrich IV., dem ersten klugen König, der seit Jahren das Land regierte.

Doch in den 1560er Jahren, als niemand sich vorstellen konnte, dass der blutige Schrecken der Bürgerkriege so lange dauern könnte, war es bis dorthin noch ein weiter Weg. Montaignes Jahre im Parlament von Bordeaux umfassten den Zeitraum der ersten drei Kriege, doch selbst in Friedenszeiten waren die politischen Spannungen groß. Als der dritte Krieg zu Ende war, hatte Montaigne von seinem Amt genug und war im Begriff, sich aus dem öffentlichen Leben zurückzuziehen. Bis dahin aber befand er sich in Bordeaux, wo die Verhältnisse besonders kompliziert waren. Die Stadt stand im Zentrum des politischen Geschehens. Bordeaux, umgeben von protestantischen Territorien, war mehrheitlich katholisch, mit einer bedeutenden protestantischen Minderheit, die den Bildersturm und andere aggressive Akte nicht scheute. In der Nacht zum 26. Juni 1562, wenige Monate nach dem Massaker von Vassy, griff ein protestantischer Mob das Château Trompette an, die Bastion der staatlichen Macht. Der Angriff wurde niedergeschlagen, doch wie bei dem Salzsteueraufstand wurde er unverhältnismäßig schwer bestraft. Da die Stadt unfähig schien, ihre Angelegenheiten selbst in den Griff zu bekommen, schickte der König einen neuen Generalleutnant, Blaise Monluc, nach Bordeaux und befahl ihm, die Stadt und ihre Umgebung zu «befrieden».

Monluc richtete ein Blutbad an. Er ließ zahlreiche Protestanten ohne Gerichtsprozess erhängen oder auf das Rad binden. Nach Kämpfen in dem Ort Terraube befahl er, die Bewohner zu töten und in einen Brunnen zu werfen, der bald bis zum Rand mit Leichen gefüllt war. Später, in seinen Memoiren, erinnerte sich Monluc an einen Rebellenführer, der ihn nach seiner Gefangennahme um Gnade anflehte. Monluc packte den Mann an der Kehle und schleuderte ihn so heftig gegen einen Stein, dass er starb. «Hätte ich anders gehandelt», schrieb er, «hätte ich mich zum Gespött gemacht.» Ein anderes Mal hoffte ein protestantischer Hauptmann, der viele Jahre zuvor unter Monluc in Italien gekämpft hatte, sein ehemaliger Waffengefährte würde ihn verschonen. Doch Monluc ließ ihn unverzüglich töten – mit der Begründung, er wisse, wie tapfer der Mann war: Er konnte nie etwas anderes sein als ein gefährlicher Feind. Solche Szenen tauchen in Montaignes *Essais* immer wieder auf: Ein Mensch erbittet Gnade, und der andere muss sich entscheiden, ob er sie gewähren will. Montaigne faszinierte das moralisch vielschichtige Problem, das sich hier stellte. Was für ein moralisches Problem?, hätte Monluc gefragt, für den Töten stets die richtige Lösung war: «Einen Mann zu hängen ist wirkungsvoller, als hundert in der Schlacht sterben zu lassen.» In und um Bordeaux erhängte man so viele, dass die Galgen knapp und die Zimmerleute beauftragt wurden, mehr Galgen, Räder und Pfähle für Scheiterhaufen herzustellen. Wenn die Galgen voll waren, ließ Monluc seine Opfer an Bäumen aufhängen, und er brüstete sich damit, dass sein Zug durch die Guyenne anhand der am Straßenrand baumelnden Leichen nachverfolgt werden könne. Als er sein Werk beendet hatte, sei es in der Region ruhig gewesen, behauptete er. Diejenigen, die überlebt hatten, machten nicht mehr den Mund auf.

Auch Montaigne lernte Monluc kennen, allerdings viel später, und ihn interessierte sein Privatleben mehr als seine öffentlichen Taten, besonders sein Versagen als Vater und das schlechte Gewissen, das ihn quälte, als einer seiner Söhne in der Blüte seiner Jahre starb. Monluc gestand Montaigne, er habe zu spät erkannt, dass er dem Jungen stets nur Kälte entgegengebracht hatte, obwohl er ihn sehr liebte. Der Grund dafür lag zum Teil darin, dass er einer damals modernen Erziehungsmethode folgte, die emotionale Kälte und Strenge empfahl: «Dieser arme Junge hat von mir nichts zu sehen bekommen als eine finstre und geringschätzige Miene», soll Monluc zu Montaigne gesagt haben. «Ich habe mich gezwungen, ja abgequält damit, an dieser seelenlosen Maske festzuhalten.» Der Ausdruck «Maske» trifft ins Schwarze, denn 1571, zur Zeit von Montaignes Rückzug aus seinen öffentlichen Ämtern, wurde Monluc von einem Arkebusenschuss entstellt. Für den Rest seines Lebens verhüllte er sein zernarbtes Gesicht, wenn er sich in der Öffentlichkeit zeigte. Man kann sich die Irritation beim Anblick des maskierten Gesichts eines grausamen Mannes vorstellen, dem nur wenige ins Auge zu blicken wagten.

Während der *troubles* der 1560er Jahre reiste Montaigne mehrmals in offizieller Mission nach Paris, und er war offenbar einen Großteil des Jahres 1562 und Anfang 1563 auf Dienstreise, auch wenn er immer wieder nach Bordeaux zurückkehrte. Mit Sicherheit war er im August 1563 in Bordeaux, als sein Freund Étienne de La Boétie starb. Und er muss auch im Dezember 1563 dort gewesen sein, als ein merkwürdiger Zwischenfall passierte, der bemerkenswerteste Vorgang unter den wenigen, die im Zusammenhang mit Montaigne in den Registern der Stadt erwähnt sind.

Einen Monat zuvor hatte der extremistische Katholik François de Pérusse d'Escars dem gemäßigten Präsidenten des Parlaments von Bordeaux, Jacques-Benoît de Lagebâton, offen den Kampf angesagt und ihm ins Gesicht geschleudert, er habe kein Recht zu regieren. Lagebâton trat ihm zwar erfolgreich entgegen, aber d'Escars forderte ihn im folgenden Monat erneut heraus, bis Lagebâton eine Liste mit Parlamentsräten vorlegte, die seiner Ansicht nach mit d'Escars unter einer

Decke steckten und gegen Bezahlung für ihn tätig waren. Überraschenderweise tauchten auf dieser Liste auch die Namen Montaignes und des kurz zuvor verstorbenen La Boétie auf. Dabei muss man davon ausgehen, dass sie auf Lagebâtons Seite standen. La Boétie war für den französischen Kanzler L'Hôpital tätig gewesen, als dessen Gefolgsmann Lagebâton galt, und dieser Partei bezeugt auch Montaigne in seinen *Essais* seine Bewunderung. Andererseits war d'Escars ein Freund von La Boéties Familie, und La Boétie befand sich in d'Escars' Haus, als er sterbenskrank wurde. Das alles erregte Misstrauen, und vielleicht geriet deshalb auch Montaigne unter Verdacht.

Jeder Angeklagte hatte das Recht, sich vor dem Parlament zu verteidigen – für Montaigne die Gelegenheit, seine rhetorischen Fähigkeiten unter Beweis zu stellen. Von allen Rednern machte er den größten Eindruck. «Er sprach mit der ihm eigenen Lebhaftigkeit», heißt es in den Akten. Mit den Worten, er «zeige den ganzen Gerichtshof an», trat er ab.

Er wurde aber zurückgerufen und aufgefordert darzulegen, was er damit gemeint habe. Er antwortete, er sei kein Feind Lagebâtons, der im Gegenteil bisher ein Freund seiner Familie gewesen sei. Aber – und dieses Aber war unausweichlich – er wisse, dass Angeklagte üblicherweise gegen ihre Kläger Widerspruch einlegen können, weshalb auch er von diesem Recht Gebrauch machen wolle. Erneut sprach er in Rätseln, doch er wollte damit sagen, dass Lagebâton und nicht er es war, der sich einer Ungehörigkeit schuldig gemacht hatte. Auf weitere Ausführungen verzichtete Montaigne. Man setzte ihn unter Druck, seine Bemerkung zurückzunehmen, und damit war die Sache erledigt. Die Beschuldigung gegen ihn wurde schließlich fallen gelassen.

Dennoch bleibt es eine rätselhafte Episode, die einen anderen Montaigne zeigt als den Verfasser der *Essais*, der stets einen kühlen Kopf bewahrte, oder den in seine Bücher vertieften, selbstvergessenen jungen Mann, als der er sich selbst gern präsentierte. Hier tritt uns jemand entgegen, der sich durch «Lebhaftigkeit» auszeichnet, ungestüm den Saal verlässt, Vorwürfe erhebt, die er nicht belegen kann, und so wild durcheinanderredet, dass niemand imstande ist, ihm zu folgen. In den *Essais* gesteht Montaigne, dass er «von Natur aus zum Jähzorn [neigt], der, obwohl nur oberflächlich und kurz, mir oft meinen Handel verdirbt». Die Frage liegt nahe, ob er sich mit seinen ungestümen Worten auch seine Karriere im Parlament von Bordeaux verdarb, wenn nicht bei dieser Gelegenheit, dann vielleicht bei einer anderen.

Überraschender als die Begegnung mit der hitzköpfigen Seite des jungen Montaigne ist, dass er hier in die Nähe von Eiferern und Extremisten gerückt wird. Seine politischen Loyalitäten waren uneindeutig, und es ist nicht immer leicht zu sagen, was er über ein bestimmtes Thema dachte. Aber vielleicht hatte sein Auftreten mehr mit persönlichen Loyalitäten als mit politischen Überzeugungen zu tun. Seine Familie pflegte Verbindungen zu beiden politischen Lagern, und er selbst musste versuchen, mit allen Parteien auf gutem Fuß zu stehen. Vielleicht verdankte sich sein Schwanken diesem Dilemma. Der gegen ihn erhobene Vorwurf war auch eine Beleidigung – eine Beleidigung seiner Person und mehr noch La Boéties, der sich nicht mehr selbst verteidigen konnte. Denn Lagebâton hatte die Ehre des ehrbarsten Menschen in Frage gestellt, den Montaigne jemals kennengelernt hatte: des Menschen, den er in seinem ganzen Leben wohl am meisten geliebt und erst kurz zuvor verloren hatte. Seine Reaktion hilfloser Wut ist daher verständlich.

Langsamkeit und Vergesslichkeit waren gute Antworten auf die Frage, wie man leben sollte. Man konnte sich bedeckt halten und gewann damit Zeit für sorgsames Abwägen. Aber Montaigne machte Erfahrungen, die eine stärkere Leidenschaft in ihm hervorbrechen ließen und nach einer anderen Antwort verlangten.

5

Frage: Wie soll ich leben?

Antwort: Verkrafte Liebe und Verlust!

La Boétie: Liebe und Tyrannei

Montaigne war Mitte zwanzig, als er Étienne de La Boétie kennenlern-te. Sie arbeiteten beide im Parlament von Bordeaux und hatten schon viel voneinander gehört. Montaigne hatte den Ruf eines freimütigen, altklugen jungen Mannes, La Boétie war bekannt als der aufstrebende Verfasser eines kontrovers diskutierten Manuskripts mit dem Titel *Discours de la servitude volontaire (Von der freiwilligen Knechtschaft)*, das in Bordeaux kursierte. Montaigne las diese Schrift erstmals Ende der 1550er Jahre und schrieb später, wie dankbar er dafür sei, dass er durch sie deren Autor kennen gelernt habe. So begann eine Freundschaft, «die wir zwischen uns [...] auf derart vollkommene Weise gepflegt haben, dass sich [...] kaum ein Beispiel hierfür finden lässt. [...] Damit sich ein solch inniger Bund herausbilden kann, müssen zahlreiche Umstände zusammentreffen; es ist folglich bereits viel, wenn dem Schicksal das alle drei Jahrhunderte einmal gelingt.»

Die beiden jungen Männer waren zwar aufeinander neugierig, aber es kam lange nicht zu einer Begegnung. Am Ende trafen sie sich rein zufällig bei einem großen gesellschaftlichen Ereignis in der Stadt Bordeaux, fingen an, sich zu unterhalten, und, wie Montaigne schreibt, «fühlten [wir] uns so zueinander hingezogen, ja so miteinander bekannt und verbunden, dass wir von Stund an ein Herz und eine Seele waren». Ihnen waren nur sechs gemeinsame Jahre vergönnt, von denen sie ein Drittel getrennt voneinander verbrachten, da sie oft in beruflicher Mission unterwegs waren. Doch diese kurze Zeit ihrer Freundschaft band sie so eng aneinander, als hätten sie ihr ganzes Leben gemeinsam ver-bracht.

Wenn man über die Freundschaft zwischen Montaigne und La Boétie liest, hat man oft den Eindruck, La Boétie sei sehr viel älter und reifer gewesen als sein Freund, tatsächlich aber war er nur ein paar Jahre älter. Er war weder elegant noch gutaussehend, aber klug und warmherzig, und er besaß Substanz. Im Gegensatz zu Montaigne war er bereits verheiratet, als sie sich kennenlernten, und bekleidete einen höheren Posten im Parlament von Bordeaux. Unter den Kollegen hatte er sich als Autor und als Staatsbeamter einen Namen gemacht, man begegnete ihm mit Aufmerksamkeit und Respekt. Montaigne dagegen hatte bis dahin nur Rechtsgutachten geschrieben. Wenn man den beiden gesagt hätte, dass La Boétie später einmal hauptsächlich als Freund Montaignes in Erinnerung bleiben sollte und nicht umgekehrt, hätten sie es wohl nicht geglaubt.

La Boéties Reife kam vielleicht daher, dass er schon früh seine Eltern verloren hatte. Er wurde am 1. November 1530 in der kleinen Stadt Sarlat geboren, gut hundert Kilometer von Montaignes Anwesen entfernt. Sein Geburtshaus im reinsten Renaissancestil steht heute noch. Es war fünf Jahre vor La Boéties Geburt von seinem – so wie Pierre Eyquem hyperaktiven – Vater erbaut worden, der starb, als der Sohn zehn Jahre alt war. Wenig später starb auch seine Mutter. Sein Onkel und Namensvetter nahm den Jungen zu sich und ermöglichte ihm eine zeitgemäße humanistische Bildung, die allerdings weniger radikal vermittelt wurde als die Montaignes.

Wie Montaigne studierte auch La Boétie Rechtswissenschaften. Wohl im Jahr 1554 heiratete er Marguerite de Carle, eine Witwe mit zwei Kindern (eine der Töchter heiratete Montaignes jüngeren Bruder Thomas de Beauregard). Im Mai desselben Jahres – zwei Jahre bevor Montaigne am Gericht in Périgueux anfing – trat La Boétie seine Stelle als Rat im Parlament von Bordeaux an. Wahrscheinlich zählte auch er zu den Beamten, die ihre besser bezahlten Kollegen aus Périgueux mit Argwohn betrachteten.

La Boétie machte in Bordeaux eine steile Karriere. Anders als es die merkwürdigen Beschuldigungen im Jahr 1563 nahelegen, war er durchaus vertrauenswürdig. Man übertrug ihm heikle Missionen und schaltete ihn immer wieder als Verhandlungsführer ein, wie später Montaigne. Er war ernst, arbeitsam und pflichtbewusst. Die Unterschiede zu Montaigne waren beträchtlich, aber die beiden passten zusammen wie zwei Teile eines Puzzles. Sie teilten subtiles Denken, die Begeisterung für Literatur und Philosophie und die Entschlossenheit, ein Leben nach dem Vorbild der antiken Autoren und Kriegshelden zu führen, die sie in ihrer Kindheit und Jugend bewundern gelernt hatten. All dies verband sie und unterschied sie zugleich von ihren Kollegen, die eine konventionellere Erziehung genossen hatten.

Wir kennen La Boétie hauptsächlich aus dem Blickwinkel Montaignes – des Montaigne der 1570er und 1580er Jahre –, der voll Trauer und Sehnsucht auf seinen verstorbenen Freund zurückblickte: durch einen Schleier der Wehmut, durch den man den wirklichen La Boétie nur erahnen kann. Von La Boéties Sicht Montaignes haben wir ein klareres Bild, denn er schrieb ein Sonett, in dem er darlegte, wie Montaigne sich selbst vervollkommnen könne. Das Sonett zeichnet nicht das Bild eines perfekten, in der Erinnerung erstarrten Montaigne, sondern eines lebendigen Menschen. Es war keineswegs ausgemacht, dass aus diesem alles andere als makellosen Charakter jemals etwas werden würde, besonders wenn er weiterhin seine Energie damit verschwendete, mit hübschen jungen Frauen zu flirten und zu feiern.

La Boétie spricht in diesem Sonett zwar wie ein liebevoll tadelnder Onkel, doch es sind keine verwandtschaftlichen Gefühle, die ihn beherrschen: «Du, Montaigne, bist mit mir verbunden durch die Macht der Natur und durch die Tugend, die süße Verlockung der Liebe.» Und Montaigne äußert in seinen *Essais*, die Freundschaft habe seinen ganzen Willen ergriffen und mitgerissen, um sich in dem des Freundes «zu versenken und darin zu verlieren». Solche Formulierungen waren damals keineswegs unüblich. Die Renaissance lehnte zwar Homosexualität entschieden ab, aber junge Männer schrieben einander Briefe wie verliebte Teenager. Ihre Schwärmerei galt allerdings weniger einander als vielmehr einem hohen Freundschaftsideal nach dem Vorbild der griechischen und lateinischen Literatur. Eine solche Verbindung zwischen zwei jungen Männern aus gutem Hause war das Idealbild der Philosophie. Sie studierten zusammen, bewachten einander fürsorglich und halfen einander, sich in der Kunst des Lebens zu vervollkommnen. Montaigne und La Boétie waren von die-

sem Freundschaftsideal durchdrungen und strebten danach von dem
Augenblick an, als sie sich kennenlernten. Dass ihnen nur eine so
kurze Zeit vergönnt war, ersparte ihnen die Enttäuschung. In seinem
Sonett äußerte La Boétie die Hoffnung, sein Name möge mit dem
Montaignes bis in alle Ewigkeit verbunden bleiben – wie die Namen
anderer berühmter Freundespaare der Geschichte. Dieser Wunsch
wurde ihm erfüllt.

Sie orientierten sich an einem klassischen Modell: der Freundschaft zwischen dem Philosophen Sokrates und dem strahlend jungen Alkibiades, mit dem La Boétie Montaigne in seinem Sonett ganz
unverhohlen verglich. Montaigne wiederum verwies auf die sokra-
tischen Qualitäten La Boéties: auf seine Weisheit und überraschenderweise auch seine Hässlichkeit. Sokrates war bekanntermaßen
nicht besonders attraktiv, und darauf spielt Montaigne an, wenn er
von einer «Hässlichkeit» schreibt, die «eine wahrhaft schöne Seele»
umhüllt – in Anklang an Platons *Gastmahl*, wo Alkibiades den Sokrates mit einem der Silen-Figürchen vergleicht, wie sie zur Aufbewah-
rung von Schmuck und anderen wertvollen Objekten verwendet
wurden. Wie bei Sokrates liege auch unter La Boéties äußerer Hülle
ein Schatz verborgen. Montaigne und La Boétie genossen dieses Rol-
lenspiel, Montaigne jedenfalls scheint es Spaß gemacht zu haben.
Vielleicht sah sich La Boétie aber auch zuweilen gekränkt. Doch
hätte ihn dann das Gefühl für seine philosophische Würde davon
abgehalten, sich etwas anmerken zu lassen.

Platon zufolge wies der hässliche Sokrates die Avancen des schönen Alkibiades zurück, doch die Beziehung der beiden war zweifellos
von Koketterie und Erotik geprägt. Ob das auch für Montaigne und La
Boétie galt? Heute glauben nur noch wenige, dass sie eine sexuelle
Beziehung hatten. Doch ihre Sprache ist verblüffend eindringlich, nicht
nur in La Boéties Sonett, sondern auch in den Passagen Montaignes,
die die Freundschaft als ein transzendentes Mysterium beschreiben
oder als eine große Welle der Liebe, die sie beide mitriss. Wenn es um
La Boétie geht, gibt Montaigne seinen Willen zur Mäßigung und sein
Verlangen nach Unabhängigkeit auf. «Bei der Freundschaft hingegen,
von der ich spreche, verschmelzen zwei Seelen und gehen derart ineinander auf, dass sie sogar die Naht nicht mehr finden, die sie einte»,

schrieb er. Selbst die Worte gehorchten seinem Willen nicht mehr, wie
er in einer Randbemerkung hinzufügte:

> Wenn man in mich dringt zu sagen, warum ich Étienne de La Boétie
> liebte, fühle ich, dass nur eine Antwort dies ausdrücken kann: «Weil er
> es war, weil ich es war.»

Freundschaften wurden in der Renaissance – wie schon in der Antike –
im klaren, rationalen Licht des Tages geschlossen. Darin lag ihr philosophischer Wert. Montaignes Beschreibung der Liebe, die nicht in
Worte gefasst werden kann, passt nicht in dieses Schema. «Die unsere»,
schrieb er, «hatte kein andres Vorbild als sich selber, nur an sich selber
ließ sie sich messen.» Wenn sie überhaupt mit etwas vergleichbar war,
dann mit der Beschreibung im *Gastmahl*, wo Alkibiades durch Sokrates'
Charisma gleichermaßen verwirrt ist und sagt: «Oftmals würde ich
gern sehen, er weile nicht mehr unter den Menschen. Wenn das aber
geschähe, weiß ich wohl, würde ich noch viel betrübter sein, so dass ich
nicht weiß, was anfangen mit diesem Menschen.»

In La Boéties Sonett geht die Verwirrung nicht so weit wie bei
Montaigne: Seine Gefühle wurden nicht durch Trauer verstärkt.
Bemerkungen über Unvernunft und persönliche Anziehungskraft finden sich nicht in dem Sonett oder in einem jener mittelmäßigen Liebes-
gedichte, die La Boétie an Frauen schrieb, sondern ausgerechnet in seiner frühen Schrift über Politik, die in Bordeaux die Runde machte, als
Montaigne den Namen La Boétie zum ersten Mal hörte.

La Boétie war offenkundig noch recht jung, als er den *Discours de la
servitude volontaire* verfasste. Montaigne zufolge war er sechzehn Jahre
alt und behandelte das Thema als eine Art literarische Fingerübung,
«da es altbekannt und in den Büchern an tausend Stellen bereits
durchgedroschen war». Womöglich spielte Montaigne die Seriosität
des Werks ganz bewusst herunter, denn es war umstritten, und er wollte weder La Boéties Ruf beschädigen noch sich selbst mit seinen Äußerungen in Schwierigkeiten bringen. Selbst wenn es kein ganz so frühes
Jugendwerk war, wie von Montaigne behauptet, war es doch erstaunlich. La Boétie wurde sogar als ein Rimbaud der politischen Soziologie
bezeichnet.

Das Thema der Abhandlung *Von der freiwilligen Knechtschaft* ist die
Leichtigkeit, mit der es im Laufe der Menschheitsgeschichte den Tyrannen immer wieder gelang, sich die Massen zu unterwerfen, auch wenn
ihre Macht schwand, sobald diese Massen ihnen ihre Unterstützung
entzogen. Es bedurfte also keiner Revolution: Es reichte, wenn die
Menschen, ein Heer von Sklaven und Schmeichlern, von einem Tyrannen abfielen und nicht länger bereit waren, ihm zu folgen. Doch dies
geschah so gut wie nie, nicht einmal dann, wenn der Tyrann seine
Untertanen grausam misshandelte. Ja, je mehr die Tyrannen ihr Volk
hungern ließen, desto mehr schien das Volk sie zu lieben. Die Römer
betrauerten Nero nach seinem Tod, trotz seiner Grausamkeit. Ebenso
Julius Caesar, den La Boétie – was außergewöhnlich ist – nicht bewunderte. Montaigne hegte ähnliche Vorbehalte. Hier war ein Herrscher,
so La Boétie, «der die Gesetze und die Freiheit aufhob und an dem
nichts Gutes, wie ich glaube, zu finden war»; und doch wurde er über
alle Maßen verehrt. Das Rätsel der Tyrannenherrschaft ist so uner-
gründlich wie die Liebe.

La Boétie glaubte, der Tyrann habe sein Volk irgendwie hypno-
tisiert, auch wenn dieser Begriff damals noch gar nicht existierte. Man
könnte auch sagen: Die Menschen verlieben sich in ihn und werden
willenlos. Es sei ein schreckliches Schauspiel, «eine Million Menschen
in elender Knechtschaft zu sehen, den Hals unter dem Joch, und nicht
durch eine stärkere Gewalt bezwungen, sondern, wie es scheint,
irgendwie verzaubert und behext allein durch den Namen des Einen,
dessen Macht sie nicht fürchten müssen, denn er ist allein, noch seine
Vorzüge zu lieben, da er statt solche zu haben unmenschlich und grausam ist». Und doch erwachen sie nicht aus dem Traum. La Boétie
erkennt hier fast so etwas wie Hexerei. Wer sie in geringerem Maße
ausübe, würde wahrscheinlich auf dem Scheiterhaufen verbrannt werden; verhexe man dagegen eine ganze Gesellschaft, beklage sich niemand.

La Boéties Analyse der politischen Macht kommt Montaignes
Faszination von der Rätselhaftigkeit La Boéties sehr nahe: «Weil er es
war, weil ich es war.» Dass das Charisma eines Tyrannen wie ein
Zauberbann oder ein Liebestrank wirken kann, kennen wir von Dik-
tatoren aus unserer eigenen jüngeren Geschichte. Als ein Henker des

ugandischen Diktators Idi Amin in einem Interview gefragt wurde, warum er Amin so treu gedient habe, klingt seine Antwort so, als spreche Montaigne über La Boétie, Alkibiades oder Sokrates:

> Sehen Sie, es ist Liebe, so etwas nennt man Liebe: Nehmen wir das Bei-spiel eines Mannes, der eine einäugige Frau liebt. Wenn Sie ihn fragen, warum er diese hässliche Frau liebt, glauben Sie, dass Sie darauf eine Antwort bekommen? Das Geheimnis, warum ich ihn und warum er mich liebt, bleibt zwischen uns beiden.

Die Tyrannei schafft eine Dramaturgie der Unterwerfung, nicht das Szenario einer erbitterten Konfrontation, wie sie Montaigne so oft beschreibt. Das Volk gibt sich freiwillig auf, was den Tyrannen nur ermuntert, ihm alles zu nehmen, sogar das Leben, wenn er es in den Krieg schickt, um für ihn zu kämpfen. Schließlich verliert der Mensch sogar die Erinnerung an seine Freiheit. Alle in diesem System, von oben bis ganz nach unten, sind von ihrer freiwilligen Knechtschaft und der Macht der Gewohnheit wie gebannt, denn sie kennen oft gar nichts anderes. Und doch müssen sie nur aufwachen und sich weigern, länger mitzumachen.

Wenn ein paar Individuen das Joch abschütteln, so La Boétie wei-ter, dann oft nur deshalb, weil ihnen durch den Blick auf die Geschich-te die Augen geöffnet wurden. Das historische Beispiel der Tyrannen-herrschaft zeigt ihnen das Grundmuster ihrer eigenen Gesellschaft. Statt die Verhältnisse hinzunehmen, in die sie hineingeboren wurden, erlernen sie die Kunst, zur Seite zu treten und die Dinge aus einer ande-ren Perspektive zu betrachten – ein Trick, den Montaigne in den *Essais* zum Grundzug seines Denkens und Schreibens machte. Doch von die-sen freien Geistern gibt es viel zu wenige. Sie schließen sich nicht zusammen, sondern bewahren sich «die Freiheit in ihrer Einbildungs-kraft».

Man kann gut verstehen, warum Montaigne nach der Lektüre der *Freiwilligen Knechtschaft* deren Autor unbedingt kennenlernen wollte. Es ist ein kühnes Werk. Ob Montaigne mit allem, was darin gesagt wurde, einverstanden war, sei dahingestellt, es muss ihn aber fasziniert haben. La Boéties Reflexionen über die Macht der Gewohnheit, ein Schlüsselthema auch in Montaignes *Essais*, und der Gedanke, das Bewusstsein von Freiheit könne aus der Lektüre historischer und biographischer Werke erwachsen, fanden sicher bei ihm Anklang, ebenso die intellektuelle Kühnheit und die Fähigkeit, um die Ecke zu denken.

La Boétie selbst betrachtete seine Abhandlung wohl nicht als einen Aufruf zur Revolution. Er brachte sie in wenigen diskreten Abschriften in Umlauf und plante wahrscheinlich keine Veröffentlichung – und falls doch, dann mit dem Ziel, die herrschende Elite zu verantwortungsvollerem Handeln zu ermahnen, nicht, um einen Volksaufstand zu schüren. Deshalb wäre er wohl entsetzt gewesen zu sehen, was mit seinem Werk geschah. Zehn Jahre nach seinem Tod erschien *Von der freiwilligen Knechtschaft* als radikales protestantisches Traktat unter dem effekthascherischen Titel *Contr'un* (Gegen einen): als Aufruf zur Rebellion gegen den französischen König. Es wurde in mehreren protestantischen Publikationsorganen abgedruckt: erstmals in der anonymen *Reveille-matin des François et de leurs voisins* (1574) und dann in verschiedenen Ausgaben der von Simon Goulart herausgegebenen *Mémoires de l'estat de France sous Charles IX* (1577). Es präsentierte sich nun als eine flammende Kampfschrift, und die Reaktion war dementsprechend. Am 7. Mai 1579, zwei Tage bevor Montaigne das offizielle Druckprivileg zur ersten Ausgabe der *Essais* erhielt, wurde Goularts zweite Auflage auf Beschluss des Parlaments von Bordeaux öffentlich verbrannt. Kein Wunder, dass Montaigne La Boéties Schrift als jugendliche Fingerübung darstellte, die für niemanden eine Bedrohung darstelle.

Die Umdeutung im Streit der Konfessionen war der Beginn eines langen und wechselhaften Nachlebens dieses Traktats. Bis heute wird es als Aufruf zum bewaffneten Kampf oder zumindest des gerechten Widerstands immer wieder nachgedruckt. Im Zweiten Weltkrieg erschien es in den Vereinigten Staaten unter dem Titel *Anti-Dictator* mit Anmerkungen zu Themen wie «Appeasement ist sinnlos» oder «Why Führers make speeches» (Warum Führer Reden halten). Die Schrift wurde von anarchistischen und libertären Gruppen aufgegriffen und mit radikalen Vorworten und Kommentaren veröffentlicht. La Boéties postumer Ruhm als anarchistischer Freiheitsheld wird nur noch von seiner Berühmtheit als Freund Montaignes überstrahlt.

Was Anarchisten und Libertäre am meisten bewunderten, war die auch von Mahatma Gandhi verkörperte Idee, eine Gesellschaft könne sich dadurch von der Tyrannei befreien, dass sie dem Unterdrücker stillschweigend ihre Zusammenarbeit aufkündigt. In einem neueren Vorwort wird La Boétie als Inspirator einer «anonymen, verdeckten Ein-Mann-Revolution» betrachtet, gewiss die reinste denkbare Form der Revolution. «Voluntaristen» berufen sich auf La Boétie als Gewährsmann der Ansicht, jede politische Betätigung sollte verweigert werden, auch die demokratischen Wahlen, da sie der Staatsgewalt eine falsche Legitimität verliehen. Manche frühen Voluntaristen lehnen auch das Frauenwahlrecht mit der Begründung ab, wenn Männer nicht wählen sollten, dann sollten Frauen dies ebenso wenig tun.

Der Aspekt der «stillschweigenden Verweigerung», der in der Schrift *Von der freiwilligen Knechtschaft* zum Ausdruck kommt, war für Montaigne gewiss reizvoll. Er stimmte zu, das Wichtigste im Widerstand gegen den Missbrauch der politischen Macht sei die Wahrung der geistigen Freiheit – und das konnte auch den Rückzug aus dem politischen Leben bedeuten. Mit seinem Beharren auf Verweigerung der Mitarbeit und Wahrung der eigenen Integrität könnte *Von der freiwilligen Knechtschaft* fast ein *Essai* von Montaigne sein, geschrieben in einer frühen, streitbaren Phase seines Lebens, als er noch nicht die Kunst vervollkommnet hatte, gleichzeitig auf beiden Seiten zu stehen. Wie Ralph Waldo Emerson beim Lesen der *Essais* Jahrhunderte später hätte auch Montaigne angesichts der *Freiwilligen Knechtschaft* sagen können: «Es war mir, als ob ich es in irgendeinem früheren Leben selbst geschrieben hätte, so aufrichtig und vertraut sprach es zu meinen Gedanken, meinen Erfahrungen.»

Bevor das Traktat von hugenottischen Propagandisten politisch vereinnahmt wurde, plante Montaigne, es in die Sammlung seiner *Essais* aufzunehmen, freilich unter Nennung seines Urhebers. Montaigne hatte das Traktat direkt im Anschluss an das Kapitel «Über die Freundschaft» einfügen wollen, in dem er leidenschaftlich über seine Gefühle schreibt. Das Traktat wäre dann eine Art Gastbeitrag und gewissermaßen das Herzstück des ersten Buches der *Essais* gewesen und wie ein «formvollendetes Gemälde» von den anderen Kapiteln umrahmt worden.

Als er dann jedoch das Buch zur Veröffentlichung an seinen Verleger schickte, hatte sich die Situation geändert. *Von der freiwilligen Knechtschaft* galt nunmehr als eine revolutionäre Kampfschrift. Statt als Tribut an die Brillanz seines verstorbenen Freundes würde der Text jetzt als eine Provokation erscheinen. Deshalb zog er ihn zurück, ließ aber seine eigene Vorbemerkung gleichsam wie den Stumpf nach einer Amputation stehen. «Da ich entdecken musste», schrieb er, «dass seine *Abhandlung über die freiwillige Knechtschaft* inzwischen in böser Absicht von denen veröffentlicht worden ist, die unsere gesellschaftliche Ordnung durcheinanderbringen und verändern wollen (ohne sich darum zu sorgen, ob sie auf solche Weise besser wird), und dass diese Leute das Werk mit Schriften aus ihrer Giftküche vermengten, habe ich auf meinen Plan verzichtet, es hier zu bringen.» Wahrscheinlich fügte er seine Bemerkung über den jugendlichen Charakter des eher als Versuch zu verstehenden Werks erst jetzt hinzu.

Dann überlegte er es sich wieder anders. Um La Boétie nicht als unaufrichtig erscheinen zu lassen, machte er jetzt die Anmerkung, La Boétie habe selbstverständlich an das geglaubt, was er geschrieben habe; er habe nie gegen seine Überzeugungen gehandelt. Montaigne sagte sogar, sein Freund wäre lieber in Venedig, einer Republik, geboren worden als in Sarlat, also im französischen Staat. Doch das klang erneut so, als wäre La Boétie ein Rebell gewesen. Ein neuer Einschub war also nötig: «Aber er hatte einen weiteren Grundsatz seiner Seele als unumstößlich eingeprägt: stets pflichtbewusst denjenigen Gesetzen zu gehorchen und sich ihnen zu unterwerfen, in die er hineingeboren war.» Alles in allem scheint Montaigne also über La Boéties Traktat ganz schön ins Schleudern gekommen zu sein. Man kann sich gut vorstellen, wie er in einer Ecke der Druckerwerkstatt sitzt und in letzter Sekunde diese Zeilen zu Papier bringt, das zurückgezogene Manuskript noch unterm Arm.

Wenn man bedenkt, dass *Von der freiwilligen Knechtschaft* zur selben Zeit in Bordeaux verbrannt wurde, erscheint es von Montaigne durchaus gewagt, das Werk zu erwähnen, ja gar zu rechtfertigen. Widersprüchlich wie immer, agierte er mit Vorsicht, als er die Veröffentlichung zurückzog, gleichzeitig aber auch mit dem Mut dessen, der entschlossen ist, die Schrift zu verteidigen. Mehr noch: Montaigne erörterte, wie La Boétie überhaupt dazu kam, dieses Werk zu schreiben, und gab den Namen seines Verfassers preis. Den kannte man wahrscheinlich bereits, aber keines der protestantischen Blätter, die das Traktat bis dahin veröffentlicht hatten, war so weit gegangen, ihn anzugeben.

Nachdem sich Montaigne also entschieden hatte, La Boéties Schrift nicht zu veröffentlichen, schrieb er: «So werde ich jetzt sein ernstes Werk durch eines ersetzen, das zwar in demselben Lebensabschnitt entstand, aber unbeschwerter ist, und fröhlicher.» Es war eine Auswahl von La Boéties Versen: nicht jener, die er an ihn selbst geschrieben hatte, sondern von neunundzwanzig Sonetten, adressiert an eine namentlich nicht genannte junge Frau. Doch ein paar Jahre später änderte Montaigne seinen Plan erneut und entfernte auch diese. Am Ende blieben lediglich seine Einleitung, die Widmung und die knappe Bemerkung stehen: «Die Gedichte wurden inzwischen anderswo veröffentlicht.» Ein ganzes Kapitel (Kapitel 29 des Ersten Buchs) wurde damit in doppelter Hinsicht verstümmelt, was Montaigne ganz bewusst nicht zu verstecken suchte. Er lenkte im Gegenteil die Aufmerksamkeit darauf, was zu vielen Spekulationen Anlass gab. Hat Montaigne in seiner Eile Textteile weggelassen oder hinzugefügt, ohne sich um die Bruchstellen zu kümmern, oder wollte er den Leser damit auf etwas hinweisen?

In den letzten Jahren wurde wiederholt eine radikale These vorgetragen. Wie schon erwähnt, trägt *Von der freiwilligen Knechtschaft* Züge von Montaignes eigenem Schreiben, so dass die Schrift beinahe von ihm hätte verfasst sein können. Sie handelt von der Gewohnheit, von der Natur, von Perspektiven und von der Freundschaft – vier Themen, die in den *Essais* immer wieder anklingen. Die innere Freiheit wird als eine Form des politischen Widerstands betrachtet; auch das entspricht Montaignes Position. Das Werk enthält zahlreiche Beispiele aus der antiken Geschichte, genau wie die *Essais*. Und es wirkt auch selbst wie ein *Essai*, ein «Versuch». Es ist eloquent, unterhaltsam und schweift immer wieder ab. Der Autor macht viele Exkurse, etwa wenn er die Pléiade erörtert, einen Dichterkreis des 16. Jahrhunderts, ehe er fortfährt: «Um aber dahin zurückzukehren, wo ich vor meiner Abschweifung den Faden verlor.» Diese spielerische Desorganisation erscheint ungewöhnlich für den Übungstext eines jungen Mannes, aber sie macht ihn lebendig und spontan. Der Autor spricht mit uns, als säßen wir bei einem Glas Wein mit ihm zusammen oder hätten ihn zufällig an einer Straßenecke in Bordeaux getroffen. Der Gedanke liegt nahe, dass in Wirklichkeit Montaigne und nicht La Boétie der Verfasser des Traktats ist.

Man könnte dagegenhalten, der Text müsse zwingend von La Boétie stammen, schließlich kursierten in Bordeaux Abschriften des Manuskripts. Doch keine der heute noch vorhandenen Abschriften ist in La Boéties Handschrift geschrieben, sondern immer von fremder Hand, und der einzige klare Beleg dafür, dass der Text tatsächlich kursierte, stammt von Montaigne selbst. Montaigne ist es auch, der die Urheberschaft La Boétie zuschreibt und den Text als Jugendschrift definiert. Vielleicht war eher Montaigne dem jungen Rimbaud vergleichbar, wenn er hitzköpfig aus dem Parlament von Bordeaux stürmte, nicht der schon früh sehr viel bedächtigere La Boétie. Oder vielleicht war es gar nicht das Werk eines jungen Mannes? Das würde einige anachronistische Stellen im Text erklären. Vielleicht hat Montaigne den Text sehr viel später geschrieben, wie Verschwörungstheoretiker behaupten, und die Anachronismen eingestreut, um kluge Leser auf die richtige Spur zu bringen.

Der Erste, der diese These aufstellte, war der eigenwillige Montaigne-Forscher Arthur-Antoine Armaingaud im Jahr 1906. Er war bekannt für seine überzogenen Behauptungen, die er in die Welt setzte, um sich anschließend zurückzulehnen und zuzusehen, wie die Fetzen flogen. Damals fand Armaingaud kaum Zustimmung (und auch heute hat seine These nur wenige Anhänger), aber er konnte immerhin eine neue Generation von Querdenkern dafür gewinnen, namentlich Daniel Martin und David Lewis Schaefer. Schaefer möchte Montaigne als einen heimlichen Revolutionär enttarnen wie vor ihm Armaingaud. Daniel Martin wiederum betrachtet das Traktat als ein kryptisches Kreuzworträtsel und meint: «*Von der freiwilligen Knechtschaft* aus den *Essais* wegzudenken ist so, wie wenn man aus einem Orchester die Flöte herausnimmt.»

Die Vorstellung, Montaigne habe ein radikales, protoanarchistisches Traktat geschrieben, anschließend eine in die Irre führende Verschleierungstaktik eingesetzt und Hinweise versteckt, die nur ein scharfsinniger Leser aufspüren kann, ist aus mehreren Gründen verlockend. Wie alle Verschwörungstheorien hat auch diese den Reiz, dass man Puzzleteilchen zusammensetzen kann, und sie verleiht Montaigne etwas Schillerndes: Montaigne als eine revolutionäre Zelle, bestehend aus einer einzigen Person, und als Meister der Täuschung.

Gelegentlich zeigen die *Essais*, dass Montaigne, wenn er wollte, durchaus trickreich agieren konnte. Einmal griff er zu einer raffinierten List, um einen Freund zu kurieren, der unter Impotenz litt und befürchtete, unter einem bösen Fluch zu stehen. Statt ihm seine Hirngespinste auszureden, gab er ihm ein kleines flaches Goldstück, auf dem «Himmelszeichen» eingeprägt waren, dazu ein Stoffband, und trug ihm auf, damit jedes Mal vor dem Sex bestimmte festgelegte Rituale zu vollziehen. Das funktionierte. Montaigne hatte ein schlechtes Gewissen dabei, auch wenn die Flunkerei zum Wohl seines Freundes geschah. Die Episode zeigt jedoch, dass er zu einer Täuschung fähig war, wenn die Situation es verlangte oder wenn die Psychologie des Falles ihn genügend faszinierte.

Doch aufs Ganze gesehen trieb er solche Spiele eher selten, er betonte lieber seine Wahrhaftigkeit und Offenheit in allen Dingen sowie seine Begriffsstutzigkeit bei geselligen Spielen und Rätselaufgaben. Freilich konnte auch das Teil eines großangelegten Täuschungsmanövers sein. Wenn er wirklich ein raffinierter Betrüger war, so muss man alles in Zweifel ziehen, was er in den *Essais* geschrieben hat: eine schwindelerregende Aussicht – mit weiteren beunruhigenden Konsequenzen. Wenn La Boétie tatsächlich nicht der Autor der Schrift *Von der freiwilligen Knechtschaft* war, dann war er auch nicht derjenige, zu dem ihn Montaigne in den *Essais* macht. Sicher, er war eine real existierende Person, aber er besäße dann keine klaren Konturen und wäre nur eine Chiffre für Montaignes Cleverness. Und falls La Boétie tatsächlich nicht über diese außergewöhnlichen Fähigkeiten verfügte und nicht derjenige war, der ein solches Buch hätte schreiben können, woher kam dann Montaignes tiefe Zuneigung zu ihm? Für sie muss es einen Grund gegeben haben, und der lag offenkundig nicht in La Boéties körperlicher Attraktivität – es sei denn, Montaigne hätte auch hier gelogen.

Wenn man die enge Verbundenheit der beiden Männer ernst nimmt, ist die Verschwörungstheorie inakzeptabel. Sollte Montaigne die *Freiwillige Knechtschaft* La Boétie zugeschrieben haben, um sich selbst zu decken, hätte er mit dem Andenken an seinen Freund, das an Heiligenverehrung grenzte, ein böses Spiel getrieben. Es ist überraschend, dass er La Boéties Urheberschaft ausgerechnet in einem Augenblick preisgibt, da die Schrift öffentlich verbrannt wurde. Noch sehr viel überraschender aber wäre es, wenn La Boétie nicht der Autor dieses Werks wäre. Es wäre ein unerhörter Verrat, fast ein Akt des Hasses. Doch in Montaignes Schriften gibt es nichts (auch nicht in seinem Reisetagebuch, das ja nicht für die Veröffentlichung bestimmt war), was darauf hindeutet, dass er solche Hassgefühle hegte.

Die Intensität der Zuneigung füreinander liefert eine überzeugende Erklärung dafür, warum sich Montaignes und La Boéties Schreibstil so ähneln. Montaigne und La Boétie teilten alles: Sie verschmolzen miteinander – nicht wie ein Autor mit seinem Pseudonym, sondern wie ein Autorenduo, das seine Gedanken gemeinsam entwickelt: debattierend, streitend, aber immer fesselnd. In den wenigen Jahren, die ihnen vergönnt waren, müssen Montaigne und La Boétie von morgens bis abends miteinander diskutiert haben: über die Macht der Gewohnheit; über die Notwendigkeit, überkommene Gedanken zu verwerfen und neue Standpunkte einzunehmen; über Tyrannei und die Freiheit des Individuums. Anfangs waren wohl La Boéties Ideen klarer artikuliert, später hat Montaigne ihn überrundet und Gedanken über Gewohnheiten und Standpunkte in Richtungen entwickelt, die auch für La Boétie neu waren. All das fand seinen Weg in die *Essais*, die in mehr als einer Hinsicht zu einem Monument für La Boétie wurden. Montaignes und La Boéties Geist verflochten sich so eng, dass man selbst mit den besten kritischen Instrumentarien den einen nicht mehr von dem anderen trennen konnte.

Keiner der beiden Freunde hatte Grund, daran zu zweifeln, dass es noch Jahrzehnte so weiterginge, mit immer größerem Erfolg und als gefeierte Denker eines modernen Athen. Aber der junge Sokrates sollte schon bald vom Gastmahl des Lebens abberufen werden.

La Boétie: Tod und Trauer

Es begann am Montag, dem 9. August 1563. La Boétie hatte den Tag auf dem Landgut von François de Péruse d'Escars verbracht, der gegen Lagebâton im Parlament von Bordeaux rebelliert hatte. An jenem Abend sollte La Boétie bei Montaigne zu Abend essen, doch kurz vor seinem Aufbruch von d'Escars bekam er Durchfall und Bauchschmerzen. Er schickte Montaigne eine Nachricht, er fühle sich nicht recht wohl, und fragte, ob Montaigne nicht stattdessen zu ihm kommen wolle, was der sofort tat. Über die nachfolgenden Ereignisse wissen wir aus einem Brief Montaignes an seinen Vater, den Montaigne schließlich veröffentlichte.

Als Montaigne bei d'Escars eintraf, fand er seinen Freund in Schmerzen. La Boétie vermutete, er habe sich erkältet, aber es schien etwas Ernsteres zu sein. Die beiden erwogen bereits die Möglichkeit der Pest, die sich zu jener Zeit dort sowie in Bordeaux und Agen ausbreitete, wo La Boétie erst kürzlich beruflich zu tun gehabt hatte. Wenn La Boétie sich nicht bereits angesteckt hatte, war er jetzt, in diesem geschwächten Zustand, anfällig für die Seuche. Montaigne riet ihm, ein von der Pest verschontes Gebiet aufzusuchen und bei seiner, Montaignes, Schwester und seinem Schwager zu bleiben, den Lestonnacs. Aber La Boétie fühlte sich nicht imstande, diese Reise anzutreten. Tatsächlich war es schon zu spät: Er hatte sich wohl bereits angesteckt.

Montaigne verließ den Freund, doch am nächsten Morgen schickte La Boéties Frau ihm die Nachricht, der Zustand des Kranken habe sich verschlechtert. Montaigne verbrachte auf La Boéties Bitte die Nacht bei ihm. «Als ich eintrat, bezeugte er deutlich seine Freude, mich zu sehen, und als ich Abschied nehmen wollte [...], bat er mich mit mehr Zuneigung und Dringlichkeit, als er je bei einem anderen bezeigt hatte, ich möge, soviel wie es mir möglich sei, bei ihm verweilen.» Er blieb auch in der folgenden Nacht, während sich La Boéties Zustand weiter verschlimmerte. Am Samstag sagte La Boétie, seine Krankheit sei ansteckend, was darauf hindeutet, dass er wusste, es war die Pest. Er bat Montaigne erneut, bei ihm zu bleiben, aber immer nur für eine kurze Zeitspanne, um die Ansteckungsgefahr geringer zu halten. Dieser Anweisung leistete Montaigne nicht Folge: «Ich verließ ihn darauf nicht mehr.»

Am Sonntag überkam La Boétie eine große Schwäche, und er halluzinierte. Später sagte er, «er hätte sich in einer großen Verwirrung aller Dinge gefunden und nichts gesehen als eine dichte Wolke und einen finsteren Nebel, in dem alles regellos durcheinanderschwamm, doch sei dieser Zustand nicht unangenehm gewesen». Montaigne versicherte ihm: «Der Tod hat nichts Schlimmeres als das, mein Bruder», worauf La Boétie zurückgab, in der Tat, es gebe nichts Schlimmeres. Von dem Augenblick an, so gestand er Montaigne, habe er die Hoffnung aufgegeben.

La Boétie beschloss, seine Angelegenheiten in Ordnung zu bringen, und bat Montaigne, seine Frau und seinen Onkel in ihrer Trauer um ihn zu trösten. Sobald La Boétie dazu bereit war, versammelte Montaigne die Familie um das Sterbebett. Sie «legten ihr Gesicht zurecht, so gut sie vermochten». La Boétie teilte ihnen mit, was er in seinem Testament zu schreiben gedachte. Die meisten seiner Bücher vermachte er Montaigne. Dann ließ er einen Priester kommen. La Boétie hatte sich für seine Reden auf dem Sterbebett so sehr in der Gewalt, dass Montaigne wieder Hoffnung schöpfte, aber sobald der Kranke die Anstrengung hinter sich gebracht hatte, verschlechterte sich sein Zustand erneut.

Ein paar Stunden später sagte Montaigne zu seinem Freund, er sei «vor Scham errötet, weil mir der Mut fehlte, das anzuhören, was er, der doch so schwer zu leiden hatte, mir zu sagen den Mut besaß». Er versprach, sich an sein Beispiel zu erinnern, wenn die Zeit gekommen sei. Ja, meinte La Boétie, das sei gut. Er rief Montaigne die vielen erhellenden Gespräche in Erinnerung, die sie über diese Themen geführt hatten. Dies seien, sagte er, «die wahren praktischen Verwertungsmuster unserer Studien und der Philosophie».

Er ergriff Montaignes Hand, versicherte ihn, er habe in seinem Leben schon viel schwerere und schmerzlichere Dinge getan. «Und wenn alles gesagt sein soll, so bin ich seit langer Zeit darauf vorbereitet gewesen, und seit langer Zeit wusste ich meine Lektion auswendig.» Wie Montaigne hatte auch er den Rat der antiken Philosophen befolgt und sich auf seinen Tod vorbereitet. Schließlich, so fuhr er fort, ganz im Sinne der antiken Weisheit, habe er lange genug gesund und glücklich gelebt. Es gebe nichts zu bedauern. «Ich war gerade im Begriff, in mein dreiunddreißigstes Jahr zu treten», sagte er. «Gott hat mir diese Gnade erwiesen, dass mein ganzes Dasein bis zu dieser Stunde des Lebens voll Gesundheit und Glück gewesen ist; bei der Unbeständigkeit der menschlichen Dinge konnte es schwerlich weiterdauern.» Das Alter würde ihm nur Schmerzen und Gebrechlichkeit bringen – besser, dies zu vermeiden. Montaignes Blick verriet wohl seine Erschütterung, doch La Boétie wies ihn zurecht: «Wie, mein Bruder, wollt Ihr mir Furcht machen? Wenn ich sie hätte, an wem wäre es, sie mir zu nehmen, wenn nicht an Euch?»

La Boétie starb den perfekten Tod des Stoikers, in mutiger Entschlossenheit, vernunftbestimmt und weise. Und auch Montaigne erfüllte seine Aufgabe und stand seinem Freund ermunternd zur Seite. Er war Zeuge des Geschehens, um später alles bis ins Detail zu berichten, damit andere daraus lernen konnten. Vielleicht retuschierte er die Realität ein klein wenig, so dass La Boétie edler und mutiger erschien als in Wirklichkeit, vielleicht aber auch nicht. La Boéties Sinn für die klassischen Tugenden ging so tief, dass er fast bis an sein Lebensende seinen philosophischen Vorbildern nacheiferte. «Sein Geist war nach dem Vorbild anderer Zeiten als dieser geformt», schrieb Montaigne.

Aber auch Montaignes Denken entsprach nicht den Konventionen seiner Epoche, und je weiter sein Bericht fortschreitet, desto deutlicher tritt es zutage: seine Skepsis, sein Sinn für das treffende Detail, seine Entschlossenheit, die Ereignisse so zu schildern, wie sie sich tatsächlich zugetragen haben. Es gibt sogar Momente der Respektlosigkeit. Als er über La Boéties Abschiedsreden schreibt, bemerkt er: «Das ganze Zimmer war angefüllt mit Schreien und Tränen, die doch den Gang seiner Worte nicht unterbrechen konnten. Diese waren ein wenig lang.»

Am nächsten Morgen, es war Montag, verlor La Boétie immer wieder das Bewusstsein und wurde mit Essig und Wein mehrmals ins Leben zurückgeholt. «Seht Ihr jetzt nicht, dass die ganze Hilfe, die Ihr mir zuredet, nur dazu dient, meine Pein zu verlängern?», sagte er vorwurfsvoll. Nach einer solchen Prozedur dämmerte er zeitweilig ganz

weg. Das Jammern und Klagen der Menschen um ihn herum, die er nicht sehen konnte, versetzte ihn in Panik. «Mein Gott, wer quält mich so? Warum reißt man mich aus der süßen und schönen Ruhe, in der ich lag? Lasst mich doch, ich bitte Euch.»
Ein Schluck Wein stärkte seine Kräfte, aber jetzt entglitt er immer mehr. «Alle Extremitäten bis zum Gesicht herauf waren bereits eisig, zugleich lief ihm ein tödlicher Schweiß den Körper entlang, und vom Puls konnte man fast gar nichts mehr finden.»
Am Dienstag empfing er die Sterbesakramente und bat den Priester, seinen Onkel und Montaigne, für ihn zu beten. Zwei-, dreimal rief er: «Gut, gut, mag er kommen, wann er will, ich erwarte ihn, den Gevatter, und Gewehr bei Fuß.»
«Auf den Abend begann er, sonst bei gutem Bewusstsein, die Züge des Todes anzunehmen», fährt Montaigne fort. «Als ich zu Nacht aß, ließ er mich rufen: er war nur noch der Schatten und das Bild eines Menschen.» Er delirierte wieder, diesmal mit Vorstellungen, die er Montaigne als «wunderbar, unendlich und unsagbar» beschrieb. Er versuchte, seiner Frau Trost zuzusprechen, und sagte, er habe ihr eine Geschichte zu erzählen. «Aber ich verlasse Euch», sagte er. Als er ihre Panik bemerkte, fügte er hinzu: «Ich verlasse Euch, um zu schlafen.»
Sie verließ das Zimmer. «Mein Bruder, bleibt bei mir, wenn Ihr wollt», bat der Sterbende Montaigne. Es standen immer noch viele Leute im Zimmer. Montaigne nennt sie «alle Anwesenden». In der Renaissance konnte man nichts allein machen, am allerwenigsten sterben. La Boéties Frau war, wie es scheint, die Einzige, die man wegschicken konnte.
Der Sterbende wurde jetzt unruhig. Er warf sich in seinem Bett hin und her und stellte seltsame Forderungen. Montaigne notierte:

Danach bat er mich plötzlich unter anderen Äußerungen wieder und wieder mit äußerster Deutlichkeit, ich möge ihm einen Platz geben; ich fürchtete, dass sein Verstand die Klarheit verloren hätte. Aber obwohl er es sanft zurückwies, dass er sich vom Leben hinreißen ließ, und jene Worte nicht die eines ruhigen Menschen waren, ergab er sich doch nicht sogleich, sondern wiederholte noch dringender: «Mein Bruder, mein Bruder, so versagt Ihr mir einen Platz?» Bis er mich zwang, ihn durch die Logik zu überzeugen und ihm zu sagen, da er atme und spreche, müsse er ein körperliches Wesen sein und folglich auch seine Stelle haben. «Gewiss, gewiss», antwortete er, «ich habe eine, aber nicht die, die ich brauche, und dann, um alles zu sagen, ich habe kein Sein mehr.»

Es war schwer, darauf eine Antwort zu finden. Montaigne versuchte ihn zu trösten: «Gott wird Euch bald ein besseres geben», sagte er.
«Wäre ich nur schon dort», versetzte er, «seit drei Tagen zerre ich, um aufzubrechen.»

In den folgenden Stunden habe der Sterbende immer wieder nach ihm gerufen, schrieb Montaigne, «nur um sich zu überzeugen, dass ich bei ihm war». Montaigne wich nicht von seiner Seite.

Seit ihrem konventionellen Anfang war Montaignes Beschreibung zunehmend ergreifender und gleichzeitig unheimlicher geworden. Er wollte mitteilen, was tatsächlich gesagt und getan wurde, ungeachtet der philosophischen Bedeutung des Geschehens. La Boétie selbst eiferte nunmehr keinen Vorbildern mehr nach. Mit seiner Bitte, einen Platz für ihn zu schaffen, schien sein Unbewusstes gesprochen zu haben – wie aus Montaigne, als er wenige Jahre später delirierte und an seinem Wams zerrte.

Gegen zwei Uhr morgens wurde der Kranke endlich ruhig, ein gutes Zeichen. Montaigne ging aus dem Zimmer, um es La Boéties Frau zu sagen, und sie freuten sich über die Besserung. Doch eine Stunde später, als Montaigne in das Zimmer des Kranken zurückkam, wurde La Boétie erneut unruhig. Er rief ein paar Mal Montaignes Namen. Dann stieß er einen tiefen Seufzer aus und hörte auf zu atmen. La Boétie war gestorben, «gegen drei Uhr morgens, am Mittwoch, dem achtzehnten August des Jahres tausendfünfhundertdreiundsechzig, nachdem er zweiunddreißig Jahre, neun Monate und siebzehn Tage gelebt hatte», wie Montaigne schrieb.

Das also war der Tod. Es war wahrscheinlich Montaignes erste unmittelbare Erfahrung mit dem Tod eines Menschen, den er innig liebte. Der körperliche Verfall war ein Schock, vor allem bei einer so schrecklichen Krankheit, obwohl Montaigne nichts von der Angst schreibt, sich anzustecken. Zu den Gedanken, die ihm durch den Kopf

gegangen sein mögen, zählte etwas, das ihm später im Licht seiner
eigenen Erfahrung ganz klar vor Augen trat: die Hoffnung, dass der
Tod für den, der ihn erleidet, etwas Sanftes ist, so dramatisch das
Sterben auch aussehen mag. Er hatte diese Frage einmal mit La Boétie
erörtert, der ihm widersprochen hatte. Jetzt mag Montaigne inständig
gehofft haben, dass er mit seiner Ansicht recht hatte. Der Gedanke,
dass La Boétie nichts als ein Wohlgefühl empfand, während sein Körper schwitzte und in Agonie lag, war tröstlich. Als Montaigne später
darüber schrieb, wie er selbst das Bewusstsein verloren hatte, griff er
den alten Streit wieder auf: «Siehst du, du hast nicht gelitten, oder?»
Und er konnte nur hoffen, dass La Boétie geantwortet hätte: «Nein.»

Montaigne verwandelte seinen Schmerz zwar in Literatur, aber
seine Trauer war überwältigend, und sie wuchs mit der Zeit immer
mehr. Nach La Boéties Tod war um ihn «nichts als freudlose, dunkle
Nacht». Auf seiner Reise nach Italien fast achtzehn Jahre später schrieb
er in sein Tagebuch: «Als ich am selben Morgen einen Brief an den
Herrn d'Ossat schrieb, verfiel ich in ein derart quälendes Grübeln über
den Herrn de La Boétie und konnte mich derart lange nicht daraus
befreien, dass mich dies völlig niederwarf.» In den *Essais* bekannte er
auch, wie er sich in Italien nach einem echten Gefährten gesehnt hatte,
nach jemandem, dessen Wesensart mit seiner eigenen übereinstimmte
und dem es Freude gemacht hätte, ihn zu begleiten. «Ein solcher hat
mir auf all meinen Reisen schmerzlichst gefehlt.»

> An keinem Vergnügen, das ich nicht mit einem teile, finde ich
> Geschmack. Kaum dass mir ein heiterer Gedanke in den Sinn kommt,
> ärgere ich mich schon, dass dies in der Einsamkeit geschieht und ich
> niemand habe, dem ich ihn vortragen kann.

Er schloss nie die Möglichkeit aus, jemanden zu finden, der La Boéties
Rolle übernehmen konnte. Seneca zufolge muss ein weiser Mann
danach streben, den Verlust eines Freundes auszugleichen. Manchmal
scheint Montaigne in den *Essais* diesem Ratschlag folgen zu wollen. Er
hoffte, dass dieses Buch «einem wohlgesinnten Mann» gefallen möge,
der nach ihm suchte. Er hatte aber nicht wirklich das Gefühl, dass es
für La Boétie einen adäquaten Ersatz geben könne:

Ist es da nicht eine ausgemachte Dummheit von mir, mit tausend Menschen uneins zu sein, an die mich das Schicksal bindet [...], mich an ein unsinniges Verlangen nach Dingen zu klammern, die mir doch unerreichbar sind?

Wenn Montaigne sich bisweilen kühl und distanziert gibt, muss man an La Boétie denken. «Lasst das Übrige uns weiter gehören», heißt es in den *Essais*, «aber keineswegs mit uns so fest verkeilt und verleimt sein, dass wir es nicht mehr entfernen können, ohne uns ins eigne Fleisch zu schneiden und ganze Stücke hiervon mit wegzureißen.» Dies sind die Worte eines Menschen, der weiß, wie sich eine solche Tortur anfühlt.

Zu Lebzeiten La Boéties scheint Montaigne manchmal gegen dessen korrigierenden Einfluss aufbegehrt zu haben, davon war jetzt nichts mehr zu spüren. Nach dem Tod des Freundes konnte sich Montaigne ihm ohne Einschränkungen anheimgeben – und tun, worum La Boétie ihn gebeten hatte: ihm einen Platz einzuräumen.

Er nahm viele von La Boéties Büchern in seine Bibliothek auf und machte damit unter seinen Besitztümern Platz für seinen Freund. Er schrieb über La Boéties Sterben und Tod und rettete damit das Andenken des Freundes für die Nachwelt. Er bereitete mehrere seiner Schriften zur Veröffentlichung vor. Und als er sich schließlich aus dem öffentlichen Leben zurückzog, machte er den Freund zum Leitstern seiner neuen Lebensform. Der Inschrift, die er aus diesem Anlass an der Wand seiner Bibliothek anbringen ließ, fügte er eine weitere hinzu. Sie ist heute schwer zu entziffern, besagt aber, dass alle seine Bemühungen an dieser «Stätte des Studiums» seinem Freund gewidmet seien, «dem süßesten, liebsten und engsten Freund, [...] wie unser Jahrhundert keinen besseren, gelehrteren und vollkommeneren gesehen hat». La Boétie sollte über Montaignes Tun in seiner Bibliothek wachen. Er sollte sein literarischer Schutzengel sein.

Mit seinem Tod verwandelte sich La Boétie von einem lebendigen und keineswegs tadellosen Gefährten Montaignes in ein Idealbild, das Montaigne vollkommen unter seine Kontrolle brachte. La Boétie war jetzt kein Mensch mehr, sondern eine philosophische Technik. Seneca hatte seinen Anhängern empfohlen, sich einen «hervorragend tüchtigen Mann als Muster» zu suchen und immer vor Augen zu haben, «um so zu leben, als schaue er auf uns, und immer so zu handeln, als hielte er seinen Blick auf uns gerichtet». Wer für sich selbst leben will, schrieb er, müsse für einen anderen leben, vor allem für den auserwählten Freund. Montaigne war bereit, auf solche Tricks zurückzugreifen, wenn sie Trost versprachen. Wie er in einer seiner Widmungen anlässlich der Veröffentlichung von La Boéties nachgelassenen Schriften bekannte: «Er wohnt noch so ganz und so lebhaft bei mir, dass ich ihn weder so steif begraben noch so fern von unserem Dasein glauben kann.» La Boétie an seiner Seite weiterleben zu lassen war die Erfüllung des Wunsches, den der sterbende Freund noch hatte, und zugleich linderte es Montaignes eigene Einsamkeit. Dazwischen griff er zu Strategien der Zerstreuung und Ablenkung, um über den Verlust hinwegzukommen. Die beste Therapie jedoch war für ihn das Schreiben. Indem er die Schilderung von La Boéties Sterben der Nachwelt übermittelte, führte er sich selbst alles noch einmal vor Augen und bewältigte damit den Verlust. Ganz verwand er ihn nie, aber er lernte, ohne den Freund in dieser Welt zu leben, und änderte damit seine eigene Existenzform. Über La Boétie zu schreiben gab ihm schließlich den Anstoß, die *Essais* zu verfassen. Das war der beste philosophische Trick überhaupt.

6

Frage: Wie soll ich leben?

Antwort: Bediene dich kleiner Tricks!

Einübung in die Kunst des Lebens

Von der akademischen Philosophie hielt Montaigne nicht besonders
viel, er hatte eine Abneigung gegen ihre Spitzfindigkeiten und Abstrak-
tionen. Einer anderen philosophischen Tradition dagegen fühlte er sich
sein Leben lang verbunden: den großen pragmatischen Schulen der
antiken Philosophie, die sich mit praktischen Fragen der Lebensführung auseinandersetzten: wie man über den Tod eines Freundes hin-
wegkommt, wie man seinen Mut stärkt, wie man in einer moralisch
schwierigen Situation recht handelt oder wie man aus seinem Leben
das Beste machen kann. Das war die Philosophie, der er sich in Zeiten
der Trauer oder Angst zuwandte und bei der er Hilfe im Umgang mit
geringfügigeren Alltagsproblemen suchte.

Die drei bekanntesten dieser philosophischen Schulen waren Stoizismus, Epikureismus und Skeptizismus, jene Strömungen, die man
kollektiv als hellenistische Philosophie bezeichnet. Ihre Wurzeln liegen
im 3. Jahrhundert v. Chr., als sich das griechische Denken und die griechische Kultur nach Rom und in andere Regionen des Mittelmeers aus-
zubreiten begannen. Sie unterscheiden sich in den Details, sind aber in
ihren Grundelementen oft nur schwer auseinanderzuhalten. Und auch
Montaigne bediente sich ihrer entsprechend seinen Bedürfnissen.

Alle diese Schulen hatten das Ziel der *eudaimonia*, oft übersetzt mit
«Glück», «Glückseligkeit» oder auch «gedeihliches Leben»: gut zu
leben, auch im ethisch-moralischen Sinn. Der beste Weg zur *eudaimonia* war die *ataraxia*, die Unerschütterlichkeit, Seelenruhe oder Freiheit
von Angst. Ataraxie bedeutet, ein Gleichgewicht zu finden. Es ist die
Kunst, Extreme zu vermeiden, sich vor Euphorie in guten, aber auch

vor Verzweiflung in schlechten Zeiten zu hüten und seine Leidenschaften zu mäßigen, von denen man sich nicht hin- und herreißen lassen dürfe wie ein Knochen, um den sich eine Meute Hunde streitet. In der Frage jedoch, wie man diese Seelenruhe erlangt, gingen die Ansichten der einzelnen Schulen auseinander. Wie tief sollte man sich auf die reale Welt einlassen? Die von Epikur im vierten vorchristlichen Jahrhundert gegründete epikureische Gemeinschaft etwa forderte ihre Anhänger auf, ihre Familie zu verlassen und sich wie die Mitglieder eines religiösen Kults in einem «Garten» zu versammeln. Die Skeptiker dagegen nahmen am gesellschaftlichen Leben teil, wenngleich mit einer radikal neuen inneren Einstellung. Die Stoiker standen irgendwo dazwischen. Seneca und Epiktet, die bekanntesten stoischen Autoren, schrieben für eine elitäre römische Leserschaft, die ihre Epoche aktiv mitgestaltete und keine Zeit für Gärten hatte, wenngleich sie Oasen der Stille und Zurückgezogenheit suchte.

Stoiker und Epikureer hatten auch viele philosophische Grundgedanken gemeinsam. Nach ihrer Ansicht werde die Fähigkeit zum Lebensgenuss durch zwei große Defizite gemindert: durch die mangelnde Beherrschung der Affekte und durch die Neigung, dem gegenwärtigen Augenblick zu wenig Aufmerksamkeit zu schenken. Wenn man diese beiden Probleme in den Griff bekäme, würden sich alle anderen wie von selbst lösen. Allerdings kann man diese Ziele nicht direkt anstreben, sondern muss sich mit Tricks behelfen.

Deshalb entwickelten stoische und epikureische Philosophen vor allem geistige Übungen und Gedankenexperimente. Zum Beispiel: Stell dir vor, heute sei der letzte Tag deines Lebens. Bist du bereit, dem Tod ins Auge zu sehen? Stell dir vor, genau dieser Moment – *jetzt!* – sei der letzte Augenblick deines Lebens. Was empfindest du bei dieser Vorstellung? Bedauern? Gibt es Dinge, die du gern anders gemacht hättest? Bist du in diesem Augenblick tatsächlich lebendig, oder beherrschen dich Panik, Realitätsflucht oder ein Gefühl der Reue? Dieses Experiment öffnet dir die Augen für das, was dir wirklich wichtig ist, und macht dir bewusst, wie dir die Zeit zwischen den Fingern zerrinnt.

Einige Stoiker inszenierten diesen «letzten Augenblick» mit großem Aufwand. Seneca erzählte von Pacuvius, einem reichen Mann, der keinen Tag vergehen ließ, ohne dass er sich gleichsam selbst das Totenopfer darbrachte. Nachdem er einen Leichenschmaus inszeniert hatte, ließ er sich mit Musikbegleitung in sein Schlafgemach tragen, dabei sangen seine Sklaven und die Gäste: «Er hat gelebt, er hat gelebt.» Dieselbe Wirkung kann man einfacher und billiger haben, wenn man sich nur die eigene Vergänglichkeit vor Augen führt. Der epikureische Schriftsteller Lukrez empfahl, sich selbst im Augenblick des Todes vorzustellen und zwei Möglichkeiten zu erwägen: erstens, dass man gut gelebt hat. In diesem Fall könne man zufrieden aus der Welt gehen wie ein gesättigter Gast, der ein üppiges Festmahl verlässt. Und zweitens, dass man nicht gut gelebt hat. In diesem Fall machte es keinen Unterschied, ob man sein Leben verliert oder nicht, da man ohnehin nicht weiß, was man damit anfangen soll. Für einen Sterbenden ist das nur ein schwacher Trost. Wenn man aber beizeiten anfängt, darüber nachzudenken, ändert sich der Blick auf das eigene Leben.

Die innere Einstellung zu ändern ist das Ziel vieler philosophischer Gedankenexperimente. Wenn man einen wertvollen Menschen oder ein wertvolles Gut verloren hat, stelle man sich vor, man habe diese Person oder diesen Gegenstand nie besessen. Und wie kann man etwas vermissen, was man nie besessen hat? Plutarch beschrieb dieses Experiment in einem Brief an seine Frau nach dem Tod der gemeinsamen zweijährigen Tochter. Er empfahl ihr, sich in die Zeit zurückzuversetzen, da das Kind noch nicht geboren war. Ob Plutarchs Gattin auf diese Weise leichter über den Tod ihres Kindes hinwegkam, ist nicht bekannt, doch zumindest wurden ihre Gedanken auf etwas anderes gelenkt, und sie versank nicht mehr im tiefen Meer der Trauer. Montaigne und La Boétie kannten Plutarchs *Trostschrift an die Gattin*. La Boétie hatte sie ins Französische übersetzt, und Montaigne hatte diese Übersetzung zur Veröffentlichung vorbereitet. Vielleicht erinnerte sich Montaigne nach dem Tod seiner eigenen Kinder oder nach dem Verlust La Boéties an diesen Text. Die Freundschaft mit La Boétie war von so kurzer Dauer gewesen, dass es ihm nicht schwergefallen sein dürfte, sich in die Zeit vor der Begegnung mit dem Freund und in seine alte Unbeschwertheit zurückzuversetzen.

Solche Tricks der Einbildungskraft können in ganz alltäglichen, aber auch in extremen Lebenssituationen angewandt werden, und sie sind ein Hilfsmittel selbst gegen undramatische Langeweile und Überdruss. Wenn man dessen überdrüssig ist, was man besitzt, so Plutarch, solle man sich vorstellen, man habe alles verloren. «Über all dieses werden wir uns umso mehr freuen, wenn wir uns vorstellen, dass wir es entbehren müssten», sei es ein schöner Teller, ein Freund, eine Geliebte oder das Glück, in friedlichen Zeiten zu leben und sich guter Gesundheit zu erfreuen. Diese Übung bewirkt wahre Wunder. Das Prinzip ist dasselbe wie beim Nachdenken über den Tod: Erst wenn man etwas verloren hat, erkennt man dessen wahren Wert.

Der Schlüssel liegt in der Einübung von *prosoché*, der auf den Augenblick gerichteten Aufmerksamkeit, ein weiterer Schlüsselbegriff der hellenistischen Philosophie und ein Trick, der vielen anderen Techniken zugrunde liegt. Es ist der Aufruf zu Achtsamkeit für die innere und damit zu größerer Aufmerksamkeit für die äußere Welt. Denn unkontrollierte Affekte trüben den Blick für die Wirklichkeit genauso, wie Tränen das Bild verschleiern. Wer seinen Blick schärft und sich in die Betrachtung der Welt in ihrer ganzen Mannigfaltigkeit versenkt, sagt Seneca, könne des Lebens niemals überdrüssig werden.

Ein Mensch, der nicht schlafwandlerisch, sondern mit offenen Augen durch die Welt geht, kann auf Situationen unmittelbar reagieren, als wären es plötzlich an ihn gerichtete Fragen, wie es Epiktet formulierte. Ein gewalttätiger Angriff, ein Streit, der Tod eines Freundes: all das sind Herausforderungen des Leben, vergleichbar den Fragen, wie sie ein Lehrer einem unaufmerksamen Schüler stellt. Selbst ein Moment des Überdrusses kann eine solche Frage sein. Was immer auch geschieht und wie überraschend es auch immer geschieht, man sollte stets in der Lage sein, angemessen zu reagieren. Wenn also der Mensch lernt, «recht zu leben» *(vivre à propos),* hat er das «große und leuchtende Meisterwerk» vollbracht, wie Montaigne sagt.

Stoiker und Epikureer versuchten dieses Ziel vorrangig durch geistiges Training und Meditationsübungen zu erreichen. Wie ein Tennisspieler stundenlang Volleys und Aufschläge übt, so trainierten sie ihren Geist für bestimmte Praktiken, bis ihnen diese Übungen leicht und ganz natürlich vorkamen. Es war eine Art Selbsthypnose. Der große römische Stoiker und Kaiser Mark Aurel etwa hielt in Notizbüchern fest, welche veränderten Blickwinkel er sich antrainieren wollte:

Wie man bei Fleischgerichten und anderen Esswaren derart denken
soll: das ist nur der Leichnam eines Fisches oder der eines Vogels oder
eines Schweins, und ebenso beim Falernerwein: das ist nur der ausge-
drückte Saft einer Traube, oder beim Purpur: er ist nichts als Schafwol-
le, in das Blut einer Schnecke getaucht, und beim Geschlechtsakt: es ist
nur die Reibung eines Gliedes und Ausscheidung von Schleim, mit
Zuckungen verbunden.

Oder er stellte sich vor, über der Erde zu schweben, von oben auf die
Welt der Menschen zu blicken und zu sehen, wie unbedeutend alles ist.
Das tat auch Seneca: «Stelle dir die Unendlichkeit der unergründlichen
Zeit vor und umfasse das Ganze, sodann vergleiche das sogenannte
menschliche Lebensalter mit dieser Unendlichkeit.»

Eine andere Übung der Stoiker bestand darin, sich bildhaft vorzustellen, wie die Zeit äonenlang um sich selbst kreist. Auf diese Weise
würde Sokrates wiedergeboren werden und in Athen lehren, wie
schon einmal. Jeder Schmetterling würde auf die gleiche Weise wie
zuvor mit den Flügeln schlagen und jede Wolke mit derselben
Geschwindigkeit wie schon einmal über den Himmel ziehen. Auch
man selbst würde noch einmal leben, mit denselben Gedanken und
Gefühlen wie schon einmal, immer und immer wieder, in unend-
licher Wiederholung. Diese auf den ersten Blick erschreckende Vorstellung war tröstlich, weil sie einem die eigenen flüchtigen Sorgen
und Probleme in einem anderen Licht zeigte. Gleichzeitig aber war
alles von Bedeutung, weil alles, was man jemals getan hatte, wieder-
kehrte. Nichts verschwand und ging verloren, nichts konnte vergessen werden. Solche Überlegungen zwangen einen dazu, der alltäglichen Lebenspraxis mehr Aufmerksamkeit zu schenken. Sie waren
eine Herausforderung, führten aber auch zu einer grundsätzlichen
Lebensbejahung. Die Stoiker nannten dies *amor fati*, Schicksalsergebenheit. Wie der Stoiker Epiktet schrieb:

Verlange nicht, dass alles so geschieht, wie du es wünschest, sondern
sei zufrieden, dass es so geschieht, wie es geschieht, und du wirst in
Ruhe leben.

Man solle in der Lage sein, alles so hinzunehmen, wie es kommt, bereitwillig und ohne den müßigen Wunsch, die Dinge zu ändern. Montaigne schien dies leichtgefallen zu sein, es entsprach seinem Naturell. «Wenn ich noch einmal zu leben hätte», schrieb er, «würde ich wieder leben, wie ich gelebt habe.» Aber die meisten Menschen mussten sich diese Haltung mühsam antrainieren.

Seneca wandte einen extremen Trick an, um *amor fati* zu praktizieren. Als Asthmatiker wurde er immer wieder von schweren Erstickungsanfällen geplagt. Oft hatte er das Gefühl, dem Tod nahe zu sein, aber er lernte es, die Atemnot als eine philosophische Übung zu betrachten. Wenn sich ihm die Kehle zuschnürte und er nach Luft rang, versuchte er, sich damit abzufinden und sein Schicksal zu bejahen. Er sprach sich dann unaufhörlich zu, den Tod selbst zu wollen, selbst sterben zu wollen. War der Anfall vorüber, fühlte er sich gestärkt, denn er hatte mit der Angst gekämpft und sie niedergerungen.

Die Stoiker waren darauf bedacht, das, wovor sie sich am meisten fürchteten, geistig einzuüben. Die Epikureer waren eher geneigt, den Blick von den schrecklichen Dingen abzuwenden und sich auf das Positive zu konzentrieren. Ein Stoiker verhält sich wie einer, der seine Bauchmuskeln anspannt und seinen Gegner auffordert, ihn mit Faustschlägen zu traktieren. Ein Epikureer versucht, solchen Schlägen auszuweichen und dem Unglück aus dem Weg zu gehen. Wenn Stoiker Boxer sind, dann praktizieren Epikureer eher die fernöstlichen Kampftechniken.

Montaigne empfand in den meisten Situationen den epikureischen Ansatz als ihm gemäßer. Er beneide Geisteskranke, sagte er, weil ihre Gedanken immer anderswo seien – eine extreme Form der epikureischen Ablenkung. Was machte es schon, wenn ein Verrückter eine verzerrte Vorstellung von der Welt hatte, solange er dabei glücklich war? Montaigne führte Beispiele aus der Antike an, etwa die Geschichte des Lykas, der ein ganz normales Leben führte und sich alles Unangenehme dadurch vom Leib hielt, dass er sich vorstellte, er befände sich auf einer Theaterbühne und erlebe eine Aufführung. Als ihn ein Arzt von seiner Täuschung heilte, fühlte er sich so elend, dass er den Arzt fast vor Gericht gebracht hätte, weil er ihm seine behagliche Phantasiewelt genommen hatte. Ähnlich wiegte sich Thrasylaos im Glauben, die

Schiffe, die im Hafen seiner Stadt Piräus ein- und ausliefen, stünden in seinem Dienst und brächten ihm wertvolle Fracht. Er war glücklich und freute sich jedesmal, wenn ein Schiff sicher in den Hafen einlief, und es schien ihn weiter nicht zu beschäftigen, dass diese Waren ihn nie erreichten. Doch dann brachte sein Bruder Kriton ihn zur Vernunft, und seither war er nur noch traurig.

Nicht jedem ist es vergönnt, geistig krank zu sein, aber jeder Mensch kann sich das Leben einfacher machen, indem er den Lichtstrahl der Vernunft ein wenig umlenkt. Besonders in Zeiten der Trauer jedoch erkannte Montaigne, dass Ablenkung seinen Schmerz nicht lindern konnte. Er versuchte es mit stoischen Tricks und schreckte auch nicht davor zurück, sich so intensiv auf La Boéties Tod zu konzentrieren, dass er schließlich einen Bericht über sein Sterben verfasste. In der Regel allerdings fand er es hilfreicher, seine Aufmerksamkeit auf andere Dinge zu lenken:

> Ein quälender Gedanke bedrängt mich – und schon habe ich ihn ausgetauscht, denn das finde ich einfacher, als ihn zu bändigen: Kann ich ihn nicht durch einen gegenteiligen verdrängen, so zumindest durch einen andern. Jede Veränderung tut wohl und erleichtert, löst und zerstreut. Wenn ich aber den Gedanken nicht niederzukämpfen vermag, entwische ich ihm, und auf der Flucht schlage ich Haken und überliste ihn.

Derselben Methode bediente er sich auch anderen gegenüber. Als er einmal eine Frau zu trösten versuchte, die (anders als so manche Witwe, scheint er sagen zu wollen) aufrichtig um ihren verstorbenen Mann trauerte, erwog er zunächst die gängigen philosophischen Techniken: ihr klarzumachen, dass mit Klagen und Jammern nichts gewonnen sei, oder ihr einzureden, sie habe ihren Mann nie gekannt. Doch dann griff er zu einer anderen Taktik und lenkte «unser Gespräch ganz sanft, Schritt um Schritt erst auf die nächstliegenden Dinge, dann [...] auf etwas weiter abliegende». Die Witwe schien dem zunächst wenig Aufmerksamkeit zu schenken, doch am Ende ließ sie sich ablenken. «Solcherart befreite ich sie, ohne dass sie es gewahr wurde, von ihren quälenden Gedanken und versetzte sie in einen ruhigen, völlig entspannten Zustand, der auch anhielt, solang ich bei ihr war.» Er wusste zwar, dass

er damit ihren Kummer nicht aus der Welt geschafft hatte, trotzdem
überwand sie auf diese Weise die akute Krise, und die Zeit tat ein
Übriges.

Einige dieser Tricks kannte Montaigne aus seiner Lektüre der Epikureer, andere aus eigener bitterer Erfahrung. «Ich wurde einst von
einem mächtigen Schmerz ergriffen», schrieb er, sicherlich mit Blick
auf La Boétie. Der Tod des Freundes hätte ihn zerstört, wenn er nicht
darauf vertraut hätte, dass die Kraft der Vernunft ihn rettete. Er erkannte, dass er «eine starke Ablenkung» brauchte, und beschloss, sich «nach
allen Regeln der Kunst zu verlieben». Er sagt uns nicht, in wen, und es
scheint wohl eine eher belanglose Affäre gewesen zu sein, aber sie entriss ihn seinem akuten Schmerz.

Ähnliche Tricks funktionierten auch bei einem anderen unwill-
kommenen Affekt: dem Zorn. Montaigne kurierte einmal einen «jungen Fürsten», wahrscheinlich Heinrich von Navarra, den späteren
König Heinrich IV., von gefährlichen Rachegelüsten. Er redete ihm sein
Gefühl nicht aus, er riet ihm auch nicht, die andere Wange hinzuhal-
ten, noch führte er ihm die tragischen Folgen der Rache vor Augen,
sondern er erwähnte die Rachegelüste überhaupt nicht.

> Vielmehr ließ ich sie auf sich beruhn und ging eifrigst daran, ihm die
> Schönheit der entgegengesetzten Vorstellung schmackhaft zu machen:
> Welche Ehre nämlich, welchen Beifall und welches Wohlwollen er sich
> durch Milde und Güte erwerben könne. Ich lenkte also seinen Rache-
> durst auf die Ehrliebe ab. So muss man's machen!

Später wandte Montaigne den Trick der Ablenkung an, um seine Angst
vor Alter und Tod zu bekämpfen. Die Jahre brachten ihn dem Tod
immer näher. Das war unausweichlich, und das einzige Mittel war,
nicht nach vorne zu schauen. Also wandte er sich in die Vergangenheit
zurück und gewann dadurch Trost, dass er voll Heiterkeit auf seine
Kindheit und Jugend zurückblickte. Auf diese Weise, sagte er, sei es
ihm gelungen, seinen Blick «von diesem wolken- und gewitterschwe-
ren Himmel [abzuwenden], der sich vor mir türmt.»

Er schätzte diese Techniken der Ablenkung so hoch ein, dass er
sogar politische Taschenspielertricks bewunderte, solange sie nicht der

Tyrannenherrschaft dienten. Er erzählte die Geschichte, auf welche Weise Zaleukos, der Fürst der Lokrer im alten Griechenland, überflüssigen Luxus in seinem Reich einschränkte. Er ordnete an, dass eine Dame nur dann mehrere Kammerfrauen in ihrem Gefolge haben dürfe, wenn sie betrunken ist, und dass sie so viel Goldschmuck und bestickte Gewänder tragen dürfe, wie sie wolle, aber nur, wenn sie als Prostituierte ihre Dienste feilbot. Ein Mann konnte Goldringe tragen, so viel er wollte – wenn er ein Zuhälter war. Und es funktionierte: Goldschmuck und große Gefolge waren über Nacht verschwunden. Niemand lehnte sich dagegen auf, weil niemand das Gefühl hatte, zu etwas gezwungen worden zu sein.

Aus seiner eigenen Erfahrung der Todesnähe hatte Montaigne gelernt, dass das beste Mittel gegen die Todesfurcht das Vertrauen in die Natur war: «Grübelt also nicht darüber nach.» Das galt auch für die Bewältigung der Trauer. Die Natur folgt ihrem eigenen Rhythmus. Der Trick, sich abzulenken, funktioniert, weil er der menschlichen Natur entspricht. «Im Augenblick des Todes denken wir stets an andres.» Es ist nur natürlich, dass wir uns ablenken lassen und damit sowohl vom Schmerz als auch vom Vergnügen «kaum auch nur deren äußerste Schale berühren». Wir müssen uns nur unserer Natur überlassen.

Seiner Lektüre der Stoiker und Epikureer entnahm Montaigne alles, was ihm hilfreich sein konnte, so wie seine Leser den *Essais* stets das entnahmen, was ihnen von Nutzen war, und den Rest einfach außer Acht ließen. Seine Zeitgenossen konzentrierten sich insbesondere auf die stoischen und epikureischen Passagen. Sie interpretierten sein Werk als Handbuch der Lebenspraxis und feierten ihn als einen Philosoph alten Stils, der es mit den Großen der Antike aufnehmen konnte. Sein Freund Étienne Pasquier nannte ihn «einen Seneca unserer Sprache». Florimond de Raemond, ein Freund und Kollege aus Bordeaux, lobte Montaignes Tapferkeit angesichts der Prüfungen des Lebens und riet den Lesern, vor allem in der Frage des Umgangs mit Tod und Sterben bei ihm Rat zu suchen. In einem Sonett, das 1595 zusammen mit einer Ausgabe der *Essais* veröffentlicht wurde, lobte Claude Expilly Montaigne als «großmütigen Stoiker» und fand lobende Worte für sein unerschrockenes Schreiben, seine Furchtlosigkeit und seine Fähigkeit, schwache Seelen zu stärken. Montaignes mutige *Essais* würden auch in den kommenden Jahrhunderten gerühmt werden, so Expilly, denn wie die antiken Autoren lehre auch Montaigne die Menschen, «wie man gut sprechen soll, gut leben, gut sterben».

Hier vermittelt sich schon eine Ahnung davon, welche Wandlungen Montaigne im Laufe der Jahrhunderte erleben würde, da jede Generation ihn als Quelle der Weisheit und Erleuchtung neu für sich entdeckte. Jede Generation fand bei ihm mehr oder weniger das, was sie erwartete, und oft auch das, was sie selbst hineinlegte. Montaignes erste Leser lebten in der Spätrenaissance, einer Epoche, in der Neostoiker und Neoepikureer sich mit der Frage nach dem rechten Leben beschäftigten und in einer leidvollen Welt nach *eudaimonia* strebten. Sie betrachteten ihn als einen der Ihren, machten sein Buch zu einem Bestseller und legten damit das Fundament für seinen Ruhm als pragmatischer Philosoph und als Lehrer der Lebenskunst.

Montaigne in der Knechtschaft

Dass Montaigne La Boétie in sich aufnahm wie einen guten Geist oder wie jemanden, der insgeheim an allem Anteil nimmt, was er tat, scheint seinem Plan zu widersprechen, sich von seiner Trauer abzulenken. Aber in gewisser Weise war auch dies eine Form der Ablenkung, die ihn vom Nachdenken über den erlittenen Verlust zu einer neuen Sichtweise des eigenen Lebens führte. Er konnte jetzt jederzeit von seinem eigenen Standpunkt zu dem Standpunkt wechseln, den La Boétie eingenommen hätte. Vielleicht brachte ihn das auf den Gedanken, dass wir, «wie soll ich sagen, in uns selber doppelt» sind.

Montaigne selbst sagte, er hätte die *Essais* nie geschrieben, wenn sich dieser Raum der *inneren* Zwiesprache nicht in ihm geöffnet hätte. Wenn er, wie er schreibt, «zu jemandem hätte sprechen können», hätte er lediglich Briefe verfasst, eine sehr viel konventionellere literarische Form. Stattdessen musste er den Dialog zwischen sich und La Boétie in seinem eigenen Innern führen. Der Kritiker Anthony Wilden verglich diese Konstellation mit der dialektischen Beziehung zwischen Herrn und Knecht in der Hegel'schen Philosophie. La Boétie wurde Montaignes imaginärer Herr, der ihm befahl zu arbeiten, Montaigne wiederum wurde zum willigen Knecht, der durch die Mühsal des Schreibens ihrer beider Lebensunterhalt verdiente: eine Form der «freiwilligen Knechtschaft». Aus ihr gingen die *Essais* hervor, fast als ein Nebenprodukt von Montaignes Bemühen, mit Kummer und Einsamkeit zurechtzukommen.

La Boéties Tod ließ Montaigne wohl tatsächlich in einer Art literarischen Knechtschaft zurück, allerdings einer, die sich in Stapeln von unveröffentlichten Manuskripten La Boéties materialisierte. Diese Werke waren nicht außergewöhnlich oder originell, ausgenommen die Schrift *Von der freiwilligen Knechtschaft* (wenn man davon ausgeht, dass sie tatsächlich von La Boétie stammt). Aber sie hatten etwas Besseres verdient, als zu Staub zu zerfallen. Sei es, weil La Boétie ihn darum gebeten hatte, sei es aus eigener Initiative, jedenfalls fiel Montaigne bei der Verbreitung der Werke seines Freundes eine entscheidende Rolle zu, die seiner eigenen literarischen Karriere auf die Sprünge half.

La Boéties Manuskripte scheinen nach seinem Tod in einem sehr ungeordneten Zustand gewesen zu sein: eine Nachlässigkeit, die überraschen mag. In seiner Widmung zur Veröffentlichung der französischen Verse spricht Montaigne davon, dass er «sorgfältig alles gesammelt [hat], was ich Ganzes unter seinen Heften und zerstreuten Papieren hier und dort finden konnte». Eine gewaltige Aufgabe, aber er fand vieles davon veröffentlichenswert, auch La Boéties Sonette. Zum Nachlass zählten auch Übersetzungen antiker Texte, unter anderem von Plutarchs *Trostschrift an die Gattin* nach dem Tod ihres Kindes und die erste französische Übersetzung von Xenophons *Oikonomikos* mit Empfehlungen für die Bewirtschaftung der Felder, für die Viehzucht und die häusliche Arbeit – ein Thema, das auch für Montaigne relevant war, da er zu der Zeit im Begriff war, sich aus Bordeaux auf sein Landgut zurückzuziehen.

Nach Sichtung der Manuskripte kümmerte sich Montaigne um deren Veröffentlichung. Er fuhr nach Paris, um sich mit Verlegern zu treffen. Für jede von La Boéties Schriften umwarb er einen geeigneten Schirmherrn und schrieb elegante und schmeichelnde Widmungsbriefe an hochrangige Persönlichkeiten, unter anderem an Michel de l'Hôpital und verschiedene Notabeln aus Bordeaux, aber auch – im

Falle von Plutarchs *Trostschrift* – an seine eigene Frau. Widmungsbriefe waren zu der Zeit zwar ein durchaus gängiges Genre, aber Montaignes Briefe sind ganz besonders lebendig und persönlich. Und einen noch sehr viel persönlicher gehaltenen Text fügte er dieser Werkausgabe hinzu: die Schilderung von La Boéties Sterben. Das ganze Unternehmen bestätigt den Eindruck, dass Montaigne nunmehr in einer literarischen Partnerschaft mit La Boéties Angedenken stand und dass beide gemeinsam eine große Zukunft ins Auge fassen konnten. Montaigne lernte eine Menge über das Verlagswesen und über die Lektüre der modebewussten Pariser – Informationen, die sich ihm später als nützlich erweisen sollten.

Der Bericht über La Boéties Sterben hat die Form eines Briefes an Montaignes eigenen Vater: eine seltsame Wahl. Vielleicht hatte ihn sein Vater, wie schon einmal, gedrängt, diesen Brief zu schreiben. Um 1567 hatte er seinem Sohn einen Auftrag erteilt, der gleichfalls dazu beitrug, aus ihm einen Schriftsteller zu machen.

Diese frühe Herausforderung scheint ein Versuch des Vaters gewesen zu sein, seinen Sohn der Neigung zum Müßiggang zu entreißen: einer jener Tricks, die letztlich dem Wohl des Betroffenen dienten. Noch mit Mitte dreißig hatte Montaigne etwas von einem schmollenden Teenager. Er war unzufrieden mit seiner Tätigkeit als Gerichtsrat am Parlament von Bordeaux, das Leben eines Höflings lehnte er ab, und auch am Ausbau seines Anwesens und seiner Besitzungen zeigte er kein Interesse. Trotz seiner Aufgeschlossenheit für die Literatur machte er keine Anstalten, selbst zu schreiben. Vielleicht spürte Pierre, dass er nicht mehr lange zu leben hatte, und wollte seinen Sohn auf die Verantwortung vorbereiten, die er schon bald würde übernehmen müssen. Micheau brauchte eine Herausforderung.

Er wollte schreiben: Nun gut, dann sollte er. Pierre händigte ihm einen 500 Seiten starken Folioband mit dem in gestelztem Latein verfassten Text eines katalanischen Theologen aus und trug ihm auf, es gelegentlich für ihn ins Französische zu übersetzen.

Das hätte auch dazu führen können, Montaigne von eigenen literarischen Versuchen abzuschrecken; und vielleicht war genau dies Pierres Absicht. Doch wie es der Zufall wollte, war das Buch nicht nur dick und langatmig; das in ihm vertretene theologische Konzept fand

Montaigne entsetzlich. Dadurch wurde er wachgerüttelt. Mehr als die Beschäftigung mit La Boéties nachgelassenen Schriften und vielleicht mehr noch als der Bericht über das Sterben seines Freundes war dieser Übersetzungsauftrag seines Vaters der zündende Funke, der das Feuer der *Essais* entfachte.

Das Buch hieß *Theologia naturalis, sive liber creaturarum (Die Theologie der Natur oder Das Buch der Geschöpfe)*. Sein Autor, Raymond Sebond, hatte es 1436 geschrieben, veröffentlicht wurde es jedoch erst 1484, noch vor Montaignes – und Pierres – Geburt. Pierre hatte das Werk von einem seiner lesewütigen Freunde erhalten, mit denen er in Kontakt stand, aber das Lateinische war ihm zu schwierig, und so legte er es beiseite. Als er es Jahre später wieder zur Hand nahm, entdeckte er irgendetwas darin – vielleicht eine Beschränktheit, Widerspenstigkeit und Unergründlichkeit –, das ihn an seinen Sohn erinnerte.

Dass Pierre das Buch zunächst beiseitelegte und erst später wieder hervorholte, mag auch damit zu tun haben, dass es 1558 von der Kirche auf den Index der verbotenen Bücher gesetzt und 1564 dort wieder gestrichen wurde. Die *Theologia naturalis* vertrat eine «rationale» Theologie, zu der die Kirche keine schlüssige Position bezog. Im Kern enthielt das Werk die Ansicht, religiöse Wahrheiten könnten durch vernünftige Argumente, durch Beweisgründe aus der Natur belegt werden. Damit vertrat Sebond eine zu Montaigne und zeitweilig auch zur Kirche konträre Position. Montaigne tendierte mehr zum Fideismus mit seinem grundsätzlichen Misstrauen gegenüber dem Erkenntnisanspruch der menschlichen Vernunft: Der Mensch könne religiöse Wahrheiten allein durch den Glauben erkennen, so diese Position. Montaigne hegte keine starke Sehnsucht nach dem Glauben, den Erkenntnisanspruch der menschlichen Vernunft lehnte er trotzdem vehement ab – und das lief letztlich auf dasselbe hinaus.

Montaigne sah sich also vor die Aufgabe gestellt, eine 500 Seiten lange theologische Schrift zu übersetzen, deren These er nicht billigte. «Das war eine recht ungewohnte und neue Aufgabe für mich», schrieb er. In den *Essais* spielte er die Herausforderung herunter: «Da ich damals zufällig nichts andres zu tun hatte und dem besten Vater, den es je gab, keine Bitte ausschlagen konnte, machte ich mich an die Arbeit und brachte sie so gut ich konnte zu Ende.» Es muss jedoch ein gewaltiges Projekt gewesen sein, an dem er mehr als ein Jahr lang arbeitete. Wahrscheinlich überraschte es ihn selbst, wie sehr er davon profitierte. Das Projekt stimulierte ihn, wie ein Sandkorn eine Auster zur Produktion einer Perle anregt. Während er am Schreibtisch saß, muss er ständig gedacht haben: «Aber ... aber ...» und sogar: «Nein! Nein!» Er war gezwungen, seinen eigenen Vorstellungen auf den Grund zu gehen. Selbst wenn er sich damals nicht inhaltlich mit dem Text auseinandersetzte, ein paar Jahre später tat er es dann doch, als er (wahrscheinlich von Margarete von Valois, der Schwester des Königs und Gemahlin des Protestanten Heinrich von Navarra) beauftragt wurde, eine Verteidigung dieses Werks zu schreiben – also etwas zu verteidigen, das er für unvertretbar hielt.

Diese Schrift wurde unter dem Titel «Apologie für Raymond Sebond» als zwölftes Kapitel in das zweite Buch der *Essais* aufgenommen. Es ist das mit Abstand längste Kapitel des gesamten Werks. In der Ausgabe von 1580 sind die anderen dreiundneunzig Kapitel durchschnittlich neuneinhalb Seiten lang, während die «Apologie» 248 Seiten umfasst. Stilistisch jedoch fügt sie sich perfekt ein. Sie umgarnt den Leser, webt komplizierte Muster der Digression, genau wie die anderen Kapitel, und gibt den *Essais* in mehr als einer Hinsicht Gewicht. Ohne die «Apologie» wären die *Essais* in den nachfolgenden Jahrhunderten von sehr viel geringerem Einfluss gewesen. Sie wären weniger gehasst, aber auch weniger gelesen worden.

«Apologie» heißt «Verteidigung». Und tatsächlich beginnt das Kapitel als eine Verteidigung Raymond Sebonds – und zwar etwa eine halbe Seite lang. Dann schwenkt Montaigne zu etwas um, das eher einem Angriff ähnelt. Wie der Kritiker Louis Cons meinte, unterstützt Montaigne Sebond etwa so wie die Schlinge den Gehenkten.

Aber wieso nennt Montaigne den Text dann eine «Apologie»? Sein Trick ist einfach. Er gibt vor, Sebond gegen all jene in Schutz zu nehmen, die versucht haben, ihn mit rationalen Argumenten zu widerlegen. Das tut er, indem er zeigt, dass Vernunftargumente generell untauglich sind, weil auf die blinde menschliche Vernunft kein Verlass ist. Damit verteidigt er einen Rationalisten gegen andere Rationalisten mit dem Argument, dass alles, was sich auf die Vernunft stützt, wertlos sei. Mit seiner Verteidigung Sebonds widerlegt er zwar dessen Gegner, aber er widerlegt gleichzeitig auch Sebond selbst, und zwar in noch sehr viel entschiedenerer Weise. Dessen war er sich selbstverständlich bewusst.

Trotz seiner Länge und Komplexität ist dieser *Essai* durchaus kurzweilig, und zwar aufgrund einer Technik, die Montaigne von Plutarch übernommen hat: Er untermauert seine Argumentation durch Fallbeispiele. In jedem Absatz entfalten sich Geschichten und Fakten wie Blüten in einem Füllhorn. Nahezu jede Geschichte führt bildhaft vor Augen, wie untauglich die Vernunft ist, wie schwach die Kräfte des Menschen und wie töricht und irregeleitet seine Gedanken sind, einschließlich derjenigen des Verfassers, wie Montaigne vergnügt eingesteht.

Auch viele Fallbeispiele stammen von Plutarch. Doch die treibende Kraft hinter dieser unapologetischen «Apologie» ist nicht Plutarch, jedenfalls nicht er allein. Die treibende Kraft ist die dritte große hellenistische Schule der Philosophie – und die merkwürdigste von allen: die des pyrrhonischen Skeptizismus.

7

Frage: Wie soll ich leben?

Antwort: Stelle alles in Frage!

Ich weiß, dass ich nichts weiß, und nicht einmal das weiß ich sicher

Gegenüber Stoizismus und Epikureismus nimmt der Skeptizismus eine Sonderrolle ein. Stoizismus und Epikureismus erscheinen als gangbare Wege zu Seelenruhe und einem gedeihlichen Leben: als Einübung in den Umgang mit den Schwierigkeiten des Lebens, in Aufmerksamkeit und gute Denkgewohnheiten. Der Skeptizismus scheint weniger lebenspraktisch, sondern eher auf erkenntnistheoretische Probleme ausgerichtet zu sein. Ein Skeptiker gilt als jemand, der Beweise sehen will und in Zweifel zieht, was andere für bare Münze nehmen. Doch in der Antike, als der Skeptizismus zusammen mit anderen pragmatischen philosophischen Strömungen entstand, und noch in der Renaissance wurde er anders gesehen.

Auch der Skeptizismus verfolgte therapeutische Ziele, zumindest der pyrrhonische Skeptizismus, der nach dem griechischen Philosophen Pyrrhon (gestorben um 275 v. Chr.) benannt und in einer strengeren Form im 2. Jahrhundert n. Chr. von Sextus Empiricus weiterentwickelt wurde. (Der «dogmatische» oder «akademische» Skeptizismus, die andere Spielart, war weniger einflussreich.) Einen Eindruck von der bizarren Wirkung des Pyrrhonismus vermittelt die Geschichte, die Henri Estienne erzählt, ein Zeitgenosse Montaignes und der erste französische Übersetzer des Sextus Empiricus. Als ihm Sextus' *Grundriss der pyrrhonischen Skepsis* (die *Hypotyposen*) in die Hände fiel, war er in seiner Bibliothek, fühlte sich aber zu krank und zu müde, um konzentriert zu arbeiten, und zog aus einer alten Kiste mit Handschriften ein Exemplar dieses Werks. Er fing an, darin zu lesen, und musste so herzlich lachen, dass seine Müdigkeit verschwand und seine geistige Schaffenskraft zurückkehrte. Ein anderer Gelehrter jener Zeit, Gentian Hervet, machte eine ähnliche Erfahrung. Auch er stieß in der Bibliothek seines Auftraggebers per Zufall auf Sextus, der ihm eine Welt der Unbeschwertheit und Heiterkeit eröffnete. Das Werk war nicht belehrend oder argumentativ, sondern brachte seine Leser vor allem zum Lachen. Ein moderner Leser fragt sich vielleicht, was an dem *Grundriss der pyrrhonischen Skepsis* so erheiternd ist. Zwar enthält es, wie viele philosophische Schriften, tatsächlich einige erheiternde Beispiele, aber hinreißend komisch ist es nicht. Es erschließt sich nicht auf Anhieb, warum Estienne und Hervet durch seine Lektüre von ihrem *ennui* geheilt wurden – oder warum es einen solchen Eindruck auf Montaigne machte, der in Sextus Empiricus das perfekte Mittel gegen Raymond Sebond und dessen Überschätzung der menschlichen Vernunft sah.

Grundlegend ist die Entdeckung, dass nichts im Leben ernst genommen werden muss. Der Pyrrhonismus nimmt nicht einmal sich selbst ernst. Der dogmatische Skeptizismus geht davon aus, dass es kein sicheres Wissen gibt – ein Standpunkt, der sich in Sokrates' Bemerkung zusammenfassen lässt: «Ich weiß, dass ich nichts weiß.» Der pyrrhonische Skeptizismus geht noch einen Schritt weiter: «Und nicht einmal das weiß ich sicher.» Er konstatiert also ein philosophisches Grundprinzip und stellt es im gleichen Atemzug in Frage, so dass am Ende ein Gefühl des Absurden zurückbleibt.

Ähnlich verfuhren die Pyrrhoneer mit allen Problemen, vor die sie das Leben stellte. Das Kürzel für diese gedankliche Operation ist *epoché*. Das griechische Wort bedeutet so viel wie «Urteilsenthaltung» – oder in einer von Montaigne selbst gegebenen Erklärung: *je soutiens,* ich enthalte mich. Diese Antwort entwaffnet jeden Gegner und nimmt ihm den Wind aus den Segeln, so dass seine ganze Argumentation null und nichtig erscheint.

Das mag so erhebend klingen wie der stoische und epikureische Gedanke der Indifferenz. Aber es funktioniert, und allein darauf kommt es an. *Epoché* funktioniert ähnlich wie ein Koan im Zen-Buddhismus: eine kurze, rätselhafte Anekdote oder eine unbeantwortbare Frage wie zum Beispiel: «Wie klingt das Klatschen der einen Hand?» Zuerst ist man verblüfft, doch dann eröffnen diese Fragen einen Weg zu allumfassender Weisheit. Diese Verwandtschaft zwischen Pyrrhonismus und Zen ist womöglich kein Zufall: Pyrrhon reiste mit Alexander dem Großen nach Persien und Indien und beschäftigte sich auch mit fernöstlicher Philosophie; nicht mit dem Zen-Buddhismus, den es damals noch gar nicht gab, aber mit seinen Vorläufern.

Der Trick des *epoché* reizt zum Lachen, und man fühlt sich erleichtert und von dem Zwang befreit, auf alles eine Antwort finden zu müssen. Um ein Beispiel von Alan Bailey zu zitieren, einem Historiker des Skeptizismus: Wenn jemand behauptet, die Sandkörnchen in der Sahara ergäben eine gerade Zahl, und dich nach deiner Meinung dazu fragt, antwortest du womöglich spontan: «Woher soll ich das wissen?» Die philosophischere Antwort lautet: «Ich enthalte mich des Urteils», *epoché*. Wenn ein Dritter sagt: «Was für ein Unsinn! Die Sandkörnchen in der Sahara ergeben selbstverständlich eine ungerade Zahl», kannst du auch ihm ruhig und gelassen entgegnen: *epoché*. Sextus gibt die folgende Definition von *epoché:*

> Ich vermag nicht zu sagen, welche von den vorliegenden Gegenständen man glauben und welchem man nicht glauben soll.

Oder:

> Mir ergeht es jetzt so, dass ich nichts von dem, was unter diese Frage fällt, dogmatisch setze oder aufhebe.

Oder:

> Jedem von mir untersuchten Argument, das dogmatisch etwas beweist, scheint mir ein anderes Argument entgegenzustehen, das ebenfalls dogmatisch etwas beweist und das dem ersten in Glaubwürdigkeit und Unglaubwürdigkeit gleichwertig ist.

Besonders diese letzte Formulierung kann man demjenigen entgegenhalten, der abstruse Behauptungen über den Saharasand oder sonst etwas vorbringt. Sich eines Urteils zu enthalten vermittelt ein Gefühl geistiger Gelassenheit. Man kann die Frage nicht beantworten, aber eine Antwort erscheint auch gar nicht notwendig.

Für einen Pyrrhoneer gilt dies auch bei schwierigeren Fragen. Ist es erlaubt, jemanden anzulügen, damit es ihm besser geht? *Epoché*. Ist meine Katze hübscher als deine? *Epoché.* Macht Liebe den Menschen glücklich? Gibt es einen gerechten Krieg? *Epoché.* Und so weiter. Ein echter Pyrrhoneer wird sich auch in Fragen eines Urteils enthalten, bei denen der normale Mensch die naheliegende Antwort zu kennen glaubt. Legen Hühner Eier? Existieren tatsächlich andere Menschen? Fällt mein Blick jetzt, in diesem Moment, auf eine Tasse Kaffee? Alles ist *epoché.*

Den Pyrrhoneern lag es fern, sich zu beunruhigen und in einen paranoiden Strudel des Zweifels zu stürzen. Es ging ihnen ganz im Gegenteil um Gelassenheit in allen Dingen, um Ataraxie – ein Ziel, das sie mit den Stoikern und Epikureern teilten – und damit um Glück und Wohlbefinden. Der offenkundigste Vorteil ist, dass Pyrrhoneer sich nie den Kopf zerbrechen müssen, ob sie etwas falsch machen. Wenn sie sich mit ihrer Argumentation durchsetzen, ist es nur der Beweis dafür, dass sie richtig liegen; wenn nicht, zeigt es, dass sie zu Recht an ihrem eigenen Wissen gezweifelt haben. Sie vertreten gern unpopuläre, umstrittene Ansichten, einfach so aus Spaß. Montaigne beschrieb das so:

> Falls ihr nachweist, dass der Schnee weiß ist, werden sie umgekehrt behaupten, er sei schwarz. Sagt ihr, er sei weder das eine noch das andre, entgegnen sie flugs, er sei beides. Äußert ihr nach sicherer Erkenntnis die Überzeugung, ihr verstündet nichts von der Sache, werden sie darauf beharren, ihr tätet es doch. Selbst wenn ihr kategorisch behauptet, ihr wärt diesbezüglich im Zweifel, werden sie das bestreiten und erklären, dass ihr keineswegs im Zweifel seid oder dass ihr euern Zweifel gar nicht beurteilen, geschweige nachweisen könnt.

Wahrscheinlich werden sie spätestens jetzt durch einen Schlag auf die Nase zum Schweigen gebracht, aber selbst das lässt sie kalt, es tangiert sie nicht, dass jemand auf sie wütend ist, und auch körperlicher Schmerz stört sie nicht sonderlich. Denn wer sagt, dass Schmerz schlechter sei als die Freiheit von Schmerz? Und wenn ein Knochensplitter in ihr Gehirn eindringt und sie sterben, na und? Ist es besser zu leben als zu sterben?

«Sei gegrüßt, skeptisches Behagen!», schrieb der irische Dichter Thomas Moore lange nach Montaigne:

Wenn des Irrtums Wellen verebbt sind,
wie süß ist es, endlich den ruhigen Hafen zu erreichen
und, sanft gewiegt vom wogenden Zweifel,
über die kräftigen Winde zu lächeln, die draußen wüten!

Dieses Behagen unterschied die Skeptiker von den gewöhnlichen Menschen – auch wenn sie sich, anders als die Epikureer, nicht aus der realen Welt zurückzogen. Über Pyrrhon selbst erzählte man sich seltsame Anekdoten. Er war so abgehoben und innerlich so gelassen, dass er auf die Außenwelt oft gar nicht reagierte. Ging er spazieren, wich er keinen Fußbreit von seinem Weg ab, so dass ihn seine Freunde davor bewahren mussten, in den nächsten Abgrund zu stürzen oder von entgegenkommenden Wagen überfahren zu werden. «Hatte er etwas zu sagen angefangen», schrieb Montaigne, «führte er es unbeirrt zu Ende, selbst wenn der, zu dem er sprach, längst auf und davon war.» Er wollte sich durch Äußerlichkeiten nicht von seinem inneren Zustand ablenken lassen.

Andere Geschichten indes deuten darauf hin, dass sogar Pyrrhon nicht immer und jederzeit die vollkommene Indifferenz bewahren konnte. Als ihn ein Freund in einem «erbitterten Streit» mit seiner Schwester antraf, warf er ihm vor, seine Grundsätze zu verraten. «Wie, soll selbst dieses Weibsbild zum Beweis meiner Lehrsätze dienen?», gab Pyrrhon zurück. Ein andermal, als er sich gegen einen Hund zur Wehr setzte, gestand er: «Es ist sehr schwierig, den Menschen ganz abzulegen.»

Montaigne liebte diese Geschichten, in denen Pyrrhon einerseits radikal vom normalen Verhalten abwich und andererseits zeigte, dass auch er nur ein Mensch war. Und wie ein echter Skeptiker versuchte Montaigne, sich auch in Bezug auf Pyrrhon eines Urteils zu enthalten. Allerdings neigte er eher dazu, ihn als ganz normalen Menschen zu betrachten, wie er selbst einer war. Ein Mensch allerdings, der danach strebte, einen klaren Blick zu gewinnen und nichts als selbstverständlich hinzunehmen.

Er wollte sich keineswegs zum fühllosen Klotz oder Stein machen, sondern zu einem lebendigen Menschen, der hin und her überlegt und

*Montaignes Medaille mit dem Wahlspruch
EPECHO, «Ich enthalte mich (des Urteils)»*

nachdenkt, der sämtliche natürlichen Annehmlichkeiten und Freuden genießt, der all seine körperlichen und geistigen Fähigkeiten betätigt.

Montaigne zufolge verzichtete Pyrrhon lediglich auf den Anspruch, «die Wahrheit festzulegen, zu reglementieren und zu schulmeistern» – ein Anspruch, dem die meisten Menschen erliegen. Das war es, was Montaigne an der skeptischen Tradition wirklich interessierte: weniger ihr extremer Ansatz gegenüber Schmerz und Leid (hier zog er die Stoiker und Epikureer vor, die dem realen Leben mehr verbunden waren), sondern das Bestreben, alles als vorläufig und fragwürdig zu betrachten. Das hatte er selbst immer wieder eingeübt. Um dieses Ziel nicht aus den Augen zu verlieren, ließ er sich im Jahr 1576 Medaillen mit Sextus' magischem Wahlspruch *epoché* (hier *epecho* geschrieben), seinem eigenen Familienwappen und einer zweischaligen Waage prägen. Die Waagschalen sind gleichfalls ein pyrrhonisches Symbol, die mahnten, stets das Gleichgewicht zu wahren und die Dinge abzuwägen, statt einfach hinzunehmen.

Die Symbole, die er verwendete, waren ungewöhnlich, doch es entsprach der damaligen Mode, sich persönliche Wahlsprüche auf Medaillen *(jetons)* prägen zu lassen. Das diente als Gedächtnisstütze *(aide-mémoire)* und Ausweis von Identität. Wäre Montaigne Anfang des 21. Jahrhunderts ein junger Mann gewesen, hätte er sich wahrscheinlich ein Tattoo stechen lassen.

Wenn die Medaille ihm tatsächlich seine Grundprinzipien in Erinnerung rufen sollte, so erfüllte sie ihren Zweck. Die *Essais* sind gespickt mit Relativierungen wie «vielleicht», «gewissermaßen», «ein wenig», «man sagt». Sie sollen, wie Montaigne selbst erklärt, «die Unbesonnenheit unsrer Behauptungen mildern und mäßigen», und sie bringen das zum Ausdruck, was Hugo Friedrich Montaignes Philosophie der «Bescheidung» nannte. Die *Essais* sind keine überspannten Schnörkeleien, sie enthalten Montaignes Denken in Reinform. Er wurde dieses Denkens nie müde, er wurde es nie überdrüssig, über die Vergangenheit nachzusinnen, über die Millionen, die im Laufe der Menschheitsgeschichte gelebt hatten, und sich klarzumachen, dass es unmöglich ist, die Wahrheit über sie in Erfahrung zu bringen. «Auch wenn all das, was an Berichten über die Vergangenheit bis zu uns gelangt ist, wahr wäre, und auch wenn einer all dies wüsste, würde es doch im Vergleich zu dem, was keiner weiß, weniger als nichts sein», schrieb er. «Wie kümmerlich und verkürzt» sei doch unser Wissen von Menschen und Geschehnissen und wie unermesslich groß demgegenüber die Welt. Um noch einmal Hugo Friedrich zu zitieren, hatte Montaigne ein tiefes Bedürfnis, «sich durch das Einmalige, das nicht Rubrizierbare, das Rätselhafte» überraschen zu lassen.

Und von allem Rätselhaften erstaunte ihn niemand mehr als er selbst, das unergründlichste Phänomen überhaupt. Unendlich oft ertappte er sich dabei, wie seine Ansichten von einem Extrem ins andere umschlugen und wie er binnen Sekunden von einer Emotion zu einer anderen wechselte.

> Ich stehe auf so unsichren und wackligen Füßen, ich gerate so leicht ins Wanken und Schwanken und sehe die Dinge in so wechselhaftem Licht, dass ich mich nüchtern als einen andern empfinde denn nach dem Essen. Wenn meine Gesundheit mir lacht oder ein schöner Tag mit seiner Heiterkeit, wie gut bin ich da zu haben! Kaum drückt mich aber ein Hühnerauge, und schon bin ich unfreundlich, mürrisch und nicht mehr ansprechbar.

Selbst auf seine simpelsten Wahrnehmungen war kein Verlass. Wenn er an Fieber litt oder eine Arznei eingenommen hatte, schmeckte alles anders oder erschien in einem anderen Licht. Schon eine leichte Erkältung vernebelte ihm den Geist. Demenz ließe den Verstand ganz abstumpfen. Selbst Sokrates würde durch einen Schlaganfall oder einen Gehirnschaden zum Idioten werden, meinte Montaigne, und bisse ihn ein tollwütiger Hund, würde er nur noch Unsinn faseln, «da Gift alle Philosophie, sobald eingekörpert, in rasenden Irrsinn zu treiben vermag». Genau das ist der Punkt: Für Montaigne ist Philosophie tatsächlich dem Körper verhaftet. Sie lebt in individuellen, fehlbaren Menschen, und damit ist sie selbst voller Ungewissheiten. «Diese Saite haben die Philosophen, scheint mir, kaum je angeschlagen.»

Und wie steht es mit den Sinneswahrnehmungen anderer Spezies? Wie vor ihm schon Sextus vermutete auch Montaigne zu Recht, dass andere Lebewesen die Farben anders wahrnehmen als der Mensch. Vielleicht sehen wir und nicht sie die Dinge «falsch»? Wir haben keine Möglichkeit, herauszufinden, wie Farben wirklich sind. Tiere haben Fähigkeiten, die beim Menschen nur schwach ausgeprägt oder gar nicht vorhanden sind, und vielleicht sind einige dieser Fähigkeiten wichtig, um die Welt vollständig zu begreifen. «Wir haben, indem wir unsre fünf Sinne rundum zu Rate zogen, uns eine Wahrheit gebildet; vielleicht aber brauchten wir, um sie sicher und in ihrem Wesen zu erkennen, die Mit- und Zusammenwirkung von deren acht oder zehn.»

Diese scheinbar beiläufige Bemerkung enthält einen schockierenden Gedanken: dass wir aufgrund unserer Natur nicht in der Lage sind, die Dinge so zu sehen, wie sie wirklich sind. Die menschliche Perspektive ist womöglich nicht nur gelegentlich anfällig für fehlerhafte Wahrnehmungen, sondern ist per definitionem beschränkt, und zwar in derselben Weise, wie wir in der Regel (und überheblich, wie wir sind) die Intelligenz eines Hundes beurteilen. Nur ein Mensch mit der ungewöhnlichen Fähigkeit, aus sich herauszutreten, ist zu einem solchen Gedanken in der Lage, und genau das gelang Montaigne. Er konnte gleichsam neben sich treten und sich selbst mit der Maßgabe des pyrrhonischen Urteilsverzichts betrachten. So weit waren selbst die frühen Skeptiker nicht gegangen. Sie zweifelten an allem, doch sie bedachten nicht, wie sehr ihr eigenes Inneres von dieser allgemeinen Unsicherheit betroffen war. Montaigne dagegen war sich dessen stets bewusst:

Samt Verstand rollen und fließen wir wie alle sterblichen Wesen ohne Unterlass dahin. So lässt sich nichts Sicheres von einem aufs andere schließen, befinden sich Urteilender wie Beurteiltes doch in fortwährendem Wechsel und Wandel.

Das klingt wie eine Sackgasse: als würde man jede Möglichkeit ausschließen, überhaupt etwas erkennen zu können, da es keinen Maßstab gibt, die Dinge miteinander zu vergleichen. Aber dies Wissen um die fortwährende Veränderung kann auch neue Perspektiven eröffnen. Das Leben wird komplexer und interessanter, die Welt zu einer mehrdimensionalen Landschaft, in der jeder Standpunkt in Betracht gezogen werden muss. Diese Tatsache haben wir uns vor Augen zu halten, um «wenigstens durch Schaden klug» zu werden, wie Montaigne es formulierte.

Selbst für ihn war die disziplinierte Aufmerksamkeit für den jeweiligen Augenblick eine ständige Anstrengung. «Man muss das Bewusstsein der Seele erheblich schärfen, auf dass sie merke, wie sie dahinschwindet.» Die *Essais* halfen ihm dabei. Er spielte selbst Versuchskaninchen und stellte sich mit dem Notizblock in der Hand gleichsam neben sich. Er freute sich über jede Absonderlichkeit, die er an sich beobachtete, sogar über seine Vergesslichkeit, denn sie erinnerte ihn an seine Unzulänglichkeit und bewahrte ihn vor Rechthaberei. Von dieser Maxime «Stelle alles in Frage!» gab es nur eine Ausnahme: Er bestand stets darauf, dass sein religiöser Glaube über jeden Zweifel erhaben sei. Er war gehorsam gegenüber den Dogmen der katholischen Kirche – und Schluss.

Den modernen Leser mag das überraschen. Skeptizismus und institutionalisierte Religion gelten als krasse Gegensätze: Wissenschaft und Vernunft auf der einen, Glaube und Autoritätshörigkeit auf der anderen Seite. Zu Montaignes Lebzeiten wurden die Linien anders gezogen. Die Naturwissenschaft im heutigen Sinn existierte noch nicht, und der menschliche Verstand wurde nur selten als von Gott losgelöst betrachtet. Die Vorstellung, dass der menschliche Verstand von sich aus erkenntnisfähig sei, war genau das, was die Skeptiker bezweifelten. Und da die Kirche zu jener Zeit den Glauben über die «rationale Theologie» stellte, betrachtete sie den Pyrrhonismus als ihren Verbündeten. Der pyrrhonische Zweifel stellte die menschliche Vernunft in Frage und war damit ein nützliches Werkzeug gegen den Protestantismus, der die Gewissensverantwortung des Einzelnen betonte und ihr einen Vorrang gegenüber dem Dogma einräumte.

Aus diesem Grund befürwortete der Katholizismus den Pyrrhonismus über Jahrzehnte hinweg und hielt Bücher wie Henri Estiennes Sextus-Übersetzung und Montaignes *Essais* für wertvolle Instrumente im Kampf gegen die Häresie. Montaigne unterstützte dieses Bestreben mit seinem Angriff auf die Hybris der menschlichen Vernunft und mit zahlreichen Bekundungen des Fideismus, die in den *Essais* verstreut sind. Der Glaube, meinte er, müsse unser Inneres durch «eine außergewöhnliche Eingebung» von Gott ergreifen, nicht durch eigene Anstrengungen. Gott liefert gewissermaßen den Teebeutel, wir müssen ihn nur noch mit Wasser aufgießen. Und wenn wir diese Eingebung nicht direkt erhalten, müssen wir uns nur der Kirche überlassen, als eine Art Samowar für die Massen, die den fertigen Glaubensaufguss liefert. Montaigne ließ keinen Zweifel daran, dass er die Oberhoheit der Kirche in religiösen Fragen anerkannte, auch auf die Gefahr hin, dass sie seine Gedanken überwachte. Zu einer Zeit, da alle sich auf das Neue stürzten, schrieb er, habe ihn oft der fraglose Gehorsam gerettet:

> Ich halte mich an die Verfassung, die er, Gott, mir zuwies – sonst würde ich unweigerlich endlos hin und her rollen. So aber vermochte ich dank der Gnade Gottes ruhigen und unbeirrten Gewissens den alten Glaubenssätzen unsrer Religion durch all die sektiererischen Spaltungen hindurch völlig treu zu bleiben, die unser Jahrhundert hervorgebracht hat.

Es ist schwer zu sagen, ob die Unbeirrtheit, von der er hier spricht, spiritueller Art war oder ob er mehr an die Unannehmlichkeiten dachte, die damit verbunden waren, wenn man ihn als Häretiker bezeichnet hätte und wenn seine Bücher verbrannt worden wären. Der Fideismus konnte ein praktisches Deckmäntelchen für den heimlichen Unglauben sein. Nachdem man Gott Tribut gezollt und sich gegen den Vorwurf der Irreligiosität gewappnet hatte, konnte man so irreligiös sein, wie man wollte. Welchen Vorwurf konnte man gegen jemanden erheben, der die Unterwerfung unter den Willen Gottes und die Lehren der Kirche propagierte? Doch schließlich erkannte die Kirche diese Gefahr, und im nachfolgenden Jahrhundert geriet der Fideismus in Misskredit.

Vorerst aber konnte jeder diesen Weg ungestraft einschlagen. Gehörte Montaigne in diese Kategorie?

Es stimmt, dass ihn religiöse Fragen wenig interessierten. Christliche Grundvorstellungen haben in den *Essais* kein großes Echo gefunden. Montaigne schien unbeeindruckt von dem Gedanken des Opfers, der Reue und der Erlösung und schien weder die Hölle zu fürchten noch den Himmel zu ersehnen. Hexen und böse Geister beschäftigten ihn weniger als Katzen, die Vögel auf Bäumen hypnotisierten. Wenn Montaigne über den Tod nachdenkt, scheint er zu vergessen, dass er doch eigentlich an ein Leben nach dem Tod glauben sollte. Er schrieb Sätze wie: «Mit eingezognem Kopf stürze ich mich dann blindlings in den Tod: wie in einen lautlos lauernden dunklen Abgrund, der plötzlich zuschnappend mich verschlingt und mit einem schweren, völlig fühl- und schmerzlosen Schlaf überwältigt.» Theologen des 17. Jahrhunderts erschraken über diese Gottlosigkeit. Auch an Jesus Christus zeigte Montaigne kein Interesse. Er schrieb über den erhabenen Tod von Sokrates und Cato, dachte aber nicht daran, die Kreuzigung Christi auch nur zu erwähnen. Ihm lag mehr an der weltlichen Moral, an dem Problem der Gnade und Grausamkeit. Wie der Kritiker David Quint meinte, würde Montaigne die Botschaft der Kreuzigung Christi für die Menschheit wahrscheinlich so formulieren: «Kreuzigt niemanden!»

Andererseits ist es sehr unwahrscheinlich, dass Montaigne ein eingefleischter Atheist war; im 16. Jahrhundert war das so gut wie niemand. Und es wäre auch keine Überraschung, hätte er sich tatsächlich zum Fideismus hingezogen gefühlt. Der Fideismus entsprach sowohl seiner Philosophie der Skepsis als auch seinem Naturell. Denn obwohl er die Unabhängigkeit liebte, überließ er vieles sich selbst, insbesondere Dinge, die ihn nicht weiter interessierten. Was auch immer er über den weltentrückten Gott des Fideismus dachte: Das Geschehen auf der Erde faszinierte ihn weitaus mehr.

Das Ergebnis jedenfalls war, dass er nie ernsthaft mit der Kirche in Konflikt geriet: eine beachtliche Leistung für jemanden, der so frei und offen schrieb, der im Grenzbereich zwischen Protestantismus und Katholizismus lebte und zur Zeit der Religionskriege ein öffentliches Amt bekleidete. Als er in den 1580er Jahren nach Italien reiste, inspizierten die Inquisitionsbeamten die *Essais* und erstellten eine Liste mit geringfügigen Einwänden. Ein Vorwurf lautete, er habe das Wort *fortune*, Schicksal, anstelle von «Vorsehung» verwendet. (Die Vorsehung stammt von Gott und lässt Raum für den freien Willen; das Schicksal ist nur die Art und Weise, in der ein Keks zerbröselt.) Weiter kritisierte die Inquisition, er habe in den *Essais* ketzerische Dichter namentlich angeführt und Kaiser Julian Apostata in Schutz genommen; er halte alle anderen Todesstrafen außer einer einfachen Hinrichtung für grausam und befürworte eine freie und natürliche Kindererziehung. Nicht beanstandet wurden allerdings seine Ansichten über den Tod, seine Vorbehalte gegenüber Hexenprozessen und – am allerwenigsten – sein Skeptizismus.

Tatsächlich war es (neben Stoizismus und Epikureismus) der Skeptizismus, der die *Essais* bei ihrer Erstveröffentlichung so erfolgreich machte. Er fand sowohl bei nachdenklichen, geistig unabhängigen Lesern als auch bei streng orthodoxen Kirchenmännern Anklang. Und auch Montaignes Kollege in Bordeaux, Florimond de Raemond, schätzte ihn hoch ein. Er war ein glühender Katholik, der sich in seinen eigenen Schriften mit der bevorstehenden Ankunft des Antichristen und der Apokalypse beschäftigte. Raemond empfahl die Lektüre der *Essais*, um sich gegen die Häresie zu wappnen, und lobte insbesondere die «großartige Apologie» aufgrund ihrer vielen Anekdoten, die belegen, wie wenig wir über die Welt wissen. Mehrere dieser Geschichten nahm er in sein eigenes Werk *L'Antichrist* auf, in ein Kapitel unter der Überschrift «Merkwürdige Dinge, für die wir den Grund nicht kennen». Warum, so fragt er, beruhigt sich ein wütender Elefant, wenn er ein Schaf sieht? Warum wird ein wilder Stier zahm, wenn er an einen Feigenbaum gebunden wird? Und wie genau setzt sich der Schiffshalter-Fisch am Rumpf eines Schiffes fest, um es zum Stillstand zu bringen? Raemond klingt so positiv gestimmt und so ehrlich erstaunt über diese Naturwunder, dass man nur schwer glauben kann, dass er vom nahen Weltuntergang überzeugt war. Der Fideismus trieb in der Tat merkwürdige Blüten: Extremisten und säkulare Gemäßigte verband das Bedürfnis, über ihre eigene Unwissenheit zu staunen.

Und so wurde der frühe Montaigne von den Orthodoxen als frommer, skeptischer Philosoph, als neuer Pyrrhon und als neuer Seneca rezipiert: als der Verfasser eines Werks, das gleichzeitig tröstend und moralisch erbaulich war. Am Ende des 17. Jahrhunderts dagegen wurde er abgelehnt; die Kirche setzte die *Essais* auf den Index der verbotenen Bücher, wo sie fast hundertachtzig Jahre blieben.

Alles begann mit der Debatte über ein Thema, das auf den ersten Blick eher unbedeutend erscheint: Tiere.

Tiere und böse Geister

Montaignes bevorzugte Taktik zur Unterminierung der menschlichen Eitelkeit war es, jene Tiergeschichten zu erzählen, die Florimond de Raemond so fasziniert hatten. Viele von ihnen entnahm er Plutarch. Sie waren unterhaltsam und hatten dennoch eine tiefere Bedeutung. Sie erzählten von der Klugheit und Sensibilität von Tieren und demonstrierten, dass der Mensch keineswegs über außergewöhnliche Fähigkeiten verfügt und dass Tiere vieles besser können als Menschen.

Tiere können beispielsweise gut zusammenarbeiten. Rinder, Schweine und andere Tiere bilden Gruppen, um sich zu verteidigen. Wenn ein Seepapagei einem Fischer an den Haken geht, eilen seine Artgenossen herbei, um die Schnur durchzubeißen und ihn zu befreien. Oder sie stoßen den Schwanz durch das Netz, damit sich der gefangene Fisch daran festbeißen und herausgezogen werden kann. Selbst unterschiedliche Spezies kooperieren auf diese Weise, beispielsweise der Lotsenfisch, der den Wal führt, oder der Vogel, der sich aus dem Rachen des Krokodils Nahrung herauspickt.

Thunfische beweisen umfassende Kenntnisse der Astronomie: Zur Wintersonnenwende unterbricht der Schwarm seinen Zug durch die Ozeane da, wo er sich gerade befindet, und bleibt bis zur nächsten Tagundnachtgleiche an dieser Stelle. Sie beherrschen auch Geometrie und Arithmetik, da sie sich zu einem Würfel formieren können, dessen sechs Außenflächen alle gleich groß sind.

Auch in moralischer Hinsicht sind Tiere dem Menschen mindestens ebenbürtig. Welcher Mensch übertrifft jenen Elefanten an Einsicht und Reue, der, nachdem er in einem Wutanfall seinen Wärter getötet hatte, nichts mehr fraß und verhungerte? Und wer das Weibchen des

Eisvogels, das sich das gebrechliche Männchen treu auf seine Schultern
lädt und bis an dessen Lebensende umsorgt? Diese liebevollen Eisvögel
verfügen auch über technisches Geschick: Aus Fischgräten bauen sie
ein Gefüge, das Nest und Boot zugleich ist, und untersuchen es am
Meeresufer auf Lecks, bevor sie es ins offene Meer lassen.

Tiere sind uns in den unterschiedlichsten Fähigkeiten überlegen.
Menschen wechseln die Gesichtsfarbe, aber unwillkürlich. Wir erröten,
wenn wir verlegen sind, und werden blass vor Schreck. Damit stehen
wir auf einer Stufe mit dem Chamäleon, das sich passiv der Farbe
seiner Umgebung anpasst, aber weit unterhalb des Tintenfischs, der
seine Farbe nach Belieben verändern kann. Wir Menschen und die
Chamäleons können den Tintenfisch nur bewundern – seine Fähigkeit
ist ein Schock für die Selbstherrlichkeit des Menschen.

Trotzdem betrachten wir Menschen uns als allen anderen Lebewesen überlegen und den Göttern näher als den Chamäleons oder dem
Seepapagei. Es fällt uns gar nicht ein, uns in eine Reihe mit anderen
Tieren zu stellen oder zu versuchen, uns in sie hineinzuversetzen. Ja,
wir fragen uns sogar, ob sie überhaupt Geist haben. Doch Montaigne
genügt es, einen dösenden Hund zu beobachten, um zu erkennen, dass
er eine Vorstellungswelt hat wie der Mensch. Ein Mensch, der von
Rom oder Paris träumt, lässt in seinem Geist ein immaterielles Rom
oder Paris erstehen. Ähnlich sieht im Schlaf ein Hund einen immate-
riellen Hasen, der durch seinen Traum läuft; seine Pfoten zucken, als
würde er ihn jagen. Für den Hund ist es ein Hase, wenn auch «ein Hase
ohne Knochen und Fell». Tiere bevölkern ihre Vorstellungswelt mit
ihren eigenen Geistern, genau wie wir Menschen.

Für Montaignes erste Leser waren seine Tiergeschichten so unterhaltsam wie harmlos, bestenfalls von moralischem Nutzen und ein
Beleg dafür, dass Menschen begrenzte Wesen sind, die sich nicht einbil-
den dürfen, auf Gottes großer weiter Welt viel zustande zu bringen
oder zu verstehen. Doch mit dem aufkommenden 17. Jahrhundert
erschien das Bild des Menschen, der in seiner Komplexität und seinen
Fähigkeiten einem Tintenfische vergleichbar ist, eher verstörend: nicht
nur demütigend, sondern herabwürdigend. In den 1660er Jahren wurde die «Apologie für Raymond Sebond», in der sich die meisten dieser
Tiergeschichten finden, nicht mehr als ein Schatzkästlein erbaulicher

Weisheit betrachtet, sondern als eine Fallstudie all dessen, was im Jahrhundert zuvor in moralischer Hinsicht schiefgelaufen war. Montaignes beiläufige Akzeptanz der Unzulänglichkeit und der «tierhaften» Seite des Menschen erschien jetzt als etwas, das bekämpft werden musste, ja fast als eine List des Teufels. Ein typisches Beispiel für diese neue Einstellung ist eine Invektive des Bischofs Jacques-Bénigne Bossuet im Jahr 1668 von der Kanzel herab. Montaigne, sagte er,

> ziehe die Tiere dem Menschen vor, ihren Instinkt unserer Vernunft, ihre simple, unschuldige und schlichte Natur [...] unserer Kultiviertheit und unseren Boshaftigkeiten. Doch jetzt sag mir, du raffinierter Philosoph, der du den Menschen mit solcher Überlegenheit verlachst, weil er sich höher stellt [als ein Tier], erachtest du es für nichts, Gott zu erkennen?

Der herausfordernde Ton war neu, ebenso die Vorstellung, die Menschenwürde müsse gegen einen «raffinierten» Feind verteidigt werden. Das 17. Jahrhundert betrachtete Montaigne nicht mehr als einen Philosophen, sondern als einen Betrüger und Umstürzler. An Montaignes Tiergeschichten und seiner Entlarvung der menschlichen Anmaßung nahmen zwei der größten neuzeitlichen Denker Anstoß: René Descartes und Blaise Pascal. Sie hegten keinerlei Sympathie füreinander, und deshalb ist es umso bemerkenswerter, dass sie sich in der Ablehnung Montaignes einig waren.

René Descartes, der bedeutendste Philosoph der frühen Neuzeit, interessierte sich für Tiere hauptsächlich als Gegenbild zum Menschen. Menschen haben ein immaterielles Bewusstsein. Sie können über ihre Erfahrungen reflektieren und sagen: «Ich denke.» Tiere nicht. Für Descartes waren sie deshalb seelenlose Maschinen, darauf programmiert, zu gehen, laufen, schlafen, gähnen, niesen, jagen und brüllen, sich zu kratzen, Nester zu bauen, ihren Nachwuchs großzuziehen, zu essen und zu defäkieren, aber alles wie ein aufgezogener Automat, der über den Fußboden taumelt. Für Descartes hat ein Hund keine eigene Sicht der Dinge, er verfügt über keine wirkliche Erfahrung. Er erschafft sich in seiner Vorstellungswelt keinen Hasen, den er in seinen Träumen über die Felder jagt, da kann er schnüffeln und mit den Pfoten zucken,

Montaigne und seine Katze,
Aquatinta-Radierung von
Arthur Ditchfield, um 1867

so viel er will. Descartes sah in ihm nicht mehr als kontrahierende Muskeln und feuernde Neuronen, ausgelöst durch gleichermaßen mechanische Gehirnaktivitäten.

Descartes kann mit einem Tier keinen Blick tauschen, Montaigne schon. In einer bekannten Passage der *Essais* heißt es: «Wenn ich mit meiner Katze spiele – wer weiß, ob ich nicht mehr ihr zum Zeitvertreib diene als sie mir?» Und er fügt hinzu: «Die närrischen Spiele, mit denen wir uns vergnügen, sind wechselseitig: Ebenso oft wie ich bestimmt sie, wann es losgehn oder aufhören soll.» Er macht sich die Perspektive der Katze, die ihn betrachtet, genauso zu eigen, wie er seine eigene Perspektive ihr gegenüber einnimmt.

Montaignes kleines kommunikatives Spiel mit seiner Katze zählt zu den hinreißendsten Passagen der *Essais* – und zu einer der bedeutendsten. Sie belegt Montaignes Überzeugung, dass alle Lebewesen in einer gemeinsamen Welt leben und dass jede Kreatur ihre ganz eigene

Wahrnehmung dieser Welt hat. «Der ganze Montaigne steckt in diesem hingeworfenen Satz», meint Herbert Lüthy. Montaignes Katze ist so berühmt, dass sie den Anstoß zu einem wissenschaftlichen Aufsatz gab und zu einem Eintrag in Philippe Desans *Dictionnaire de Montaigne.* Montaignes Fähigkeit, zwischen verschiedenen Perspektiven hin- und herzuspringen, wird ganz besonders deutlich, wenn er über Tiere schreibt. Uns falle es schwer, sie zu verstehen, bemerkt er, aber ihnen müsse es genauso schwerfallen, uns zu verstehen. «Diese Unfähigkeit zur Kommunikation zwischen ihnen und uns – warum sollte sie nicht ebenso unsere sein wie ihre?»

> Wir können uns in die Empfindungen der Tiere ungefähr in gleichem Maße hineindenken wie sie sich in die unsren. Sie fordern uns etwas ab, sie schmeicheln uns, sie drohen uns – und wir ihnen.

Montaigne kann seine Katze nicht betrachten, ohne zu denken, dass auch sie ihn betrachtet, und ohne sich vorzustellen, wie er sie betrachtet. Diese Kommunikation zwischen unvollkommenen, einander bewusst wahrnehmenden Lebewesen unterschiedlicher Spezies wäre bei Descartes undenkbar. Er und andere seiner Zeitgenossen waren von dieser Vorstellung eher irritiert.

Descartes' philosophischer Denkansatz brauchte einen Punkt der absoluten Gewissheit, den er in der Idee eines klaren, reinen Bewusstseins fand. Da war kein Platz für Montaignes alle Grenzen verwischenden Uneindeutigkeiten: für Reflexionen über einen geistig verwirrten oder tollwütigen Sokrates oder die überlegenen Sinnesorgane eines Hundes. Die Komplikationen, die Montaigne Vergnügen bereiteten, versetzten Descartes in Panik. Und doch entsprang paradoxerweise Descartes' Streben nach einem solchen sicheren Ausgangspunkt weitgehend seiner Reaktion auf den pyrrhonischen Zweifel, dessen Verständnis sich vorrangig Montaigne verdankte, dem maßgeblichen Pyrrhoneer der Neuzeit.

Descartes fand eine Lösung, als er sich im November 1619 nach langen Reisen und dem Beobachten der vielgestaltigen menschlichen Sitten und Gebräuche in eine mit einem Holzofen beheizte Stube in Neuburg an der Donau zurückzog, um in Ruhe und mit Muße einen ganzen

Tag lang ungestört nachzudenken. Sein Ausgangspunkt war die Grundannahme der Skeptiker, nichts sei real und alle seine bisherigen Überzeugungen seien falsch. Dann tastete er sich langsam und vorsichtig weiter voran, «wie ein Mensch, der allein und im Dunkeln fortschreitet», um diese falschen Ansichten durch logisch untermauerte zu ersetzen. Es war ein rein mentaler Fortschritt: Während sein Geist sich Schritt für Schritt vorwärtsbewegte, blieb sein Körper vor dem Holzofen sitzen. Man kann sich vorstellen, wie er stundenlang auf die glühenden Holzscheite starrte. Descartes vor dem Ofen, vielleicht in der Pose von Rodins «Denker», ist das krasse Gegenbild des in seiner Bibliothek auf und ab gehenden Montaigne, der Bücher aus dem Regal zieht und sich dauernd ablenken lässt, die Eigennamen seiner Bediensteten nicht behalten kann und bei hitzigen Debatten auf Abendgesellschaften bei seinen Nachbarn oder während eines Ritts durch den Wald die besten Ideen hat. Selbst nach seinem Rückzug aus dem öffentlichen Leben stellte Montaigne seine Überlegungen stets inmitten dichten Trubels an, umgeben von Gegenständen, Büchern, Tieren und Menschen. Descartes dagegen brauchte die bewegungslose Zurückgezogenheit.

In einer Stube neben dem Ofen sitzend, entwickelte Descartes eine Argumentationskette, deren Glieder seiner Ansicht nach fest ineinandergefügt waren. Seine erste Entdeckung war, dass er existierte.

Ich denke, also bin ich.

Von diesem sicheren Punkt aus gelangte er allein durch Deduktion zu der Schlussfolgerung, dass Gott existieren müsse, dass seine «klare und deutliche» Vorstellung von der Existenz Gottes von Gott selbst stammen müsse und dass demzufolge auch alles andere, von dem er eine klare und deutliche Vorstellung hatte, wahr sein müsse. Diesen letzten Punkt formulierte Descartes noch kühner in seinen *Meditationen*, wo es heißt: «Alles, was ich klar und deutlich erkenne, ist wahr» – gewiss eine der erstaunlichsten Behauptungen der gesamten Philosophiegeschichte und denkbar weit entfernt von Montaignes Ansatz. Und doch entspringt all das der von Montaigne bevorzugten Schule des Skeptizismus, die alles in Zweifel zog, sogar sich selbst, und damit im Zentrum der europäischen Philosophie ein dickes Fragezeichen setzte.

Descartes' angeblich unfehlbare Argumentationskette mag absurd erscheinen, erschließt sich aber im Kontext von Ideen des ihm vorausgehenden Jahrhunderts, von denen er sich eigentlich hatte befreien wollen. Gemeint sind insbesondere die beiden großen, durch Montaigne vermittelten Denktraditionen des Skeptizismus, der alles in Frage stellte, und des Fideismus, der auf der Grundlage des Glaubens alles wieder zusammenfügte. Descartes wollte auf keinen Fall dort landen. Er war alles andere als ein Fideist. Trotzdem lief es letztlich darauf hinaus; von dieser Tradition kam man nur schwer los.

Descartes' eigentliche Innovation war die Intensität seines Strebens nach unumstößlichen Gewissheiten. Neu war auch seine denkerische Radikalität. Indem er versuchte, sich vom Skeptizismus zu befreien, dehnte er ihn zu einer bis dahin unvorstellbaren Länge wie einen Kaugummi, der einem am Schuh kleben geblieben ist. Das unendliche Verharren im Zweifel wie in einem «Meer der Spekulation» kam für Descartes nicht in Frage. Unsicherheit als Lebensform war für ihn keine Option wie für Montaigne und die Pyrrhoneer, sondern ein krisenhafter Zustand. Man spürt seine Desorientierung, wenn er in den *Meditationen* schreibt:

> Ich bin durch die gestrige Meditation in Zweifel gestürzt worden, die ich nicht vergessen kann [...], ich bin derart verwirrt, dass ich, gleichsam als wäre ich unvermutet in einen tiefen Strudel hineingezogen worden, weder auf dem Grund Fuß fassen noch zur Oberfläche emporschwimmen kann.

In der Entdeckung der albtraumhaften Seite des Skeptizismus verläuft die eigentliche Trennungslinie zwischen dem 17. Jahrhundert und Montaigne. In dieser «gestrigen Meditation» personifizierte Descartes, der stets prägnante Metaphern fand, seine Ungewissheiten in einem wahrhaften Horrorszenario:

> Ich will daher voraussetzen, nicht der wohlmeinendste Gott, die Quelle der Wahrheit, sondern irgendein boshafter Genius, ebenso mächtig wie verschlagen, setze all seine Hartnäckigkeit darein, mich zu täuschen: ich werde meinen, der Himmel, die Luft, die Erde, die Farben,

die Gestalten, die Töne und die Gesamtheit alles Äußeren seien nichts anderes als Gaukeleien der Träume, durch die er meiner Leichtgläubigkeit eine Falle gestellt hat. Ich werde mich selbst betrachten, als ob ich keine Hände, keine Augen, kein Fleisch, kein Blut noch irgendeinen Sinn hätte, sondern als ob ich nur fälschlich vermutete, dies alles zu besitzen.

Böse Geister galten zu Descartes' Zeit noch als genauso real und beängstigend wie zur Zeit Montaignes. Manche glaubten, sie erfüllten die Welt in Wolken wie Mikroorganismen, die die Luft verschmutzen. Sie und ihr Herr und Meister, der Teufel, könnten aus Luft Täuschungen weben, Lichtstrahlen bündeln und sogar die Gehirnwindungen beeinflussen, damit der Mensch wilde Tiere und Ungeheuer sieht. Ein solcher Geist, so die Vorstellung, könne uns über das wahre Wesen der gesamten materiellen Welt – und über uns selbst – systematisch täuschen und in den Wahnsinn treiben. Das Einzige, was noch schlimmer schien, war die Vorstellung, Gott selbst sei ein solcher Betrüger – ein Gedanke, den Descartes flüchtig erwog, dann aber wieder fallen ließ.

Es ist erstaunlich, dass ausgerechnet Descartes, der die reine Vernunft propagierte und den Streichen der Einbildungskraft den Kampf ansagte, alle literarischen Tricks und Kniffe einsetzte, die ihm zur Verfügung standen, um die Emotionen des Lesers zu wecken. Doch wie den meisten Horrorschriftstellern ging es auch ihm letztlich um den Erhalt des Status quo: Der böse Geist bedroht die Ordnung der Dinge, aber er wird besiegt und die Normalität auf ein noch sichereres Fundament gestellt – allerdings nicht wirklich. Im Horrorgenre droht das Monster am Ende oft mit seiner Rückkehr: Es ist nicht wirklich besiegt, sondern wartet nur auf die Fortsetzung. Descartes wollte keine Fortsetzung der Geschichte. Er glaubte, den Abgrund für immer zugeschüttet zu haben – zu Unrecht. Sein Ende der Geschichte, so tröstlich es auch erscheinen mochte, hatte keinen Bestand.

Ein praktikabler Weg aus dem Dilemma wurde schließlich doch gefunden – nicht durch Descartes' radikalen Zweifel, sondern durch einen pragmatischen Kompromiss, der Montaignes Denken sehr viel näher stand. Statt nach absoluten Gewissheiten zu streben, lässt die moderne Naturwissenschaft theoretisch den Zweifel zu, während in der Praxis die Erforschung der Welt weitergeht und die Beobachtungen anhand allgemein akzeptierter Methoden mit den Hypothesen verglichen werden. Wir leben so, als gäbe es keinen Abgrund. Wie Montaigne, der sich mit seiner eigenen Fehlbarkeit abfand, akzeptieren auch wir die Welt, wie sie uns entgegentritt, und ziehen nur rein theoretisch die Möglichkeit in Betracht, dass es keine absoluten Gewissheiten gibt. Der böse Geist lauert hinter den Kulissen, aber das Leben geht weiter.

Hinter Descartes' Horrorszenario steht die Frage, was passieren könnte, wenn Montaignes Pyrrhonismus auf einen ängstlicheren, in sich zerrisseneren Geist treffen würde, als ihn das 16. Jahrhundert hervorbringen konnte. Montaigne kannte solche Momente der existentiellen Angst durchaus. Er konnte Sätze schreiben wie: «Wir sind aber, wie soll ich sagen, in uns selber doppelt» und «Wir haben keinerlei Anteil am wahren Sein». Und doch hätte ihn Descartes' Gefühl, im Meer des Zweifels zu ertrinken, erstaunt.

Heute finden viele Menschen Descartes' Horrorvision nachvollziehbarer als das eigentümliche Behagen, das Montaigne und die Pyrrhoneer aus ihrem Skeptizismus ableiteten. Die Vorstellung, all unsere Erfahrung gründe im Nichts, scheint heute keinen Trost mehr zu bieten.

Unser Bewusstsein von dieser Leere stammt größtenteils von Descartes' sehr gegenläufiger Interpretation Montaignes. Aber noch ein anderer bedeutender Schüler und Gegenspieler Montaignes im 17. Jahrhundert, den die Implikationen des Pyrrhonismus noch ungleich mehr beunruhigten, hat daran seinen Anteil: der Philosoph und Mystiker Blaise Pascal, gleichfalls ein großer Horrorschriftsteller.

Eine gewaltige Verführungsmaschinerie

Pascals *Pensées (Gedanken)*, sein bekanntestes Werk, waren nicht dafür geschrieben, irgendjemanden außer ihn selbst zu ängstigen. Sie entstanden als eine ungeordnete Sammlung von Notizen als Vorbereitung auf eine systematischere theologische Abhandlung, deren – wohl sehr viel weniger interessante – Ausarbeitung ihm nicht mehr gelang. Stattdessen hinterließ er uns einen der rätselhaftesten Texte der Literatur, leidenschaftlich hingeworfen zur Abwehr des seiner Ansicht nach gefährlichen Einflusses von Montaignes *Essais*.

Blaise Pascal, 1623 in Clermont-Ferrand geboren, zeigte eine frühreife Begabung für Mathematik und naturwissenschaftliche Experimente, er konstruierte sogar eine Rechenmaschine. Im Alter von einunddreißig Jahren hatte er im Kloster Port-Royal-des-Champs ein visionäres Erlebnis, das er in einem *Mémorial* («Gedenkblatt») festhielt:

FEUER

Gewissheit, Gewissheit, Empfinden, Freude, Frieden.

Der Gott Jesu Christi.

Deum meum et Deum vostrum.

Vergessen der Welt und aller Dinge, nur Gottes nicht.

Er ist allein auf den Wegen zu finden,

die im Evangelium gelehrt werden.

Größe der menschlichen Seele.

Gerechter Vater, die Welt kennt dich nicht; ich aber kenne dich.

Freude, Freude, Freude, Freudentränen.

Dieses Erlebnis veränderte sein Leben. Den schmalen Pergamentstreifen, auf den diese Zeilen geschrieben waren, nähte Pascal bis zu seinem Tod immer wieder neu in sein Rockfutter ein, und von da an widmete er sich dem theologischen Schreiben und jenen Notizen, aus denen später die *Pensées* hervorgingen. Ihm blieb nicht viel Zeit. Er starb neununddreißigjährig an einer Gehirnblutung.

Außer seiner obsessiven Auseinandersetzung mit dem Skeptizismus verband Pascal wenig mit Descartes. Zutiefst mystisch veranlagt, missfiel ihm Descartes' Glaube an die Vernunft, und er beklagte den «geometrischen Geist», der seiner Ansicht nach von der Philosophie Besitz ergriffen hatte. Seine Aversion gegen den Rationalismus hätte ihn eigentlich Montaigne näherbringen müssen – was tatsächlich der Fall war, denn die *Essais* blieben seine ständige Lektüre. Doch die pyrrhonische Tradition, wie sie durch Montaigne vermittelt wurde, empfand auch er als so beunruhigend, dass er kaum eine Seite der «Apologie für Raymond Sebond» lesen konnte, ohne zu seinem Notizbuch zu eilen und über das Gelesene herzuziehen. Pascal wies Montaigne die

Rolle eines «großen Widersachers» zu, wie T. S. Eliot die Beziehung zwischen den beiden charakterisierte. Der «große Widersacher» ist ja eigentlich der Teufel, aber diese Charakterisierung ist hier durchaus zutreffend, denn Montaigne war Pascals Peiniger, sein Verführer und Versucher.

Pascal fürchtete den pyrrhonischen Skeptizismus, weil er ihn – anders als die Leser des 16. Jahrhunderts – als eine Bedrohung des Glaubens betrachtete. Inzwischen galt der Zweifel nicht mehr als Verbündeter der Kirche. Er gehörte in das Reich des Teufels und musste bekämpft werden. Und hier lag das Problem, denn es hatte sich gezeigt, dass der pyrrhonische Skeptizismus schwer zu bekämpfen war. Jeder Versuch einer Auseinandersetzung mit ihm untermauerte nur seine Behauptung, alles könne angezweifelt werden. Ein Verzicht wiederum, argumentativ Partei zu ergreifen, bestätigte bloß die Ansicht der Pyrrhoneer, es sei gut, sich des Urteils zu enthalten.

In der Wiedergabe eines Gesprächs mit Isaac Le Maître de Sacy, dem geistlichen Leiter des Klosters Port-Royal, fasst Pascal Montaignes pyrrhonische Argumentation – oder das Fehlen einer solchen Argumentation – folgendermaßen zusammen:

> Er setzt alle Dinge einem umfassenden und so allgemeinen Zweifel aus, dass dieser Zweifel sich selbst mit sich reißt, das heißt, er zweifelt, ob er zweifelt, und da er sogar an dieser letzten Voraussetzung zweifelt, dreht sich seine Ungewissheit in einem stetigen und ruhelosen Kreis um sich selbst, wobei er sich gleichermaßen gegen jene wendet, die versichern, alles sei ungewiss, wie gegen jene, die versichern, alles sei nicht ungewiss, weil er nichts als sicher anerkennen will.

Montaigne finde «in diesem allumfassenden Zweifel eine derart vorteilhafte Stellung, dass er sich durch seinen Sieg wie durch seine Niederlage gleichermaßen darin bestärkt». Man spürt geradezu die Frustration: Wie kann man einen solchen Gegner bekämpfen? Und doch muss man ihn besiegen! Es ist eine moralische Pflicht, da sonst der Zweifel wie eine gewaltige Flutwelle alles mit sich fortreißt: die Welt, wie wir sie kennen, die Würde des Menschen, unsere geistige Gesundheit und unseren Sinn für Gott. T. S. Eliot schreibt:

Montaigne zählt zu den Autoren, die nur sehr schwer angreifbar sind. Es ist, als würde man versuchen wollen, einen Nebel durch Handgranaten zu zerstreuen. Denn Montaigne ist Nebel, Gas, Flüssigkeit, ein heimtückisches Element. Er argumentiert nicht, er schmeichelt sich ein, bezaubert und überredet, und wenn er argumentiert, muss man aufpassen, dass er nicht einen ganz anderen Plan damit verfolgt.

Weil Pascal Montaigne nicht besiegen konnte, konnte er nicht aufhören, ihn zu lesen – und über ihn zu schreiben. Er führte einen Kampf, der ihn daran hinderte, zu einem Befreiungsschlag auszuholen. Wenn La Boétie als unsichtbarer Freund hinter Montaignes *Essais* stand, so stand Montaigne als stets präsenter Feind und Coautor hinter Pascal. Gleichzeitig wusste Pascal, dass das eigentliche Drama in seinem eigenen Innern stattfand. «Nicht bei Montaigne, sondern in mir selbst finde ich alles, was ich dort sehe», räumte er ein.

Er hätte genauso gut in seine Notizen schauen und sagen können: «Nicht in mir selbst, sondern bei Montaigne finde ich alles, was ich dort sehe.» Er übernahm nämlich Unmengen von Material nahezu wörtlich aus den *Essais*.

Montaigne: Wie wir über ein und denselben Gegenstand lachen und weinen.

Pascal: Daher kommt es, dass man über ein und dieselbe Sache weint und lacht.

Montaigne: [Sie] streben über sich hinaus und suchen ihrem Menschsein zu entrinnen. Das ist Torheit: Statt sich in Engel zu verwandeln, verwandeln sie sich in Tiere.

Pascal: Der Mensch ist weder Engel noch Tier, und das Unglück will, dass derjenige, der ihn zum Engel machen möchte, ihn zum Tier macht.

Montaigne: Man setze einen Philosophen in einen Käfig aus dünnem, weitmaschigem Drahtgeflecht und hänge ihn darin ganz oben an einen der Türme von Notre-Dame zu Paris: Sein Verstand wird ihm sagen, dass er offensichtlich nicht herausfallen kann; dennoch dürfte auch ihn (es sei denn, er gehe der Dachdeckerei nach) der Blick aus dieser schwindelnden Höhe vor Schreck erstarren lassen [...]. Oder man lege zwischen die beiden Türme von Notre-Dame einen Balken von genügender Breite, um bequem darauf zu gehen – es gibt trotzdem keine philosophische Weisheit, die derart gefestigt wäre, dass sie uns ermutigen könnte, ihn so zu betreten, wie wir es täten, wenn er auf dem Boden läge.

Pascal: Bei dem größten Philosophen der Welt, der auf einem Brett steht, das breiter als notwendig ist, wird, wenn unter ihm ein Abgrund liegt, seine Einbildungskraft die Oberhand gewinnen, auch wenn seine Vernunft ihm seine Sicherheit garantiert.

In *The Western Canon* nennt Harold Bloom die *Pensées* einen «schwerwiegenden Fall von Verdauungsstörung». Doch wenn Pascal von Montaigne abschrieb, so veränderte er ihn dabei. Selbst da, wo er Montaigne wörtlich übernimmt, rückt er ihn in ein anderes Licht. Wie Jorge Luis Borges' Pierre Menard, der im 20. Jahrhundert einen Roman schreibt, der zufällig mit dem *Don Quijote* identisch ist, so schreibt Pascal dieselben Worte in einem anderen Jahrhundert und mit einem anderen Temperament und erschafft damit etwas Neues.

Dieser Unterschied in der emotionalen Grundstimmung ist entscheidend. Montaigne und Pascal hatten ein ähnliches Verständnis von den weniger schmeichelhaften Seiten der menschlichen Natur, vom «Menschlichen, Allzumenschlichen», wo Selbstsucht, Trägheit, Kleinlichkeit, Eitelkeit und zahllose andere Schwächen zu finden sind. All das betrachtet Montaigne mit Nachsicht und Humor; für Pascal dagegen war es ein Horror und schlimmer als alles, was Descartes aufzubieten hatte.

Für Pascal war Fehlbarkeit an sich unerträglich: «Wir haben eine so große Vorstellung von der Seele des Menschen, dass wir es nicht ertragen können, von einer Seele verachtet und nicht von ihr geschätzt zu werden. Und das ganze Glück der Menschen besteht in dieser Wertschätzung.» Für Montaigne waren menschliche Fehler nicht nur erträglich, sie waren beinahe ein Grund zum Jubeln. Pascal wollte keine Beschränktheit hinnehmen, Montaignes ganze Philosophie drehte sich um das Gegenteil. Selbst wenn Montaigne schreibt: «Mir scheint, wir könnten [...] nie genug verachtet werden» – was bei Pascal ständig zu lesen ist –, klingt es heiter. Und er fügt noch hinzu, wir seien in den meisten Fällen ebenso dumm wie niederträchtig.

Pascal fällt von einem Extrem ins andere. Er kennt nur tiefe Verzweiflung oder überschäumende Euphorie. Seine Schriften können so aufregend sein wie eine Verfolgungsjagd. Er düst mit uns durch unendliche Räume und Dimensionen. Er denkt über die Leere des Weltalls und die Bedeutungslosigkeit seines eigenen Körpers nach und bemerkt: «Wer sich auf diese Art betrachtet, wird über sich selbst erschrecken.» Descartes lüftete die warme Decke der Pyrrhoneer – den universellen Zweifel – und entdeckte Ungeheuer darunter. Pascal tut dasselbe mit einer bevorzugten Technik der Stoiker und Epikureer: der imaginären Reise durch den Raum und dem Gedanken der Bedeutungslosigkeit des Menschen. Dieser Idee folgt er bis an einen Ort des Schreckens:

> Wenn ich die Verblendung und das Elend des Menschen sehe, wenn ich bedenke, wie das ganze Weltall stumm ist und der Mensch ohne Erkenntnisvermögen sich selbst überlassen bleibt und sich in diesen Winkel des Weltalls gleichsam verirrt hat, ohne zu wissen, wer ihn dahin gebracht hat, wozu er dorthin gekommen ist, was aus ihm nach seinem Tode wird, so gerate ich, jeglicher Erkenntnis unfähig, in Schrecken wie ein Mensch, den man schlafend auf eine wüste und grauenerregende Insel gebracht hätte und der erwachte, ohne sich zurechtzufinden und ohne eine Möglichkeit, von dort wegzukommen.

Eine aufregende Lektüre, doch nach ein paar Seiten sehnt man sich nach Montaignes entspanntem Humanismus zurück. Pascal möchte, dass sich der Mensch der letzten Dinge bewusst ist: des unendlichen leeren Raums, Gottes, des Todes. Aber nur wenige Menschen schaffen es, lange bei solchen Gedanken zu verweilen. Wir schweifen ab, der Geist wandert zu konkreten Angelegenheiten, die uns persönlich betreffen. Pascal fand das empörend: «Woran aber denkt die Welt? Daran niemals, sondern an Tanz, Lautenspiel, Gesang, Verseschmieden, Ringelstechen usw.» Auch Montaigne stellte gern die großen Fragen, aber er erkundete das Leben lieber durch die Lektüre von Büchern, anhand der Tiere auf seinem Anwesen, der Erlebnisse auf seinen Reisen oder der Probleme des Nachbarn mit seinen Kindern. «Das Empfindungs-

vermögen des Menschen für die kleinen Dinge und die Unempfind-
lichkeit für die größten Dinge, ein Zeichen für eine sonderbare
Umkehrung», schrieb Pascal. Montaigne hätte es genau andersherum
gesagt.

Hundert Jahre später schrieb Voltaire, der Pascal gegenüber eine
tiefe Abneigung empfand: «Ich wage die Partei der Menschheit zu
ergreifen gegen diesen großen Menschenfeind.» Er zerpflückte sieben-
undfünfzig Zitate aus den *Pensées*. «Was mich angeht», schrieb er,

> wenn ich London oder Paris betrachte, sehe ich keinen Grund, in die
> Verzweiflung zu geraten, von der Pascal spricht; ich sehe eine Stadt, die
> in nichts an eine verlassene Insel erinnert, sondern bevölkert, reich und
> gesittet ist, wo die Menschen glücklich sind, soweit die Natur das mit
> sich bringt. Wer ist der kluge Mann, der bereit sein wird, sich zu hän-
> gen, weil er Gott nicht gegenüberzutreten weiß und das Geheimnis der
> Dreieinigkeit nicht zu lösen vermag? [...] Warum uns Angst machen
> vor unserem Wesen? Unsere Existenz ist nicht so unglücklich, wie man
> es uns glauben machen will. Die Welt als einen Kerker anzusehen und
> alle Menschen als Verbrecher, die man henken wird, ist die Idee eines
> Fanatikers.

Voltaire fühlte sich herausgefordert, Pascals «großen Widersacher» zu
verteidigen:

> Diese bezaubernde Absicht, die Montaigne hatte, sich naiv darzu-
> stellen, wie er es getan hat! Denn er hat die menschliche Natur dar-
> gestellt; und diese armselige Absicht von [...] Pascal, Montaigne zu
> verschreien!

Voltaire lag ein Credo näher, das Montaigne im letzten Kapitel der
Essais so formuliert:

> Ich nehme aus ganzem Herzen dankbar entgegen, was die Natur für
> mich getan hat, ich freue mich darüber und lobe es mir. Man tut dieser
> großen und allmächtigen Geberin unrecht, wenn man ihre Gabe
> zurückweist, verunstaltet oder zunichte macht.

Die gelassene Hinnahme des Lebens und des eigenen Ichs, so wie es ist, empörte Pascal fast noch mehr als der pyrrhonische Skeptizismus. Doch beides gehört zusammen. Montaigne zieht alles in Zweifel, doch dann bekräftigt er all das, was vertraut, ungewiss und gewöhnlich ist, denn etwas anderes, so Montaigne, haben wir nicht. Seine Skepsis lässt ihn jene Unvollkommenheit feiern, die Descartes und Pascal hatten überwinden wollen. Montaigne hätte sagen können, warum ihr Bemühen vergeblich war: Niemand kann seinem Menschsein entrinnen. Wir mögen noch so hoch hinaufsteigen, wir bleiben trotzdem Menschen. Am Schluss des letzten Bandes der *Essais* schrieb er (in der endgültigen Fassung):

> Es ist höchste, fast göttergleiche Vollendung, wenn man das eigene Sein auf rechte Weise zu genießen weiß. Wir suchen andere Lebensformen, weil wir die unsre nicht zu nutzen verstehn; wir wollen über uns hinaus, weil wir nicht erkennen, was in uns ist. Doch wir mögen auf noch so hohe Stelzen steigen – auch auf ihnen müssen wir mit unsren Beinen gehen; und selbst auf dem höchsten Thron der Welt sitzen wir nur auf unserm Arsch.

In guter pyrrhonischer Tradition ist das Hauptargument unwiderlegbar, doch Pascal schien es geboten, zu widersprechen und vor der moralischen Gefahr zu warnen. Die Richtschnur von Montaignes Handeln – «Bequemlichkeit und Sorglosigkeit», wie Pascal es nennt – sei schädlich. Pascal war beunruhigt und verfiel in ohnmächtige Wut, als genieße Montaigne einen Vorteil, der ihm selbst versagt blieb.

In ähnlicher Weise empörte sich ein anderer Leser Montaignes aus derselben Zeit, der Philosoph Nicolas Malebranche. Er war Rationalist und stand Descartes näher als Pascal, aber wie Pascal missbilligte er Montaigne wegen seiner lässigen Grundhaltung und seiner Akzeptanz des Zweifels.

Malebranche erkannte mit einer gewissen Erbitterung, dass die *Essais* auch in Zukunft ein Bestseller sein würden, da Montaigne gute Geschichten erzähle und an die Einbildungskraft des Lesers appelliere: Damit finde er Anklang. «Seine Ideen sind falsch, aber schön. Seine Ausdrücke gewagt und ungeordnet, aber angenehm.» Montaigne jedoch zum reinen Vergnügen zu lesen sei besonders gefährlich. Während man sich in sinnlichem Wohlbehagen ergehe, lulle Montaigne die Vernunft in den Schlaf und injiziere dann sein Gift. «Der Verstand kann an der Lektüre eines Schriftstellers kein Vergnügen finden, wenn er nicht seine Meinungen unterschreibt, wenn er nicht wenigstens etwas von denselben mit seinen eigenen vermischt und so dieselben dunkel und unverständlich macht.» Das Lesevergnügen korrumpiere also Descartes' «klare und deutliche Ideen». Montaigne brauche weder zu argumentieren noch zu überreden, denn er verführe. Malebranche beschreibt ihn als eine beinahe teuflische Figur, die den Leser zum Narren halte wie Descartes' böser Geist und ihn zum Zweifel und zu moralischer Laxheit verführe.

Dieses finstere Bild erwies sich als zählebig. Noch 1877 nannte Guillaume Guizot Montaigne den großen «Verführer» unter den französischen Autoren. T. S. Eliot sah ihn ähnlich. Und Gisèle Mathieu-Castellani beschreibt die *Essais* als eine «gewaltige Verführungsmaschinerie». Montaignes Zauber wirkt durch seine Lässigkeit, seine mäandernde Bewegung, seinen beiläufigen Ton und seine vorgebliche Achtlosigkeit gegenüber dem Leser – alles Tricks, um diesen Leser an sich zu binden und von ihm Besitz zu ergreifen.

Heutige Leser überlassen sich gern einer solchen Verführungsmaschinerie, Leser des 17. Jahrhunderts fühlten sich davon eher bedroht, denn schließlich standen die ernsten Fragen der Vernunft und der Religion auf dem Spiel.

Auch damals allerdings gab es bereits Leser, die Montaigne wegen des Vergnügens schätzten, das er ihnen bereitete. In seinen *Charakteren* schrieb der Aphoristiker Jean de La Bruyère, Malebranche habe viel zu spitzfindig gedacht, «um sich Gedanken anzupassen, die natürlich sind». Diese natürliche, mit skeptischem Zweifel gepaarte Leichtigkeit brachte Montaigne die Verehrung durch eine neue Art von Denkern ein: den lockeren Bund geistreicher Köpfe und Rebellen, die unter dem Namen Libertins oder Freigeister bekannt wurden.

Der Begriff Libertin beschwört Vorstellungen von einem ausschweifenden Lebenswandel im Stil Casanovas herauf, doch es steckt mehr dahinter (wie im Übrigen auch bei Casanova selbst). Einige Libertins erstrebten zwar tatsächlich sexuelle Freizügigkeit, aber sie verlangten auch philosophische Freiheit: das Recht zu denken, was ihnen beliebte – politisch, religiös oder sonstwie. Skeptizismus war ein natürlicher Weg zu dieser inneren und äußeren Freiheit.

Zu ihrer bunt gemischten Gruppe gehörten große Philosophen wie Pierre Gassendi ebenso wie weniger bedeutende Gelehrte wie François La Mothe le Vayer oder auch Dichter wie Cyrano de Bergerac, der damals für seinen Science-Fiction-Roman einer Reise zum Mond bekannt war. (Seine Rolle in einer sehr viel berühmteren Geschichte aufgrund seiner markanten Nase kam später.) Auch Montaignes erste Herausgeberin, Marie de Gournay, war womöglich insgeheim ein Freigeist wie viele ihrer Freunde. Ein anderer war Jean de La Fontaine, der Verfasser von Fabeln im Stil Plutarchs über die Klugheit und Dummheit der Tiere. Zwar schlug er einen sanften Ton an, aber sie waren dennoch eine Provokation für die Verteidiger der Erhabenheit des Menschen. Wie Montaigne ging auch er davon aus, dass Tiere und Menschen aus demselben Stoff sind.

Der Libertinismus blieb einer Minderheit vorbehalten, die jedoch unverhältnismäßig einflussreich war, weil aus ihren Reihen die Philosophen der Aufklärung hervorgingen. Und sie verhalf Montaigne zu einem zwar gefährlichen, aber dennoch positiven neuen Image, das er nicht mehr loswurde. Mit den Libertins entstand auch eine weit weniger radikale Salongesellschaft, zu der Aphoristiker wie La Bruyère und La Rochefoucauld gehörten, dessen Maximen kurze, montaignehafte Beobachtungen über die menschliche Natur enthielten:

Manchmal ist man von sich ebenso verschieden wie von anderen.

Das sicherste Mittel, betrogen zu werden: sich für klüger zu halten als andere.

Glück und Laune regieren die Welt.

Oft belästigt man andere, gerade wenn man glaubt, sie niemals belästigen zu können.

Wie bei Montaigne selbst drehten sich viele Äußerungen der Libertins und Aphoristiker um die Frage des guten Lebens. Die Libertins betonten den *bel esprit*, was man mit «gute Laune» übersetzen könnte. Ein

Schriftsteller jener Zeit charakterisierte den *bel esprit* treffender als
«fröhlich, geistvoll und voll Feuer wie Montaignes *Essais*». Auch die
Libertins erstrebten *honnêteté*, Rechtschaffenheit, also ein moralisch
gutes Leben, aber auch «gute Gespräche» und «gute Gesellschaft», wie
es im Wörterbuch der Académie Française von 1694 hieß.

Andere wie Pascal wiederum wollten sich durch das Diesseits nicht
von den letzten Dingen ablenken lassen. In mystischem Schrecken und
Verzücken richtete er den Blick in die unendlichen Weiten des Universums, ähnlich wie Descartes in die glühenden Holzscheite seines Ofens
starrte. Hier wie dort herrschte reglose Stille, der Blick war starr, die
Augen ehrfürchtig staunend aufgerissen in tiefem Nachsinnen oder
auch in Schrecken.

Libertins und die Befürworter des *bel esprit* starrten nicht. Sie dach-
ten nicht im Traum daran, irgendetwas mit weit aufgerissenen Augen
zu fixieren, sei es oben oder unten. Sie beobachteten vielmehr den
Menschen unter halb geschlossenen Lidern und sahen ihn, wie er wirklich war – und an erster Stelle beobachteten sie sich selbst. Diese schläf-
rigen Augen nahmen mehr vom Leben wahr als Descartes mit seinen
«klaren und deutlichen Ideen» oder Pascal mit seiner spirituellen Ekstase. Wie Friedrich Nietzsche Jahrhunderte später sagte, wurden zahllose Bemerkungen über menschliches Verhalten und Psychologie – und
damit auch über die Philosophie – zuerst in «Kreisen der Gesellschaft
entdeckt und ausgesprochen, welche gewohnt waren, einer geistreichen Gefallsucht jede Art von Opfer darzubringen».

Für Nietzsche lag darin höchste Ironie, denn er verabscheute die
Berufsphilosophen und betrachtete abstrakte Systeme als sinnlos. Ihm
kam es auf die kritische Selbstwahrnehmung an: die Fähigkeit, die
Beweggründe des eigenen Verhaltens zu erforschen und sich trotzdem
so zu akzeptieren, wie man war. Deshalb schätzte er auch die Aphoristiker La Rochefoucauld und La Bruyère sowie deren Ahnherrn Montaigne, den er «diese freieste und kräftigste Seele» nannte. «Dass ein solcher Mensch geschrieben hat, dadurch ist wahrlich die Lust auf dieser
Erde zu leben vermehrt worden», fügte er hinzu. Montaigne scheint
den Trick herausgehabt zu haben, so zu leben, wie Nietzsche es gern
getan hätte: ohne kleinliche Ressentiments, ohne Bedauern und in der
Bejahung all dessen, was geschah, ohne das Bedürfnis, es zu ändern.

Montaignes beiläufige Bemerkung «Wenn ich noch einmal zu leben hätte, würde ich wieder leben, wie ich gelebt habe», schließt alles ein, wonach Nietzsche sein Leben lang strebte. Montaigne hatte all dies nicht nur erreicht, er hatte sogar darüber geschrieben, und zwar so, als wäre es das Selbstverständlichste auf der Welt.

Wie Montaigne, so stellte auch Nietzsche alles in Frage und versuchte gleichzeitig, alles zu bejahen. Alles das, was Pascal an Montaigne abstieß – seine bodenlose Tiefe, sein «skeptisches Behagen», seine Gelassenheit, seine Bereitschaft, Unvollkommenheit hinzunehmen –, gefiel dieser diametral entgegengesetzten Traditionslinie, die von den Libertins über Nietzsche bis in unsere Gegenwart verläuft.

Leider gewannen im 17. Jahrhundert die Kritiker Montaignes erneut die Oberhand, als sie sich zu einem regelrechten Feldzug gegen ihn organisierten. 1662 starteten dessen ehemalige Kollegen Pierre Nicole und Antoine Arnauld mit ihrem Bestseller *La Logique ou l'art de penser* (bekannt unter dem Titel *Logique de Port Royal*) einen Angriff gegen Montaigne. In der zweiten Auflage von 1666 riefen sie die katholische Kirche dazu auf, die *Essais* als eine irreligiöse und gefährliche Schrift auf den Index der verbotenen Bücher zu setzen. Dieser Aufruf wurde zehn Jahre später befolgt, am 28. Januar 1676. Montaigne war damit gebrandmarkt, nicht zuletzt, weil man ihn mit seinen Lesern gleichsetzte, waren doch die *Essais* inzwischen die Lieblingslektüre einer verrufenen Clique von Gecken, geistreichen Köpfen, Atheisten, Skeptikern und Lebemännern.

Damit begann Montaignes Niedergang in Frankreich. Von der ersten Veröffentlichung der *Essais* im Jahr 1580 bis zum Jahr 1669 waren immer wieder neue Ausgaben erschienen, dazu populäre Editionen, die die Aufmerksamkeit der Leser auf die explizit pyrrhonischen Passagen lenkten. Nach der Ächtung durch die Kirche war es damit vorbei. Das Werk konnte in katholischen Ländern weder erscheinen noch verkauft werden; kein französischer Verleger durfte einen solchen Schritt wagen. Jahrelang war das Buch nur in zensierten oder ausländischen Ausgaben erhältlich, Letztere oft auf Französisch und dafür gedacht, von einer nonkonformistischen Leserschaft ins Land geschmuggelt zu werden.

Montaigne meinte einmal, dass manche Bücher, «wenn sie verboten sind, umso mehr gekauft und verbreitet werden». In gewisser Weise trifft das auch auf sein eigenes Werk zu. Das Verbot in Frankreich verlieh ihm die Aura des Unwiderstehlichen. Im 18. Jahrhundert lasen ihn besonders die aufrührerischen Philosophen der Aufklärung und politische Revolutionäre.

Letztlich jedoch schadete die Zensur dem Verkauf der *Essais* mehr, als dass sie ihn beförderte. Sie schränkte die Leserschaft in Frankreich ein, während die *Essais* in anderen Ländern ein breiteres Publikum erreichten: rebellische Geister ebenso wie die Stützen der Gesellschaft. Die *Essais* blieben fast zweihundert Jahre auf dem Index, bis zum 27. Mai 1854 – eine Zeit der Verbannung, lange über die ursprünglichen Bedenken des späten 17. Jahrhunderts hinaus.

Pascals Bemerkung, «nicht bei Montaigne, sondern in mir selbst finde ich alles, was ich dort sehe», könnte als das Mantra der gesamten nachfolgenden Wirkungsgeschichte der *Essais* betrachtet werden. Die Zeiten ändern sich. Jeder neue Leser entdeckt in den *Essais* sich selbst und fügt damit dem bisherigen Bild neue Bedeutungsnuancen hinzu. Descartes hatte in den *Essais* zwei albtraumhafte Figuren seiner eigenen Psyche entdeckt: einen bösen Geist, dem die menschliche Vernunft nichts anhaben kann, und ein Tier, das denken konnte. Beides erfüllte ihn mit Schrecken. Pascal und Malebranche erkannten in den *Essais* die Gefahr, sich vom skeptischen Behagen verführen zu lassen, und auch sie flohen in panischem Entsetzen.

Die Libertins erkannten genau dasselbe, doch sie lächelten nur und zogen amüsiert eine Augenbraue hoch. Auch sie fanden sich in Montaigne wieder. Ihr später Nachkomme Nietzsche gab Montaigne seiner – philosophischen – Heimat zurück: Er verortete ihn erneut im Zentrum der drei Hauptströmungen der hellenistischen Philosophie, die sich mit der Frage beschäftigt hatten, wie man leben soll.

8

Frage: Wie soll ich leben?
Antwort: Habe ein Hinterzimmer
in deinem Geschäft!

Nur mit einer Pobacke

Die Frage, wie man leben soll, beschäftigte Montaigne auch in den
1560er Jahren. Sein eigenes Leben und der Tod seines Freundes La Boétie stellten ihn vor Aufgaben, deren Bewältigung ihn bei den drei
Hauptströmungen der hellenistischen Philosophie Rat suchen ließ.
Doch sein Skeptizismus ging Hand in Hand mit dem Gehorsam gegenüber den Dogmen der katholischen Kirche – eine Verknüpfung, die
damals durchaus nicht als fragwürdig galt. Mit der Übersetzung von
Raymond Sebonds *Theologia naturalis* schloss er sein erstes großes lite-
rarisches Projekt ab, er verfasste Widmungsbriefe zu seiner Ausgabe
von La Boéties Werken und den Bericht über das Sterben des Freundes.
In derselben Zeit vollzog sich noch eine Veränderung in seinem Leben:
Er heiratete und wurde zum Oberhaupt einer Familie.

Montaigne scheint auf Frauen durchaus anziehend gewirkt zu
haben, auch physisch. Immer wieder machte er ironische Bemerkungen über Frauen, die behaupteten, Männer nur ihrer geistigen Fähigkeiten wegen zu lieben, und schrieb: «Nie aber habe ich erlebt, dass sie
ihrerseits bereit gewesen wären, dem auch nur unwesentlich gealterten
Körper eines Mannes um der Schönheit seines Geistes willen zur Hand
zu gehn.» Seine Intelligenz und sein Humor, seine liebenswürdige Persönlichkeit, aber auch seine Begeisterungsfähigkeit und seine unverhältnismäßig laute Stimme machten wohl seinen besonderen Charme
aus. Die emotionale Unnahbarkeit nach La Boéties Tod stellte gewiss
eine Herausforderung dar. Doch diese Zurückhaltung konnte er
schnell ablegen, wenn ihm Menschen sympathisch waren. «Ich gehe

dann so aus mir heraus und stürze mich so gierig auf sie, dass es mir kaum je fehlschlägt, mich an sie zu heften und da einzudringen, wo ich andringe.»
Montaigne liebte Sex, und er genoss ihn reichlich. Erst in späteren Jahren nahmen sexuelle Potenz und Leidenschaft ab, ebenso seine Attraktivität – Umstände, die er in seinen letzten *Essais* beklagte. «Abgewiesen zu werden tut mir ebenso weh wie abzuweisen», gestand er, aber noch schlimmer sei es, wenn die Frauen einem Mann nur noch aus Mitleid zugetan sind. «Jemanden zu belästigen, belastet mich», schrieb er. Und: «Die Vorstellung entsetzt mich, dass ich einen Körper als mir gehörend umarmen könnte, der ohne Seelenregung ist» – wie in der Geschichte des «wahnsinnigen Ägypters, der, während er die Leiche einer Frau einbalsamierte und ins Grabtuch wickelte, in heftiger Begierde zu ihr entbrannte.» Eine sexuelle Beziehung müsse auf Gegenseitigkeit beruhen. «Ja, hier umschmeichelt die Lust, die ich spende, mein Empfinden in Wahrheit noch süßer als die ihm gespendete.»
Doch er gab sich keineswegs der Illusion hin, für seine Liebhaberinnen eine welterschütternde Erfahrung zu sein. Manchmal, so meinte er, seien Frauen nicht wirklich mit dem Herzen dabei, denn «oft geben sie sich nur mit einer Gesäßbacke hin». Oder: «Wie, wenn sie, während sie dein Stangenbrot kaut, es mit der Soße lustvollrer Vorstellungen würzte?»
Montaigne war überzeugt, dass Frauen über Sex viel besser Bescheid wussten, als Männer im Allgemeinen glaubten, und dass sie «von ihrer Begierde und Hoffnung dazu verführt [werden], unsre Geschlechtsteile sich dreimal größer vorzustellen, als sie tatsächlich sind». Er missbilligte anzügliche Wandkritzeleien: «Welche schädliche Vorstellungen erwecken doch die maßlosen Gebilde, mit denen jugendliche Pagen alle Gänge und Treppenhäuser der königlichen Paläste bekritzeln! Von daher rührt die maßlose Verachtung, mit der die Frauen unserm natürlichen Gemächte begegnen.» Muss man daraus schließen, dass Montaigne einen eher kleinen Penis hatte? Wohl schon, denn er beklagte im selben *Essai*, die Natur habe ihn «fürwahr ungerecht und stiefmütterlich behandelt», und er fügte ein klassisches Zitat an:

denn ist mein allerbestes Stück
nicht lang genug und stramm und dick
und zuckt der Damen kund'ger Blick
vor solchem Schwanz geschickt zurück

… um fortzufahren: «Dann hat mich die Natur fürwahr ungerecht und stiefmütterlich behandelt.» Er schämte sich nicht, über solche Dinge zu sprechen. «Wer über unser Leben, das teils aus Vernunft, teils aus Torheit besteht, nur ehrerbietig und den Anstandsregeln folgend schreibt, lässt mehr als die Hälfte weg», meinte er. Ungerecht erschien es ihm auch, dass Dichtern in dieser Hinsicht mehr Freiheit zugestanden wurde, nur weil sie in Versen sprachen. Und er führte zwei Beispiele von Zeitgenossen an:

Und fall ich tot auch um – o Gott erhalte
mir stets das zarte Strichlein ihrer Spalte. (Théodore de Bèze)

Versorgt von ihres Freundes Rute
Ist jeder Frau stets wohl zumute. (Saint-Gelais)

Trotz seiner erotischen Eskapaden tat Montaigne jedoch alles, was von einem Adligen erwartet wurde. An erster Stelle stand die Verpflichtung, Nachkommen in die Welt zu setzen, doch dafür brauchte er eine Ehefrau.

Françoise de La Chassaigne entstammte einer hochangesehenen Familie aus Bordeaux. Die Heirat wurde wohl in Absprache zwischen beiden Familien arrangiert, wie es damals üblich war, und auch das Alter der Braut entsprach mehr oder weniger den Gepflogenheiten der Zeit. Montaigne schrieb, sein Alter (er gibt es mit dreiunddreißig an, obwohl er in Wirklichkeit erst zweiunddreißig war) käme dem – laut Aristoteles – besten Heiratsalter nahe: fünfunddreißig (in Wirklichkeit siebenunddreißig) Jahre. Montaigne war etwas jünger, seine Frau etwas älter als der Durchschnitt: Sie wurde am 13. Dezember 1544 geboren und war damit zum Zeitpunkt ihrer Hochzeit (am 23. September 1565) knapp einundzwanzig und im besten gebährfähigen Alter. Leider brachten die Kinder dem Paar viel

Schmerz und Kummer. Und obwohl Montaigne mehr als zehn Jahre älter war als seine Frau, scheint er – wie so viele Männer – eine Frau geheiratet zu haben, die seiner Mutter sehr ähnlich war. Diese Wahl machte ihn nicht besonders glücklich.

Er erwähnt Françoise in den *Essais* nicht sehr oft, und wenn, dann lässt er sie sprechen wie seine Mutter Antoinette, nur mit sehr viel lauterer Stimme. Ehefrauen «haben von Natur aus die Neigung, ständig andrer Meinung zu sein als ihre Männer», meint er. «Mit beiden Händen ergreifen sie jeden Vorwand, sich ihnen zu widersetzen.» Er scheint dabei an Françoise gedacht zu haben, auch als er bemerkte, man dürfe seine Wut nicht blindlings an den Bediensteten auslassen:

> Ich ermahne freilich jene, die sich in meinem Hause Wutausbrüche erlauben können, [...] nicht ins Blaue hinein zu toben, sondern darauf zu sehn, dass die Zurechtweisung wirklich den trifft, den sie treffen soll; denn die meisten zetern schon los, noch ehe sie ihn vor sich haben, und zetern noch ein Jahrhundert lang weiter, wenn er längst auf und davon ist [...]. So fechten sie mit ihrem eignen Schatten und lassen ihr Donnerwetter an Stellen niederprasseln, wo es keiner abkriegt und wo es keinen straft – es sei denn, dass ausgerechnet einer, der nichts damit zu tun hat, ihr Gebrüll ertragen muss.

Man kann sich vorstellen, wie Montaigne sich die Ohren zuhielt und sich in seinen Turm zurückzog.

Zu den vielen Dingen, die er an Sokrates bewunderte, zählte dessen Vervollkommnung in der Kunst, mit einer zänkischen Frau zu leben. Montaigne stellte diese Kümmernis fast auf eine Stufe mit der Verurteilung des Philosophen zum Gifttod durch das athenische Parlament. Er eiferte Sokrates' Strategie der Nachsicht und des Humors nach, und ihm gefiel dessen Antwort auf Alkibiades' Frage, wie er dieser Bewährungsprobe standhielt. Man gewöhne sich daran, sagte Sokrates, «so wie jene, die sich an das ständige Knarren der Wasserschöpfräder gewöhnt haben». Auch dass Sokrates die Bosheit seiner Frau dazu nutzte, sich im Ertragen von Widrigkeiten zu üben, muss ihm gefallen haben.

Françoise war durchsetzungsfähig und zäh, und sie überlebte Montaigne um fast fünfunddreißig Jahre. Sie starb zweiundachtzigjährig, am 7. März 1627, und überlebte damit alle ihre Kinder, auch ihre Tochter Léonor, die als Einzige das Erwachsenenalter erreichte. Auch Montaignes Mutter starb erst nach ihrem Sohn. Man könnte fast den Eindruck haben, die beiden hätten ihn ins Grab gebracht.

Aufschluss über Françoises Charakter gewinnen wir vor allem aus der Zeit nach Montaignes Tod, als sie sehr fromm wurde. Der Tochter ihres zweiten Mannes, Charles de Gamaches, zufolge fastete sie jeden Freitag und hielt noch im Alter von siebenundsiebzig Jahren die halbe Fastenzeit durch. Mit ihrem Seelsorger, Dom Marc-Antoine de Saint-Bernard, führte sie eine rege Korrespondenz, aus der mehrere Briefe erhalten sind. Er schickte ihr Orangen und Zitronen, sie ihm Quittenmarmelade und Heu. Oft schrieb sie ihm von ihren Geldsorgen und ihren Rechtsangelegenheiten. Ihr letzter Brief an ihn drückt die Erleichterung über einen Geschäftsabschluss aus: «Damit hat Gott mir die Möglichkeit gegeben, dieses Haus meines verstorbenen Mannes und meiner Kinder instand zu halten.» Ihr Ton ist manchmal leidenschaftlich: «Ich weiß wirklich nicht, ob ich nicht lieber sterben würde, als zu wissen, dass Sie von hier scheiden.» Andererseits fürchtete sie um die Sicherheit ihres geistlichen Ratgebers, wenn er sie besuchte: «Ich würde lieber sterben, als zu wissen, dass Sie sich bei diesem schlechten Wetter auf den Weg machen.» Als junge Frau war sie wahrscheinlich unbekümmerter, aber Geld- und Rechtsangelegenheiten beschäftigten sie lebenslang. Man darf davon ausgehen, dass sie in praktischen Dingen bewanderter war als Montaigne, was nicht besonders schwer gewesen sein dürfte: Wenn man Montaigne Glauben schenkt, waren alle anderen Menschen praktischer veranlagt als er.

Françoise und ihr Ehemann lebten in getrennten Bereichen des Schlosskomplexes. Montaigne zog sich in seinen, Françoise sich in ihren Turm zurück, den «Tour de Madame». (Er war im frühen 19. Jahrhundert ein Taubenschlag und stürzte später ein; heute ist nichts mehr davon erhalten.) Somit war das Hauptgebäude die Domäne von Montaignes Mutter, die bis 1587 im Schloss lebte, und die Türme bildeten für das junge Paar offenbar einen Rückzugsort, um einander – und Montaignes Mutter – aus dem Weg zu gehen. Montaigne äußert sich nicht über die Rolle, die seine Mutter in seinem Leben und im Leben seiner

Frau spielte. Wenn er erwähnt, dass er abends mit seiner Familie Karten spielte, fehlt jeder Hinweis darauf, dass auch seine Mutter dabei war. Ein tristes Bild, sich vorzustellen, dass die Familie über das ganze Anwesen verstreut lebte. Doch es muss auch heitere, unbeschwerte Tage gegeben haben, in jedem Fall brauchte sich niemand einsam oder unausgefüllt zu fühlen. Es wimmelte von Bediensteten, Handwerkern, Gästen und ihrem Gefolge; manchmal waren auch Kinder da. Montaigne saß gewiss nicht düster grübelnd in seinem Turm, er war gern unterwegs: «Meine Gedanken schlafen ein, wenn ich sitze; mein Geist rührt sich nicht, wenn meine Beine ihn nicht bewegen.» Und dass Männer und Frauen getrennte Bereiche des Hauses bewohnten, war zur damaligen Zeit normal. Neue oder modernisierte Wohngebäude wurden oft unter diesem Aspekt gestaltet. Im Jahr 1452 empfahl Leon Battista Alberti in seinem Werk *De re aedificatoria (Über die Baukunst):* «Mann und Gattin brauchen jeder ein getrenntes Schlafzimmer, und zwar nicht nur deshalb, damit die Frau beim Gebären oder sonstigen Übelbefinden dem Manne nicht lästig sei, sondern man wird auch im Sommer nach Belieben ungestörter schlafen können.» Auf Montaignes Anwesen waren die Räumlichkeiten der Ehegatten allerdings noch durch eine komplette Außengalerie getrennt, und Montaignes Turm war gleichzeitig seine Studierstube.

Kann man nach damaligen Maßstäben von einer guten Ehe sprechen? Einige Kommentatoren betrachteten sie als desaströs, andere als zeittypisch, ja sogar als gut. Unterm Strich scheint es eine leidlich erträgliche Ehe gewesen zu sein. Am besten bringt es wahrscheinlich Montaignes Bemerkung in den *Essais* auf den Punkt, die sein Biograph Donald Frame für aussagekräftig hält: «Wer glaubt, weil er mich meine Frau bald mit kühlen, bald mit verliebten Blicken anschauen sieht, nun folgern zu können, das eine oder das andre sei Verstellung, ist ein Dummkopf.»

Aufrichtige Zuneigung drückt sich wohl in Montaignes Entschluss aus, eine seiner frühesten Publikationen seiner Frau zu widmen: La Boéties Übersetzung von Plutarchs *Trostbrief an die Gattin* nach dem Tod ihres gemeinsamen Kindes. Widmungen an die eigene Ehefrau waren damals eher unüblich und wurden als kurios und unfein betrachtet. Montaigne meint dazu nur trotzig: «Lassen wir sie reden […], leben wir, meine Frau, Ihr und ich, nach alter französischer Art.» Diese Bemerkung hat einen warmen Ton, und er fügt sogar hinzu: «Und weil ich sicherlich keinen Vertrauteren habe als Euch, so übersende ich Euch den Trostbrief Plutarchs an seine Frau.»

Wenn er für Françoise eine gewisse Zuneigung hegte, so entwickelte sie sich wahrscheinlich erst nach ihrer Heirat. Er war in den Stand der Ehe getreten wie ein Gefangener, der sich widerstandslos Handschellen anlegen lässt. «Von mir aus würde ich sogar der Weisheit, falls sie mich gewollt hätte, die Ehe ausgeschlagen haben. Doch was immer wir auch daherreden – Sitte und Brauch führen uns im gewöhnlichen Leben doch am Gängelband.» Er hatte nicht wirklich etwas dagegen, dass man diese Ehe für ihn arrangierte. Ohnehin hatte er oft den Eindruck, dass andere ein besseres Gespür besaßen als er. Dennoch musste er zur Ehe gedrängt werden, da er «gewiss schlechter für sie gerüstet und von größerem Widerwillen erfüllt war denn heute». Hätte er frei wählen können, hätte er nicht geheiratet. «Ausschweifende Naturen [...] wie die meine, der jede Art von Bindung und Zwang zuwider ist, sind weniger für sie geeignet.» Später versuchte er aus der Situation das Beste zu machen und bemühte sich sogar um eheliche Treue – wie er selbst sagt, mit mehr Erfolg, als er es sich vorgestellt hatte. Er gab sich zufrieden, wie so oft bei Entwicklungen, denen er lieber aus dem Weg gegangen wäre. «Nicht nur die lediglich unbequemen Dinge nämlich, sondern schlechthin alle, und seien sie noch so abstoßend, verwerflich und im Grunde unannehmbar, können unter gewissen Bedingungen und Umständen annehmbar werden.»

Zum Glück war Françoise keineswegs hässlich und abstoßend. Montaigne scheint sie sogar recht attraktiv gefunden zu haben, das jedenfalls behauptete Florimond de Raemond in einer Bemerkung am Rand seiner Ausgabe der *Essais*. Das Problem lag mehr in der Pflicht zum regelmäßigen Geschlechtsverkehr, denn Montaigne ließ sich nur ungern einengen. Er erfüllte seine ehelichen Pflichten widerstrebend, «nur mit einer Gesäßbacke», wie er gesagt haben würde, tat jedoch alles, was nötig war, um Nachkommen zu zeugen. Auch darauf spielt Florimond de Raemond an, wenn er schreibt:

Ich habe den Autor oft sagen hören, er habe, erfüllt von Liebe, Glut und Jugend, seine Frau zwar geheiratet, die von außergewöhnlicher Schönheit und großem Liebreiz war, dennoch aber habe er sich mit ihr nur in dem Maße vergnügt, wie es sich für die Achtung und Ehre des Ehebetts schickte, und ohne jemals mehr als ihre Hände und ihr Gesicht entblößt zu sehen, nicht einmal ihre Brust, obwohl er im Umgang mit anderen Frauen durchaus lustvoll und ausschweifend war.

Für heutige Leser mag das erschreckend klingen, doch es entsprach den Konventionen. Dass sich ein Ehemann seiner Frau gegenüber wie ein leidenschaftlicher Liebhaber verhielt, galt als moralisch verwerflich, da die Frau auf diese Weise leicht zu einer Nymphomanin werden konnte. Auf ein Minimum beschränkter, freudloser Geschlechtsverkehr war wohl damals das Los einer Ehe. In einem *Essai*, der sich fast ausschließlich mit Sex beschäftigt, zitiert Montaigne eine antike Weisheit: «Der Mann, sagt Aristoteles, dürfe seine Frau nur zurückhaltend und zuchtvoll berühren, damit sie, falls er sie allzu ungestüm reize, vor Wollust nicht außer Rand und Band gerate.» Auch die Ärzte warnten, sexuelle Ausschweifung könne den Samen des Mannes im Körper der Frau verderben und eine Empfängnis verhindern. Es sei daher besser, wenn der Mann sich anderswo austobe, wo seine Exzesse keinen Schaden anrichten konnten. «Die Könige von Persien», berichtet Montaigne, «luden zu den Festmählern auch ihre Frauen ein; sobald der Wein aber die Männer heftig zu erhitzen begann und sie ihrer Wollust freien Lauf lassen mussten, schickten sie die Gattinnen in ihre Gemächer zurück […], statt ihrer ließ man dann andere Frauen kommen, denen gegenüber man sich zu solcher Rücksichtnahme nicht verpflichtet fühlte.»

Die Kirche stand auf der Seite von Aristoteles, der Ärzte und der Könige von Persien. In Beichtspiegeln aus jener Zeit wird einem Mann, der sich mit seiner Ehefrau in sündiger Wollust ergehe, eine schwerere Strafe verordnet als einem, der sich in gleicher Weise mit einer anderen Frau vergnügte. Wer die Sinne seiner Ehefrau verderbe, gefährde auch ihre unsterbliche Seele und werde damit seiner Verantwortung ihr gegenüber nicht gerecht, so die Überzeugung. Ein verheirateter Mann solle seine erotischen Leidenschaften daher besser bei einer Frau ausleben, der gegenüber er keine solche Verpflichtung habe. Wie Montaigne bemerkte, sei es den meisten Frauen ohnehin lieber so. Beim Thema Frauen zeigt Montaigne einen trockenen Humor, doch manchmal klingen seine Bemerkungen durchaus konventionell. Anders als einige seiner Zeitgenossen jedoch scheint er Frauen nicht nur als Gebärmaschinen betrachtet zu haben. Die ideale Ehe war für ihn nicht nur eine körperliche, sondern auch eine geistige Lebensgemeinschaft und strebte «dem Vorbild der Freundschaft nach». Das Problem bestand darin, dass die Ehe im Unterschied zur Freundschaft nicht frei gewählt und damit dem Zwang und der Pflicht unterworfen blieb. Auch war es schwierig, eine Frau zu finden, mit der eine solche Freundschaft überhaupt möglich war, da es den meisten an intellektuellen Fähigkeiten mangelte und ihre Seele, wie er schrieb, «nicht stark genug» schien.

Montaignes Überzeugung von der geistigen Schwäche der Frauen «verwundete» George Sand, wie sie schrieb, «bis ins Herz», zumal sie seine *Essais* in anderer Hinsicht ausgesprochen anregend fand. Man darf jedoch nicht vergessen, dass im 16. Jahrhundert die meisten Frauen erschreckend ungebildet waren, oft nicht einmal lesen und schreiben konnten und nur über ein dürftiges Weltwissen verfügten. Einige wenige Adelsfamilien engagierten für ihre Töchter Privatlehrer, die ihnen jedoch vor allem Italienisch, Musik und ein bisschen Mathematik für den Hausgebrauch beibrachten; das blieb so bis in die viktorianische Zeit. Eine humanistische Bildung, die allein zählte, erhielt fast keine Frau des 16. Jahrhunderts. Gebildete Frauen waren die große Ausnahme. Zu ihnen gehörte Margarete von Navarra, Verfasserin der Novellensammlung *Das Heptameron*, oder die Dichterin Louise Labé, die andere Frauen aufforderte, «ihren Geist ein wenig über ihre Spinnrocken und Spindeln hinauszuheben» (vorausgesetzt, dass Louise Labé nicht nur das weibliche Pseudonym für eine männliche Dichtergruppe ist, wie eine neuere These behauptet).

Im 16. Jahrhundert gab es in Frankreich tatsächlich eine Frauenbewegung. Sie war Teil der *Querelle des femmes*, einer – vorwiegend unter intellektuellen Männern geführten – Debatte über die Fähigkeiten der Frauen. Deren Verteidiger scheinen sich dabei gegenüber deren Verächtern durchgesetzt zu haben, auf das Leben der Frauen jedoch hatte diese Debatte wenig Einfluss.

Montaigne wird oft als ein Gegner der Gleichberechtigung der Frau abgetan, doch in diesem Streit hätte er sich wahrscheinlich auf die Seite ihrer Befürworter geschlagen. «Die Frauen haben gar nicht so unrecht», schrieb er, «wenn sie die in die Gesellschaft eingeführten Sittengesetze ablehnen – sind sie doch von den Männern ohne ihre Mitwirkung festgelegt worden.» Und er glaubte, «dass Mann und Frau aus ein und demselben Lehm geknetet sind». Auch war er sich bewusst, dass männliches und weibliches Sexualverhalten mit zweierlei Maß gemessen wurde. Entgegen Aristoteles sprach Montaigne den Frauen die gleichen Leidenschaften und Bedürfnisse zu wie den Männern, auch wenn die Frauen sehr viel schärfer verurteilt würden, wenn sie ihren Leidenschaften nachgaben. Sein Trick, die Dinge aus einem anderen Blickwinkel zu betrachten, hatte ihm längst auch klargemacht, dass seine Ansichten über die Frauen ebenso einseitig und unzuverlässig waren wie die Ansichten der Frauen über die Männer. «Wir Männer sind in nahezu allem ungerechte Richter über die Handlungen der Frauen.»

Er hielt es daher für die beste Strategie, sich der Domäne der Frauen so weit wie möglich zu entziehen. Er überließ ihnen den häuslichen Bereich und zog sich in seinen Turm zurück. In seinem *Essai* «Über die Einsamkeit» führte er dazu aus:

> Frauen und Kinder, Vermögen und vor allem Gesundheit zu besitzen, sollte jeder anstreben, der kann; aber wir dürfen uns nicht so fest hieran binden, dass unser Glück davon abhängt. Wir müssen ein Hinterzimmer in unserem Geschäft haben, ganz für uns, ganz ungestört, um aus dieser Abgeschiedenheit unseren wichtigsten Zufluchtsort zu machen, unsre wahre Freistatt. Hier gilt es, den alltäglichen Umgang mit uns selbst zu pflegen, von unsrer Einsamkeit so in Anspruch genommen, dass für den Umgang mit andern Menschen und Dingen kein Platz bleibt; indem wir mit uns Zwiespräche halten und indem wir lachen, als hätten wir keine Frau und keine Kinder, kein Hab und Gut, kein Gefolge und keine Dienerschaft, auf dass, wenn wir sie eines Tages verlieren, es uns nichts Neues sei, ohne sie zurechtzukommen.

Die Bemerkung über das «Hinterzimmer in unserem Geschäft» (die *arrière-boutique*) taucht in Büchern über Montaigne immer wieder auf, aber nur selten wird der Kontext berücksichtigt. Montaigne plädierte nicht für einen egoistischen Rückzug in die Innerlichkeit, sondern sah die Notwendigkeit, sich vor dem Schmerz zu schützen, den der Verlust der Familie bedeutete. Montaigne strebte nach emotionaler Distanz und Zurückgezogenheit, um nicht zu tief verletzt zu werden, entdeckte dabei jedoch, dass ihm ein solcher Rückzug die «wahre Freiheit» schenkte, einen geistigen Freiraum.

Er hatte gewiss Grund genug, stoische Losgelöstheit einzuüben. Kurz nacheinander starben sein Freund, sein Vater und sein Bruder, danach verlor er fast alle seine Kinder, allesamt Töchter. Die traurige Abfolge von Geburt und Tod hielt er in seinem «Beuther» fest:

28. Juni 1570: Thoinette. Montaigne schrieb: «Sie ist das erste Kind meiner Ehe.» Er fügte hinzu: «Und sie starb zwei Monate später.»

9. September 1571: Léonor wurde geboren, die als einziges seiner Kinder am Leben blieb.

5. Juli 1573: Eine Tochter. «Sie lebte nur sieben Wochen.»

27. Dezember 1574: Eine Tochter. «Sie starb etwa drei Monate später und wurde notgetauft.»

16. Mai 1577: Eine Tochter. Sie starb einen Monat später.

21. Februar 1583: «Wir bekamen eine weitere Tochter, Marie, die von dem Sieur de Jaurillac, Kanzler des Parlaments, ihrem Onkel, und meiner Tochter Léonor getauft wurde. Sie starb wenige Tage später.»

Montaigne schrieb, er habe die meisten seiner Kinder verloren «wenn gewiss nicht ohne Bedauern, so doch ohne darüber trübsinnig zu werden», weil sie noch so klein waren. Man versuchte damals, sich nicht allzu sehr an seine Kinder zu binden, solange sie noch nicht über das Säuglingsalter hinaus waren, denn die Säuglingssterblichkeit war sehr hoch. Montaigne scheint diese emotionale Distanz nicht schwergefallen zu sein. Sein Schmerz über den Tod seiner Kinder hielt sich in Grenzen, wie er selbst zugibt. Mitte der 1570er Jahre schrieb er sogar, er habe «zwei oder drei Kinder verloren», als sei er sich über deren Zahl nicht ganz sicher. Allerdings machte er generell nur vage Angaben über Daten und Zahlen, etwa wenn er seinen Reitunfall in «unseren dritten Religionskrieg oder den zweiten» datierte und hinzufügte: «Ich erinnre mich nicht mehr genau.» In der Widmung zu La Boéties Plutarch-Übersetzung an seine Frau geraten ihm die Details noch mehr durcheinander, wenn er meint, die erste Tochter hätten sie «im zweiten Jahre ihres Lebens» verloren; tatsächlich starb sie zwei Monate nach ihrer Geburt. Hier handelt es sich wohl eher um einen Schreibfehler. Oder doch nicht? Bei Montaigne hat man stets das Gefühl, alles sei möglich.

Auch von anderen Schicksalsschlägen ließ er sich offenbar weniger tief berühren, als es hätte sein sollen:

> Ich sehe durchaus, dass es alltäglich genug andere Anlässe zur Betrübnis gibt, die ich als solche kaum wahrnehmen würde, wenn sie mir begegneten; und selbst von denen, die für die Leute den Inbegriff des Schreckens bilden, habe ich manche, als ich sie auf mich zukommen sah, derart leichtgenommen, dass ich nicht wagen würde, mich dessen öffentlich ohne Erröten zu rühmen.

Man fragt sich, ob er hier an den potentiellen Tod seiner Frau oder seiner Mutter dachte, die ihn jedoch beide überlebten. Vielleicht dachte er aber auch an den Tod seines Vaters oder an die Gefahr einer Plünderung seines Schlosses oder an niedergebrannte Felder. Man hat fast den Eindruck, er hätte alles andere leichter verkraften können als den Tod La Boéties, der ihn völlig aus der Bahn warf. Dieser Verlust lehrte ihn, sich nie mehr so eng an etwas oder jemanden zu binden.

Tatsächlich jedoch war wohl seine emotionale Distanz sehr viel geringer, als er behauptete. Seine schriftlichen Bemerkungen zum Tod seiner Kinder sind zwar schlicht, aber man spürt den Schmerz. Sein *Essai* «Über die Traurigkeit» – entstanden Mitte der 1570er Jahre, als bereits mehrere seiner Kinder gestorben waren – enthält literarische Beispiele für die Trauer eines Vaters über den Tod seiner Kinder. Er schrieb auch einfühlsam über Niobe, deren Schmerz nach dem Verlust ihrer sieben Söhne und anschließend ihrer sieben Töchter so groß war, dass sie in einen Fels verwandelt wurde, «um solcherart diese dumpfe, taubstumme Reglosigkeit auszudrücken, die uns jedes Mal erfasst, wenn Schicksalsschläge auf uns niederwuchten, denen wir nicht gewachsen sind». Aufgrund eigener Erfahrung konnte Montaigne diesen Kummer sicherlich nachempfinden.

Der obersten Pflicht eines Adligen, einen männlichen Erben in die Welt zu setzen, wurde Montaigne nicht gerecht, aber immerhin bekam er eine gesunde Tochter, Léonor, der er später sehr zugetan war. Sie wurde 1571 geboren, muss also nicht lange nach Montaignes offiziellem Rückzug aus seinen politischen Ämtern im Jahr 1570 gezeugt worden sein: im Zuge seiner Midlife Crisis und seiner geistigen Wiedergeburt. Vielleicht verschaffte ihr dieser Umstand die Kraft zum Überleben. Sie lebte bis 1616, heiratete zweimal und hatte selbst zwei Töchter.

Sie wuchs unter Frauen auf, wie es damals üblich war. «Die weibliche Erziehung», schrieb Montaigne, «geht wunderliche, uns verschlossne Wege, die wir deshalb den Frauen selbst überlassen müssen.» Das klingt, als spreche hier jemand, der sich auf Zehenspitzen von einem Ort davonschleicht, wo er unerwünscht ist. Als er einmal Zeuge einer Szene wurde, die in seinen Augen Léonor eher schadete, mischte er sich nicht ein, um nicht ausgelacht und davongescheucht zu werden: Seine Tochter las einer Gouvernante einen Text aus einem Buch vor, in dem das Wort *fouteau*, «Buche», vorkam, das so ähnlich klang wie *foutre*, «ficken». Das arglose Mädchen dachte sich nichts dabei, aber die Gouvernante hieß sie «diese vermeintlich schlüpfrige Stelle überspringen». Montaigne fand, das war falsch. «Ein sechsmonatiger Umgang mit zwanzig Lakaien», bemerkte er, hätte «die Bedeutung und Verrichtungsweise sowie alle Folgen der von diesen vermaledeiten zwei Silben nahegelegten Tätigkeit der Vorstellung meiner Tochter nicht so fest einprägen können, wie es die gute Alte mit ihrem Verweis und Verbot getan hat.» Doch er schwieg.

Er schrieb, Léonor sehe jünger aus, als sie tatsächlich sei, auch noch in heiratsfähigem Alter; sie sei von «zarter, schwächlicher Konstitution und in der Entwicklung zurückgeblieben». Die Schuld daran gab er seiner Frau, die seiner Ansicht nach das Kind zu sehr abgesondert habe. Aber Montaigne war auch bestrebt, Léonor eine unbeschwerte Erziehung ohne Zwang angedeihen zu lassen, wie er sie selbst genossen hatte. Er habe sich mit seiner Frau darauf geeinigt, schrieb er, Léonor nur mit Worten zu bestrafen, mit «sehr milden obendrein».

Trotz seiner Behauptung, er hätte mit der Erziehung seiner Tochter wenig zu tun gehabt, vermitteln uns andere Passagen der *Essais* ein Bild Montaignes *en famille*. Er beschreibt gemeinsame Kartenspiele – «Ich spiele Karten um Pfennige und rechne darüber ab, als wären es Taler» – und Scharaden. «Gerade erst haben wir uns zu Hause mit dem Spiel beschäftigt, wer die meisten Dinge zu finden wisse, in denen die äußersten Gegensätze zusammentreffen»: zum Beispiel *Sire* als Titel für den König und Anrede für einfache Kaufleute oder *Dames* für Frauen von hohem Adel und aus den untersten Schichten. Hier tritt kein kalter, distanzierter Montaigne in Erscheinung, kein Frauenverächter, der auch Kindern keine Aufmerksamkeit schenkt, sondern ein Familienmensch, der sich redlich bemühte, in einem Haus voller Frauen, die ihn ohnehin meist eher missbilligten, die Rolle des liebenswerten Patriarchen zu spielen.

Praktische Verantwortung

Missbilligung hatte Montaigne manchmal durchaus verdient. Er war, wie er selbst zugab, in der Führung des Anwesens keine große Hilfe und überließ die Bewirtschaftung der Güter am liebsten seiner Frau, die, wie seine Mutter, sehr viel praktischer veranlagt war als er. Er war froh über Françoises Bereitschaft, diese Aufgaben zu übernehmen, wenn er auf Reisen war oder seinen beruflichen Verpflichtungen nachkam. War er zu Hause, musste er sich selbst um das Gut kümmern – wohl ein Hauptgrund dafür, dass er so gern unterwegs war. «Es ist kläglich, an einen Ort gestellt zu sein, wo einem alles, was man sieht, zu schaffen macht, weil es einen betrifft», schrieb er.

Die Sorge für das Anwesen belastete ihn. «Es gibt ja immer etwas, das schiefgeht», klagte er. Die Haupteinnahmequelle war der Weinanbau. In einem guten Jahr produzierte das Gut Montaigne mehrere zehntausend Liter Wein. Aber es gab auch schlechte Jahre. Schwere Unwetter zerstörten die Ernte der Jahre 1572, 1573 und 1574, als Montaigne seine ersten *Essais* schrieb. Im Jahr 1586 durchstreiften Soldaten plündernd die Gegend und richteten schwere Verwüstungen an. Um seinen Wein mit größerem Gewinn direkt in Bordeaux (statt über den Umweg der Verschiffung nach Libourne) zu verkaufen, nutzte er seinen Einfluss im dortigen Parlament. Notfalls wusste er sich also durchaus zu helfen. Grundsätzlich jedoch blieben ihm Haushaltung und Wirtschaftsführung ein Buch mit sieben Siegeln. Er selbst gab zu, den Vorgang der Weingärung erst spät in seinem Leben begriffen zu haben.

Montaigne tat, was nötig war, gestand aber, dass es ihm keinen Spaß machte, weshalb er sich auf das Minimum beschränkte. Folglich engagierte er sich auch nicht für den Ausbau und die Erweiterung des Anwesens. Sein Vater Pierre hatte solche Projekte als eine Herausforderung betrachtet, auch wenn die Hälfte von dem, was er in Angriff nahm, unvollendet blieb. Montaignes Devise dagegen lautete: «Lasst mir möglichst meine Ruhe» oder «Was nicht kaputt ist, muss man nicht reparieren».

Unumgängliche Probleme packte er dennoch an. «Bei Anstrengungen halte ich gut durch», schrieb er, «freilich nur dann, wenn ich sie aus eignem Entschluss auf mich nehme, und nur so lange, wie ich Lust dazu habe.» Er hasste es, Dinge tun zu müssen, die ihn langweilten. In den achtzehn Jahren, in denen er seine Güter bewirtschaftete, habe er es, wie er schrieb, noch nie über sich bringen können, «meine Rechtstitel und wichtigsten Geschäftsunterlagen einzusehn». Er beschrieb sich als unzulänglich und unfähig in vielerlei Hinsicht:

> Wo ich doch gar nicht rechnen kann, weder auf dem Zählbrett noch mit der Feder! Die meisten unsrer Münzen kenne ich so wenig, wie ich eine Getreidesorte von der andern zu unterscheiden weiß, ob auf dem Halm oder im Speicher (es sei denn, der Unterschied ist allzu offensichtlich); und in meinem Garten vermag ich Kraut- und Salatköpfe nur mit Mühe auseinanderzuhalten. Nicht einmal die Namen der wichtigsten landwirtschaftlichen Geräte kenne ich; und selbst die gröbsten Grundbegriffe des Ackerbaus, die doch jedem Kind geläufig sind, bleiben mir verschlossen. Noch weniger verstehe ich von den handwerklichen Künsten, vom Handel, vom Wert der Waren, von der Beschaffenheit und den Unterscheidungsmerkmalen der Früchte, der Weinsorten und der Nahrungsmittel. Weder kann ich einen Vogel abrichten noch ein Pferd oder einen Hund verarzten. Und um das Maß meiner Schan-

de voll zu machen, habe ich mich, es ist noch keinen Monat her, tüchtig blamiert, weil ich nicht wusste, dass man zum Brotbacken Sauerteig braucht und wie die Weingärung vor sich geht.

Montaigne betet den Katalog seiner Unzulänglichkeiten und Fehler genauso herunter, wie er später alles auflistet, was es bei den «Kannibalen» Brasiliens nicht gibt: Bedienstete, Obrigkeit, Verträge und Privateigentum, aber auch Lüge, Armut, Verrat, Neid und Gier. Was für ein Segen, auf all das verzichten zu müssen. Nicht, dass Montaigne nichts dazulernen wollte. Grundsätzlich schätzte er praktische Kenntnisse und bewunderte alles, was konkret und handfest war. Aber er konnte nicht verhehlen, wie wenig ihn all das interessierte, und wenn man ihn unter Druck setzte, sträubte er sich nur noch mehr. «Da ich bis zur Stunde noch nie einem mir aufgezwungnen und mir Befehle erteilenden Gebieter folgen musste, blieb es meinem Belieben überlassen, wie weit und wie schnell ich voranschreiten wollte.» Diese Bemerkung zeigt, worauf es ihm letztlich ankam: Er wollte sein eigenes Leben leben. Seine Unfähigkeit in praktischen Dingen machte ihn «von Natur wie aus Vorsatz in höchstem Maße frei». «Freiheitsdrang und Müßiggang» zählte er zu seinen wichtigsten Charaktereigenschaften.

Er wusste, dass er dafür einen Preis zu zahlen hatte: Seine Ahnungslosigkeit wurde oft ausgenutzt. Doch es erschien ihm besser, gelegentlich Geld zu verlieren, als seine Zeit damit zu verbringen, sich über jeden Pfennig Rechenschaft abzulegen und seine Bediensteten auf Schritt und Tritt zu überwachen. Schließlich, so sagte er, würden auch diejenigen übers Ohr gehauen, die verhindern wollen, betrogen zu werden. Als Paradebeispiel diente ihm sein Nachbar, der mächtige Germain-Gaston de Foix, Marquis de Trans, der sich im Alter zum knauserigen Haustyrannen entwickelte. Seine Angehörigen und Bediensteten ließen ihn toben, «und dieweil er selber sich an der Sparsamkeit und Spärlichkeit seiner Tafel erbaut, geben sie sich in den verschiedensten Schlupfwinkeln seines Anwesens alle einem Leben in Saus und Braus hin, den Spielen und der Verschwendung frönend; besonders ergötzt man sich dabei an den Geschichten über seine wirkungslosen Vorkehrungen und Wutausbrüche». Und doch, fügt Montaigne hinzu, spielte das keine Rolle, da der Greis überzeugt war, die Zügel straff zu führen, und dabei nicht glücklicher hätte sein können. «Nichts setzt mir derart zu wie Mühen und Sorgen», schrieb Montaigne, «und nichts anderes erstrebe ich deshalb, als mich gegen sie zu feien und unbekümmert dahinzuleben.» Man kann sich gut vorstellen, wie Pascals Blutdruck beim Lesen dieser Zeilen nach oben schnellt. Was Montaigne nach eigenem Bekunden für sein Alter am meisten ersehnte, war ein Schwiegersohn, der ihm die Last der Verantwortung abnahm. Wäre er jedoch von einem Außenstehenden bevormundet und herablassend behandelt worden, hätte sein Unabhängigkeitssinn wohl dagegen aufbegehrt. Der Bemerkung über den Schwiegersohn folgen denn auch bald eine Reihe gegenteiliger Bekundungen:

> Ich meide es, mich irgendwelchen Bindungen zu unterwerfen.

> Ich versuche, keines Menschen dringend zu bedürfen [...]. Welch erbärmliches und bedrohliches Los, von jemand anderm abhängig zu sein!

> Ich habe einen tödlichen Hass darauf, mittel- oder unmittelbar anderen als mir selber verpflichtet zu sein.

Bei diesen Zeilen dachte er jedoch nicht an die Bewirtschaftung seiner Güter, sondern an den französischen König Heinrich IV., der Montaigne gern in seinen Diensten gehabt hätte. Diesem Ansinnen widerstand Montaigne mit einer an Unverschämtheit grenzenden Entschiedenheit, die seiner Haltung gegenüber den Anforderungen entsprach, die zu Hause an ihn gestellt wurden. Faulheit war aber nur die eine Hälfte seiner Selbstbeschreibung. Als Idealbild schwebte ihm Hippias von Elis vor, ein griechischer Sophist aus dem 5. Jahrhundert v. Chr., der sich in Selbstgenügsamkeit übte, sich beibrachte, zu kochen, sich zu rasieren, seine Kleidung und seine Schuhe und überhaupt alles, was er zum Leben brauchte, selbst anzufertigen. Eine glänzende Idee, wie Montaigne fand. Dennoch: Ein selbstgenügsamer Montaigne, der sein Wams mit Nadel und Faden näht, seinen Garten umgräbt, Brot backt und das Leder für seine Stiefel selbst gerbt, ist schwer vorstellbar – und war es wohl auch für ihn selbst.

Wie üblich verharrte er in einem Schwebezustand zwischen Auf-
begehren und Kompromissbereitschaft. Wenn ihn die Demonstration
seiner Unfähigkeit nicht von der Verantwortung entbinden konnte,
knickte er ein und tat, was man von ihm verlangte, wahrscheinlich
sogar akribischer, als er zuzugeben bereit war.

Nietzsche sprach von freien Geistern, «Freigesinnten», die «mit
einem kleinen Amte oder einem Vermögen, das gerade zum Leben
ausreicht, gerne sich zufrieden geben; denn sie werden sich einrichten,
so zu leben, dass eine große Verwandlung der äußeren Güter, ja ein
Umsturz der politischen Ordnungen ihr Leben nicht mit umwirft». So
jemand, fügte er hinzu, «wird vorsichtig und etwas kurzatmig sein».
Das klingt so sehr nach Montaignes Arrangement auf seinem Anwesen, dass man sich fast fragt, ob Nietzsche nicht an ihn dachte, insbesondere da er hinzufügt, ein solcher Mensch müsse «darauf vertrauen,
dass der Genius der Gerechtigkeit etwas für seinen Jünger und Schütz-
ling sagen wird, wenn anschuldigende Stimmen ihn arm an Liebe nennen sollten».

Montaigne war der Erste, der diesen schweren Vorwurf gegen sich
selbst erhob. Andere betrachteten es als Aufforderung, die Beschuldigung zu wiederholen, allerdings harsch und ohne Montaignes oder
Nietzsches Sinn für Ironie. Doch weder in seinen Schriften noch in seinem Charakter war Montaigne jemals so strikt. Je mehr er sich bemüht,
uns von seiner Kälte und Distanziertheit zu überzeugen, desto mehr
treten uns andere Bilder vor Augen: Montaigne, wie er im Parlament
von Bordeaux aufspringt und sich an einer Debatte beteiligt; Montaigne in leidenschaftlichem Gespräch mit La Boétie oder sogar, wie er
mit Frau und Tochter am Kamin sitzt und um ein paar Pfennige Karten
spielt. Manchmal sind seine Antworten auf die Frage, wie man leben
soll, tatsächlich kühl und unerbittlich: Kümmere dich nur um deine
eigenen Sachen; bewahre dir ein Gefühl für dich selbst; gehe Problemen aus dem Weg und habe ein Hinterzimmer in deinem Geschäft.
Aber es gibt einen anderen Montaigne, der fast das genaue Gegenteil
ist. Es ist …

9

Frage: Wie soll ich leben?

Antwort: Sei gesellig! Lebe mit anderen!

Eine fröhliche und gesellige Weisheit

«Es gibt ungesellige, nach innen gewandte und verschlossne Naturen», schreibt Montaigne. Er selbst gehört nicht dazu.

> Mein wesentlicher Charakterzug […] ist die Neigung, mich mitzuteilen und zu offenbaren: Zu Geselligkeit und Freundschaft geborn, bin ich vor aller Augen ganz nach außen gewandt.

Er mischte sich gern unter Leute. Der Austausch im Gespräch bereitete ihm mehr Vergnügen als alles andere. Er war ihm so wichtig, dass er lieber sein Augenlicht verloren hätte als sein Gehör oder seine Fähigkeit zu sprechen, denn Gespräche waren für ihn besser als Bücher – und sie mussten nicht immer ernst sein. Am liebsten mochte er «die plötzlichen Einfälle und pointierten Wechselreden […], wie sie sich im vertrauten und heitren Umgang zwischen Freunden immer wieder ergeben. Einander ausgelassen necken und narren ist eine Kurzweil, zu der ich dank meines natürlichen Frohsinns recht geeignet bin.» Jedes Gespräch war gut, solange es offen und wohlwollend verlief. Sozialen Umgang dieser Art sollte man Kindern schon von klein auf beibringen, um sie der Selbstversunkenheit zu entreißen, meinte er. «Aus dem Umgang mit Land und Leuten gewinnt die menschliche Urteilskraft einen ungemeinen Klarblick. Wir sind alle in uns selbst eingezwängt und hineingekrümmt, und unser Blick reicht nicht weiter als bis zur Nasenspitze.»

Montaigne liebte die offene Diskussion. «Keine Behauptung bringt mich aus der Fassung, und kein Glaube verletzt mich, sosehr er dem meinen zuwiderlaufen mag.» Es gefiel ihm, wenn man ihm widersprach, weil dadurch die Debatte belebt und er zum Nachdenken angeregt wurde. Montaigne liebte also den Austausch mit anderen, ganz anders als Descartes, der sich zum Nachdenken zurückzog und ins Feuer starrte. Montaignes Freund Florimond de Raemond beschrieb die Gespräche mit ihm als «sehr freundlich und äußerst kultiviert». Doch wenn Montaigne sich von einem Thema packen ließ, konnte er sehr laut werden. Er ließ sich dann zu taktlosen Äußerungen hinreißen und ermutigte andere, dasselbe zu tun. Frei heraus zu sagen, was man dachte, war in seinem Haus ungeschriebenes Gesetz. Bei ihm, sagte er, sei es nicht üblich, «den Besuchern beim Empfang entgegenzugehn und sie beim Abschied hinauszubegleiten – solche Förmlichkeiten und all die andren lästigen Höflichkeitsregeln (o diese uns knechtenden Konventionen!) sind bei uns außer Kraft gesetzt». Jeder war frei zu tun, was ihm beliebte, und seine Gäste konnten sich zurückziehen, ohne Anstoß zu erregen.

Montaigne war nicht nur die formale Etikette, sondern auch langweiliger Smalltalk verhasst. Auch selbstbewusste Alleinunterhalter ödeten ihn an. Einige seiner Freunde konnten ihre Zuhörer stundenlang mit ihren Anekdoten in Bann ziehen, Montaigne bevorzugte das zwanglose Geben und Nehmen. Wenn bei offiziellen gesellschaftlichen Anlässen die Unterhaltung nur so dahinplätscherte, schweifte seine Aufmerksamkeit oft ab, und er hing seinen eigenen Gedanken nach. Wurde er dann angesprochen, gab er «wirres und lächerliches Zeug» von sich, «dessen sich sogar ein Kind schämen müsste». Er bedauerte dies, denn auch eine oberflächliche Konversation konnte zum Ausgangspunkt für einen intensiveren Gedankenaustausch und angenehmere Abende werden, wo man entspannt scherzen und lachen konnte.

Für Montaigne waren «Gelöstheit und geselliges Wesen» nützliche Eigenschaften im Umgang mit anderen. Sie waren aber auch eine wichtige Voraussetzung, um gut zu leben. Er versuchte eine, wie er es nannte, «fröhliche und gesellige Weisheit» zu kultivieren – eine Formulierung, die an Nietzsche erinnert, der die Philosophie als «fröhliche Wissenschaft» bezeichnete. Wie die Libertins war Nietzsche mit Montaigne vom Nutzen des geselligen Miteinanders über-

zeugt, auch wenn ihm, Nietzsche, dieses Miteinander überaus schwer
fiel. Doch in einer anrührenden Passage in seinem frühen Werk
Menschliches, Allzumenschliches schrieb er:

> Unter die kleinen, aber zahllos häufigen und deshalb sehr wirkungs-
> vollen Dinge, auf welche die Wissenschaft mehr achtzugeben hat als
> auf die großen seltenen Dinge, ist auch das Wohlwollen zu rechnen;
> ich meine jene Äußerungen freundlicher Gesinnung im Verkehr, jenes
> Lächeln des Auges, jene Händedrücke, jenes Behagen, von welchem
> für gewöhnlich fast alles menschliche Tun umsponnen ist. Jeder Leh-
> rer, jeder Beamte bringt diese Zutat zu dem, was für ihn Pflicht ist,
> hinzu; es ist die fortwährende Betätigung der Menschlichkeit, gleich-
> sam die Wellen ihres Lichts, in denen alles wächst [...]. Die Gutmütig-
> keit, die Freundlichkeit, die Höflichkeit des Herzens [...] haben viel
> mächtiger an der Kultur gebaut, als jene viel berühmteren Äußerun-
> gen desselben, die man Mitleiden, Barmherzigkeit und Aufopferung
> nennt.

Montaigne fiel es in der Regel nicht schwer, Freundlichkeit und Wohlwollen zu zeigen. Zum Glück, denn in seinem häuslichen, aber auch in
seinem beruflichen Leben waren diese Eigenschaften unabdingbar: im
Umgang mit den Kollegen in Bordeaux und später mit Diplomaten,
Königen und mächtigen Kriegsherren; oft musste er mit Gegnern ver-
handeln, die von religiösem Fanatismus verblendet waren. Auch mit
seinen Nachbarn musste er sich gutstellen, gleichfalls nicht immer eine
leichte Aufgabe. Gelegentlich tauchen sie in den *Essais* auf, oft im
Zusammenhang mit einprägsamen Geschichten: der knauserige Marquis de Trans aus der Familie de Foix, die in der Region großen Einfluss
besaß; Jean de Lusignan, dessen heiratsfähige Kinder die Haushaltskas-
se mit ihren vielen Einladungen belasteten; François de La Rochefoucauld, der es als widerlich empfand, sich in ein Taschentuch zu schneu-
zen, und lieber die Hand benutzte. Hinzu kommen adlige Damen aus
der Umgebung, denen er das eine oder andere Kapitel der *Essais* widmete: Diane de Foix, Comtesse de Gurson, Marguerite de Gramond
und Mme d'Estissac, deren Sohn Montaigne später nach Italien begleitete. Vor allem aber schloss Montaigne Freundschaft mit der Mätresse
Heinrichs von Navarra, des späteren Königs Heinrich IV.: Diane

d'Andouins, Comtesse de Guiche et de Gramont, bekannt unter dem Namen Corisande, nach der Protagonistin einer der von ihr geschätzten Ritterromane.

Um mit all diesen Leuten den Kontakt zu pflegen, musste Montaigne an vielen gesellschaftlichen Anlässen teilnehmen, auch wenn er sie insgeheim verabscheute. Hatte er Gäste, veranstaltete er in seinem Wald eine Hirschjagd, obwohl er die Jagd hasste. Erfolgreicher mied er Turnierwettkämpfe, die er für gefährlich und sinnlos hielt. Auch Gesellschaftsspielen – Karten- und Ratespielen – suchte er sich möglichst zu entziehen, vielleicht weil er nach eigenem Bekunden nicht gut darin war.

Oft kamen umherziehende Akrobaten, Tänzer, Hundedresseure und menschliche «Monstren» auf sein Schloss, die sich mit ihren Vorführungen ihren Lebensunterhalt verdienten. Montaigne ließ sie gewähren, blieb aber unbeeindruckt von Darbietungen wie dem Auftritt jenes Mannes, der Hirsekörner durch ein Nadelöhr werfen konnte. Mehr interessierten ihn die brasilianischen Tupinambá-Eingeborenen, denen er in Rouen begegnete. Und er legte beträchtliche Entfernungen zurück, um Berichten über menschliche Abnormitäten auf den Grund zu gehen: beispielsweise über ein Kind, das mit einem anderen zusammengewachsen war, dem der Kopf fehlte. Er besuchte einen hermaphroditischen Hirten im Médoc und begegnete einem Mann ohne Arme, der mit seinen Füßen eine Pistole laden und abfeuern, eine Nadel einfädeln, nähen, schreiben, sich die Haare kämmen und Karten spielen konnte. Auch er verdiente sich mit seinen Darbietungen seinen Lebensunterhalt, aber Montaigne fand ihn interessanter als den Mann mit den Hirsekörnern. Die Leute sprechen von Monstren, schrieb er, aber diese Menschen seien «wider die Gewohnheit», nicht «wider die Natur». Wirklich abwegig war für ihn etwas anderes:

> Dafür habe ich auf der ganzen Welt bisher kein ausgeprägteres Monster und Mirakel gesehn als mich selbst. Zeit und Gewöhnung machen einen mit allem Befremdlichen vertraut; je mehr ich aber mit mir Umgang pflege und mich kennenlerne, desto mehr frappiert mich meine Ungestalt, desto weniger werde ich aus mir klug.

Montaignes Landgut war also ein Tummelplatz für Menschen unterschiedlichster Art und Herkunft. Es herrschte eine Atmosphäre wie auf einem Dorf, weniger wie in einem Privathaus. Auch wenn er sich zum Schreiben in seinen Turm zurückzog, war es selten still um ihn herum. Überall wurde geredet und gearbeitet. Vor seinem Fenster wurden Pferde aus dem Stall heraus- oder hineingeführt, Hühner gackerten, Hunde bellten. Zur Zeit der Weinlese war die Luft erfüllt vom Klappern der Weinkeltern. Selbst mitten in den Kriegswirren pflegte Montaigne ein offeneres Haus als andere – ungewöhnlich in so gefährlichen Zeiten.

In mancher Hinsicht war Montaignes kleine Welt ein Universum mit einer ganz eigenen Werteordnung und einer freizügigen Atmosphäre. Sein Haus war keine Festung, wer ans Tor klopfte, war willkommen, auch wenn Montaigne sich der Gefahren bewusst war und zugab, dass er manchmal mit dem Gedanken zu Bett ging, er könne von einem umherstreifenden Soldaten oder einem Landstreicher im Schlaf ermordet werden. Aber ihm ging es ums Prinzip. Wenn Montaigne schrieb, es sei sein wesentlicher Charakterzug, «mich mitzuteilen und zu offenbaren», meinte er nicht nur geselliges Geplauder, sondern die freie, aufrichtige Kommunikation – selbst mit denen, die entschlossen schienen, ihn zu töten.

Offenheit, Gnade und Grausamkeit

Giovanni Botero, ein politischer Schriftsteller Italiens, der in den 1580er Jahren in Frankreich lebte, schrieb, die ländlichen Gebiete Frankreichs seien in jenem Jahrzehnt so voller Diebe und Mörder gewesen, dass jedes Haus «Wachposten in den Wein- und Obstgärten» hätte haben müssen, außerdem «Tore, Schlösser, Riegel und Mastiffs». Botero hatte offenkundig nicht Montaignes Anwesen besucht, denn dieses hatte als einzige Bewachung «nach altem Brauch einen Pförtner», wie Montaigne schrieb, «dessen Aufgabe es weniger ist, das Tor zu verteidigen, als es zuvorkommend und freundlich zu öffnen».

Montaigne wollte sich nicht einschüchtern und einsperren lassen, war aber zugleich überzeugt, dass diese Offenheit seiner Sicherheit diente. Schwer bewachte Häuser in dieser Gegend wurden häufiger überfallen als seines. Zur Erklärung zitierte er Seneca: «Verriegelte Türen locken den Einbrecher an, offne lässt er links liegen.» Schlösser erwecken den Eindruck, dass etwas Wertvolles zu holen sei, und ein Haus auszurauben, in dem man von einem älteren Pförtner willkommen geheißen wird, ist nicht gerade eine Ruhmestat. Auch waren in einem Bürgerkrieg die sonst üblichen Vorsichtsmaßnahmen sinnlos, denn da «kann der eigene Diener es mit der Partei halten, die man fürchtet». Gegen eine Bedrohung von innen konnte man sich nicht schützen, da war es besser, den Feind dadurch für sich zu gewinnen, dass man sich offen und aufrichtig zeigte.

Der Erfolg dieser Strategie gab Montaigne recht. Einmal lud er einen Trupp Soldaten ein, bevor er erkannte, dass sie seine Gastfreundlichkeit ausnutzten, um ihn auszuplündern. Doch später gaben sie ihren Plan auf, und der Anführer bekannte, Montaignes «Gesicht» und «sein offenherziges Auftreten» seien der Grund dafür gewesen.

Auch sonst bewahrte ihn seine Offenheit vor gewalttätigen Übergriffen. Als er einmal in einer gefährlichen Gegend unterwegs war, wurde er von fünfzehn bis zwanzig maskierten Männern angegriffen, denen berittene Arkebusenschützen folgten: ein offensichtlich von langer Hand geplanter Überfall. Sie brachten ihn in das Dickicht des nahe gelegenen Waldes, durchwühlten seine Kisten, rissen seine Geldkassette an sich und teilten Pferde und Ausrüstung untereinander auf. Schließlich wollten sie ihn auch noch als Geisel nehmen, wurden sich jedoch über die Höhe des Lösegelds nicht einig. Die Lösegeldsumme setzten sie sehr hoch an, was seinen sicheren Tod bedeutet hätte, weil der Forderung unmöglich zu entsprechen war. Montaigne ergriff die Initiative und gab ihnen zu bedenken, sie hätten doch schon alles an sich genommen, was er bei sich hatte, und eine so hohe Lösegeldsumme würden sie ohnehin nie erhalten. Ein riskanter Vorstoß, dessen war sich Montaigne durchaus bewusst. Doch die Banditen schwenkten um. Nach kurzer Beratung trat der Anführer beinahe freundlich auf Montaigne zu, zog sich die Maske vom Gesicht – eine bedeutsame Geste, da sich die beiden Männer jetzt Auge in Auge gegenüberstanden – und teilte ihm mit, sie hätten beschlossen, ihn ziehen zu lassen. Sie gaben ihm sogar einige seiner Sachen zurück, darunter die Geldkassette.

Auch diese Befreiung verdankt sich, so Montaigne später, «meinem Gesicht sowie meinen offenherzigen und unerschrocknen Worten», wie der Anführer ihm versicherte.

Derartige Überfälle waren an der Tagesordnung, und Montaigne dachte oft darüber nach, wie er sich in einer solchen Situation am besten verhalten sollte. War es klüger, sich dem Feind entgegenzustellen, oder sollte man sich gefügig zeigen? Sollte man sich der Gnade des Angreifers anheimgeben und hoffen, dass er Menschlichkeit zeigte und einen am Leben ließ? Oder war das tollkühn? Das eine wie das andere war ein unwägbares Risiko. Widerstand zu leisten machte vielleicht Eindruck, konnte den Gegner aber auch in Wut versetzen. Mit Unterwürfigkeit appellierte man zwar an das Mitgefühl des Angreifers, konnte aber auch dessen Verachtung heraufbeschwören und in der Folge die rücksichtslose Vernichtung. Außerdem: Wie konnte man sicher sein, dass der Gegner überhaupt Menschlichkeit besaß? Diese Fragen waren in dem von Gewalt geprägten 16. Jahrhundert nicht leichter zu beantworten als auf einem antiken Schlachtfeld oder in einer modernen Stadt, Auge in Auge mit einem Straßenräuber. Zeitlos gültige Fragen also, auf die Montaigne keineswegs allgemeingültige Antworten hatte. Gerade deshalb beschäftigten sie ihn anhaltend. Immer wieder schilderte er Situationen, in denen zwei Menschen einander feindlich gegenüberstehen: der eine besiegt und um sein Leben flehend oder trotzig Widerstand leistend; der andere entweder Gnade gewährend oder Gnade verweigernd.

In einer solchen Geschichte, die im allerersten *Essai* erzählt wird, verfolgt der albanische Fürst Skanderbeg im 15. Jahrhundert einen seiner Soldaten, um ihn zu töten. Der Mann fleht um Erbarmen, doch Skanderbeg bleibt ungerührt. In seiner Verzweiflung zieht der Soldat sein Schwert, was Skanderbeg so beeindruckte, dass er den Mann in Gnaden wieder aufnahm. Eine andere Geschichte erzählt von Edward, dem Prinzen von Wales, der eine französische Stadt gewaltsam eingenommen hatte und die Massentötung der Bewohner anordnete. Er gebot dem Morden erst Einhalt, als sich drei französische Adlige, in die Enge getrieben, erbittert verteidigten. Aus Bewunderung für ihren Mut schonte er ihr Leben und das Leben der Bewohner.

Diese Geschichten legen den Schluss nahe, Verteidigung sei die bessere Strategie. Aber im selben *Essai* werden Vorfälle geschildert, in denen genau das Gegenteil geschieht. Als Alexander der Große die Stadt Gaza erstürmte, traf er auf den Kommandanten Batis, der nun «allein, von den Seinen im Stich gelassen, mit zertrümmerter Rüstung und voller Blut und Wunden [...] weiterkämpfte». Wie Edward bewunderte auch Alexander diesen Heldenmut, aber nur für einen kurzen Augenblick. Als Batis ihm frech ins Gesicht sah, verlor Alexander die Geduld. Er ließ ihm die Fersen durchbohren, ihn an einen Karren binden und zu Tode schleifen. Der besiegte Anführer war zu weit gegangen, er war an den falschen Gegner geraten.

Andere Geschichten führen nicht weniger deutlich die Gefahren der Unterwerfung vor Augen. Montaigne erinnerte sich lebhaft an Generalleutnant Tristan de Moneins, der in Bordeaux gelyncht wurde, nachdem er sich gegenüber den Rebellen des Salzsteueraufstands im Jahr 1548 allzu unterwürfig verhalten hatte. Wenn man Schwäche zeigt, weckt man im Gegner eine Art Jagdinstinkt, und dann ist alles verloren. Montaigne hat dabei einen Hirsch vor Augen, der nach stundenlanger Verfolgungsjagd erschöpft ist und keinen anderen Ausweg mehr sieht, als sich seinen Verfolgern zu ergeben, «mit seinen Tränen um Erbarmen bittend». Vergeblich.

Wie viele Auseinandersetzungen Montaigne sich auch vergegenwärtigte, jede schien eine individuelle Deutung und Antwort zu verlangen: ein Umstand, der ihn faszinierte. Der Besiegte, aber auch der Sieger muss die Situation richtig einschätzen und sich dementsprechend verhalten. Verschont er jemanden, der seinen Großmut als Schwäche interpretiert, könnte das seinen Tod bedeuten. Ist er zu hart, sind Rebellion und Racheakte die Folge.

Das Christentum kennt hier eine einfache Antwort: Der Sieger sollte stets Barmherzigkeit üben und das Opfer stets die andere Wange hinhalten. In der realen Welt funktioniert das nicht immer; und auch die Christen konnten sich in jener Zeit der blutigen Religionskriege nicht auf diesen Mechanismus verlassen. Montaigne beschäftigte sich kaum mit theologischen Fragen, er las lieber die klassischen Autoren. Die eigentlichen Schwierigkeiten waren in seinen Augen ohnehin eher psychologischer als moralischer Natur – und wenn moralischer Natur, dann in dem breit gefassten Sinn des Moralbegriffs der antiken Philosophie. Dort ging es nicht darum, bestimmten Vorschriften zu folgen, sondern in konkreten Lebenssituationen kluge und gerechte Entscheidungen zu treffen.

Letztlich war Montaigne der Ansicht, Sieger und Besiegte sollten einander ein Höchstmaß an Vertrauen entgegenbringen: Wie unter guten Christen sollte der Besiegte Gnade erflehen und der Sieger Gnade gewähren, allerdings mit kühner Entschlossenheit, «ruhigen Gesichts», frei von Nachgiebigkeit und Unterwerfung. «Selbstsicherheit und Vertrauen» seien auf beiden Seiten wünschenswert. Dieses Ideal hätte Montaigne in jener Szene auf dem Platz des Himmlischen Friedens in Beijing 1989 verwirklicht gesehen, als Panzer heranrollten und die Demonstration blutig niederschlugen. Es wird berichtet, ein Mann mit einer Plastiktüte in der Hand habe sich ihnen in furchtlosem, stummem Protest entgegengestellt. Der Fahrer des ersten Panzers hielt an. Hätte der Mann den Kopf eingezogen oder versucht zu fliehen oder hätte er geschrien und drohend die Faust geballt, wäre es für den Fahrer des Panzers leichter gewesen, ihn zu überrollen. Doch seine «Selbstsicherheit» und sein «Vertrauen» brachten den Gegner dazu, entsprechend zu reagieren.

Bei der Hirschjagd kann das nicht funktionieren, ebenso wenig zwischen einem Angeklagten und seinem Folterer, da Fanatismus und die Festlegung auf bestimmte Rollen hier sehr schwer zu überwinden sind. Krieg und Massenhysterie setzen die herkömmliche Psychologie außer Kraft. In der Antike und in gewisser Weise auch zur Zeit Montaignes wurde es als recht und billig erachtet, dass ein Soldat sich in der Schlacht nicht zurückhielt, sondern von *furor* erfüllt war, von einer affektgeladenen, rauschhaften Kampfeswut, bei der Mäßigung oder Gnade nicht zu erwarten waren.

Montaigne fand den *furor* und alle anderen extremen Gefühlszustände erschreckend. Ihm missfiel die Art und Weise, wie Julius Caesar seine Soldaten vor dem Kampf durch Reden anfeuerte:

> Nicht vom Waffenblitzen, auch vom Anblick nicht
> eurer Nächsten in des Gegners Reihen lasst euch
> rühr'n – zerfetzt mit eurem Schwerte ihr Gesicht!

Von allen antiken Kriegshelden bewunderte Montaigne den thebanischen General Epaminondas am meisten, der seinen *furor* im Zaum zu halten wusste. Einmal, mitten in der Schlacht, «mit Blut und Eisen Schrecken verbreitend», stand Epaminondas einem Mann gegenüber, dessen Gastfreundschaft er genossen hatte. Er drehte sich um und tötete ihn nicht. Epaminondas erwies sich damit als «oberster Herr und Gebieter» des Kriegs, wie Montaigne schrieb. Er ließ «einen Abglanz von Gerechtigkeit in solche Kampfhandlungen fallen».

Montaigne vermutete, dass die Tradition des *furor* oft instrumentalisiert wurde. «Entreißen wir den bösartigen Naturen, diesen Bluthunden und Verrätern, ihren Deckmantel der Staatsraison.» Grausamkeit war an sich schlimm genug, aber unter dem Vorwand geistiger Überlegenheit war sie noch schwerer zu ertragen. Vor allem beklagte Montaigne den Eifer religiöser Fanatiker, die glaubten, Gott verlange solche Akte der blinden Gewalt als Beweis für die Hingabe der Gläubigen.

Auf die Grausamkeit hatte er einen «grausamen Hass». Sein Abscheu war instinktiv und so natürlich wie die Offenheit, die ihm ins Gesicht geschrieben stand. Daher auch seine Ablehnung der Jagd. Fast unerträglich war ihm der Anblick eines Huhns, dem der Hals umgedreht wird, oder eines «unter den Zähnen meiner Hunde» aufschreienden Hasen. Dieselbe Fähigkeit, die es ihm ermöglichte, die Perspektive seiner Katze einzunehmen, ließ ihn Tieren zugefügte Grausamkeit am eigenen Leib spüren.

Er konnte keinen Hasen leiden sehen, noch mehr aber beklagte er menschliches Leid und die gerichtlich angeordnete Todesstrafe, die zu seiner Zeit gang und gäbe war. «Selbst in der Rechtsprechung» ist für ihn «alles, was über die einfache Tötung hinausgeht, schiere Grausamkeit». Als Parlamentsrat von Bordeaux lehnte er es ab, solche Strafen anzuordnen: «Ich scheue derart davor zurück, jemandem wehzutun, dass ich es nicht einmal im Dienste des Rechts über mich bringe; und als es meines Amtes war, Verbrecher abzuurteilen, habe ich eher die Gerechtigkeit zu kurz kommen lassen.»

Mit seiner Missbilligung der Jagd und der Folter stand Montaigne zwar nicht allein, ungewöhnlich ist aber seine Begründung: seine innige Verbundenheit mit anderen Lebewesen. Bei der Begegnung mit den brasilianischen Indianern in Rouen verblüffte es ihn, dass sie Menschen als «Hälften voneinander» bezeichneten und sich beim Anblick reicher Franzosen, die «mit guten Dingen jeder Art geradezu vollgestopft waren», fragten, ob ihre «andern Hälften» vor ihrer Tür verhungert waren. Für Montaigne teilten alle Lebewesen ein Grundelement ihrer Existenz: «Es ist ein und dieselbe Natur, die auf ihrer Bahn dahinrollt.» Selbst wenn die Tiere uns weniger ähnlich wären, würden wir ihnen unser Mitgefühl schulden, einfach deshalb, weil sie lebendig sind.

> Wir sind zu einer gewissen Achtung und allgemein menschlichen Haltung ihnen [den Tieren] gegenüber verpflichtet – und nicht nur ihnen gegenüber, die Leben und Empfindung haben, sondern ebenso gegenüber den Bäumen und Pflanzen. Den Menschen schulden wir Gerechtigkeit, aller anderen Kreatur jedoch, die dafür empfänglich ist, Freundlichkeit und Wohlwollen. Es bestehen mancherlei Beziehungen zwischen ihnen und uns, und mancherlei wechselseitige Verbindlichkeiten.

Dazu fühlte er sich in alltäglichen Begegnungen ebenso verpflichtet wie in Situationen, die über Leben und Tod entschieden. Wir schulden anderen Lebewesen jene kleinen Gesten der Freundlichkeit und Empathie, die Nietzsche als «Wohlwollen» bezeichnete. Der oben zitierten Passage fügte Montaigne die folgende Bemerkung über seinen Hund hinzu:

> Ich selbst bin aufgrund meiner kindlichen Natur so weichherzig (ich scheue mich nicht, es zuzugeben), dass ich meinem Hund das Herumtollen kaum verweigern kann, das er mir meist im unpassendsten Augenblick anbietet oder abzubetteln sucht.

Er gibt dem Drängen seines Hundes nach, weil er dessen Perspektive nachvollziehen kann und nachempfindet, wie verzweifelt das Tier sich bemüht, sich die Langeweile zu vertreiben und die Aufmerksamkeit seines menschlichen Freundes zu gewinnen. Pascal bemerkte spöttisch, Montaigne besteige sein Pferd wie jemand, der dazu kein Recht zu haben glaubt, «da er ja nicht weiß, ob jenes Tier nicht im Gegenteil das Recht hat, sich seiner zu bedienen». Das ist treffend beobachtet, und sosehr Pascal daran Anstoß nahm, so sehr hätte Nietzsche sich darüber gefreut. Dessen geistiger Zusammenbruch begann ja angeblich damit,

dass er in Turin einem Pferd die Arme um den Hals schlang und in Tränen ausbrach.

Auch Leonard Woolf war von Montaignes Bemerkungen tief
beeindruckt. In seinen Lebenserinnerungen hob er Montaignes *Essai*
«Über die Grausamkeit» besonders hervor und würdigte dessen – bis
dahin zumeist übersehenen – singulären Rang. Montaigne sei «welt-
weit der Erste gewesen, der diese starke persönliche Abneigung gegenüber der Grausamkeit zum Ausdruck» gebracht habe. Er sei «auch der
erste ganz und gar moderne Mensch» gewesen. Beides gehörte für ihn
zusammen, schließlich lag Montaignes Modernität ja gerade in seinem
«ausgeprägten Bewusstsein und seinem leidenschaftlichen Interesse für
seine eigene Individualität und die Individualität aller anderen Menschen» – und überhaupt aller Lebewesen.

Selbst ein Schwein oder eine Maus, so Leonard Woolf, habe ein
Ich-Gefühl. Descartes hatte dies vehement bestritten, doch Woolf war
durch persönliche Erfahrung, nicht durch die cartesianische Logik zu
dieser Überzeugung gelangt. Als Kind hatte man ihn aufgefordert, neu-
geborene Welpen zu ertränken – für ein Kind eine erstaunliche Aufgabe. Er gehorchte, doch die Geschichte nahm ihn mehr mit, als er
gedacht hatte. Jahre später schrieb er:

> Oberflächlich betrachtet, sind einen Tag alte Welpen kleine blinde, sich
> windende, gestaltlose Objekte oder Dinge. Ich tauchte eines in einen
> Eimer Wasser, und augenblicklich geschah etwas Außerordentliches,
> Entsetzliches. Dieses blinde, amorphe Etwas fing an, verzweifelt um
> sein Leben zu kämpfen, es ruderte und schlug mit den Pfoten im Was-
> ser. Und plötzlich erkannte ich, dass es ein Individuum war, dass es ein
> «Ich» besaß, genau wie ich, dass es ihm in seinem Eimer Wasser genau-
> so ging wie mir, weil es genauso gegen den Tod ankämpfte, wie ich mich
> gegen den Tod wehren würde, müsste ich in den unermesslichen Wei-
> ten des Ozeans ertrinken. Damals wie heute empfinde ich es als grau-
> sam und barbarisch, dieses «Ich» in einem Eimer Wasser zu ertränken.

Die Lektüre Montaignes hatte Leonard Woolf diesen Vorfall ins
Gedächtnis zurückgerufen. Die hier gewonnene Einsicht wandte er
auf die Politik an, besonders im Rückblick auf die 1930er Jahre, als die
Welt in einer Barbarei zu versinken drohte, die für dieses kleine indivi-

duelle Ich keinen Platz mehr hatte. Im globalen Maßstab gesehen sei kein einzelnes Lebewesen von großer Bedeutung, schrieb Woolf, doch eine andere Betrachtungsweise rücke diese individuellen Ichs als das einzig Wesentliche ins Zentrum. Und nur eine Politik, die dies anerkenne, könne Hoffnung für die Zukunft geben.

Der Psychologe William James stellte ähnliche Überlegungen an. Wir können die Erfahrungen eines Hundes nicht nachvollziehen, meinte er, weder «seine Verzückung, wenn er unter einem Strauch einen Knochen findet, noch den Geruch von Bäumen oder Laternenpfählen». Ein Hund wiederum könne nicht nachvollziehen, wie es ist, wenn wir auf die Seiten eines Buches starren. Trotzdem hätten beide Bewusstseinszustände etwas gemeinsam: die «Freude» oder «prickelnde Erregung», die man empfindet, wenn man in dem aufgeht, was man tut. Diese prickelnde Erregung sollte uns vor Augen führen, wie ähnlich wir den anderen Lebewesen sind, trotz der verschiedenen Gegenstände ihres Interesses. Die Konsequenz solcher Erkenntnis ist Güte und Freundlichkeit. Diese Ähnlichkeit außer Acht zu lassen sei der größte politische, aber auch der größte persönliche und moralische Fehler, meinte James.

Nach Ansicht von William James, Leonard Woolf und Montaigne sind wir in unsere jeweilige Perspektive nicht eingemauert. Wir können aus unserem Bewusstsein heraustreten, wenn auch immer nur für einen kurzen Moment, um einen anderen Standpunkt einzunehmen. Diese Fähigkeit, sich in einen anderen hineinzuversetzen, ist die eigentliche Bedeutung der Aufforderung, gesellig zu leben. Sie ist die Antwort dieses Kapitels auf die Frage, wie man leben soll, und die größte Hoffnung auf Zivilisierung.

10

Frage: Wie soll ich leben?

Antwort: Erwache aus dem Schlaf
der Gewohnheit!

Alles ist eine Frage des Standpunkts

Die Dinge aus der Perspektive eines anderen Menschen oder eines Tieres zu sehen, kann man auch einüben. Schriftsteller tun dies ständig. Während Leonard Woolf seine politische Philosophie formulierte, notierte Virginia Woolf in ihr Tagebuch:

> Ich erinnere mich, wie ich am Rande einer Senke lag & wartete, dass L[eonard] kommt & Pilze sammelt, & einen roten Hasen den Hang hinaufhoppeln sah & plötzlich dachte: «Das ist das Erdenleben.» Mir schien, ich könnte sehen, wie erden alles war, & ich selbst eine entwickelte Art Hase, wie wenn ein Besucher vom Mond mich sehen würde.

Dieser unheimliche, fast halluzinatorische Moment vermittelte Virginia Woolf ein Gefühl dafür, wie sie und der Hase auf jemanden wirken würden, dessen Blick nicht durch Gewohnheit getrübt war. Das Vertraute wurde zu etwas Unvertrautem – ein Trick, den auch die hellenistischen Philosophen anwendeten, wenn sie aus der Perspektive des Weltalls auf das menschliche Leben hinunterblickten. Auch hier kommt es auf die Konzentration der Aufmerksamkeit an. Gewohnheit stumpft ab und schläfert ein, der Wechsel zu einer anderen, ungewohnten Perspektive rüttelt auf. Beim Schreiben bediente sich Montaigne ständig dieses Tricks.

Oft führte er sich die Sitten und Gebräuche anderer Länder vor Augen und staunte über ihre Willkürlichkeit und Fremdartigkeit. In seinen *Essais* «Über die Gewohnheit» und «Über die alten Bräuche» beschreibt er Völker, bei denen die Frauen im Stehen und die Männer am Boden kauernd pinkeln; Kinder werden bis zum Alter von zwölf Jahren gestillt, und man hielt es für verhängnisvoll, einen Säugling am ersten Tag seines Lebens zu stillen; man rasiert sich die Haare auf der linken Körperhälfte, auf der anderen dagegen lässt man sie wachsen; man tötet seinen Vater, wenn er ein bestimmtes Alter erreicht hat; man wischt sich mit einem Schwamm auf einem Stock den Hintern ab und trägt das Haar vorne lang und hinten kurz. Ähnliche Aufzählungen gibt es in der «Apologie für Raymond Sebond»: In Peru zieht man sich die Ohren lang, und Orientalen schwärzen sich die Zähne, weil weiße Zähne als unschön gelten.

Jede Kultur betrachtet ihre Sitten und Gewohnheiten als Maßstab aller Dinge. In einem Land, in dem man sich die Zähne schwärzt, ist selbstverständlich nur schwarzes Elfenbein schön. Sich diese Unterschiede zu vergegenwärtigen hilft, die eigene eingeschränkte Perspektive zu verlassen, wenn auch nur für einen kurzen Moment. «Diese weite Welt», schrieb Montaigne, «ist der Spiegel, in den wir schauen müssen, um uns aus dem rechten Blickwinkel zu sehn.» Dann betrachten wir unser eigenes Leben mit anderen Augen und öffnen unseren Blick für die Erkenntnis, dass unsere Sitten nicht weniger eigentümlich sind als die der anderen.

Montaignes Interesse an solchen Perspektivwechseln geht zurück auf seine Begegnung mit den Tupinambá in Rouen, die staunend und verwundert ihre neue Umgebung betrachteten. Diese Eingeborenen zu beobachten, wie sie wiederum die Franzosen beobachteten, war für Montaigne ein Erweckungserlebnis, vergleichbar dem von Virginia Woolf. Hier hat auch Montaignes lebenslanges Interesse für die Neue Welt seinen Ursprung – eine Erdhalbkugel, die den Europäern bis wenige Jahrzehnte vor seiner Geburt unbekannt war und immer noch fast unglaublich erschien.

Als Montaigne geboren wurde, hatten die meisten Europäer die Existenz Amerikas akzeptiert, das nun nicht länger als eine Ausgeburt der Phantasie betrachtet wurde. Manche hatten angefangen, Chili und Schokolade zu essen, und einige rauchten auch Tabak. Man hatte begonnen, Kartoffeln anzubauen, die aufgrund ihrer an Hoden erinnernden Form als Aphrodisiakum galten. Reisende brachten aus diesen Weltgegenden Geschichten über Kannibalismus und Menschenopfer oder über sagenhafte Gold- und Silberreichtümer in ihre Heimat zurück. Als die Lebensverhältnisse in Europa schwieriger wurden, erwogen viele die Auswanderung, und an der Ostküste Amerikas entstanden die ersten Kolonien. Die meisten dieser Auswanderer waren Spanier, aber auch Franzosen versuchten ihr Glück. In Montaignes Jugend sah es so aus, als werde das neue koloniale Abenteuer Frankreich den Wohlstand bringen. Das Land verfügte über eine gut ausgerüstete Flotte und große Überseehäfen, zu denen nicht zuletzt Bordeaux zählte.

Mitte des 16. Jahrhunderts wurden mehrere französische Kolonialexpeditionen unternommen, die jedoch alle scheiterten, da die Zwistigkeiten zwischen Katholiken und Protestanten den Fortbestand ihrer Siedlungen bedrohten. Die erste französische Kolonie in Brasilien, in den 1550er Jahren von Nicolas Durand de Villegaignon unweit der heutigen Stadt Rio de Janeiro gegründet, wurde von diesen religiösen Streitigkeiten so geschwächt, dass sie den Portugiesen zum Opfer fiel. In den 1560er Jahren eroberten die Spanier eine hauptsächlich von Protestanten bewohnte Kolonie in Florida. Zu der Zeit war im französischen Mutterland der Bürgerkrieg in vollem Gang, und es fehlte an Geld, um größere Kolonialexpeditionen auszurüsten. Anders als England und Spanien konnte sich Frankreich im Wettlauf um koloniale Herrschaftsgebiete in Übersee also keine politisch und finanziell lukrative Position sichern. Als es sich schließlich erholt hatte, war es zu spät, den Vorsprung der Konkurrenten aufzuholen.

Wie viele seiner Generation war auch Montaigne von Amerika fasziniert und betrachtete gleichzeitig die koloniale Eroberung voller Zynismus. Seine Begegnung mit den Tupinambá, die an Bord eines von Villegaignons Schiffen nach Frankreich gekommen waren, bedeutete ihm sehr viel, und er sammelte Objekte aus Südamerika, die er in dem Kuriositätenkabinett seines Turms aufbewahrte: «Muster ihrer Betten, ihrer Schnüre, ihrer Holzschwerter und der im Kampf ihre Handgelenke schützenden gleichfalls hölzernen Armbänder […], ebenso die großen, an einem Ende offnen Rohrstäbe, deren Klang ihnen beim Tanzen den Takt gibt.» Vieles davon stammte wahrscheinlich von einem seiner

Bediensteten, der eine Zeitlang in Villegaignons Kolonie gelebt hatte und Montaigne mit Matrosen und Kaufleuten bekannt machte. Der Diener selbst war «ein einfacher, ungeschliffner Mensch», aber gerade deshalb betrachtete Montaigne ihn als einen authentischen Zeugen, da er das, was er berichtete, nicht ausschmückte oder überinterpretierte. Montaigne las alles, was er zu diesem Thema finden konnte. In seiner Bibliothek standen französische Übersetzungen von López de Gómaras *Historia de las Indias* und Bartolomé de Las Casas' *Brevisima relación de la destrucción de las Indias*, aber auch neuere Werke in französischer Sprache, vornehmlich zwei große, gleichzeitig erschienene Berichte aus Villegaignons Kolonie, die von dem Protestanten Jean de Léry und dem Katholiken André Thevet stammten. Er gab Lérys *Histoire d'un voyage fait en la terre du Brésil* (1578) den Vorzug, der die Gemeinschaft der Tupinambá wohlwollend und sehr genau beschrieb. Wie es sich für einen protestantischen Puritaner gehörte, bewunderte Léry die Tupinambá für ihre schlichte Nacktheit und dafür, dass sie sich nicht mit gekräuselten Krägen und allem möglichen anderen Firlefanz herausputzten wie die Franzosen. Als Grund dafür, dass nur wenige Tupinambá im Alter weißes oder auch nur graues Haar hatten, vermutete er, dass sie nicht von Zwistigkeiten, Geiz, Neid und Ehrgeiz beherrscht wurden. Er bewunderte auch ihre Unerschrockenheit im Kampf. Sie führten blutige Kriege mit hervorragenden Säbeln nur um der Ehre willen, nicht aus Eroberungssucht und Beutegier. Solche Kriege endeten in der Regel mit einem großen Festmahl, in dessen Verlauf Kriegsgefangene getötet und verspeist wurden. Léry selbst hatte an einem solchen Ereignis teilgenommen. In jener Nacht wachte er in seiner Hängematte auf, weil vor ihm plötzlich ein Wilder stand, in der Hand einen gebratenen Menschenfuß. Léry erschrak zu Tode, zur Belustigung der Wilden, die ihn umringten. Später erklärte man ihm, der Wilde habe sich über sein Kommen gefreut und ihm seine Gastfreundschaft dadurch erweisen wollen, dass er ihm ein Stück Menschenfleisch zum Essen anbot. Damit war Lérys Vertrauen in seine Freunde wiederhergestellt. Er habe sich, wie er schrieb, unter ihnen sicherer gefühlt als «bei unredlichen und entarteten Leuten an vielen Orten Frankreichs». Tatsächlich sollte er in den französischen Bürgerkriegen nicht minder grausame Szenen erleben, als er im Winter 1572

Tupinambá-Indianer beim Tanz, Darstellung von Theodore de Bry, 1552

bei einer Belagerung der Stadt Sancerre Zeuge wurde, wie die Bewohner Menschenfleisch aßen, um nicht zu verhungern.

Montaigne war ein begeisterter Leser Lérys, und als er in dem Kapitel «Über die Menschenfresser» von seiner eigenen Begegnung mit den Tupinambá berichtete, folgte er Lérys Beispiel, den Gegensatz zu Frankreich und die Implikationen für das Überlegenheitsgefühl der Europäer zu betonen. In dem Kapitel «Über Wagen» bemerkte er auch, dass die künstlichen Gärten und die prächtigen Paläste der Inkas und Azteken deren europäische Äquivalente weit in den Schatten stellten. Die einfachen Tupinambá jedoch schätzte Montaigne sehr viel höher ein. Er beschrieb sie mit einer Liste von Negationen, die durchaus erstrebenswerte Zustände erkennen ließen:

Hier haben wir ein Volk [...], in dem es keinerlei Handel gibt, keine Kenntnis von Buchstaben, keine Rechenlehre, keine Bezeichnung für *Behörde* oder *Obrigkeit*, keine Dienstbarkeiten, keinen Reichtum und keine Armut; keine Verträge, keine Erbfolge und keine Güterteilung; keine beschwerlichen Tätigkeiten und keine Berücksichtigung einer anderen als der zwischen allen Menschen bestehenden Verwandtschaft; keine Bekleidung, keinen Ackerbau und kein Metall; keine Verwendung von Getreide oder Wein. Selbst Wörter wie *Lüge*, wie *Verstellung* und *Verrat*, wie *Habsucht* und *Neid*, wie *Verleumdung* und *Verzeihen:* unbekannt.

Eine solche «Negativaufzählung» war in der antiken Literatur ein geläufiger Topos und findet sich bereits in einem viertausend Jahre alten sumerischen Keilschrifttext:

Es war einmal eine Zeit, da gab es keine Schlangen und keine Skorpione, keine Hyänen und keine Löwen, keine wilden Hunde und keine Wölfe, keine Angst und keinen Schrecken, der Mensch hatte keinen Rivalen.

Es war nur folgerichtig, dass dieser Topos auch in Renaissancetexten über die Neue Welt auftauchte, sich diese Tradition also fortsetzte. Im 19. Jahrhundert beschrieb Herman Melville das glückselige Tal von Taipi auf den Marquesas-Inseln, wo «keine Hypotheken oder protestierten Wechsel fällig und keine Rechnungen zu bezahlen waren; man kannte keine Ehrenschulden [...], keine armen Verwandten [...], keine bedürftigen Witwen [...], keine Bettler; keine Schuldgefängnisse; keine stolzen, hartherzigen Nabobs in Taipi – oder, um alles in einem Wort zusammenzufassen – kein Geld!» Die Menschen, so die Vorstellung, seien glücklicher, wenn sie ein einfaches Leben im Einklang mit der Natur führten wie Adam und Eva im Garten Eden. Den Stoikern hätten solche Phantasien über ein Goldenes Zeitalter gefallen. Seneca stellte sich eine urzeitliche Welt vor, in der kein Besitz gehortet, mit Waffen keine Gewalt ausgeübt wurde und keine Abwässer die Flüsse verschmutzten. Es gab keine Häuser, und man schlief besser, weil keine Dachbalken knisterten, die einen aus dem Schlaf rissen.

Auch Montaigne reizten solche Phantasien. Diese Wilden, schrieb er, behielten im gleichen Sinn, «wie wir die Früchte *wild* nennen», ihr volles natürliches Aroma. Deshalb seien sie auch solcher Tapferkeit fähig, denn ihr Verhalten im Kampf sei nicht durch Gier verfälscht. Selbst die kannibalischen Rituale der Tupinambá seien nicht barbarisch, sondern Zeichen einer ursprünglichen Primitivität. Die Opfer bewiesen erstaunlichen Mut, während sie ihr Schicksal erwarteten, ja sie forderten ihre Bewacher sogar mit höhnischen Bemerkungen heraus. Beeindruckt war Montaigne von einem Lied, in dem ein Gefangener seine Gegner aufforderte, flugs herbeizueilen und sich gütlich zu tun. «Merkt ihr denn nicht», heißt es darin, «dass noch Saft und Kraft der Glieder eurer Ahnen darin steckt? Lasst sie euch munden, denn so kommt ihr auf den Geschmack eures eignen Fleisches!» Eine archetypische Szene: Der Besiegte ist zwar dem Tod geweiht, aber er beweist stoische Unerschütterlichkeit. Hierzu, so die Schlussfolgerung, seien nur Menschen fähig, die ihrer wahren Natur folgten.

Der Gesang des Gefangenen ist eines der beiden «Kannibalenlieder», die in Montaignes *Essais* auftauchen. Das zweite, gleichfalls von den Tupinambá, ist ein Liebeslied, das Montaigne vielleicht 1562 in Rouen gehört hatte, denn er lobte dessen Klang. Die Sprache der Eingeborenen, schreibt er, habe einen «sanften und angenehmen Tonfall, der an den Wohllaut griechischer Endungen erinnert». In einer Prosaübersetzung lautet der Text des Liedes:

> Verweile Schlange, verweile Schlange, es soll die Schwester nach deinen Farben ein Halsband sticken, ein reiches Halsband für meine Freundin. So, schöne Schlange, wird deine Schönheit und deine Farbe vor allen Schlangen der Welt gepriesen.

Montaigne gefiel die schlichte Eleganz dieser Zeilen, die in scharfem Kontrast zur überfeinerten europäischen Verskunst seiner Zeit stand. In einem anderen *Essai* meinte er, solche «rein natürliche Volksdichtung» (zu der er auch die traditionelle *villanelle* seiner heimatlichen Guyenne zählte) könne es mit der «Schönheit vollendeter Kunstdichtung durchaus aufnehmen». Und selbst mit der klassischen Dichtkunst könne sie konkurrieren.

Montaignes «Liebeslied eines Kannibalen» führte außerhalb der *Essais* ein beachtliches Eigenleben. Chateaubriand entlieh es sich für seine *Erinnerungen von jenseits des Grabes*, wo es von einer hübschen vierzehnjährigen Indianerin gesungen wird. Nach der Entdeckung des Volkslieds im 18. Jahrhundert wurde es auch in Deutschland bekannt, das an Montaigne zunächst wenig Interesse zeigte. Die beiden Lieder der Kannibalen waren neben einigen lobenden Bemerkungen Montaignes über deutsche Öfen das Einzige aus seinem Werk, das man bis Nietzsche überhaupt wahrnahm. «Verweile Schlange» wurde unter anderem von Ewald Christian von Kleist und Johann Gottfried Herder sowie von Goethe unter dem Titel *Liebeslied eines amerikanischen Wilden* und *Todeslied eines Gefangenen* übersetzt. Die deutschen Romantiker mit ihrer Begeisterung für Lieder von Liebe und Tod griffen die von Montaigne übertragenen Lieder auf, alles andere ignorierten sie – aber ähnlich verfahren ja die meisten Leser.

Wie Léry könnte man auch Montaigne den Vorwurf machen, die Völker der Neuen Welt romantisch zu verklären, doch sein Verständnis der psychologischen Komplexität des Menschen war viel zu tief, als dass er sie zugunsten eines Lebens in der reinen, ungezähmten Natur geopfert hätte. Er wusste, dass die amerikanischen Kulturen ebenso dumm und grausam sein konnten wie die europäischen. Und da Grausamkeit jenes Laster war, das er am meisten verabscheute, versuchte er nicht, deren blutrünstige Rolle in den Religionen der Neuen Welt zu beschönigen. «So verbrennt man die Opfer oft lebendigen Leibes, und wenn sie halb gebraten sind, zerrt man sie vom Feuer, um ihnen Herz und Eingeweide herauszureißen. Manchen, darunter sogar Frauen, zieht man, wiederum lebendigen Leibes, die Haut ab, um diese, bluttriefend wie sie ist, anderen überzuwerfen und sie mit ihr zu maskieren.»

Er fügte aber hinzu, diese Grausamkeiten wirkten vor allem deshalb so blutrünstig, weil sie den Europäern fremd seien. Auch in Europa gebe es schreckliche Praktiken, an die man sich jedoch gewöhnt habe. «Was mich ärgert, ist keineswegs, dass wir mit Fingern auf die barbarische Grausamkeit solcher Handlungen zeigen», schrieb er, «sehr wohl aber, dass wir bei einem derartigen Scharfblick für die Fehler der Menschenfresser unseren eignen gegenüber so blind sind.» Montaigne wollte, dass seine Leser die Augen öffneten und sahen. Die Völker Südamerikas faszinierten ihn nicht um ihrer selbst willen, sie waren ein idealer Spiegel, in dem Montaigne und seine Landsleute sich «aus dem rechten Blickwinkel» betrachten konnten, um aus ihrer Selbstzufriedenheit wachgerüttelt zu werden.

Edle Wilde

Zur selben Zeit, da sich deutsche Leser ausschließlich für Montaignes Volkslieder interessierten, wurde er von einer neuen Generation französischer Leser wiederentdeckt, die mit den Kannibalen als Spiegelbild ihrer selbst sehr viel mehr anfangen konnten, als Montaigne erwarten durfte.

Den Anstoß dazu gab eine Ausgabe der *Essais*, die 1724 erschien. In Frankreich waren die *Essais* schon seit fünfzig Jahren verboten, jetzt aber wurden sie aus England eingeschmuggelt, als der französische Exilant Pierre Coste, ein Protestant, eine Neuausgabe herausbrachte. Coste stellte ganz bewusst Montaignes subversive Seite in den Vordergrund – nicht indem er in den Text eingriff, sondern indem er Texte hinzufügte, vor allem La Boéties Traktat *Von der freiwilligen Knechtschaft*, das in seiner Ausgabe von 1727 vollständig enthalten ist. Damit wurde diese Schrift seit den protestantischen Traktaten des 16. Jahrhunderts zum ersten Mal überhaupt veröffentlicht, und zum allerersten Mal erschien sie gemeinsam mit den *Essais* – und damit wurde Montaigne plötzlich in ein ganz anderes Licht gerückt. Er gewann die Aura eines Rebellen, im politischen wie im privaten Leben, eines Autors, dessen Philosophie der Unerschütterlichkeit ganz andere Bedeutungsebenen barg. Das von Coste vermittelte Image Montaignes als eines heimlichen Radikalen ist bis heute lebendig. Costes Ausgabe ließ Montaigne als einen freidenkerischen Philosophen der Aufklärung erscheinen, der zweihundert Jahre zu früh geboren worden war. Die Leser des 18. Jahrhunderts erkannten sich in ihm wieder und fragten sich, warum es so lange gedauert hatte, bis man ihn wirklich verstand.

Diese neue Generation «aufgeklärter» Leser war von Montaignes Darstellung der mutigen Tupinambá begeistert. Seine kannibalischen

Stoiker entsprachen perfekt einer neuen Phantasiegestalt: der Figur des edlen Wilden, in dem sich primitive Einfalt mit antikem Heroismus verband und der jetzt zum Objekt einer fast kultischen Verehrung wurde. Anhänger dieses Kults machten sich Montaignes Ansicht zu eigen, Kannibalen hätten ein eigenes Ehrgefühl und hielten der europäischen Zivilisation den Spiegel vor. Dabei ließen sie jedoch außer Acht, dass für Montaigne auch diese Wilden genauso grausam und barbarisch waren wie alle anderen Menschen.

Zu denen, die von Montaignes Tupinambá angetan waren, zählte der Aufklärer Denis Diderot, einer der Herausgeber der *Encyclopédie*, einer Monumentalsammlung des gesamten Wissens seiner Zeit. Diderot schrieb aber auch zahllose philosophische Romane, Theaterstücke und Briefe. Er kam schon früh mit Montaignes *Essais* in Berührung und zitierte daraus in seinen eigenen Werken, nicht immer unter Angabe der Quelle. In dem kurzen Text *Supplément au voyage de Bougainville* von 1775 (zuerst veröffentlicht 1796) beschrieb Diderot voller Begeisterung die Völker des Südpazifiks, die erst kurz zuvor von den Europäern «entdeckt» worden waren – das zeitgenössische Äquivalent zu Montaignes amerikanischen Eingeborenen. Wie die Tupinambá führten scheinbar auch die Bewohner der Pazifikinseln ein einfaches Leben fast im Zustand der Unschuld. Unerquickliche Aspekte ihrer Kultur konnte man einfach ausblenden, weil die Europäer ohnehin kaum etwas über sie wussten. Es blieb also viel Spielraum für phantasievolle Ausschmückungen, etwa die Vorstellung hedonistischer sexueller Freizügigkeit dieser Eingeborenen. In Diderots *Supplément* ermahnt einer der Tahitianer die Europäer, sie bräuchten nur ihrer Natur zu folgen, um glücklich zu werden. Das war es, was seine Landsleute hören wollten.

Das Bild des edlen Wilden wurde von Jean-Jacques Rousseau weiter ausgemalt, der gleichfalls von Montaigne beeinflusst war. Sein mit Anmerkungen versehenes Exemplar der *Essais* ist bis heute erhalten. Anders als Diderot sah Rousseau in der primitiven Gesellschaft ein Ideal, das nirgendwo auf der Welt verwirklicht worden sei, auch nicht im Pazifik. Sie bilde lediglich den idealtypischen Gegenpol zu realen Gesellschaften. Jede real existierende Zivilisation, so Rousseau, sei per definitionem korrupt.

In seinem *Diskurs über die Ungleichheit* stellt er sich vor, wie der

Mensch ohne die Ketten der Zivilisation leben würde: «Ich sehe ein Tier [...], wie es sich unter einer Eiche satt isst, wie es am erstbesten Bach seinen Durst löscht, wie es sein Bett am Fuße desselben Baumes findet, der ihm sein Mahl geliefert hat.» Die Erde gibt ihm alles, was er zum Leben braucht. Sie verhätschelt ihn nicht, aber er muss auch nicht verhätschelt werden. Die harten Lebensbedingungen, an die dieser Mensch von Kindheit an gewöhnt war, haben ihn robust und widerstandsfähig gegen Krankheiten gemacht, und er ist stark genug, wilden Tieren unbewaffnet entgegenzutreten. Er kennt keine Axt, benutzt aber seine Muskeln, um dicke Äste abzubrechen. Er verfügt weder über Schleuder noch Gewehr, aber er kann einen Stein mit solcher Kraft werfen, dass ein Raubvogel, der davon getroffen wird, tot zu Boden stürzt. Er kann ebenso schnell laufen wie ein Pferd. Erst «indem er soziabel und Sklave wird, wird er schwach» und lernt die Furcht kennen – und die Verzweiflung. Nie habe man gehört, sagt Rousseau, dass ein Wilder in Freiheit auch nur daran gedacht hätte, sich selbst zu töten. Der zivilisierte Mensch dagegen verliere sogar sein natürliches Mitgefühl. Wenn jemand einem anderen unter dem Fenster eines Philosophen die Kehle durchschneidet, wird sich der Philosoph die Ohren zuhalten und tun, als hätte er nichts gehört. Der natürliche Mensch würde niemals seine innere Stimme ignorieren, die ihm sagt, sich mit seinen Mitmenschen zu identifizieren – eine Stimme sehr ähnlich Montaignes Aufforderung zu Mitgefühl für alle leidenden Kreaturen.

Wenn man die Chronologie umdreht und sich vorstellt, Montaigne säße in seinem Lehnstuhl und läse Rousseau, könnte man sich fragen, wie lange es gedauert hätte, bis er das Buch weggelegt hätte. Anfangs wäre er ihm vielleicht gefolgt, doch schon ein paar Abschnitte später wäre er unter der Wucht von Rousseaus volltönender Rhetorik ins Grübeln gekommen. Montaigne würde innehalten und versuchen, die Sache aus einem anderen Blickwinkel zu betrachten. Macht uns die Gesellschaft wirklich herz- und gefühllos, würde er sich fragen. Geht es uns in der Gemeinschaft mit anderen denn nicht besser als allein? Ist der Mensch wirklich frei geboren? Ist er nicht von Anfang an voller Schwächen und Unvollkommenheiten? Geht Geselligkeit wirklich Hand in Hand mit Sklaverei? Und kann, nebenbei gefragt, ein ohne Schleuder geworfener Stein wirklich einen Raubvogel töten?

Rousseau dagegen hält nie inne oder wechselt die Blickrichtung, er prescht immer weiter vorwärts und reißt viele Leser mit sich. So wurde er zum populärsten Autor seiner Zeit. Schon nach wenigen Seiten erkennt man, wie sehr sich Rousseau von Montaigne unterscheidet, auch wenn viele seiner Ideen von ihm stammen. Der Gefahr, sich in primitivistische Phantasien zu flüchten, entgeht Montaigne dadurch, dass er schon beim Sprechen einen Schritt zur Seite tritt. Sein «Ich bin mir nicht sicher» kommt ihm immer wieder dazwischen. Außerdem verfolgt er ein ganz anderes Ziel als Rousseau. Er will nicht zeigen, dass die moderne Zivilisation korrumpiert ist, sondern dass die Sicht des Menschen auf die Welt von Natur aus korrumpiert und einseitig ist. Das gilt für die brasilianischen Ureinwohner und ihren Blick auf die Franzosen in Rouen ebenso wie für Léry oder Thevet in Brasilien. Die einzige Hoffnung, aus dem Nebel der Fehlinterpretation herauszufinden, besteht darin, sich dieses Nebels bewusst zu werden – und vor sich selbst auf der Hut zu sein. Aber auch das ist keine Lösung, denn wir können unseren Beschränktheiten niemals entfliehen.

Autoren wie Diderot und Rousseau waren nicht nur von dem «kannibalischen» Montaigne fasziniert, sondern von allen Textabschnitten, in denen er über eine einfache und natürliche Lebensweise schreibt. Jenes Werk Rousseaus, das Montaignes *Essais* am meisten zu verdanken hat, ist der überaus erfolgreiche Erziehungsroman *Émile*. Mit der Propagierung einer «natürlichen» Erziehung hat er das Leben einer ganzen Generation von Kindern verändert. Eltern und Lehrer, so Rousseau, sollten ihre Kinder behutsam erziehen und ihnen durch Reisen und Gespräche die Möglichkeit geben, sich von ihrer Neugier leiten zu lassen und die Welt zu entdecken. Gleichzeitig sollten sie, wie kleine Stoiker, an harte Lebensbedingungen gewöhnt werden. Die Anklänge an Montaignes *Essai* über die Erziehung sind offenkundig, auch wenn Rousseau Montaigne nur gelegentlich erwähnt, meist, um ihn anzugreifen.

Massive Kritik an Montaigne übt er beispielsweise im Vorwort zu den *Bekenntnissen*, seiner Autobiographie, die sich stark an Montaignes Projekt der Selbstbeschreibung orientiert. In diesem Vorwort, das in späteren Ausgaben meist fehlt, weist Rousseau diese Abhängigkeit zurück: «Ich rechne Montaigne an vorderster Stelle zu denen, die dadurch täuschen wollen, dass sie die Wahrheit sagen. Er porträtiert sich selbst als fehlerhaft, gesteht aber nur solche Fehler ein, die ihn liebenswert machen.» Mit anderen Worten: Nicht Montaigne, sondern Rousseau sei der Erste, der einen schonungslos ehrlichen Bericht über sich selbst verfasst hat. Das gibt Rousseau die Freiheit zu behaupten: «Dies ist das einzige Porträt eines Menschen exakt nach der Natur und in seiner ganzen Wahrheit, das es jemals gab und wahrscheinlich jemals geben wird.»

Anders als Montaignes *Essais* erzählen Rousseaus *Bekenntnisse* das Leben chronologisch, angefangen mit der Kindheit; aber auch die Zielrichtung beider Autoren ist unterschiedlich. Rousseau betrachtete sich als eine solche Ausnahmeerscheinung an Brillanz, aber auch an Bosheit, dass er diese einzigartige Kombination von Charaktereigenschaften für die Nachwelt festhalten wollte.

> Ich kenne die Menschen. Ich bin nicht gemacht wie irgendeiner von denen, die ich bisher sah, und ich wage zu glauben, dass ich auch nicht gemacht bin wie irgendeiner von allen, die leben [...]. Ob die Natur gut oder übel daran getan hat, die Form zu zerbrechen, in der sie mich gestaltete, das wird man nur beurteilen können, nachdem man mich gelesen hat.

Montaigne dagegen sah sich als einen durch und durch gewöhnlichen Menschen, in jeder Hinsicht – bis auf seine Angewohnheit, Dinge aufzuschreiben. Er «trägt die ganze Gestalt des Menschseins in sich» und freut sich, ein Spiegel für andere zu sein – dieselbe Rolle, die er den Tupinambá zuschreibt. Genau darum geht es in den *Essais:* Wenn sich niemand in ihnen wiedererkennt, wozu sollte man sie dann lesen?

Einige Zeitgenossen bemerkten auffällige Ähnlichkeiten zwischen Rousseau und Montaigne, und man bezichtigte Rousseau des Plagiats. Dom Joseph Cajot bemerkte in einer Schrift mit dem unverblümten Titel *Les plagiats de M. J. J. Rousseau,* der einzige Unterschied bestehe darin, dass Montaigne weniger schwärme als Rousseau und sich kürzer fasse – gewiss das erste und einzige Mal, dass man ihm dieses Kompliment machte. Und in einem von Nicolas Bricaire de la Dixmerie verfassten Dialog gibt Rousseau zu, Gedanken von Montaigne übernommen zu haben, verteidigt sich aber damit, sie hätten nichts mit Montaigne zu tun, weil er selbst «inspiriert», Montaigne aber «kalt» geschrieben habe.

Zu Lebzeiten Rousseaus wurden das Schwärmerische, die Inspiration und das Feuer der Begeisterung bewundert. Diese Qualitäten waren der Beweis, dass der Autor im Einklang mit der «Natur» stand, ohne ein Sklave der kalten und herzlosen Zwänge der Zivilisation zu sein; dass er wild und aufrichtig war und über das gewisse kannibalische Etwas verfügte.

Die Leser des 18. Jahrhunderts, die Montaigne für sein Lob der Tupinambá und seine Äußerungen über die Natur schätzten, entwickelten sich immer mehr zu Romantikern – und Ende des 18., Anfang des 19. Jahrhunderts war Montaigne nicht mehr derselbe wie zuvor.

«Erwache aus dem Schlaf der Gewohnheit!» – diese Antwort auf die Ausgangsfrage nach dem «richtigen» Leben war zunächst gleichbedeutend mit der Aufforderung zu Aufgeschlossenheit und sanfter Rebellion. Später sah man darin eine Aufforderung zu offenem Widerspruch, ja zur Revolution. Von nun an betrachtete man Montaigne nicht mehr als einen Quell abgeklärter hellenistischer Weisheit, er gewann jetzt das Image des Wilden und Ungestümen.

11
Frage: Wie soll ich leben?

Antwort: Finde das rechte Maß!

Reguliere die Temperatur!

Die Leser des späten 18. und frühen 19. Jahrhunderts schätzten nicht nur Montaignes Lob der amerikanischen Ureinwohner, sondern auch seine Bereitschaft, offen über sich selbst Auskunft zu geben, die Widersprüche seines eigenen Charakters zu erkunden, Konventionen zu missachten und mit alten Gewohnheiten zu brechen. Als erste Generation von Lesern goutierten sie auch seinen Stil mit all seinen Brüchen und Sprüngen, die Impulsivität, mit der er seine Gedanken äußerte, ohne sie in einen geordneten Zusammenhang zu bringen.

Besonders angetan waren romantische Leser von Montaignes inniger Zuneigung zu Étienne de La Boétie. Dass die Liebesgeschichte mit La Boéties Tod tragisch endete, machte sie um so schöner. Montaignes schlichte Erklärung für diese Freundschaft – «Weil er es war, weil ich es war» – wurde zum geflügelten Wort, beschrieb sie doch das transzendente Geheimnis jeder menschlichen Zuneigung.

In ihrer Autobiographie berichtete George Sand, wie beeindruckt sie in ihrer Jugend von Montaignes und La Boéties Beziehung gewesen sei, diesem Prototyp einer spirituellen Freundschaft, die sie für sich selbst ersehnte und später in der Beziehung zu Flaubert und Balzac auch fand. Der Dichter Alphonse de Lamartine empfand es ähnlich. In einem Brief urteilte er über Montaigne: «Das Einzige, was ich an ihm bewundere, ist seine Freundschaft mit La Boétie.» In einem früheren Brief an denselben Freund hatte er bereits Montaignes Formulierung zur Beschreibung seiner eigenen Empfindungen übernommen: «Weil du du bist und ich ich bin.» Ja, er betrachtete Montaigne selbst als einen solchen Gefährten und spricht vom «Freund Montaigne, ja: Freund».

Diese neue Montaigne-Begeisterung manifestierte sich auch darin, dass sein Turm zu einer regelrechten Pilgerstätte wurde. Von Neugier getrieben, strömten die Besucher herbei, um in hingerissener Versunkenheit seinem Geist nachzuspüren. Manche hatten fast das Gefühl, sich für einen kurzen Augenblick in Montaigne zu verwandeln.

In den Jahrhunderten zuvor war dies anders gewesen. Montaignes Nachkommen bewohnten das Schloss bis 1811, und niemanden kümmerte es, dass das Erdgeschoss des Turms als Kartoffellager diente und das Schlafzimmer im ersten Stock zeitweilig Hunde, später Hühner beherbergte. Das änderte sich erst, als aus den wenigen Besuchern der Frühromantik ein stetiger Strom geworden war und man anfing, Montaignes Arbeitsumfeld zu rekonstruieren.

Die Romantiker verspürten den Wunsch, Montaigne nahe zu sein, wie man dem Menschen nahe sein will, den man liebt: aus demselben Fenster zu blicken wie er oder den Raum zu betreten, wo sein Schreibtisch stand und seine *Essais* entstanden sind. Wenn man den Trubel im Hof und die Unruhe ausblendete, die gewiss auch sein Zimmer erreichte, konnte man sich den Turm als die Zelle eines Einsiedlers vorstellen. «Eilen wir, die Schwelle zu überschreiten», schrieb Charles Compan, einer dieser frühen Besucher, über Montaignes Turmbibliothek:

> Wenn dein Herz in unbeschreiblicher Aufwallung pocht wie meines; wenn die Erinnerung an diesen großen Mann jene tiefe Verehrung in dir auslöst, die man keinem Wohltäter der Menschheit verweigern kann, dann trete ein.

Diese Tradition setzte sich auch über das Ende der romantischen Epoche hinaus fort. Der Marquis de Gaillon beschrieb das Verlassen von Montaignes Turm im Jahr 1862 mit den Worten dessen, der von seiner Geliebten Abschied nimmt:

> Doch am Ende muss man diese Bibliothek, dieses Zimmer, diesen teuren Turm verlassen. Leb wohl, Montaigne! Denn diesen Ort zu verlassen bedeutet, von dir getrennt zu sein.

Eine solche Schwärmerei war Montaigne fremd. Jeder Leser blendet aus den *Essais* das aus, was seiner eigenen Deutung widerspricht, den Romantikern mit ihrem Gefühlsüberschwang fiel dies allerdings schwerer als anderen. Sätze wie die folgenden empörten sie:

> Ich habe, da von trägem und schwerfälligem Temperament, keine große Erfahrung in diesen heftigen Gemütsbewegungen.

> Ich liebe die bedächtigen Naturen.

> Meine Ausschweifungen [tragen] mich keineswegs sehr weit fort. Es ist nichts Maßloses und Außergewöhnliches an ihnen.

> Meiner Ansicht nach sind jene Leben am schönsten, die sich ins allgemeine Menschenmaß fügen, auf wohlgeordnete Weise, ohne Sonderwünsche, ohne Wundersucht.

Zu den enttäuschten Lesern zählte auch Alphonse de Lamartine. Anfangs bewunderte er Montaigne und trug ein Exemplar der *Essais* stets bei sich, um jederzeit darin blättern zu können; später kritisierte er ihn vehement. Montaigne, so sagte er jetzt, habe das wahre Elend des Lebens gar nicht kennengelernt. In einem Brief schrieb er, er habe die *Essais* nur als junger Mann lieben können – also rund neun Monate vorher, als er anfing, in seinen Briefen von Montaigne zu schwärmen. Jetzt, mit einundzwanzig und von Kummer geplagt, fand er Montaigne zu kühl und gemessen. Vielleicht, so überlegte er, werde er im Alter zu ihm zurückkehren, wenn der Kummer sein Herz ausgetrocknet habe. Jetzt hingegen mache ihn Montaignes maßvolle Haltung regelrecht krank.

George Sand schrieb, sie sei «nicht Montaignes Schülerin», was seine stoische und skeptische «Gleichgültigkeit» angehe, seine Seelenruhe oder Ataraxie, die zu ihrer Zeit längst nicht mehr erstrebenswert schien. Montaignes Freundschaft mit La Boétie als einziges Beispiel für seine Innigkeit und Wärme war ihr zu wenig. Sie wurde seiner überdrüssig.

Für romantische Leser am schwersten zu verkraften war Montaignes Schilderung seiner Begegnung mit dem Dichter Torquato Tasso während seiner Italienreise 1580. Tassos Versepos *La Gerusalemme liberata (Das befreite Jerusalem)* hatte bei seiner Veröffentlichung im selben

Jahr enormen Erfolg, aber der Dichter war in geistige Umnachtung gefallen. Man hatte ihn in ein Irrenhaus gesteckt, wo er unter jammervollen Bedingungen lebte. Auf seiner Italienreise besuchte Montaigne ihn in Ferrara und war entsetzt. Er empfand durchaus Mitgefühl, glaubte aber, Tasso habe sich durch seine dichterische Ekstase selbst in diese ausweglose Situation gebracht. Sein «Klarblick», meinte er, habe ihn «blind gemacht». Montaigne bekümmerte, ja befremdete der Wahnsinn dieses Genies, er bedauerte dessen Selbstzerstörung. Er war sich darüber im Klaren, dass ohne eine «Beimischung von Wahnsinn» Dichtung gar nicht möglich sei. Aber wozu, so fragte er, diese Übersteigerung, die einen den Verstand verlieren lässt? «Der Bogenschütze, der übers Ziel hinausschießt, verfehlt es ebenso wie einer, dessen Pfeil es nicht erreicht.»

Im Blick auf diese beiden so unterschiedlichen Autoren Montaigne und Tasso waren die Romantiker bereit, Montaignes Ansicht zu folgen, dass Tasso durch das Schreiben seinen Verstand zerstört hatte; Montaignes Trauer darüber konnten sie durchaus nachvollziehen. Was sie aber weder verstehen noch ihm verzeihen konnten, war sein Befremden. Blendende Brillanz, Melancholie und die inspirierende Kraft der Imagination waren für die Romantiker nachvollziehbar, Befremden nicht.

Montaigne ist offenkundig «kein Dichter», giftete Philarète Chasles, einer dieser Leser. Und Jules Lefèvre-Deumier beklagte Montaignes «stoische Gleichgültigkeit» gegenüber menschlichem Leid, eine Fehlinterpretation dessen, was Montaigne über Tasso geschrieben hatte. Die Romantiker nahmen Partei. Sie identifizierten sich mit Tasso, nicht mit Montaigne, der in ihren Augen die gefühllose Welt repräsentierte, die, wie sie glaubten, auch ihnen selbst feindselig gegenüberstand. Nietzsche hätte Montaigne warnen können.

> Die Mäßigkeit sieht sich selber als schön; sie ist unschuldig daran,
> dass sie im Auge des Unmäßigen rau und nüchtern,
> folglich als hässlich erscheint.

Tatsächlich spielte in diesem Fall Montaigne die Rolle des Rebellen. Wenn er Mäßigung und Gleichmut empfahl und den Wert des dich-

terischen Überschwangs anzweifelte, widersprach er dem Geschmack
seiner eigenen wie auch dem der romantischen Epoche. Für die Leser
der Renaissance war die poetische Inspiration ebenso ein ekstatischer
Zustand wie der erbitterte Kampf in einer Schlacht oder das Sichver-
lieben. In allen drei Fällen scheint Montaigne über einen inneren Ther-
mostat verfügt zu haben, der die Emotionen vor Überhitzung schütz-
te. Deshalb bewunderte er auch Epaminondas, den einzigen Krieger
der Antike, der beim Rasseln der Schwerter einen klaren Kopf behielt,
und deshalb schätzte er Freundschaft höher als Leidenschaft. «Ins Jenseits entrückte Seelenzustände erschrecken mich», schrieb er. Er bevorzugte Neugier, Geselligkeit, Freundlichkeit, Mitgefühl, Anpassungsfähigkeit, kluge Reflexion, die Fähigkeit, die Dinge aus einem anderen
Blickwinkel zu betrachten, und «Wohlwollen» – all das ist mit dem
Furor der Ekstase unvereinbar.

   Montaigne behauptete sogar, wahre Seelengröße liege in der Mit-
telmäßigkeit, was erschreckend, ja extrem klingt. Wir modernen
Menschen haben so sehr gelernt, das Mittelmaß als einen verküm-
merten, begrenzten Zustand zu betrachten, dass es uns schwerfällt,
Montaigne hier zu folgen. Spielt er mit dem Leser wie bei seiner
Behauptung, er habe ein schlechtes Gedächtnis und sei schwer von
Begriff, oder meint er es ernst? Montaigne misstraut Menschen mit
hochfliegenden Ambitionen, die, «statt sich zu erheben, zu Boden
stürzen». Wie Tasso streben sie über sich hinaus, büßen dabei aber
ihre gewöhnlichen menschlichen Fähigkeiten ein. Wirkliches Menschsein bedeutet aber nicht einfach nur Gewöhnlichkeit und Mittelmaß,
sondern «Ruhe und Ordnung in unserm täglichen Verhalten», damit
wir die Dinge in ihrem wahren Wert schätzen und uns in jeder Situation angemessen verhalten können. Deshalb sollte «recht zu leben»
(vivre à propos) auch «unser großes und leuchtendes Meisterwerk
sein» – hehre Worte für ein ganz und gar nüchternes, bescheidenes
Ziel. Mittelmaß ist für Montaigne aber nicht der Zustand des stump-
fen Menschen, der die Mühe des Nachdenkens nicht auf sich nimmt
oder dem es an Phantasie mangelt, über den eigenen Tellerrand zu
blicken. Es bedeutet vielmehr Selbstbescheidung: zu akzeptieren,
dass man sich von allen anderen nicht wesentlich unterscheidet, weil
jeder Einzelne das ganze Menschsein in sich trägt. Mit Rousseau und

seinem Gefühl der Abgehobenheit von allen seinen Mitmenschen hat das nichts zu tun. Für Montaigne ist

> nichts so schön und unsrer Bestimmung gemäß wie ein rechter Mensch sein, und keine Kunst so schwer, wie unser Leben recht und natürlich zu leben wissen. Die schrecklichste unserer Krankheiten aber ist die Verachtung unsres Seins.

Er wusste dennoch, dass unsere menschliche Natur sich dieser Erkenntnis nicht immer fügt. Neben dem Wunsch, glücklich zu sein, aufgehoben in uns selbst und im Vollbesitz unserer Kräfte, treibt etwas anderes die Menschen an, immer wieder das Erreichte zu zerstören. Sigmund Freud spricht vom Thanatos-Prinzip, vom Todes- und Zerstörungstrieb. Rebecca West beschreibt es so:

> Nur ein Teil in uns ist geistig gesund, nur ein Teil in uns liebt die Freude und länger währendes Glück, möchte neunzig Jahre alt werden und friedlich im eigenen Haus sterben, das auch denen Schutz bietet, die nach uns kommen. Die andere Hälfte in uns ist dem Wahnsinn nahe, sie zieht das Unangenehme dem Angenehmen vor, liebt den Schmerz und möchte in einer Katastrophe untergehen, die das Leben auf seine Anfänge zurückwirft und von unserem Haus nichts als das verkohlte Fundament hinterlässt.

Rebecca West und Sigmund Freud haben beide den Krieg erlebt – genau wie Montaigne, der diese Seite des Menschen nie ausgeklammert hat. Die Passage über Mäßigung und Mittelmaß muss immer auch mit Blick auf die französischen Bürgerkriege gelesen werden, in denen religiöser Extremismus unmenschliche Grausamkeiten hervorbrachte. Der dritte dieser Kriege endete im August 1570, und die darauffolgende zweijährige Friedenszeit verbrachte Montaigne auf seinem Anwesen, wo er mit der Niederschrift der *Essais* begann. Doch lange bevor er damit fertig war, endete der Frieden mit einem Ereignis, das an der dunklen Seite der menschlichen Natur keinen Zweifel lassen konnte.

12

Frage: Wie soll ich leben?

Antwort: Bewahre dir deine Menschlichkeit!

Terror

Wie die vorausgehenden Friedensschlüsse konnte auch der Frieden von Saint-Germain im Jahr 1570 die Gemüter nicht beruhigen. Den Protestanten gingen die Zugeständnisse nicht weit genug, da sie nur eine begrenzte Religionsfreiheit erhielten, den Katholiken gingen sie zu weit. Sie befürchteten, die Protestanten würden jedes Entgegenkommen als Ermunterung zur Revolte gegen den rechtmäßigen katholischen König verstehen und einen neuen Krieg anfangen. Es begann tatsächlich ein neuer Krieg, aber die Gründe waren andere.

Die Spannungen eskalierten während der Feierlichkeiten anlässlich der Hochzeit des Protestanten Heinrich von Navarra mit der Katholikin Margarete von Valois im August 1572 in Paris. Die Führer der wichtigsten Parteien erschienen zu diesem Anlass mit finsteren Mienen in der Hauptstadt: der gemäßigte katholische König Karl IX., der radikale Protestantenführer Admiral Gaspard de Coligny und der extremistische Katholik Herzog von Guise. Sie belauerten und fürchteten einander. Fanatische Prediger heizten die Emotionen an und riefen dazu auf, die Hochzeit zu verhindern und die Ketzer aus dem Land zu jagen, solange es noch möglich sei.

Die Hochzeit fand am 18. August 1572 statt, gefolgt von viertägigen offiziellen Feierlichkeiten. Zweifellos stießen viele einen Seufzer der Erleichterung aus, als sie vorbei waren. Doch am späten Vormittag des 22. August wurde eine Arkebuse auf den Protestantenführer Coligny abgefeuert, als er vom Louvre, dem königlichen Palast, nach Hause zurückkehrte.

Sein linker Arm wurde zerschmettert, und er blieb am Leben, aber die Nachricht von dem Anschlag verbreitete sich wie ein Lauffeuer. Die Hugenotten schworen Rache. Viele von ihnen glaubten, der König und seine Mutter, Katharina von Medici, steckten dahinter, um eine protestantische Rebellion schon im Keim zu ersticken; diese Ansicht vertreten heute auch die meisten Historiker. Wenn dies der Fall war, so hatte sich Karl verrechnet. Das Attentat auf Coligny schürte die Wut der Protestanten – und was noch viel gefährlicher war: Die Katholiken bekamen Angst. Sie erwarteten einen Aufstand der Protestanten und mobilisierten sich zu ihrer Verteidigung. Offenbar verlor auch der König die Nerven. Ein toter Rebellenführer schien ihm weniger gefährlich als ein verwundeter. Wohl auf seinen Befehl drang eine königliche Wache in Colignys Haus ein und tötete den Verwundeten in seinem Bett. Dies geschah in der Nacht zum Sonntag, dem 24. August, dem Tag des heiligen Bartholomäus.

Die Mörder trennten Coligny den Kopf ab und schickten ihn in den Königspalast. Dort wurde er einbalsamiert und dem Papst nach Rom

Die Bartholomäusnacht, die Nacht zum 24. August 1572, in der Gaspard de Coligny und weitere Führer der Hugenotten zusammen mit Tausenden ihrer Glaubensgenossen ermordet wurden. Gemälde von François Dubois, 1595

gesandt. Colignys Leiche wurde aus dem Fenster seines Hauses geworfen und von einem katholischen Mob angezündet. Noch tagelang schleifte man die verkohlten Überreste durch die Straßen.

Dieses Ereignis verbreitete Panik sowohl unter den Pariser Katholiken als auch unter den Protestanten. Ein katholischer Mob stürmte die Straßen, tötete Protestanten und drang in Häuser ein, deren Bewohner friedlich schliefen. Man zerrte sie aus dem Bett, schnitt ihnen die Kehle durch oder zerstückelte sie, steckte ihre Leichen in Brand oder warf sie in die Seine. Es kam zu immer grausameren Gräueltaten. Ein Mann namens Mathurin Lussault wurde getötet, als er den Fehler beging, seine Haustür zu öffnen. Sein Sohn, der nachsehen wollte, was geschah, wurde gleichfalls erstochen. Lussaults Frau Françoise sprang in ihrer Verzweiflung aus dem Fenster in den Hof des Nachbarhauses und brach sich beide Beine. Der Nachbar eilte ihr zu Hilfe, doch die Angreifer schleiften sie an den Haaren auf die Straße hinaus. Sie schnitten ihr die Hände ab, um ihrer goldenen Armbänder habhaft zu werden, dann spießten sie sie auf und warfen ihre Leiche in den Fluss. Noch Tage später lagen ihre von Hunden zerfressenen Hände vor dem Haus. Ähnliche Szenen spielten sich überall in der Stadt ab, die Seine soll rot vom Blut gewesen sein.

Was Karl mit dem Mord an Coligny (falls er tatsächlich dafür verantwortlich war) auch immer beabsichtigt hatte, dies konnte er nicht gewollt haben. Jetzt befahl er seinen Soldaten, die Ausschreitungen niederzuschlagen, aber es war bereits zu spät. Fast eine Woche lang ging in Paris das Gemetzel weiter, und die Gewalt griff bald auf die Provinzen über. Die blutigen Massaker, die als Bartholomäusnacht in die Geschichte eingingen, forderten allein in Paris fünftausend Opfer. In ganz Frankreich wurden zehntausend Menschen niedergemetzelt. Orléans, Lyon, Rouen, Toulouse, Bordeaux und zahllose kleinere Städte gerieten in den Strudel der Gewalt.

Es war ein *furor*, wie ihn Montaigne selbst auf einem militärischen Schlachtfeld missbilligt hätte; hier jedoch waren es Zivilisten, die vom Taumel der Gewalt erfasst und deren Opfer wurden. Nur in wenigen Fällen, wie etwa in Bordeaux, waren Soldaten oder Staatsbeamte am Morden beteiligt. Dort begann am 3. Oktober ein blutiges Gemetzel, organisiert offenkundig von dem fanatischen katholischen Bürgermeister Charles de Montferrand; er hatte eine Liste mit möglichen Angriffszielen erstellt. In den meisten Städten wurde unsystematisch gemordet, von Leuten, die sonst als unbescholtene Bürger lebten. In Orléans machte der Mob zwischendurch in den Tavernen Halt, um kurz zu feiern, «begleitet von Gesang, Lauten und Gitarren», wie ein Historiker schrieb. Einige Gruppen bestanden mehrheitlich aus Frauen und Kindern. Die Katholiken deuteten deren Teilnahme als ein Zeichen dafür, dass Gott selbst die Massaker befürworte, da er sogar Unschuldige in den Kampf schicke. Viele glaubten, Gemetzel von solchen Ausmaßen müssten von Gott sanktioniert sein. Sie gingen nicht auf menschliche Entscheidungen zurück, sondern seien göttliche Botschaften an die Menschheit, um kosmisches Unheil anzukündigen, ähnlich wie Missernten oder ein Komet am Himmel. Eine römische Medaille zum Gedenken an die Massaker zeigte Hugenotten, die nicht durch Menschen, sondern durch einen von heiligem Zorn entflammten Engel getötet werden. Dem neuen Papst Gregor XIII. kamen die Ereignisse in Frankreich durchaus gelegen. Er ließ nicht nur die Siegesmedaille prägen, sondern beauftragte auch Giorgio Vasari mit einem dreiteiligen Fresko für die Sala Regia des Vatikans zur Feier des blutigen Triumphs. Auch der französische König nahm an Dankprozessionen teil und ließ zwei Medaillen prägen: eine zeigte ihn als Herkules im Kampf mit der Hydra, die andere stellte ihn auf dem Thron dar, umgeben von nackten Leichen und mit einem Palmzweig in der Hand zum Zeichen des Sieges.

Die Bartholomäusnacht war der Auftakt zu einem neuen Krieg, der mit wenigen Unterbrechungen die ganzen 1570er Jahre hindurch andauerte und sehr viel anarchischer und fanatischer geführt wurde als alle bisherigen Auseinandersetzungen. Plündernde Soldaten, die in den kurzen Friedenszeiten weder Sold bekamen noch unter einem militärischen Kommando standen, richteten viel Unheil an. Viele Bauern flohen lieber und versteckten sich im Wald, als dass sie in den Dörfern auf Übergriffe warteten. Es herrschten von Rache- und Vergeltungsdurst bestimmte vorzivilisatorische Zustände. 1579 schrieb der Provinzanwalt Jean La Rouvière an den König und bat um Hilfe für die bäuerlichen Armen dieses Gebiets – «notleidende, gemarterte und im Stich gelassene Menschen», die sich mit den geringen Erträgen ihrer Felder durchschlagen mussten, nachdem sie ihr gesamtes Hab und Gut verloren hatten. Zu den Schrecknissen, die sie gesehen oder gehört hatten, zählten Geschichten über Menschen, die

lebendig unter Haufen von Mist begraben, in Brunnen und Gräben geworfen wurden, wo sie verendeten, heulend wie Hunde. Man steckte sie in Kisten, die man vernagelte, mauerte sie in Türme ein, wo sie verhungerten, und hängte sie in den Bergen und Wäldern an Bäumen auf. Man setzte sie vor ein Feuer und ließ ihre Füße in heißem Fett schmoren; ihre Frauen wurden vergewaltigt, Schwangere misshandelt. Kinder wurden entführt und von den Eltern Lösegeld erpresst, andere wurden vor den Augen ihrer Eltern lebendig verbrannt.

Die Kriege wurden von religiösem Fanatismus befeuert, und das durch sie verursachte Leid nährte apokalyptische Visionen. Für Katholiken wie Protestanten schien mit den Gräueltaten die Geschichte an ihr Ende gelangt und der Endkampf zwischen Gott und dem Teufel bevorzustehen. Deshalb feierten die Katholiken das Massaker der Bartholomäusnacht als den Triumph des Guten über das Böse und als Chance, die Irregeleiteten zur Rettung ihrer Seelen in den Schoß der Kirche zurückzuführen.

Die Zeit drängte. Am Jüngsten Tag würde Christus wiederkommen und Rechenschaft fordern. Wenn die Endzeit angebrochen war, konnte es keine Kompromisse mehr geben, keine Rücksichtnahme auf andere Standpunkte und keine Verständigung zwischen den rivalisierenden Glaubensrichtungen. In einer Welt, die auf den Untergang zusteuerte, stand auch Montaigne mit seinem Lob des gewöhnlichen Lebens und des rechten Maßes auf verlorenem Posten.

Die Zeichen für die bevorstehende Apokalypse waren vielfältig. Hungersnöte, Missernten und eisige Winter in den 1570er und 1580er Jahren nahm man als Beweis dafür, dass Gott der Welt seine schützende Hand entzogen hatte. Pocken, Typhus, Keuchhusten und vor allem die Pest forderten zahllose Opfer. Die vier apokalyptischen Reiter Pest, Krieg, Hunger und Tod suchten die Menschheit heim. Ein Werwolf zog durchs Land, in Paris wurden siamesische Zwillinge geboren, und am Himmel tauchte eine Nova auf, ein neuer Stern. Selbst Menschen,

Himmel und Hölle, Kupferstich von Hieronymus Cock aus dem Jahr 1565

die nicht zu religiösem Extremismus neigten, hatten das Gefühl, alles steuere auf ein Ende zu. Marie de Gournay, die Herausgeberin von Montaignes *Essais*, beschrieb das Frankreich ihrer Jugend als ein so tief im Chaos versunkenes Land, «dass man den endgültigen Untergang und nicht die Wiederherstellung des Staates» erwartete. Der Sprachforscher und Theologe Guillaume Postel prophezeite 1573 in einem Brief, «innerhalb von acht Tagen» werde die Menschheit untergehen. Auch der Teufel wusste, dass die Tage seines Einflusses auf der Welt gezählt waren, und schickte Heerscharen von Dämonen, um die letzten noch ungeschützten Seelen für sich zu gewinnen. Jean Wier berechnete in seinem *De praestigiis daemonum* (1564), mindestens 7 408 127 Dämonen seien im Auftrag Luzifers am Werk, befehligt von 79 Dämonenfürsten. Ihnen zur Seite stünden Hexen, deren Zahl seit Ende der 1560er Jahre dramatisch zunahm – der überwältigende Beweis dafür, dass die Apokalypse unmittelbar bevorstehe. Sie wurden vor Gericht gestellt und verbrannt, doch der Teufel ersetzte sie immer schneller.

Der Dämonenforscher Jean Bodin, einer der bedeutendsten Staatstheoretiker der frühen Neuzeit, forderte, in Krisenzeiten wie dieser müssten die Standards der Beweiserbringung niedriger angesetzt werden. Hexen seien ein ernstes Problem, und angesichts der Schwierigkeit, sie mit gängigen Beweismethoden zu überführen, wären langwierige juristische Prozeduren und übliche Gerichtsverfahren kontraproduktiv. In der Öffentlichkeit kursierende Gerüchte seien Beweis genug. Wenn ein Dorfbewohner eine Frau als Hexe bezichtigte, genügte das, sie der Folter zu unterziehen. Dafür wurden mittelalterliche Techniken eingesetzt, unter anderem die Wasserprobe (Schwimmen war ein Schuldbeweis) und die Feuerprobe mit glühenden Eisen. Die Zahl der verurteilten Hexen stieg, je mehr die Beweislast schwand, und dieser Anstieg galt als weiterer Beleg für den Ernst der Lage und als Argument dafür, die Gesetze weiter zu lockern. Nur wenige widersprachen wie Montaigne, der die Folter als Instrument der Wahrheitsfindung für ungeeignet hielt, da die Gefolterten alles zugäben, um ihre Pein zu beenden. Außerdem, so Montaigne, schätzten jene Leute «den Wert ihrer religiösen Spekulationen doch wohl allzu hoch ein, wenn sie um deretwillen einen Menschen bei lebendigem Leib verbrennen» ließen.

Theologen warnten vor dem Antichrist, für dessen Kommen man in den folgenden Jahren viele Anzeichen zu erkennen glaubte: 1583 brachte eine Greisin irgendwo in Afrika ein Kind mit Katzenzähnen zur Welt, das mit der Stimme eines Erwachsenen verkündete, es sei der Messias. In Babylon öffnete sich ein Berg und gab eine Säule frei, auf der in hebräischer Schrift stand: «Die Stunde meiner Geburt ist gekommen.» Der führende französische Experte für solche Geschichten war Montaignes Nachfolger im Parlament von Bordeaux, Florimond de Raemond, der auch die Hexenverbrennung befürwortete. In seinem Werk *L'Antichrist* analysierte er die Zeichen am Himmel, Missernten, Volksaufstände, Barbarei und Kannibalismus im Krieg als Belege für die bevorstehende Ankunft des Satans.

Wer sich unter diesen Umständen an Massakern beteiligte, stellte sich demonstrativ auf die Seite Gottes. Protestantische wie katholische Extremisten überantworteten sich Gott und wandten sich von der Welt ab. Wer weiter seinen alltäglichen Verrichtungen nachging, stand bestenfalls im Verdacht moralischer Schwäche, schlimmstenfalls galt er als Verbündeter des Teufels.

Tatsächlich führten viele Menschen ihr Leben weiter wie bisher. Sie versuchten, sich so weit wie möglich aus den Unruhen herauszuhalten und jenem gewöhnlichen Leben treu zu bleiben, das Montaigne zufolge das weiseste war. Selbst wenn sie an die bevorstehende Konfrontation zwischen Gott und dem Satan glaubten, interessierte sie das nicht mehr als die Skandale und diplomatischen Schachzüge des königlichen Hofes. Viele Protestanten schworen nach 1572 insgeheim ihrem Glauben ab oder verheimlichten ihn zumindest – das indirekte Eingeständnis, dass ihnen ein Leben im Diesseits wichtiger war als das Jenseits. Eine radikale Minderheit fiel ins andere Extrem und rief zum totalen Krieg gegen den Katholizismus und zur Ermordung des Königs auf, des «Tyrannen», der in ihren Augen für den Tod Colignys und all der anderen Opfer der Massaker verantwortlich war. La Boéties Schrift *Von der freiwilligen Knechtschaft* wurde jetzt von hugenottischen Extremisten veröffentlicht. Sie instrumentalisierten sein Traktat zur Propaganda, was La Boétie niemals gebilligt hätte.

Doch der Königsmord war gar nicht notwendig, Karl IX. starb am 30. Mai 1574 eines natürlichen Todes. Ihm folgte ein weiterer Sohn Katharina von Medicis auf dem Thron, Heinrich III., der selbst bei den Katholiken noch weitaus unbeliebter war als sein Vorgänger. In den

1570er Jahren wuchs die Unterstützung für die Extremisten der katholischen Liga, die mit ihrem Anführer, dem mächtigen und ehrgeizigen Herzog von Guise, der Monarchie in den kommenden Jahren mindestens so viele Schwierigkeiten machte wie die Hugenotten. Von nun an waren die Kriege in Frankreich ein Konflikt zwischen drei Parteien, deren schwächste die Monarchie war. Heinrich versuchte mehrfach, die Führung der Liga zu übernehmen, um sie in seine Politik einzubinden, aber seine Bemühungen scheiterten. Er galt nunmehr als heimlicher Helfershelfer des Satans.

Vielleicht war Heinrich III. für die katholische Liga zu moderat, in anderer Hinsicht war er ein Extremist, dem Montaignes Sinn für Mäßigung fremd war. Montaigne, der ihm mehrmals begegnete, mochte ihn nicht besonders. Heinrich III. umgab sich mit geckenhaften Höflingen, an seinem Hof herrschten Korruption, Luxus und eine absurde Etikette. Er liebte den Tanz und trug in seiner Jugend Satingewänder, Korallenarmbänder und geschlitzte Umhänge. Der modebewusste Monarch führte Hemden mit vier Ärmeln ein, von denen zwei wie Flügel flatterten. Zum Essen benutzte er eine Gabel statt Messer und Finger, im Bett trug er einen Pyjama, und er wusch sich die Haare, gelegentlich. Andererseits zeigte Heinrich auch eine übersteigerte Neigung zu Mystizismus und Bußprozessionen. Je ratloser ihn die Probleme des Reiches machten, desto öfter zog er barfuß durch die kopfsteingepflasterten Straßen – ein Flagellant unter anderen, der Psalmen sang und sich geißelte.

Die Vorstellung, die politische Krise lasse sich durch Gebet und extreme spirituelle Übungen lösen, war für Montaigne völlig abwegig. Er lehnte solche Bußprozessionen ab und verwarf den Glauben an Kometen, Hagelstürme, Missgeburten und andere Zeichen der Apokalypse. Die Propheten des Weltuntergangs, sagte er, drückten sich in der Regel nur sehr vage aus, um später umso leichter sagen zu können, ihre Prophezeiung sei richtig gewesen. Die meisten Berichte über Hexerei waren für Montaigne Ausgeburten der menschlichen Phantasie und hatten mit dem Wirken des Teufels nichts zu tun. Im Allgemeinen hielt er sich jedoch lieber an seinen Wahlspruch: «Ich enthalte mich des Urteils.»

Sein Skeptizismus wurde gelegentlich auch kritisiert: Zwei seiner Zeitgenossen in Bordeaux, Martin-Antoine Del Rio und Pierre de Lan-

Eine Gruppe von Flagellanten. Kupferstich aus dem Jahr 1583

cre, meinten, in theologischer Hinsicht sei es gefährlich, apokalyptische Ereignisse als Hirngespinste zu bezeichnen, weil dadurch die Aufmerksamkeit von der realen Bedrohung abgelenkt werde. Montaigne setzte zumindest seinen Ruf aufs Spiel, wenn er sich gegen Folter und Hexenprozesse aussprach, wurde er doch ohnehin längst in die Partei der *politiques* («Politiker») eingereiht, nach deren Ansicht die Probleme des Königreichs nichts mit dem Antichrist oder einer anbrechenden Endzeit zu tun hatten, sondern rein politischer Natur waren, weshalb sie auch nur auf politischem Weg zu lösen seien. Formell unterstützten die *politiques* den König und plädierten für die Einheit Frankreichs unter einem rechtmäßigen Monarchen. Insgeheim aber wünschten sie sich einen stärkeren, die Einheit fördernden Monarchen und erstrebten den Ausgleich zwischen den verschiedenen Parteien, um die Kriege zu beenden und den Grundstein für die Zukunft Frankreichs zu legen.

Leider war die einzige Gemeinsamkeit zwischen extremen Katholiken und extremen Protestanten der Hass auf die *politiques*, wie sie von ihren Gegnern genannt wurden: ein pejorativer Begriff, der gleichbedeutend war mit Gottlosigkeit. Ihnen liege nur an politischen Lösungen, nicht an ihrem Seelenheil, und sie täuschten die Menschen wie der Satan selbst, so der Vorwurf. «Er trägt einen Schafspelz», schrieb ein Zeitgenosse über den Typus des *politique*, «trotzdem ist er ein reißender Wolf.» Im Unterschied zu den wahren Protestanten machten sie allen nur etwas vor, und so klug und intellektuell, wie sie waren, konnten sie unmöglich die unschuldigen Opfer satanischer Täuschung sein. Dass Montaigne mit diesen *politiques* in Verbindung gebracht wurde, gab ihm einen guten Grund, seine Offenheit und Aufrichtigkeit, aber auch seine katholische Rechtgläubigkeit zu betonen (wenngleich hier ja ein Wolf im Schafspelz Aufrichtigkeit für sich reklamierte).

Die katholische Liga warf den *politiques* vor, sie seien nicht vertrauenswürdig; die *politiques* ihrerseits machten der Liga zum Vorwurf, sich von Leidenschaften beherrschen zu lassen und ihre Urteilskraft eingebüßt zu haben. Wie merkwürdig, reflektierte Montaigne, dass das Christentum so oft gewalttätige Exzesse, Zerstörung und Leid auslöste:

> Unser Glaubenseifer tut Wunder, wenn er sich mit unsrer Neigung zu Ehrgeiz und Habsucht, zu Verleumdung und Rachgier, zu Grausamkeit und Aufruhr verbündet. Die Gegenrichtung hin zu Mäßigung, Wohlwollen und Güte aber schlägt er, falls ihn nicht wie durch ein Wunder eine höchst seltene Veranlagung hierzu bewegt, weder zu Fuß noch auf Flügeln ein.

«Die Christen übertreffen alle andern an Feindeshass», schrieb er. Ihnen gegenüber gab er dem stoischen Weisen den Vorzug, der sich moralisch einwandfrei verhält, seine Affekte zügelt, gut urteilt und recht zu leben weiß.

Tatsächlich waren die *politiques* von der stoischen Philosophie beeinflusst. Sie lehnten Revolution und Königsmord ab und plädierten für den *amor fati*, die Schicksalsergebenheit. Sie vertraten auch die stoische Auffassung von Kontinuität: die Überzeugung von der zyklischen

Bewegung der Welt mit Phasen des Niedergangs und der Erneuerung statt einer linearen Bewegung auf ein Ende zu. Während die religiösen Parteien die himmlischen Heerscharen eines Armageddon sich formieren sahen, waren die *politiques* überzeugt, früher oder später werde sich die Lage beruhigen und der Mensch zur Vernunft zurückfinden. In jenen Jahrzehnten waren sie die Einzigen, die ihren Blick auf eine Zukunft richteten, da die *troubles* Geschichte wären.

Der Stoiker in Montaigne war es, der in den *Essais* die Kriege in so frappierender Weise herunterspielte. Zu Recht haben Biographen und Kritiker immer wieder betont, wie stark sein Leben von der Erfahrung des Kriegs geprägt war. Doch in den *Essais* liest man Sätze wie: «Wenn ich all die ungestraft bleibende Zügellosigkeit unsrer Wirren sehe, wundre ich mich eher, dass sie noch halbwegs glimpflich verlaufen.» Oder: «Da dürfte es schon viel sein, wenn man sich in hundert Jahren wenigstens ungefähr erinnert, dass es zu unsrer Zeit in Frankreich Bürgerkriege gab.» Wer selbst davon betroffen sei, werde sie schlimmer einschätzen, als sie in Wirklichkeit waren, da er nur aus seiner eigenen Perspektive urteilen kann:

> Wer sich aber wie auf einem Gemälde das große Bild unserer Mutter Natur in ihrer vollen Majestät vor Augen hält, wer in ihrem Antlitz ihren unendlichen, sich ständig wandelnden Formenreichtum liest, wer sich darin, und nicht nur sich, sondern ein ganzes Königreich als winzigen Strich entdeckt, wie von der Spitze des feinen Pinsels hingesetzt: der allein schätzt die Dinge nach ihrer wahren Größe ein.

Montaigne rief seinen Zeitgenossen die Lektion der antiken Stoiker in Erinnerung, sich von einer schwierigen Situation nicht überwältigen zu lassen, sondern zu versuchen, die Dinge aus einem anderen Blickwinkel zu betrachten und zu gewichten. Die Stoiker blickten auf ihre Probleme herab wie auf das Gewimmel eines Ameisenhaufens. Astrologen prophezeiten derzeit zwar «große und nahe Veränderungen und Umwälzungen», schreibt Montaigne, vergaßen dabei aber die schlichte Tatsache, dass das Leben weiterging. «Ich jedenfalls überlasse mich keineswegs der Verzweiflung», fügte er beiläufig hinzu.

Zugegebenermaßen hatte Montaigne Glück. Durch den Krieg

wurden zwar seine Ernten zerstört, er fürchtete, in seinem Bett ermordet zu werden, und er wurde zu politischer Tätigkeit gezwungen, der er sich lieber entzogen hätte; und in den 1580er Jahren, als der Krieg in seine letzte und gewalttätigste Phase trat, wurde alles noch schlimmer. Man kann jedoch nicht behaupten, dass ihn diese Erfahrungen für sein Leben zeichneten. Falls er jemals selbst zur Waffe gegriffen hat, verschweigt er es in den *Essais*.

Montaigne hatte recht. Das Leben ging weiter. Die blutigen Massaker der Bartholomäusnacht waren nicht die Vorboten des Weltuntergangs, wohl aber der Auftakt zu langen Jahren des Leids und der Not zahlloser Menschen. Generation folgte auf Generation, bis viele kaum noch wussten, dass in ihrem Jahrhundert solche Kriege überhaupt stattgefunden hatten. Montaigne und andere *politiques* hatten dazu beigetragen, der Vernunft wieder Geltung zu verschaffen. Mit seinem Beharren auf Mäßigung und Gelassenheit diente er der Rettung des Landes weit mehr als die fanatischen Glaubenseiferer unter seinen Zeitgenossen. Zwar engagierte er sich zeitweilig auch unmittelbar politisch, sein größter Beitrag aber lag darin, dass er sich heraushielt und die *Essais* schrieb. Dadurch wurde er für viele zur Leitfigur.

Ein Held

Wer Montaigne diese Rolle zuschrieb, sah in ihm einen Helden der ungewöhnlichen Art, dem jeder Heroismus fremd war. Selten bewunderte man ihn wegen seiner großen öffentlichen Verdienste, auch wenn er in späteren Jahren einige bemerkenswerte Dinge tat. Häufiger betrachtete man sein Beharren auf Normalität auch unter außergewöhnlichen Umständen als vorbildlich, ebenso die Weigerung, seine geistige Unabhängigkeit aufzugeben.

Viele seiner Zeitgenossen sahen ihn in diesem Licht. Der große politische Denker und stoische Philosoph Justus Lipsius ermunterte ihn weiterzuschreiben, um anderen ein gutes Beispiel zu geben. Über all die Jahrhunderte hinweg nahmen sich Leser in unruhigen Zeiten Montaigne, den Stoiker des 16. Jahrhunderts, zum Vorbild. Seine *Essais* enthielten praktische Weisheiten zu der Frage, wie man Einschüch-

terungen entgegentreten, wie man Offenheit mit dem Bedürfnis nach
Sicherheit in Einklang bringen konnte oder wie man sich in einem
grausamen Krieg seine Selbstachtung und Menschlichkeit bewahrte.
Diese Botschaft Montaignes sprach ganz besonders Leser des 20. Jahrhunderts an, die zwei Weltkriege und faschistische wie kommunisti-
sche Diktaturen erlebten. Dem Gefühl der Verzweiflung angesichts des
drohenden Untergangs der zivilisierten Gesellschaft setzte Montaigne
die Zuversicht entgegen, dass am Ende die Normalität wiederkehren
und sich die Perspektive erneut verschieben werde.

Zu diesen Lesern Montaignes zählte Stefan Zweig, der im Zweiten
Weltkrieg im erzwungenen Exil in Südamerika lebte und dort einen
langen, sehr persönlichen Aufsatz über Montaigne verfasste, seinen
unheldenhaften Helden.

Als Zweig mit zwanzig Jahren im Wien der Jahrhundertwende die
Essais zum ersten Mal zur Hand nahm, wusste er nicht viel damit anzufangen. Wie Lamartine und George Sand fehlte auch ihm die «innere
Zündung der leidenschaftlichen Begeisterung, das elektrische Überspringen von Seele zu Seele». Er entdeckte keinen Bezug zu seinem
eigenen Leben. «Was gingen mich jungen Menschen des zwanzigsten
Jahrhunderts die weiträumigen Exkurse des Sieur de Montaigne über
die ‹Cérémonie de l'entrevue des rois› oder seine ‹Considérations sur
Cicero› an?» Selbst wenn Montaigne interessantere Themen behandelte wie Sex und Politik, fühlte sich Zweig nicht von dessen «milder, tem-
perierter Weisheit» und seinem Ratschlag angesprochen, «sich nicht
allzu leidenschaftlich in die äußere Welt [zu] verstricken». Es liege,
schrieb Zweig, «im Wesen der Jugend, dass sie nicht zu Milde, zur Skepsis beraten zu sein wünscht. Jeder Zweifel wird ihr zur Hemmung, weil
sie Gläubigkeit und Ideale braucht zur Auslösung ihrer inneren Stoß-
kraft.» Junge Menschen sehnen sich nach etwas, an das sie glauben können, sie wollen befeuert werden.

Zudem schien um 1900 die Freiheit des Individuums keiner Vertei-
digung mehr zu bedürfen. «War das alles denn nicht schon längst
Selbstverständlichkeit geworden, durch Gesetz und Sitte garantierter
Besitz einer längst von Diktatur und Knechtschaft emanzipierten
Menschheit?» Zweigs Generation – er ist 1881 geboren – ging davon
aus, dass Wohlstand und individuelle Freiheit immer weiter zunahmen.

Warum sollte es einen Rückschritt geben? Niemand hatte das Gefühl, die Zivilisation sei bedroht, niemand musste sich auf sich selbst zurückziehen, um seine innere Freiheit zu bewahren. «So schien Montaigne unserer Generation sinnlos an Ketten zu rütteln, die wir längst zerbrochen meinten.»

Doch es kam anders. Wie Montaigne wuchs auch Stefan Zweig in einer hoffnungsvollen, glücklichen Epoche auf, um am Ende deren völligen Zusammenbruch zu erleben. Es wurden neue Ketten geschmiedet, die fester und schwerer waren als zuvor.

Zweig überlebte den Ersten Weltkrieg, doch dann kam der Aufstieg Hitlers. Zweig musste aus Österreich fliehen und wurde zum Heimatlosen, zuerst in Großbritannien, dann in den Vereinigten Staaten und schließlich in Brasilien. Sein Exil machte ihn «wehrlos wie eine Fliege, machtlos wie eine Schnecke», wie er es in seiner Autobiographie *Die Welt von Gestern* formulierte. Er fühlte sich wie ein Verurteilter in seiner Zelle, der auf seine Hinrichtung wartet, zunehmend unfähig, sich in dem Land zurechtzufinden, das ihn aufgenommen hatte. Um nicht den Verstand zu verlieren, stürzte er sich in die Arbeit. Im Exil schrieb er eine zweibändige Darstellung Balzacs und seines Werks, mehrere Novellen und schließlich den Aufsatz über Montaigne – fast ohne Quellen und Aufzeichnungen, denn er hatte seinen ganzen Besitz verloren. Montaignes innere Leichtigkeit war Stefan Zweig nicht gegeben, aber seine Lebenssituation war auch ungleich dramatischer:

> So gehöre ich nirgends mehr hin, überall Fremder und bestenfalls Gast; auch die eigentliche Heimat, die mein Herz sich erwählt, Europa, ist mir verloren, seit es sich zum zweitenmal selbstmörderisch zerfleischt im Bruderkriege. Wider meinen Willen bin ich Zeuge geworden der furchtbarsten Niederlage der Vernunft und des wildesten Triumphs der Brutalität innerhalb der Chronik der Zeiten.

Bei seiner Ankunft in Brasilien 1941 war er weit entfernt von dem Gefühl, endlich eine Heimat gefunden zu haben, und obwohl er dem Land dankbar war für seine Gastfreundschaft, blieb er der Verzweiflung nahe. In dem Haus, in dem er wohnte, fand sich ein Band mit den *Essais*, und er las das Buch ein zweites Mal. Einst eine langweilige und nichtssagende Lektüre, sprach es ihn jetzt unmittelbar an, als sei es direkt für ihn oder zumindest für die Menschen seiner Generation geschrieben. Sofort kam ihm die Idee, über Montaigne zu schreiben. Im Brief an einen Freund heißt es: «Dazwischen halte ich mich an Montaigne, der in einer genau so dreckigen Zeit wie der unseren versucht hat, unabhängig zu bleiben und auch unter der Gasmaske klar zu denken.» Und in dem Montaigne-Aufsatz gesteht er: «Erst in dieser Bruderschaft des Schicksals ist mir Montaigne der unentbehrliche Helfer, Tröster und Freund geworden, denn wie verzweifelt ähnlich ist sein Schicksal dem unseren!»

Sein Montaigne-Essay wurde letztlich doch eine Art Biographie, aber eine sehr persönliche, die unapologetisch die Ähnlichkeiten zwischen Montaignes Epoche und seiner eigenen aufzeigte. In Zeiten wie dem Zweiten Weltkrieg oder den Bürgerkriegen in Frankreich, schreibt Zweig, fällt das Leben des Einzelnen der Besessenheit von Fanatikern zum Opfer. Und dann lautet die Frage nicht: Wie kann ich überleben?, sondern: Wie bewahre ich mir «die Humanität des Herzens»? Oder anders gesagt: Wie bewahre ich mir mein innerstes Selbst? Wie schaffe ich es, in dem, was ich sage und tue, nicht weiter zu gehen als bis zu dem, was ich für richtig erachte? Wie schaffe ich es, meine Seele nicht zu verlieren? Vor allem aber: Wie bleibe ich frei? Montaigne war kein Freiheitskämpfer im herkömmlichen Sinn, räumt Zweig ein. «Er hat nichts von den rollenden Tiraden und dem schönen Schwung eines Schiller oder Lord Byron, nichts von der Aggressivität eines Voltaire.» Seine ständigen Beteuerungen, er sei faul, unnütz und verantwortungslos, machen ihn zum Heldentum untauglich, aber es sind in Wahrheit gar keine Unzulänglichkeiten, sondern eben die Eigenschaften, die man braucht, um sein innerstes Ich zu retten.

Zweig wusste, wie sehr Montaigne jeglicher Predigtton fernlag, doch er entnahm den *Essais* eine Reihe von Grundregeln, die er in einer «Tabelle» zusammenstellte:

Freisein von Eitelkeit und Stolz, dies vielleicht das Schwerste.
Freisein von Furcht und Hoffnung, Glauben und Aberglauben.
Frei sein von Überzeugungen und Parteien.
Freisein von Gewohnheiten.

Frei von Ambitionen und jeder Form von Gier.
Frei von Familie und Umgebung.
Frei von Fanatismus.
Frei sein vom Schicksal. Wir sind seine Herren.
Und die letzte Freiheit: vom Tode. Das Leben hängt vom Willen anderer
ab, der Tod von unserem Willen.

Zweig suchte den Stoiker in Montaigne und kehrte zu einer Lesart
zurück, die der des 16. Jahrhunderts entsprach. Die Freiheit aber, die
sich Zweig am meisten zu Herzen nahm, war die letzte auf seiner
Liste. Und sie entstammte unmittelbar Seneca. In tiefer Niedergeschla-
genheit wählte Zweig die ultimative Form der inneren Emigration: den
Freitod. Am 23. Februar 1942 nahm er eine Überdosis Veronal; seine
Frau ging mit ihm in den Tod. In seinem Abschiedsbrief heißt es, er
möchte «diesem wundervollen Land Brasilien innig [...] danken, das
mir und meiner Arbeit so gute und gastliche Rast gegeben [...]. Ich grü-
ße alle meine Freunde! Mögen sie die Morgenröte noch sehen nach der
langen Nacht! Ich, allzu Ungeduldiger, gehe ihnen voraus.»

Es scheint – und so hat Stefan Zweig es selbst gesehen –, dass nur
derjenige den wahren Wert Montaignes erkennen kann, der selbst eine
Grenzsituation erlebt und einen Punkt erreicht hat, «wo man schließlich nurmehr sein nacktes Ich, seine einmalige und unwiederbringliche
Existenz verteidigt».

> Nur wer in der eigenen erschütterten Seele eine Zeit durchleben muss,
> die mit Krieg, Gewalt und tyrannischen Ideologien dem Einzelnen das
> Leben und innerhalb seines Lebens wieder die kostbare Substanz, die
> individuelle Freiheit, bedroht, nur der weiß, wie viel Mut, wie viel Ehr-
> lichkeit und Entschlossenheit vonnöten sind, in solchen Zeiten der
> Herdentollheit seinem innersten Ich treu zu bleiben.

Er hätte Leonard Woolf zugestimmt, der sagte, Montaignes Sicht der
miteinander verbundenen «Ichs» sei ein Wesensmerkmal von Zivilisation. Dies war das Fundament, auf das eine Zukunft aufgebaut werden
konnte, sobald Terror und Krieg vorüber waren. Stefan Zweig hatte
nicht so lange warten können.

Besitzt Montaignes Verständnis von persönlicher Integrität und politischer Hoffnung heute noch eine moralische Autorität? Einige würden dies bejahen. Sie riefen Montaigne zu einem Helden für das 21. Jahrhundert aus. Der französische Journalist Joseph Macé-Scaron etwa schlug vor, Montaigne als «Gegenmittel» gegen die neuen Religionskriege heranzuziehen. Andere werden widersprechen und sagen, die Empfehlung, die Probleme entspannt anzugehen und sich auf sich selbst zurückzuziehen, sei das Letzte, was wir in der heutigen Zeit brauchen, in der wir uns ohnehin der zivilgesellschaftlichen Verantwortung entzogen hätten.

Wer Montaigne als seinen Heros oder als einen hilfreichen Begleiter betrachtet, wird ihm gewiss keine indifferente Haltung gegenüber sozialen Verpflichtungen unterstellen. Die Rettung einer aus den Fugen geratenen Welt lag für Montaigne im Bemühen des Einzelnen, wieder in geordnete Bahnen zurückzufinden und zu lernen, «wie man leben soll» – angefangen mit dem Bemühen, mit beiden Beinen auf dem Boden zu bleiben. In der Tat findet sich bei Montaigne die Botschaft der Inaktivität, der Faulheit und des Nichtengagements – und womöglich lässt sich daraus auch die Rechtfertigung ableiten, untätig zu bleiben, wenn der Tyrann die Herrschaft übernimmt. Doch viele Passagen der *Essais* fordern eher dazu auf, eine Zukunft ins Auge zu fassen und sich nicht von der realen geschichtlichen Welt abzuwenden, um von einem Paradies und von religiöser Transzendenz zu träumen. Montaigne ermutigt zu gegenseitigem Respekt, zum Verzicht auf das Töten unter dem Deckmäntelchen der Gottgefälligkeit und dazu, jenem Drang zu widerstehen, der die Menschen immer wieder ihrer Zerstörungswut überlässt und «das Leben auf seine Anfänge» zurückwirft. Wie Flaubert seiner Freundin empfahl: «Lesen Sie Montaigne [...]. Er wird Sie beruhigen.» Aber er fügte auch hinzu: «Lesen Sie, um zu leben!»

13

Frage: Wie soll ich leben?

Antwort: Tu etwas,

was noch nie zuvor jemand getan hat!

Ein barocker Bestseller

In den 1570er Jahren, während sich blutige Kriege mit kurzen Friedenszeiten abwechselten, schrieb Montaigne weiter. Das Leben ging seinen Gang. Fast das ganze Jahrzehnt hindurch arbeitete er an den ersten beiden Büchern der *Essais*, die 1580 bei dem Verleger Simon Millanges in Bordeaux veröffentlicht wurden.

Millanges war eine interessante Wahl. Er hatte sich erst wenige Jahren zuvor in Bordeaux niedergelassen, etwa zu der Zeit, als Montaigne mit den *Essais* begonnen hatte. Montaigne hätte gewiss auch problemlos Verleger in Paris gefunden. Er verfügte über Kontakte zu ihnen, und die Bedeutung seines Werks wäre ihnen sicher nicht entgangen. Schon die erste Ausgabe zeigte, dass es ein außergewöhnliches Werk war, obwohl es sich durchaus in das Genre der auf dem Markt etablierten Miszellaneen antiker Autoren und Kollektaneenbücher einfügte. Es war die perfekte Kombination aus Originalität und Wiedererkennbarkeit. Dennoch wandte sich Montaigne an einen Verleger in seiner heimatlichen Provinz, sei es aufgrund persönlicher Beziehungen, sei es aus grundsätzlicher Verbundenheit mit der Gascogne.

Diese erste Ausgabe der *Essais* unterschied sich grundlegend von der, die wir in der Regel heute lesen. Es waren zwei recht schmale Bände, und obwohl die «Apologie für Raymond Sebond» auch damals schon ziemlich umfangreich ausfiel, blieben die meisten Kapitel relativ kurz und schlicht. Sie wechselten zwischen gegensätzlichen Standpunkten und flossen nicht dahin wie ein breiter, mäandernder Fluss, der sich zu einem Delta verzweigt wie die späteren *Essais;* einige hielten sich sogar an das vorgegebene Thema. Doch in ihnen offenbart sich bereits Montaignes neugierige, unermüdlich fragende Persönlichkeit, und manche erörtern das Rätselhafte oder Eigentümliche des menschlichen Verhaltens. Die damaligen Leser hatten ein Gespür für Qualität, und die Ausgabe fand sofort eine begeisterte Leserschaft.

Millanges druckte diese erste Ausgabe wahrscheinlich in einer sehr kleinen Auflage von fünf- bis sechshundert Exemplaren, die bald verkauft waren. Zwei Jahre später druckte er eine Neuauflage mit ein paar Änderungen. Fünf Jahre später, 1587, wurde diese Ausgabe erneut überarbeitet und in Paris bei Jean Richer veröffentlicht. Inzwischen war das Werk zur Modelektüre des französischen Adels avanciert. 1584 bezeichnete der Bibliograph La Croix du Maine Montaigne als den einzigen zeitgenössischen Autor, der es mit den Klassikern aufnehmen könne – und das nur vier Jahre nach der Veröffentlichung durch einen kleinen Verlag in Bordeaux. Montaigne selbst stellte fest, die *Essais* fänden mehr Anklang als erwartet und seien eine Art Coffee Table Book, das besonders bei den Damen beliebt sei, denen es «gewöhnlich nur als Einrichtungsgegenstand» diene.

Zu seinen Bewunderern zählte sogar der König. Als Montaigne 1580 nach Paris reiste, überreichte er Heinrich III. ein Exemplar, wie es der Konvention entsprach. Der König versicherte, dass ihm das Buch gefalle, worauf Montaigne ihm geantwortet haben soll: «Dann müssen Eure Majestät mich mögen.» Er hatte stets darauf bestanden, dass das Buch «mit seinem Autor wesensgleich» sei.

Dieser Umstand hätte eigentlich ein Hindernis für seinen Erfolg sein müssen. Mit seiner unverblümten Beschreibung alltäglicher Dinge und innerer Zustände brach Montaigne ein Tabu. Es war unüblich, sich derart zu exponieren, es sei denn, man schrieb über die eigenen großen Leistungen, falls man welche vorzuweisen hatte. Die wenigen Autobiographien der Renaissance – Benvenuto Cellinis *Vita sua* und Girolamo Cardanos *De vita propria* – waren vor allem aus diesem Grund unveröffentlicht geblieben. Zwar hatte schon der heilige Augustinus sich selbst zum Gegenstand seiner Betrachtungen gemacht, doch seine *Bekenntnisse* waren ein spirituelles Unternehmen, die Dokumentation einer Gottsuche, sie schwelgten nicht in den Wonnen, Augustinus zu sein. Montaigne schwelgte sehr wohl in den Wonnen, Montaigne zu sein, und irritierte damit so manche Leser. Der berühmte späthumanistische Philologe Joseph Justus Scaliger empörte sich besonders über Montaignes freimütige Bekundung in der Ausgabe von 1588, er ziehe Weißwein dem Rotwein vor. (Montaigne sagt jedoch, er sei «zuerst von Weiß- auf Rotwein übergegangen, dann von Rot- zurück zu Weißwein».) Und Pierre Dupuy, gleichfalls ein zeitgenössischer Gelehrter, fragte: «Wer zum Teufel will wissen, was ihm schmeckte?» Natürlich ereiferten sich auch Pascal und Malebranche. Malebranche nannte die *Essais* eine «Unverfrorenheit» *(effronterie),* und Pascal meinte, man hätte Montaigne begreiflich machen müssen, dass er «zu viele Geschichten erzählte und zu viel von sich selbst sprach».

Erst die Romantiker schätzten, ja liebten Montaignes offenherzige Auskunft über sich selbst, und vor allem jenseits des Kanals fand er jetzt eine begeisterte Leserschaft. Der englische Kritiker Mark Pattison schrieb 1856, Montaignes vermeintlicher Egoismus mache ihn so lebendig wie eine Romanfigur. Bayle St. John bemerkte, alle wahren «Liebhaber Montaignes» würden sein zielloses «Geschwätz» schätzen, das seinen Charakter so lebensecht mache und ihnen die Möglichkeit gebe, sich in ihm wiederzuerkennen. Und der schottische Kritiker John Sterling stellte Montaignes Art und Weise, über sich selbst zu schreiben, der anerkannten Tradition der Memoirenliteratur gegenüber, die nur den öden «Lärm und Trubel» der äußeren Ereignisse wiedergebe. Montaigne dagegen habe «den Menschen selbst» offengelegt: den «Kern» seiner selbst. In den *Essais* sei «das Innerste das Klarste».

Schon in der Ausgabe von 1580 beschäftigte sich Montaigne mit sich selbst. Nicht in einem der wagemutigen späteren Kapitel, sondern bereits in der allerersten Ausgabe bekannte er:

> Ich wende meinen Blick nach innen, und da halte ich ihn fest und lasse ihn verweilen. Jedermann schaut vor sich, ich schaue in mich hinein. Ich habe es nur mit mir selbst zu tun. Ich beobachte mich unablässig, ich prüfe mich, ich koste mich […]. Ich wälze mich in mir selbst.

Ein sehr sinnliches, anschauliches Bild: Man sieht förmlich Montaigne sich um sich selbst drehen, wie ein junger Hund, der sich im hohen Gras wälzt. Und wenn er sich nicht wälzt, dann *faltet* er sich in sich selbst zurück. «Ich falte meinen Blick zurück nach innen» wäre eine wörtlichere Übersetzung des ersten Satzes dieser Passage: *Je replie ma vue au dedans.* Er scheint sich ständig zu sich selbst zurückzuwenden, in immer wieder neuen und immer tieferen Faltungen. Das Ergebnis ist eine wahre Falt-Orgie, eine barocke Draperie, die sich immer weiter aufbauscht. Kein Wunder, dass Montaigne – anachronistisch – bisweilen als der erste Autor der Barockzeit bezeichnet wird. Man könnte ihn auch einen manieristischen Autor nennen. Manieristische Kunst, die dem Barock unmittelbar vorausgeht, war sehr viel regelloser und anarchischer als die barocke. Mit ihren optischen Täuschungen, ihrer Überfrachtung und ihren verzerrten Proportionen und Perspektiven kehrte sie sich von den klassischen Idealen der Renaissance – Harmonie und Ausgewogenheit – ab. Montaignes Beschreibung seiner *Essais* als «Grotesken», als «monströse […] Zerrbilder ohne klare Gestalt, in Anordnung, Aufeinanderfolge und Größenverhältnis dem reinen Zufall überlassen» passt in dieses Programm. Gemäß den klassischen ästhetischen Regeln des Horaz sollte man in der Kunst Monstren, menschliche Missgestalten, nicht einmal erwähnen. Montaigne jedoch widmet sein ganzes Buch einem solchen Monster.

Die Harpyie, ein geflügeltes Fabelwesen. Kupferstich aus dem 18. Jahrhundert

Montaigne, politisch konservativ, war von Anfang an ein literarischer Revolutionär, er schrieb wie niemand sonst, und seine Feder
folgte dem natürlichen Rhythmus der Gedanken und nicht einem
formalen Bauplan. Er kappte Überleitungen, übersprang Argumenta-
tionsschritte und ließ seinen Stoff in klobigen Stücken herumliegen, in
einer *langage coupé*, einer kantigen Sprache. «Von nichts sehe ich das
Ganze», schrieb er.

> Von den hundert Gliedern und Gesichtern, die jedes Ding hat, nehme
> ich mir jeweils eins vor, zuweilen um bloß daran zu lecken, zuweilen
> um seine Oberfläche abzutasten; öfters aber auch, um bis zu den Kno-
> chen vorzustoßen. Ich möchte nicht so breit, sondern so tief eindrin-
> gen, wie ich nur kann; und meistens liebe ich es, die Dinge hierbei von
> einer ungewöhnlichen Seite her in den Griff zu nehmen.

Letzteres ist unbestreitbar wahr. Bereits die ersten Kapitel nehmen
gewundene Wege, um ihr Thema einzukreisen, eine Tendenz, die
sich in den *Essais* der 1580er Jahre noch verstärkt. «Über Wagen»
beginnt mit Bemerkungen über große Autoren, dann plaudert er ein
bisschen über das Niesen und kommt zwei Seiten später endlich auf
sein Thema zu sprechen – nur um sich fast sofort wieder woanders-
hin zu wenden und den Rest des Kapitels über die Neue Welt zu
schreiben. «Über die Physiognomie» behandelt das Thema anhand
einer unvermittelten Bemerkung über die Hässlichkeit des Sokrates –
aber erst nach zweiundzwanzig Seiten eines *Essai*, der (in der englischen Übersetzung von Donald Frame) insgesamt nur achtundzwanzig Seiten lang ist. William Thackeray meinte im Scherz,
Montaigne hätte die Titel seiner *Essais* beliebig vertauschen können
oder sie «Über den Mond» oder «Über Frischkäse» nennen können,
es hätte kaum einen Unterschied gemacht. Montaigne selbst gibt zu,
dass die Titel der Kapitel in keinem klaren Zusammenhang zu deren
Inhalt stünden: «Oft bezeichnen sie ihn nur durch ein bestimmtes
Merkmal.» Wenn kein logischer Zusammenhang ersichtlich sei, werde sich «in irgendeiner Ecke stets ein Wort finden». In den «Worten
in der Ecke» verstecken sich häufig seine interessantesten Themen.
Montaigne bringt sie im Text genau da unter, wo sie den Fluss ra-

dikal unterbrechen, alles durcheinanderbringen und es dem Leser unmöglich machen, der Argumentation zu folgen.

Montaignes *Essais* präsentierten sich anfangs als eher konventionelles Werk: als Blütenlese aus dem Garten der großen klassischen Autoren, ergänzt durch Reflexionen über Diplomatie und Kriegsethik. Wenn man jedoch das Buch aufschlägt, verwandelt es sich wie eine Figur aus Ovids *Metamorphosen* in etwas vollkommen anderes. Das einzig verbindende Element ist Montaigne selbst. Ein größerer Verstoß gegen die Konvention ist kaum vorstellbar. Das Buch ist nicht nur monströs, es erhält seine Geschlossenheit einzig durch das, was bescheiden in den Hintergrund hätte treten sollen: das Subjekt Montaigne. Er ist das Gravitationszentrum der *Essais*, das im Laufe der Zeit immer mehr an Kraft gewinnt, ergänzt durch immer neue Varianten, befrachtet mit zusätzlichem Gepäck, Exkursen und Abschweifungen.

Die 1570er Jahre waren Montaignes erste bedeutende Schreibdekade, die 1580er Jahre wurden seine große Dekade als Autor. In diesen zehn Jahren verdoppelte sich der Umfang der *Essais*, und aus dem Nobody Montaigne wurde ein Star. Er verließ sein Refugium in der ländlichen Guyenne und unternahm eine lange Reise durch die Schweiz und Deutschland nach Italien, er wurde Bürgermeister von Bordeaux und zu einer öffentlichen Person. Es waren kräftezehrende Jahre, in denen sich seine Gesundheit zusehends verschlechterte. Diese Jahre machten ihn zugleich zu einer Gestalt, die die Zeiten mühelos überdauert hat.

14

Frage: Wie soll ich leben?

Antwort: Schau dir die Welt an!

Reisen

Der Erfolg der ersten Ausgabe der *Essais* im Jahr 1580 muss Montaignes Blick auf das Leben verändert haben. Die Anerkennung entriss ihn der Alltagsroutine und gab ihm das Gefühl, es sei an der Zeit, das Leben von einer anderen Seite kennenzulernen und sich wieder mehr auf die Welt einzulassen. In den *Essais* steht nicht viel darüber, aber vielleicht reizte ihn der Gedanke einer diplomatischen Karriere, und er fand, die beste Art, sich darauf vorzubereiten, bestehe darin, sich international zu vernetzen. Die Führung der Güter konnte er getrost seiner Frau überlassen. Montaignes Reiselust, um den «ewigen Wandel der Erscheinungsformen unsrer Natur» zu erkunden, war nicht neu. Schon als Kind hatte er eine «tüchtige Neugierde» auf die Welt und wurde auf alles aufmerksam: «auf ein Gebäude, einen Springbrunnen, einen Menschen, ein altes Schlachtfeld, den Ort, an dem Caesar oder Karl der Große vorbeikam». Jetzt stellte er sich vor, in den Fußstapfen der von ihm bewunderten antiken Philosophen zu wandeln, um sein «Gehirn an ihrem reiben und verfeinern» zu können.

Es gab noch einen weiteren, weniger glanzvollen Grund für seinen Aufbruch. Von seinem Vater hatte er die Neigung zu Nierensteinen geerbt. Nachdem er Pierre vor Schmerzen buchstäblich hatte kollabieren sehen, fürchtete er diese Krankheit mehr als jede andere. Jetzt, mit Mitte vierzig, erlebte er sie am eigenen Leib.

Nierensteine entstehen, wenn sich Kalzium oder andere Mineralien im Urin zu Klumpen und Kristallen verdichten, die die Harnwege blockieren. Wenn sie zersplittern, können sie scharfkantige Brocken bilden; bei ihrem Abgang durch den Harnleiter verursachen sie höllische Schmerzen. Die Steine führen auch zu Nierenkoliken, stechenden Schmerzen im Unterleib und im Rücken, manchmal zu Übelkeit und Fieber. Auch wenn die Nierensteine abgegangen sind, ist das nicht das Ende der Qualen, denn es können immer wieder neue entstehen. Zu Montaignes Zeit waren Nierensteine wegen des Urinstaus und des hohen Infektionsrisikos lebensbedrohlich.

Heute lassen sich Nierensteine mittels akustischer Druckwellen in kleinste Fragmente zerkleinern, die mit dem Harn ausgeschieden werden; zu Montaignes Zeit konnte man nur hoffen, dass die kugel-, nagel-, nadel- und klettenförmigen Steine ihren Weg durch den Harnleiter fanden. Montaigne versuchte, sie mit dem Urin auszuschwemmen, indem er Druck aufbaute, doch das war gefährlich und schmerzhaft, auch wenn es manchmal funktionierte. Er probierte auch verschiedene Arzneien aus, obwohl er ein grundsätzliches Misstrauen gegen die Arzneikunde hegte. Einmal nahm er «venezianischen Terpentinbalsam (der angeblich aus den Tiroler Bergen kommt): zwei von einer Oblate umwickelte große Stücke auf einem Silberlöffel, den man vorher mit ein, zwei Tropfen eines wohlschmeckenden Sirups beträufelt hatte». Er verspürte jedoch keine andere Wirkung, als dass der Urin nach Märzveilchen roch. Das Blut eines Ziegenbocks, der mit harntreibenden Kräutern gefüttert worden war, und Wein wurden gleichfalls als hilfreich erachtet. Montaigne zog einen solchen Ziegenbock auf seinem Gut auf, verzichtete aber auf die Therapie, nachdem er in den Eingeweiden des geschlachteten Tieres einen Stein ähnlich den seinigen entdeckt hatte. Es leuchtete ihm nicht ein, dass das Blut eines Tieres, das eine ähnliche Krankheit hatte wie er selbst, ihm helfen sollte.

Die gängige Therapie bei Nierensteinen waren Mineralwasserkuren und Thermalbäder. Montaigne probierte auch das, immerhin war es eine harmlose, natürliche Methode. Die Bäder lagen oft in reizvoller Umgebung, und er lernte interessante Leute kennen. Ende der 1570er Jahre besuchte er mehrere Kurbäder in Frankreich. Die Nierensteine kamen zwar trotzdem wieder, lieferten ihm aber einen triftigen Grund und einen willkommenen Vorwand zum erneuten Aufbruch, diesmal um die berühmten Bäder in der Schweiz und in Italien aufzusuchen.

Im Sommer 1580 also brach der inzwischen berühmte siebenundvierzigjährige Autor von seinem Landsitz und seinen Weinbergen auf, um Heilung für sein Gebrechen zu finden und die Welt oder zumindest ausgewählte Gebiete Europas zu sehen. Er plante, bis November 1581 unterwegs zu sein: siebzehn Monate. Zunächst reiste er durch einige Gebiete Frankreichs, offenkundig in geschäftlichen Angelegenheiten und vielleicht auch, um politische Missionen zu erfüllen. Unter anderem wurde er in Paris von König Heinrich III. empfangen, dem er seine *Essais* überreichte. Anschließend wandte er sich Richtung Osten, nach Deutschland, überquerte die Alpen und kam in die Schweiz und schließlich nach Italien. Wenn es nach ihm gegangen wäre, hätte die Reise sehr viel länger dauern können und ihn in entlegenere Gegenden geführt. Irgendwann spielte er sogar mit dem Gedanken, sich nach Polen zu wenden, begnügte sich aber dann mit dem sehr viel konventionelleren Ziel Rom, Endpunkt der Pilgerreise eines guten Katholiken und Krönung der *grand tour* jedes Bildungsreisenden der Renaissance.

Montaigne genoss nicht den Luxus, allein zu reisen. Ein vermögender Adliger wie er war mit großem Gefolge unterwegs: mit Bediensteten, Bekannten und Reisebegleitern, von denen er sich allerdings so oft wie möglich abzusondern versuchte. Zu seiner Gruppe zählten vier junge Leute auf Bildungsreise. Einer war sein jüngster Bruder, Bertrand de Mattecoulon, gerade einmal zwanzig Jahre alt. Die anderen waren der Ehemann einer seiner Schwestern und der halbwüchsige Sohn eines Nachbarn sowie dessen Freund. Im Laufe der Reise verabschiedeten sie sich nacheinander zu anderen Zielen. Am glücklosesten war Mattecoulon, der in Rom das Fechten lernen wollte und im Duell einen Mann tötete. Montaigne musste alle Hebel in Bewegung setzen, um ihn aus dem Gefängnis zu befreien.

Das Reisen selbst war damals nicht weniger gefährlich, als sich zu duellieren. Die traditionellen Pilgerwege waren nicht immer benutzbar; manchmal musste man seinen Reiseplan ändern, um einem Seuchengebiet oder Straßenräubern auszuweichen. Einmal wechselte Montaigne seine geplante Route nach Rom, nachdem er von bewaffneten Raubüberfällen gehört hatte. Manche reisten mit Begleitschutz oder im Konvoi. Montaigne war bereits mit einer großen Gruppe unterwegs, was die Sache erleichterte, aber auch unerwünschte Aufmerksamkeit erregen konnte.

Es gab auch noch andere Unannehmlichkeiten. Beamte mussten bestochen werden, besonders in Italien, das für seine Korruption und bürokratischen Exzesse berüchtigt war. Überall in Europa waren die Stadttore schwer bewacht. Man musste die richtigen Ausweise, eine Reiseerlaubnis und Gepäckscheine vorlegen sowie ordentlich gestempelte sogenannte Pestbriefe, die bestätigten, dass man nicht durch ein Seuchengebiet gereist war. An den Kontrollpunkten der Städte bekam man oft einen Passierschein für den Aufenthalt in einem bestimmten Hotel, der vom Hotelbesitzer gegengezeichnet werden musste. Es war wie eine Reise durch Ostblockstaaten mitten im Kalten Krieg, allerdings mit sehr viel größerer Rechtsunsicherheit und größeren Gefahren.

Hinzu kamen die Unannehmlichkeiten der Reise selbst. Man reiste meist zu Pferd. Man konnte zwar auch eine Kutsche mieten, aber die Sitze waren in der Regel härter als ein Pferdesattel. Montaigne bevorzugte das Reiten. Er kaufte und verkaufte unterwegs Pferde oder mietete welche für kürzere Strecken. Flussfahrten waren eine weitere Option, aber Montaigne wurde leicht seekrank und vermied sie daher. Das Reiten verschaffte ihm die Freiheit, nach der er sich sehnte, und erstaunlicherweise empfand er auch während einer Nierenkolik die Fortbewegung im Sattel als besonders angenehm.

Was er am Reisen vor allem liebte, war das Gefühl des «maßvollen Bewegtseins». Starre Reisepläne lehnte er ab. «Sieht es rechts bedenklich aus, wende ich mich nach links; fühle ich mich zu schlecht, mich in den Sattel zu schwingen, bleibe ich, wo ich bin.» Er reiste so, wie er las und schrieb. Leonard Woolf, der mehr als dreihundert Jahre später mit seiner Frau durch Europa reiste, sagte über Virginia, sie hätte sich bewegt wie ein Wal, der den Ozean nach Plankton durchstreift, und eine «passive Wachsamkeit» kultiviert, eine eigenartige Mischung aus «Hochgefühl und Entspannung». Ähnlich Montaigne. Er rollte «im Dahinrollen der Himmel gelassen mit», wie er es genüsslich formulierte, allerdings mit dem Vergnügen eines Kindes, das alles zum ersten Mal und mit höchster Aufmerksamkeit erlebt.

Er machte nicht gern Pläne, wollte aber auch nichts verpassen. Sein Sekretär, der ihn begleitete und eine Zeitlang sein Reisetagebuch führte, notierte, Montaignes Reisebegleiter hätten sich über seine

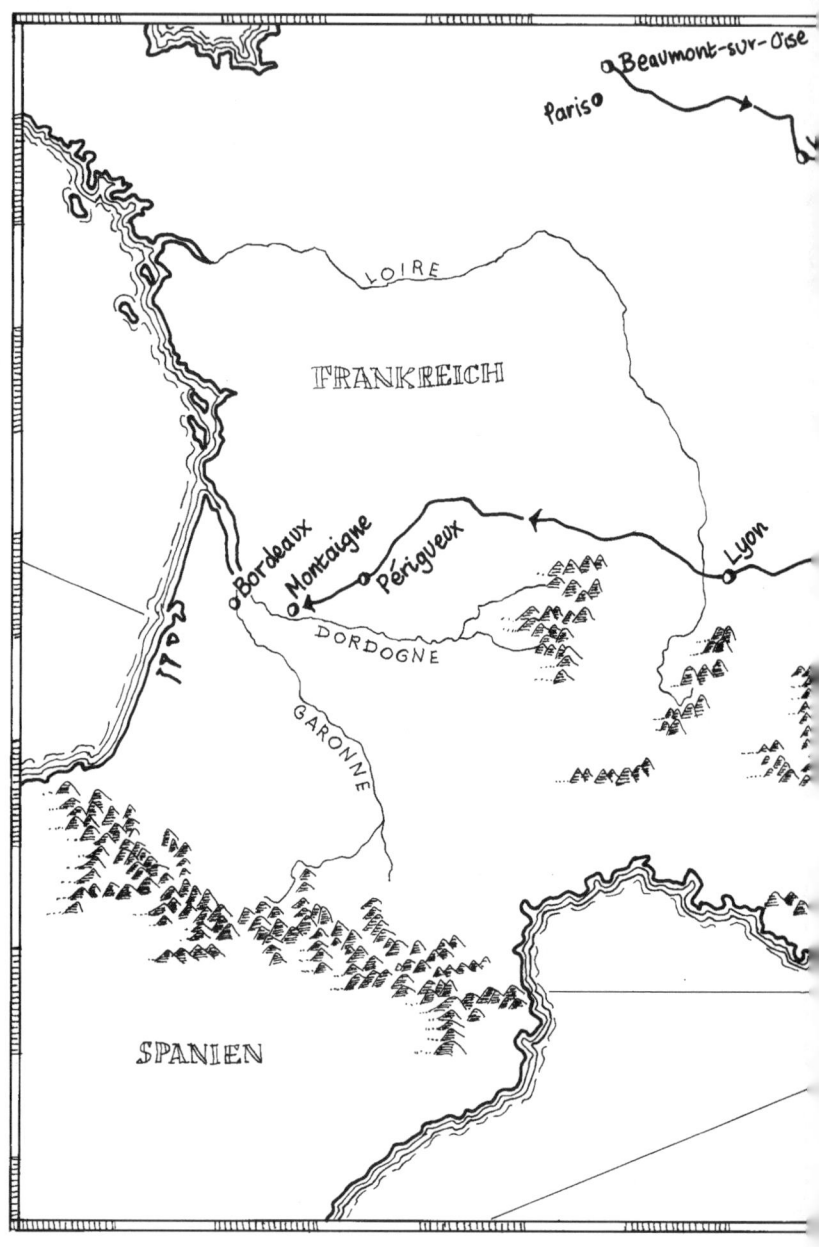

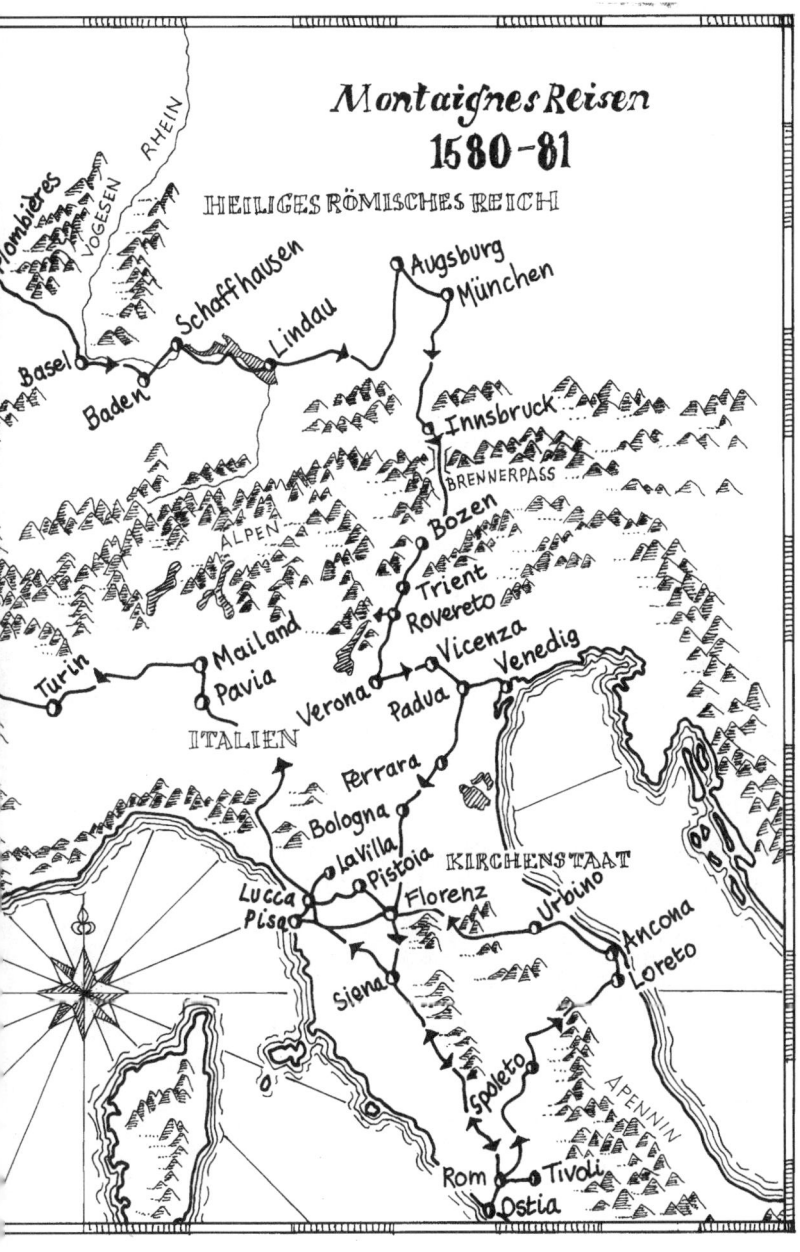

Montaignes Reisen
1580-81

HEILIGES RÖMISCHES REICH

RHEIN

VOGESEN

Plombières

Basel

Baden

Schaffhausen

Lindau

Augsburg

München

Innsbruck

BRENNERPASS

Bozen

ALPEN

Trient

Rovereto

Mailand

Pavia

Turin

Verona

Vicenza

Padua

Venedig

ITALIEN

Ferrara

Bologna

La Villa

Pistoia

Lucca

Pisa

Florenz

KIRCHENSTAAT

Urbino

Ancona

Loreto

Siena

Spoleto

APENNIN

Rom

Tivoli

Ostia

Angewohnheit beklagt, vom Weg abzuweichen, wenn er von Merkwürdigkeiten an diesem oder jenem Ort hörte, die ihn neugierig machten. Aber Montaigne entgegnete nur, er könne gar nicht vom rechten
Weg abweichen, weil es gar keinen gebe. Festgelegt habe er sich nur
darauf, lauter unbekannte und fremde Städte und Gegenden zu durch-
reisen. Solange er also einen Weg nicht zweimal gehe und einen Ort
nicht doppelt besuche, könne man ihm keinen Fehler seines Reiseplans
vorwerfen.

Das Einzige, was ihn bremste, war sein später Aufbruch. «Da ich
Spätaufsteher bin, kann mein Gefolge in aller Ruhe vor dem Weiterrei-
sen das Mittagsmahl einnehmen.» Das entsprach seiner sonstigen
Gewohnheit, denn er kam morgens nur schwer in die Gänge. Insgesamt jedoch versuchte er, auf Reisen mit seinen Gewohnheiten zu brechen. Im Unterschied zu anderen Reisenden verschmähte er nicht die
regionale Küche und ließ sich das Essen so servieren, wie es an dem
jeweiligen Ort üblich war. Er bedauerte, seinen Koch nicht mitgenommen zu haben – nicht weil er die heimatliche Küche vermisste, sondern
weil der Koch keine Rezepte der fremden Gerichte mit nach Hause
nehmen konnte.

Er schämte sich, wenn er beobachtete, wie sehr sich seine Landsleute freuten, im Ausland einem Franzosen zu begegnen. Sie rückten
hautnah zusammen und verbrachten ganze Abende damit, sich lautstark über das barbarische Verhalten der Einheimischen auszulassen.
Dabei waren sie noch die Einzigen, die fremde Bräuche überhaupt
wahrnahmen. Andere reisten «verschlossen, in ein misstrauisches und
sich jeder Kommunikation versagendes Schweigen gehüllt, um ja nicht
von der ihnen unbekannten Atmosphäre angesteckt zu werden.» Im
Reisetagebuch bemerkte der Sekretär, wie sehr Montaigne selbst zum
Gegenteil neigte und jedes Land, in das sie kamen, mit Lob überschüt-
tete, während er für sein eigenes kein gutes Wort übrig hatte. «Natürlich floss in sein positives Urteil über dieses Land auch ein wenig die lei-
denschaftliche Verachtung seines eignen ein, das ihm aus anderen
Gründen zuwider und verhasst war», meinte der Sekretär, vielleicht in
Anspielung auf die Bürgerkriege.

Als anpassungsfähig erwies sich Montaigne auch in punkto Sprache. In Italien sprach er Italienisch und schrieb sogar sein Reisetage-

buch auf Italienisch, das er von nun an selbst weiterführte. Er passte sich seiner Umgebung an wie ein Chamäleon oder ein Tintenfisch und versuchte, möglichst inkognito zu reisen. In Augsburg, schrieb der Sekretär, «wollte der Herr de Montaigne aus bestimmten Gründen […] nicht, dass man die gewünschten Auskünfte erteile und unseren wahren Stand verrate. Daher verzichtete er auch, als er sich den ganzen Tag in der Stadt umsah, auf sein Gefolge.» Aber das nutzte nichts. Als er in einer eiskalten Kirche Augsburgs in der Bank saß und seine Nase lief, zog er gedankenlos sein Taschentuch heraus und hielt es sich vor die Nase. Aber in Augsburg benutzte man keine Taschentücher, und so identifizierte man Montaigne sofort als Fremden, was ihn ärgerte. «So ereilte ihn schließlich gerade das Übel, dem er am meisten zu entfliehen suchte: bei den Einheimischen durch ein von ihren Sitten und Gebräuchen abweichendes Benehmen Auffallen zu erregen.»

Kirchen spielten auf Montaignes Reise überhaupt eine große Rolle. Er suchte sie nicht auf, um zu beten, sondern weil ihn die Liturgie interessierte: in den protestantischen Kirchen Deutschlands ebenso wie in den katholischen Italiens. In Augsburg nahm er an einer Kindstaufe teil und stellte (nachdem man ihn als Fremden enttarnt hatte) viele Fragen zu diesem Ritual. In Italien besuchte er Synagogen und wohnte in einem Privathaus einer jüdischen Beschneidung bei.

Merkwürdige Ereignisse und Geschichten weckten stets sein Interesse. Im lothringischen Plombières-les-Bains, noch am Anfang seiner Reise, begegnete er einem Soldaten, bei dem «eine Stelle seines Barts und eine halbe Augenbraue ganz weiß» waren. Der Mann erklärte Montaigne, sein Bart und seine Augenbraue seien an einem einzigen Tag weiß geworden, als sein Bruder gestorben sei und er stundenlang dasaß und weinte, diese Seite des Gesichts in eine Hand gestützt. In Vitry-le-François erfuhr er die Geschichte von sieben oder acht Mädchen, die «den Plan ausgeheckt hatten, sich als Männer zu verkleiden». Eine heiratete eine Frau und lebte mehrere Monate mit ihr, «vergnüglich», wie man ihm sagte, bis jemand den Fall den Behörden meldete und sie gehängt wurde. In derselben Region lebte ein Mann, Germain, der bis zu seinem zweiundzwanzigsten Lebensjahr weiblich war, bis ihm eines Tages, als er über ein Hindernis sprang, «männliche Geschlechtsteile» hervorschnellten. In der Stadt entstand daraufhin ein Lied, in dem die

Mädchen ermahnt wurden, ihre Beine beim Springen nicht zu weit zu spreizen, damit ihnen nicht dasselbe passiere.

Montaigne war fasziniert von den Tischsitten, die ja immer einen willkommenen Anlass bieten, Kulturen miteinander zu vergleichen. In der Schweiz wurden die «vor den Gästen stehenden Becher oder Silberpokale aus einem Zinn- oder Holzgefäß mit langer Schnepfe» gefüllt. Und nach dem Fleischgericht warfen alle ihren Teller in einen geflochtenen Korb in der Mitte des Tisches. «Zudem verwendet der Schweizer zu jedem Gericht ein Messer, und kaum greift er je mit den Fingern zu.» Die Schweizer benutzten bei Tisch als Serviette nur ein Tuch von einem halben Fuß Länge, «obwohl sie reichlich Soßen und Topfgerichte zu sich nehmen». Noch mehr verwunderten ihn die schweizerischen Schlafzimmer. «Ihre Betten sind so hoch, dass man zumeist auf Stufen in sie steigt; und fast immer stehn unter den großen Betten noch kleine.»

Alles, was Montaigne bemerkenswert erschien, diktierte er seinem Sekretär in die Feder. In einem Gasthaus in Lindau war «in die Täfelung des Speisesaals eine Art Käfig für eine Unzahl von Vögeln eingelassen. Er war mit an Messingdrähten befestigten Hängestegen versehn, auf denen die Vögel von einem Ende des Saals zum andern spazierten.» In Augsburg begegneten sie einer Gruppe von Leuten, die zum Herzog von Sachsen unterwegs waren, um ihm zwei Straußenvögel zu bringen. Montaigne bemerkte auch, dass man hier die Gläser «mit einer langstieligen Bürste aus feinen Borsten» reinigte. Fasziniert war er von einer ferngesteuerten zweitorigen Anlage in der Stadtmauer, deren Kammern verschließbar waren wie die Schleusen eines Kanals, so dass Angreifer keine Chance hatten, in die Stadt zu gelangen.

Wohin Montaigne und seine Begleiter auch kamen, suchten sie Parks mit Brunnen und Wasserspielen auf und delektierten sich stundenlang an boshaften Albernheiten: Im Park der Fugger in Augsburg verdeckte ein Holzpfad zwischen zwei Fischteichen Messingdüsen, aus denen arglose Damen und Herren nassgespritzt wurden. Im selben Garten schoss auf Knopfdruck ein Wasserstrahl demjenigen ins Gesicht, der genau in die Richtung des Brunnens blickte. Der am Brunnen angebrachte lateinische Spruch lautete: «Du wolltest neckischen Schnickschnack? Freu dich doch – hier hast du ihn!» Montaignes Reisegesellschaft hatte ihren Spaß.

Große Kunstwerke scheinen Montaigne weniger beeindruckt zu haben, jedenfalls machte er nur gelegentlich Bemerkungen darüber: beispielsweise über Michelangelos Skulpturen in Florenz, die er als «Statuen von ungemeiner Schönheit» bezeichnete. Auch in den *Essais* finden sich kaum Äußerungen zur bildenden Kunst. Doch da er ein Zimmer seines Turms mit Fresken ausmalen ließ, muss er einen Bezug zur Malerei gehabt haben. Den Wunsch, darüber zu schreiben, hat er wohl nicht verspürt, auch wenn auf vielen Renaissancegemälden in Italien die Farbe noch kaum trocken war.

Manche Leser seines Reisetagebuchs warfen ihm denn auch vor, er sei von den Kunstschätzen Italiens nicht begeistert gewesen, insbesondere die Romantiker. Sie waren die Ersten, die seine Reiseaufzeichnungen lesen konnten, denn das Manuskript wurde erst im Jahr 1772 in einem Koffer auf Schloss Montaigne gefunden. Die Entdeckung war eine Sensation, doch viele Leser des ausgehenden 18. Jahrhunderts waren enttäuscht. Sie vermissten nicht nur eine angemessene Würdigung der Kunstwerke Italiens, sondern auch schwärmerisch begeisterte Äußerungen über die erhabene Schönheit der Alpen und melancholische Betrachtungen zu den Ruinen Roms. Stattdessen wurden sie mit detaillierten Schilderungen von Montaignes Harnstau und mit pikanten, alles andere als erhabenen Bemerkungen über die Gasthöfe, das Essen, technische Errungenschaften sowie Sitten und Gebräuche der besuchten Orte beschenkt. Auch folgende Notate von Montaignes Sekretär stießen auf wenig Begeisterung: «Das von Herrn de Montaigne am Dienstag getrunkene Wasser hatte ihm dreimaligen Stuhlgang verschafft.» Oder die Auskunft, dass er zwei Tage später das Trinken des Heilwassers fortsetzte, «das vorn wie hinten Wirkung zeigte». Und der Enthusiasmus der Leser hielt sich auch dann in Grenzen, als Montaigne selbst das Tagebuch weiterführte und kundtat, dass ein Nierenstein abgegangen war, «groß und lang wie ein Tannenzapfen, an einem Ende aber wies er eine Verdickung auf, die einer Eichel glich – um die ganze Wahrheit zu sagen: Er hatte haargenau die Form eines Schwanzes.» Das Einzige, was zumindest schweizerische und deutsche Leser goutieren konnten, waren Montaignes großzügige Komplimente über ihr Land, insbesondere sein Lob für die Kachelöfen und Feuerstellen in der Schweiz.

Die verhaltene Begeisterung dieser ersten Leser lieferte die Vorlage für die weitere Rezeption: Das *Tagebuch der Reise nach Italien über die Schweiz und Deutschland* wurde als ein armer Verwandter der *Essais* angesehen. Gerade wegen ihrer Detailgenauigkeit sind diese Aufzeichnungen aber eine vergnüglichere Lektüre als die schwülstigen Reiseberichte der Romantik.

Ein anderer ansprechender Grundzug des Reisetagebuchs ist die Tatsache, dass der Sekretär uns ein Porträt Montaignes liefert, das sich mit dem selbstreflexiven Verfasser der *Essais* auf verblüffende Weise deckt. Der Leser erlebt einen Montaigne, der bestrebt ist, alle Vorurteile über andere Nationen abzulegen, wie man es von ihm erwarten durfte. Er wirkt begeistert und neugierig, manchmal aber auch egoistisch, wenn er seine murrenden Reisebegleiter an Orte schleppt, die ihnen nicht lohnenswert erscheinen. Es findet sich auch der implizite Hinweis, dass er zu viele langatmige Reden hielt, obwohl (oder vielleicht weil) ihn so etwas langweilte. In Basel wurde er an der Tafel mit einer «langen Ansprache begrüßt», die Montaigne «mit einer noch wesentlich länger dauernden beantwortete». Und in Schaffhausen überreichte man ihm Wein, was «wiederum nicht ohne mehrere höchst feierliche Ansprachen beider Seiten» abging.

Auf italienischem Boden, den die Reisegruppe am 28. Oktober 1580 erreichte, waren Montaignes rhetorische Fähigkeiten weniger gefordert. Doch je näher sie dem Land kamen, desto mehr fragte sich Montaigne, ob er wirklich dorthin wollte. Italien, das Zentrum der europäischen Kultur, war *das* große Reiseziel. Venedig und Rom hatten ihn schon sein Leben lang gelockt, doch jetzt stellte er fest, dass ihn weniger bekannte Orte sehr viel mehr reizten. Wenn es nach Montaigne gegangen wäre, bemerkte der Sekretär, als sie die Alpen erreicht hatten, hätte er sich «nach Krakau oder Richtung Griechenland» statt nach Italien gewendet, vielleicht einfach nur deshalb, um noch länger unterwegs zu sein. Aber er stieß auf den Widerstand seiner Begleiter und erklärte sich schließlich bereit, den Weg nach Italien einzuschlagen wie alle anderen auch. Und bald ging es ihm wieder besser. «Nie erlebte ich ihn weniger abgeschlagen, nie weniger über seine Schmerzen klagend», schrieb jetzt der Sekretär, «als wenn sein Geist im Gasthaus oder unterwegs auf das Kommende gespannt war und darauf, welche (stets eifrig gesuchte) Gelegenheiten zu Unterhaltungen mit den Fremden es ihm böte. Ebendies, glaube ich, lenkte ihn von seinem Leiden ab.»

Venedig, ihr erster längerer Aufenthalt in Italien, bestätigte mit seinem Menschengewühl Montaignes Befürchtung, die Stadt sei von Touristen überlaufen. Nach Auskunft des Sekretärs fand Montaigne Venedig «nicht ganz so bewundernswert», wie er es sich vorgestellt hatte. Dennoch besichtigte er die Stadt durchaus begeistert, er mietete eine Gondel, traf sich mit allen möglichen interessanten Leuten und ließ sich von der bizarren Geographie der Stadt, ihrer kosmopolitischen Bevölkerung und ihrem politischen Status als unabhängige Republik in Bann schlagen. Venedig schien eine politische Faszination zu besitzen, die anderen Städten fehlte. Die Republik beteiligte sich nur dann an militärischen Auseinandersetzungen, wenn es etwas zu gewinnen gab, und ihre Regierung war gerecht. Beeindruckt war Montaigne auch von der Würde und dem Luxus, in dem die Kurtisanen lebten, vor aller Augen ausgehalten von einheimischen Adligen und allseits respektiert. Er lernte eine der berühmtesten kennen, Veronica Franco, die einen Inquisitionsprozess überstanden und einen Band mit Briefen, die *Lettere familiari e diversi* veröffentlicht hatte, den sie Montaigne persönlich überreichte.

Dann reiste die Gruppe nach Ferrara weiter, wo Montaigne Torquato Tasso besuchte, und anschließend nach Bologna, wo man einem Fechtkampf beiwohnte. In Florenz hatten «die Herren wieder einen Spaß», als sie «aus einer schier unendlichen Zahl im Boden befindlicher kleiner Löcher mit Wasserstrahlen bespritzt» wurden, so dünn «wie feinste Regenschleier».

Rom rückte näher. Am Tag, bevor sie die Stadt erreichten, dem 3. November 1580, war Montaigne so aufgeregt, dass er schon drei Stunden vor dem Morgengrauen alle aus dem Bett scheuchte, um die letzten Kilometer hinter sich zu bringen. Von seinem Weg aus machte die Stadt keinen besonderen Eindruck. «Die ganze Landschaft bot einen unfreundlichen und felsigen Anblick, voll tiefer Klüfte.» Doch dann entdeckten sie die ersten Ruinen, und endlich lag die große Stadt vor ihren Augen.

Die Erwartung wurde etwas gedämpft, als sie am Stadttor eine langwierige bürokratische Prozedur über sich ergehen lassen mussten.

Ihr Gepäck wurde «bis zu den kleinsten Nebensächlichkeiten» durch-
wühlt. Die Beamten verbrachten unendlich viel Zeit damit, Montaignes Bücher zu prüfen. Rom stand unter der Herrschaft des Papstes:
Gedankenverbrechen wurden hier sehr ernst genommen. Ein Stunden-
buch wurde nur deshalb konfisziert, weil es in Paris und nicht in Rom
veröffentlicht worden war, ebenso einige katholische theologische
Schriften, die Montaigne aus Deutschland mitgebracht hatte. Er könne
von Glück reden, nichts Verdächtigeres bei sich gehabt zu haben, meinte er. Unvorbereitet auf eine solche strenge Überprüfung, hätte er
leicht auch wirklich ketzerische Bücher mit sich führen können, da er
sich «auf seiner Reise durch dieses Land [Deutschland] über dessen
Glaubenskämpfe so eingehend informiert hatte».

Auch ein Exemplar seiner *Essais* nahmen die Beamten zur Überprüfung mit. Er erhielt es erst im März, also vier Monate später, mit
Korrekturvorschlägen zurück: Er hätte unter anderem das Wort *fortune*, Schicksal, verwendet, wurde kritisiert. Ein kirchlicher Beamter
sagte ihm allerdings, die Einwände seien nicht sehr gravierend und der
französische Ordensbruder, der die Korrekturvorschläge gemacht hatte, nicht sonderlich kompetent. «Ich hatte den Eindruck, dass sie mit
mir sehr zufrieden waren», notierte Montaigne in sein Reisetagebuch.
Selbstverständlich ignorierte er alle Vorschläge. Einige Autoren haben
Montaignes Widerstand gegen die Inquisition als heldenhaft hervorge-
hoben, aber er musste nicht zu einem Galileo Galilei werden, um diese
Prüfung zu bestehen.

Trotzdem vermittelten ihm diese Begegnungen einen schlechten
ersten Eindruck von Rom, und er spürte ein Klima der Intoleranz.
Gleichwohl war es für ihn eine kosmopolitische Stadt. Römer zu sein
bedeutete, Weltbürger zu sein, und das erstrebte auch Montaigne. Deshalb ersuchte er um das römische Bürgerrecht – eine Ehre, die ihm am
Ende seines viereinhalbmonatigen Aufenthalts gewährt wurde. Seine
Freude darüber war so groß, dass er den Wortlaut der Urkunde im
Kapitel «Über die Eitelkeit» in den *Essais* vollständig wiedergab: ein Akt
der Eitelkeit, was ihn aber weiter nicht bekümmerte. «Gewiss, es ist ein
bloßer Titel – trotzdem hat es mich sehr gefreut, ihn zu erhalten.»

Rom war so groß und vielgestaltig, dass man unendlich viele Dinge tun konnte. Montaigne lauschte Predigten und theologischen Dis-

putationen. Er besuchte die Vatikanische Bibliothek, und da er Zugang
zu Bereichen hatte, die selbst dem französischen Botschafter verschlossen blieben, erhielt er Einsicht in wertvolle Abschriften von Werken der
von ihm bewunderten Seneca und Plutarch. Er wohnte einer Beschneidung bei, spazierte durch Parks und Weinberge und unterhielt sich mit
Prostituierten. Er bemühte sich, das Geheimnis ihres Gewerbes zu
ergründen, erfuhr aber nur, dass sie sogar für Gespräche viel Geld verlangten, was vermutlich eines ihrer Geheimnisse war.

Montaigne besuchte aber auch eine Audienz bei dem achtzigjähri-
gen Papst Gregor XIII. Der Sekretär beschrieb den Ablauf des Zeremo-
niells in allen Einzelheiten. Montaigne und einer seiner jugendlichen
Reisebegleiter betraten das Zimmer, in dem der Papst saß, und beugten
die Knie in Erwartung des päpstlichen Segens. Dann gingen sie auf ihn
zu, aber nicht quer durchs Zimmer, sondern eher die Wand entlang. In
der Mitte des Zimmers knieten sie erneut nieder, um den zweiten
Segen zu empfangen. Dann setzten sie ihren Weg sieben, acht Schritte
weiter fort – bis zu einem zu Füßen des Papstes liegenden Samtteppich,
an dessen Rand sie sich nun auf beide Knie niederbeugten. Der französische Gesandte vor ihnen, der sie dem Heiligen Vater vorstellte,
«schlug das Gewand des Papstes vor dessen rechtem Fuß so zurück,
dass ein roter Pantoffel mit einem weißen Kreuz zum Vorschein kam».
Die Knienden rutschten jetzt nacheinander bis zum Fuß des Papstes
vor und beugten sich hinunter, um diesen zu küssen. Montaigne sagte
später, der Papst habe die Fußspitze ein wenig angehoben, um es ihm
bequemer zu machen. Nach dieser fast erotischen Übung bedeckte der
französische Gesandte den Fuß des Papstes wieder, setzte sich auf seinen Platz zurück «und sagte ihm, was zur Empfehlung der Herren [...]
dienlich schien». Der Papst segnete sie und sprach gleichfalls ein paar
Worte; Montaigne ermahnte er, der Kirche auch in Zukunft treu zu
bleiben. Dann erhob er sich zum Zeichen, dass die Audienz beendet
war. Die Besucher verließen rückwärts den Saal und blieben erneut
zweimal stehen, um einen weiteren Segen zu empfangen. Später ließ
Montaigne seinen Sekretär notieren, der Papst spreche «ein Italienisch,
das seine Herkunft aus dem Dialekt Bolognas erkennen lässt, dem
schlechtesten im ganzen Land». Er sei «im Übrigen aber [...] ein sehr
schöner Greis von mittlerer Größe und gradgewachsen, mehr als acht-

zigjährig, das Gesicht hoheitsvoll, langer weißer Bart, für sein Alter
von erstaunlicher Gesundheit und einer Rüstigkeit, die nichts zu wünschen lässt: ohne Gicht, ohne Nierenkoliken, ohne Magenbeschwerden
oder irgendwelche andren Gebrechen» – ganz im Unterschied zu dem
von seinem Nierenleiden gepeinigten Montaigne. Er schien «von sanf-
tem Wesen, sich wenig um die weltlichen Geschäfte kümmernd» und
damit Gott entweder sehr ähnlich oder sehr unähnlich, je nach Blickwinkel. Jedenfalls war es derselbe Papst, der das blutige Massaker der
Bartholomäusnacht mit einer Siegesmedaille und einem Freskenzyklus
gefeiert hatte.

Auf Schritt und Tritt wurde man daran erinnert, dass Rom die
Stadt des Papstes war. Montaigne sah ihn oft, wie er Zeremonien
durchführte und an Prozessionen teilnahm. In der Karwoche strömten
Tausende Gläubige zur Peterskirche, Fackeln in der Hand und sich mit
Stricken geißelnd. Einige dieser Büßer waren nicht viel älter als zwölf,
dreizehn Jahre. Zwischen ihnen gingen Männer mit Wein, den sie den
Büßenden zu trinken anboten. Etliche nahmen einen Schluck davon in
den Mund und «spritzen es dann auf die Enden der Geißelstricke, die
durch das gerinnende Blut immer wieder zusammenkleben». Dies sei
«ein Rätsel, das ich nicht richtig verstehe», schrieb Montaigne. Die
Büßer fügten sich blutige Wunden zu, dennoch schienen sie weder
Schmerz zu empfinden noch ihr Tun ganz ernst zu nehmen. Sie gaben
sich ihren Kasteiungen «ausgesprochen heiter oder zumindest mit der-
artiger Gelassenheit hin, dass sie sich dabei über ganz andre Dinge
unterhalten und lachen oder auch plötzlich unbekümmert zu schreien,
zu laufen und hin und her zu springen beginnen». Er vermutete, dass
die meisten gegen Bezahlung stellvertretend für Reiche die Buße vollzogen. Das war ihm noch unverständlicher: «Warum sollten jene, die
diese Ärmsten dingen, dies tun, wenn es sich nur um einen Firlefanz
handelte?»

Montaigne wurde auch Zeuge eines Exorzismus. Der Besessene,
fast im Koma, wurde vor dem Altar festgehalten, während ihn der
Priester mit Fäusten schlug, ihm ins Gesicht spuckte und ihn anschrie.
An einem anderen Tag beobachtete er die Hinrichtung des berüchtig-
ten Räubers und Banditen Catena, der unter anderem zwei Kapuziner-
mönche ermordet hatte. Offenbar hatte er versprochen, ihr Leben zu

schonen, wenn sie Gott leugneten. Sie taten es und setzten damit ihr Seelenheil aufs Spiel, Catena tötete sie trotzdem. Montaigne hatte zwar schon viele Situationen erlebt, in denen der Besiegte um Gnade bat und der Sieger zu entscheiden hatte, ob er Gnade gewähren will, aber dieses Schauspiel erregte seinen heftigsten Unwillen: Catena selbst starb tapfer. Er ließ sich ohne einen Laut ergreifen und erdrosseln, dann wurde seine Leiche mit dem Schwert geviertelt. Doch die Gewalt, die dem toten Körper angetan wurde, schien die Zuschauer mehr aufzuputschen als die Hinrichtung selbst, denn jeder Schwerthieb wurde von «Wehrufen und Aufschreien des Volks» begleitet. Für Montaigne eine unerklärliche Reaktion, verstörte ihn doch die Grausamkeit, die einem lebendigen Menschen angetan wurde, mehr als die Gewalt «an der leblosen Hülle».

Die meisten humanistisch gebildeten Rom-Touristen des 16. Jahrhunderts kamen jedoch nicht um solcher Szenen willen hierher. Sie wollten dem Geist der Antike nachspüren, für den niemand empfänglicher war als Montaigne – schließlich war Latein die erste Sprache, die er gelernt hatte, und damit Rom seine Heimat.

Allenthalben stießen Montaigne und sein Sekretär auf Spuren der antiken Stadt, auch wenn sie meist weniger in als hoch über den Fußstapfen der alten Römer wandelten. Im Laufe der Jahrhunderte hatte sich nämlich so viel Erde und Schutt angesammelt, dass die Fundamente um mehrere Meter höher lagen: Was von den antiken Bauwerken noch erhalten war, steckte in der Erde wie Stiefel im Schlamm. Montaigne staunte: «Und so läuft man tatsächlich fast überall auf dem oberen Rand des antiken Mauerwerks, das vom Regen […] zunehmend freigelegt wird.» Und weiter meinte er, oft sei sogar, «als man die Ausgrabungen vorantrieb, das Kapitell einer hohen Säule zum Vorschein gekommen, deren Fuß noch tief darunter in der Erde geruht» habe.

Heute bietet sich dem Besucher ein anderes Bild. Archäologen haben die meisten Ruinen freigelegt, vieles wurde wieder aufgebaut. Der Triumphbogen des Septimius Severus zum Beispiel ragt heute hoch in den Himmel, zur Zeit Montaignes war nur dessen oberer Teil zu sehen. Das Kolosseum war damals eine Ansammlung von Steinen und völlig von Unkraut überwuchert. Vieles war durch mittelalterliche und frühneuzeitliche Bauten überdeckt, die auf den Ruinen errichtet worden waren und für die man altes Baumaterial wiederverwendet hatte. Manche Areale waren vollständig leergeräumt worden, um für triumphale Bauprojekte wie die nagelneue Peterskirche Platz zu schaffen. Die römische Geschichte lag also nicht in fein säuberlichen Schichten wohlgeordnet vor dem Auge des Betrachters, sondern wüst durcheinander wie nach einem schweren Erdbeben.

Auf ähnliche Weise hatte Montaigne seine *Essais* geschrieben. Er fügte unablässig Zitate und Anekdoten hinzu und recycelte die klassischen Autoren wie die Römer ihre alten Steine. Die Parallele muss ihm aufgefallen sein, denn an einer Stelle bezeichnete er sein Werk als ein Gebäude, das «allein aus den Spänen» Senecas und Plutarchs gezimmert ist. In der Stadt Rom wie in seinen *Essais* gab er kreativer *bricolage* und Unvollkommenheit gegenüber steriler Ordnung den Vorzug – und er genoss die geistige Kraftanstrengung, sich aus den Einzelteilen ein Bild zusammenzusetzen. Das Erlebnis der Stadt Rom war also weitgehend die Frucht der eigenen Phantasie. Man hätte fast zu Hause bleiben können – fast, denn es war dennoch etwas Besonderes, dort zu sein.

Dieses Gefühl fast halluzinatorischer Fremdheit kennen viele Rom-Besucher, nicht zuletzt, weil der eigenen Phantasie bereits alles so vertraut ist. Zweihundert Jahre später fand Goethe die Stadt aufregend und irritierend zugleich: «Alle Träume meiner Jugend seh' ich nun lebendig», schrieb er bei seiner Ankunft. «Die ersten Kupferbilder, deren ich mich erinnere (mein Vater hatte die Prospekte von Rom auf einem Vorsaale aufgehängt), seh' ich nun in Wahrheit, und alles, was ich in Gemälden und Zeichnungen, Kupfern und Holzschnitten, in Gips und Kork schon lange gekannt, steht nun beisammen vor mir.» Etwas Ähnliches hatte Freud beim Anblick der Akropolis in Athen empfunden, als ihm plötzlich der merkwürdige Gedanke kam: «Also existiert das alles wirklich so, wie wir es auf der Schule gelernt haben?!» Und gleich darauf das Gefühl: «Was ich da sehe, ist nicht wirklich.» Auch Montaigne befremdete dieses Aufeinandertreffen von innerer und äußerer Wirklichkeit, wenn er von «diesem Rom und diesem Paris» schreibt, «die ich in der Seele trage, so dass dieses Paris, das ich mir vorstelle, in meiner Vorstellung und inneren Sicht ohne Ort und ohne Ausdehnung ist, ohne Holz, ohne

Stein und ohne Putz.» Es waren Traumbilder wie der Hase, dem der Hund in seinem Traum nachjagt.

Die Stadt Rom vermittelte Goethe einen fast mystischen Frieden: «Ich lebe nun hier mit einer Klarheit und Ruhe, von der ich lange kein Gefühl hatte.» Montaigne hatte das genauso empfunden. Italien besaß für ihn generell diese Wirkung, trotz der Enttäuschungen des Reisenden. «Dabei konnte ich mich eines ruhigen Gemüts erfreuen», schrieb er später in Lucca, fügte jedoch hinzu: «Was mir als Einziges fehlte, war ein Gefährte, der zu mir gepasst hätte. So musste ich all diese schönen Dinge allein genießen, ohne diesen Genuss mit einem teilen zu können.»

Am 19. April 1581 verließ er Rom, überquerte den Apennin in Richtung des großen Wallfahrtsorts Loreto, wo er sich in die Prozessionen mit Fahnen und Kruzifixen einreihte. In der Kirche stellte er eine Votivtafel mit vier in Silber gefassten Figuren auf: die der Muttergottes, die seine, die seiner Frau und die seiner Tochter. Dann ging es weiter die adriatische Küste hoch über die Berge nach Lucca zu den Bagni della Villa, wo er mehr als einen Monat blieb. Wie man es von einem Adligen erwartete, gab er Feste für die Einheimischen und für seine Landsleute, darunter einen Ball, den er mit den «Frauen der näheren Umgebung» eröffnete; er wollte keinen distanzierten Eindruck machen. Er unternahm einen Ausflug nach Florenz und Lucca, kehrte dann zu den Bädern zurück und blieb den ganzen Sommer über, vom 14. August bis zum 12. September 1581. Ihn plagten schwere Nierenkoliken, und er bekam auch noch Zahn- und Kopfschmerzen und schmerzende Augen. Er vermutete, es müsse am Wasser liegen, das dem Kopf, noch mehr aber dem Bauch schadete. «Ich wurde dieses Bads allmählich überdrüssig »

Dann wurde er unerwartet nach Hause zurückgerufen. Montaigne, der stets für sich in Anspruch nahm, lediglich ein ruhiges Leben führen und seine «tüchtige Neugier» auf Europa stillen zu wollen, hatte ein Angebot erhalten, das er nicht ablehnen konnte.

15
Frage: Wie soll ich leben?

Antwort: Mache deinen Job gut,

aber nicht zu gut!

Bürgermeister

Der Brief erreichte Montaigne während seines Aufenthalts in den Bagni della Villa, und er trug das ganze Gewicht einer fernen Autorität. Unterzeichnet war er von allen sechs Schöffen *(jurats)*, die zusammen mit dem Bürgermeister Bordeaux verwalteten. Montaigne wurde davon in Kenntnis gesetzt, dass er in Abwesenheit zum Bürgermeister gewählt worden war. Er müsse unverzüglich zurückkehren, um seine Pflicht zu erfüllen.

Das klang schmeichelhaft, doch wenn man Montaigne glaubt, war es das Letzte, was er sich wünschte. Das Amt würde eine schwerere Bürde sein als das eines Parlamentsrats. Er würde viel Zeit opfern, Reden halten und an Zeremonien teilnehmen müssen – Dinge, die er während seiner Italienreise am allerwenigsten geschätzt hatte. Seine diplomatischen Fähigkeiten würden gefragt sein, denn als Bürgermeister musste er zwischen den verschiedenen religiösen und politischen Gruppen einen Ausgleich schaffen und zwischen Bordeaux und einem unpopulären König vermitteln. Und er musste seine Reise abbrechen.

Sosehr ihn sein Besuch der Bäder enttäuscht hatte, so wenig Lust hatte er, nach Hause zurückzukehren. Er war jetzt seit fünfzehn Monaten unterwegs, eine lange Zeit, aber in seinen Augen nicht lange genug. Es scheint, als habe er versucht, möglichst viel Zeit zu gewinnen. Er lehnte die Bitte der Schöffen zwar nicht ab, beeilte sich aber auch nicht, ihr Folge zu leisten. Zuerst reiste er ganz gemächlich nach Rom hinunter, legte in Lucca einen Zwischenstopp ein und probierte unterwegs weitere Bäder aus. Man fragt sich, warum er überhaupt nach Rom ging, dreihundert Kilometer in die falsche Richtung. Vielleicht hoffte er, sich der Aufgabe doch noch entziehen zu können. Doch bei seiner Ankunft in Rom am 1. Oktober fand er einen zweiten Brief aus Bordeaux vor, diesmal nachdrücklicher formuliert. Jetzt wurde er «dringend aufgefordert» zurückzukehren.

In der zweiten Ausgabe der *Essais* betonte er, wie wenig er sich um ein solches Amt bemüht und wie vehement er sich dagegen gesträubt habe. Er schrieb: «Ich lehnte zunächst ab», erhielt aber die Antwort, «dass dies unrecht sei, zumal der Befehl des Königs hinzukam.» Der König sandte ihm sogar einen persönlichen Brief, der ihn noch im Ausland hätte erreichen sollen. Montaigne fand ihn jedoch erst nach seiner Rückkehr vor:

Herr von Montaigne! Da ich Sie für Ihre höchste Treue und Ergebenheit in meinem Dienste hoch schätze, habe ich mit großer Freude vernommen, dass man Sie zum *mayor* meiner Stadt Bordeaux gewählt hat, und ich habe dieser Wahl, die mir äußerst genehm ist, mit umso größerer Freude zugestimmt, als sie ohne Ränkespiel und trotz Ihrer langen Abwesenheit getroffen wurde. Aus diesem Grund befehle ich Ihnen und fordere Sie hiermit ausdrücklich auf, nach Erhalt dieses Briefes sofort und unverzüglich zurückzukehren, Ihrer Pflicht nachzukommen und Ihr Amt anzutreten, zu dem Sie nach Recht und Gesetz berufen worden sind. Und ich wäre Ihnen sehr gewogen, wenn Sie dem entsprächen, das Gegenteil aber würde ich mit großem Missfallen zur Kenntnis nehmen. Gebe Gott, dass Sie, verehrter Herr von Montaigne, bei guter Gesundheit sind.

Die Ernennung zum Bürgermeister erscheint beinahe als Strafe, wenn man davon ausgeht, dass Montaignes Widerstreben aufrichtig war.

Seine geringe Eile, nach Hause zurückzukehren, deutet jedenfalls nicht auf Machtgier hin. Er ließ sich Zeit und mäanderte über Lucca, Siena, Piacenza, Pavia, Mailand und Turin Richtung Frankreich. Dafür brauchte er sechs Wochen. Als er französischen Boden betrat, schaltete er in seinem Reisetagebuch vom Italienischen wieder ins Französische um, und nach der Ankunft auf seinem Gut notierte er, seine Reise habe «siebzehn Monate und acht Tage» gedauert. Diesmal hatte er ausnahmsweise richtig gerechnet. In seinem «Beuther» trug er unter dem

Datum des 30. November ein: «Ich bin in meinem Haus angekommen.» Dann stellte er sich den Beamten in Bordeaux vor, gehorsam und bereit, seine Pflicht zu erfüllen.

Montaigne war vier Jahre lang Bürgermeister von Bordeaux, von 1581 bis 1585: ein anstrengendes, aber keineswegs undankbares Amt, ausgestattet mit allen dem hohen Rang gemäßen Insignien. Er hatte eigene Amtsräume, eine Wache, Robe und Bürgermeisterkette und einen Ehrenplatz bei öffentlichen Veranstaltungen. Das Einzige, was fehlte, war ein Gehalt. Dennoch war der Bürgermeister mehr als nur eine Galionsfigur. Gemeinsam mit den Schöffen musste er weitere städtische Amtsträger ernennen, Zivilgesetze verabschieden und gerichtliche Fälle beurteilen – eine Aufgabe, die Montaigne besonders schwierig fand, da er hohe Ansprüche an die Beweisführung stellte. Vor allem aber musste er politisch behutsam taktieren. Er musste im Namen der Stadt Bordeaux bei den königlichen Behörden vorsprechen und umgekehrt die politischen Entscheidungen des Königs an die Schöffen und anderen Notabeln der Stadt übermitteln, von denen viele auf Konfrontationskurs gegangen waren.

Sein Amtsvorgänger Arnaud de Gontault, Baron de Biron, hatte viele vor den Kopf gestoßen, deshalb zählte es zu Montaignes ersten Aufgaben, die Wogen zu glätten. Biron hatte streng, aber verantwortungslos regiert, er hatte Feindseligkeiten zwischen den Parteien geschürt und sich mit Heinrich von Navarra überworfen, dem mächtigen Fürsten der benachbarten Provinz Béarn, obwohl gute Beziehungen zu ihm unabdingbar waren. Selbst König Heinrich III. hatte an Birons offenkundigen Sympathien für die nach wie vor königsfeindliche katholische Liga Anstoß genommen. Montaigne war für seine Mäßigung und sein diplomatisches Geschick bekannt, Eigenschaften, die Biron völlig fehlten. Und obwohl Montaigne mit den verachteten *politiques* in Verbindung stand, kam er mit allen aus und hatte für jeden ein offenes Ohr. Seine pyrrhonischen Grundsätze verlangten es, «andersartige Meinungen leidenschaftslos» anzuhören, keine endgültigen Urteile zu fällen und dabei stets seine Integrität zu wahren.

Dabei half es ihm, dass seine Jahre als Bürgermeister in eine Zeit des Friedens fielen. Zwischen 1580 und 1585 – dem Zeitraum zwischen Montaignes Reise und dem Ende seiner Amtszeit – ruhten die kriegerischen Auseinandersetzungen. Aber auch der Frieden war nicht einfach zu haben, da die – nur in Maßen gewährte – Toleranz gegenüber den Protestanten und ihrer Religionsausübung keine Seite zufriedenstellte. Bordeaux war eine geteilte Stadt. Etwa ein Siebtel der Bewohner bildeten eine protestantische Minderheit, das Umland war gleichfalls protestantisch, doch es gab auch eine mächtige Fraktion der katholischen Liga. Selbst in guten Zeiten war es schwierig, diese Stadt zu regieren, und es waren keine guten Zeiten – wenngleich auch nicht die schlimmsten, wie Montaigne sofort hinzugefügt hätte.

In seiner Verantwortung lag es, den Frieden zu erhalten und dem Generalleutnant des Königs, Jacques de Goyon, Comte de Matignon, Loyalität zu zeigen. Matignon, ein erfahrener Diplomat und acht Jahre älter als Montaigne, muss ihn irgendwie an La Boétie erinnert haben. Sie wurden zwar keine engen Freunde, kamen aber gut miteinander aus. Sie konnten beide geschickt mit Extremisten umgehen, und sie waren prinzipienfest. Während der Massaker der Bartholomäusnacht hatte Matignon als einer der wenigen Amtsträger die Hugenotten in seinem Gebiet – Saint-Lô und Alençon – geschützt. Mit seiner ruhigen Entschlossenheit war er für die Guyenne in der damaligen politischen Situation genau der richtige Mann. Dasselbe galt für Montaigne, obwohl ihm zwei entscheidende Eigenschaften fehlten: Erfahrung und Begeisterung für das Amt.

Montaigne war darauf bedacht, die Erwartung zu dämpfen, er sei genau wie sein Vater, der durch seine Amtsgeschäfte aufgerieben worden war, «indem er, Haushaltung und Gesundheit vergessend, die milde Luft seines Landsitzes [...] immer wieder verließ». Auch Montaignes Reiselust blieb gedämpft, wenn er beruflich zu reisen gezwungen war. Er fuhr aber dennoch mehrfach nach Paris, zum Beispiel im August 1582, um die Bestätigung für die Privilegien zu erhalten, die Bordeaux nach dem Salzsteueraufstand jetzt endlich zurückerhielt. Gegen Ende seiner zweiten Amtszeit war er noch häufiger unterwegs. Dokumente belegen seinen Aufenthalt in Mont-de-Marsan, Pau, Bergerac, Fleix und Nérac. Auch pendelte er regelmäßig zwischen Bordeaux und seinem Schloss, von wo aus er viele seiner Amtsgeschäfte erledigen und an seinen eigenen Projekten weiterarbeiten konnte. Seine zweite, verbesserte Ausgabe der *Essais* erschien 1582, ein Jahr nach seinem Amtsantritt.

Obwohl er in seinem Bürgermeisteramt nicht gerade aufging, muss er sich auf diesem Posten bewährt haben, denn er wurde am 1. August 1583 ein zweites Mal gewählt. Sein Stolz darauf ist unverkennbar, denn es war ein außergewöhnlicher Vorgang. «Bei mir war es der Fall, nach nur zwei früheren Beispielen.» Gegen seine Wiederwahl gab es allerdings Widerstand insbesondere seitens eines Rivalen, der selbst das Amt anstrebte: Jacques d'Escars, Sieur de Merville, Gouverneur des Fort du Hâ in Bordeaux. Montaigne ließ sich nicht verdrängen, was darauf hindeutet, dass er sich dem Amt mehr verpflichtet fühlte, als er zugeben wollte.

Vielleicht revidierte er auch seine Einstellung, nachdem er entdeckt hatte, was für großes politisches Geschick er besaß. Zusammen mit Matignon war er jetzt immer häufiger der Vermittler zwischen den Beamten des Königs, den Rebellen der katholischen Liga in Bordeaux und dem Protestanten Heinrich von Navarra, der in der Region mächtiger war als je zuvor. Besonders gute Beziehungen pflegte er zu den königlichen Beamten und dem Lager Heinrichs von Navarra. Mit den Ligisten wurde es immer schwieriger, da sie jeden Kompromiss ablehnten und nach wie vor entschlossen schienen, Montaigne aus dem Amt zu drängen und die Macht in Bordeaux an sich zu reißen.

Von besonderer Dramatik war der Aufstand des Ligisten Baron de Vaillac, Gouverneur des Château Trompette der Stadt. Im April 1585 erfuhren Matignon und Montaigne von Vaillacs Umsturzplänen in Bordeaux und besprachen sich wohl, wie sie dieser Bedrohung begegnen sollten: mit einem Gegenangriff oder indem sie auf Vaillac zugingen und versuchten, ihn von seinem Plan abzubringen. Sie entschieden sich für eine Kombination aus Gegenwehr und der Bereitschaft, Gnade vor Recht ergehen zu lassen. Vermutlich mit aktiver Unterstützung Montaignes berief Matignon Vaillac und seine Leute ins Parlament von Bordeaux. Als die Verschwörer vollständig versammelt waren, ließ er die Türen verriegeln. Der gefangene Vaillac hatte jetzt die Wahl zwischen Festnahme mit (wahrscheinlich) nachfolgender Verurteilung zum Tod und der Übergabe der Festung Trompette und dem Abzug aus Bordeaux. Vaillac entschied sich für den Abzug, doch außerhalb der Stadtmauern begann er eine Streitmacht der Liga zu mobilisieren – ein Risiko, das man einging, wenn man seinen Feinden Gnade gewährt.

Es folgten Tage des Bangens. Am 22. Mai 1585 schrieb Montaigne an Matignon, er und andere Beamte bewachten die Tore gegen die vor der Stadt versammelten Männer. Fünf Tage später teilte er ihm mit, Vaillac halte sich immer noch in der Nähe der Stadt auf. Jeden Tag, berichtete er, gebe es fünfzigmal Alarm.

> Ich habe alle Nächte entweder in der Stadt unter Waffen oder außerhalb am Hafen verbracht, und schon vor Eurer Anordnung hatte ich dort bereits eine Nacht gewacht, auf die Nachricht von einem Boot mit bewaffneten Leuten, das vorbeikommen sollte. Wir sahen aber nichts.

Am Ende blieb der Angriff aus. Vielleicht zog Vaillac einfach ab und bewies damit, dass Montaigne und Matignon die richtige Strategie verfolgt hatten. Jedenfalls war damit die Krise überwunden, auch wenn sich die politischen Parteien in der Region und in ganz Frankreich bereits für einen neuen Krieg rüsteten und die Liga Montaignes Bemühen um eine Verständigung weiterhin ignorierte.

Viele, die Montaignes Tätigkeit in dieser Zeit beobachteten, bewunderten ihn. Der hohe Beamte und Historiker Jacques-Auguste de Thou schrieb, er habe «vieles von Michel de Montaigne gelernt, einem Mann frei im Geist, jeder Parteibildung abgeneigt und [...] mit großer und sicherer Kenntnis unserer Angelegenheiten und besonders jener seiner heimatlichen Guyenne». Und der Staatsmann Philippe Duplessis-Mornay lobte Montaignes ruhige Hand; er schüre weder Unruhe, noch gerate er selbst schnell in Wallung.

Wie viele andere zeitgenössische Zeugnisse stimmt auch dieses bemerkenswert genau mit Montaignes Selbsteinschätzung überein. Seine Amtszeit, schrieb er, sei gekennzeichnet gewesen durch «Ordnung» und durch «wohltuende und ungestörte Ruhe». Er hatte Feinde, aber auch gute Freunde. Und die Lösung des Problems Vaillac deutet darauf hin, dass er durchaus zu entschlossenem Handeln fähig war – es sei denn, die Entschlusskraft wäre in diesem Fall Matignon zuzuschreiben.

Offenbar gab es Stimmen, die Montaigne für zu lax und unengagiert hielten, denn in den *Essais* zeigt sich eine gewisse Tendenz zur Rechtfertigung, etwa wenn er einräumt, man habe ihm vorgeworfen,

er zeige «keinen rechten Eifer». Für manche war Montaigne der Prototyp des *politique*, der sich auf keine Richtung festlegen lassen wollte.
Das war sicher richtig, und Montaigne gestand dies auch durchaus ein.
Nur: Seine Kritiker empfanden dies als etwas Negatives, Stoiker und
Skeptiker wie er waren anderer Ansicht. Der Stoizismus forderte dazu
auf, bedachtsame Distanz zu wahren, während die Skeptiker sich aus
Prinzip des Urteils enthielten. Montaignes politische Strategien erga-
ben sich also aus seiner Philosophie. Die Leute beschwerten sich,
schreibt er, dass er in seinem Amt keine bleibenden Spuren hinterlassen
habe. «Das ist ja köstlich», gibt er zurück. «In einer Zeit, da fast jeder
des Zuvieltuns überführt ist, will man mir meine Zurückhaltung vorwerfen!» Da «Neuerungen [der Protestantismus] […] uns derart
bedrängen», sei es gewiss verdienstvoll, die Stadt so lange möglichst
unauffällig regiert zu haben. Montaigne hatte längst gelernt, dass sich
die Leute oft nur deshalb für öffentliche Belange engagierten, weil sie
auf ihren guten Ruf und ihren persönlichen Nutzen bedacht waren
oder weil sie sich beschäftigt halten wollten, um nicht über das Leben
nachdenken zu müssen.

Ein Problem Montaignes war seine Aufrichtigkeit. Andere, die
weniger gewissenhaft waren als er, wurden gelobt, weil sie so taten, als
wären sie engagiert und tatkräftig. Montaigne warnte, das sei bei ihm
anders: Er würde für Bordeaux tun, «was die wohlverstandene Pflicht
von mir verlangte», nicht mehr und nicht weniger.

Montaigne klingt hier wie eine andere große, wahrhaftige Figur
der Renaissance-Literatur: Cordelia, die Tochter König Lears aus
Shakespeares gleichnamigem Drama, die sich weigert, von ihrer Liebe
zu ihrem Vater zu schwärmen, wie es ihre habgierigen Schwestern tun,
um sich bei ihm einzuschmeicheln. Montaigne blieb aufrichtig – und
wurde als schroff und gleichgültig empfunden. Was Montaigne über
sich schreibt, hätte auch Cordelia über sich sagen können:

> In den Geruch eines Schmeichlers zu kommen wäre mir auf den Tod
> verhasst; daher rührt es, dass ich mich ganz von selbst einer trocknen,
> bündigen und derben Redeweise bediene […]. Aber ich ehre die am
> meisten, denen ich am wenigsten Ehrerbietung zeige […]. Menschen
> gegenüber, denen ich mich verbunden fühle, verhalte ich mich wort-

karg und zurückhaltend; und am wenigsten komme ich jenen entgegen, denen ich am tiefsten ergeben bin – scheint mir doch, sie müssten
dies ebenso in meinem Herzen lesen wie die Tatsache, dass meine
Worte meinem wahren Empfinden nicht gerecht werden.

Das klingt rebellisch, aber Montaigne wie Cordelia standen in diesem
Punkt nicht wirklich auf Kriegsfuß mit ihrer Epoche. In der Spätrenaissance standen die Tugenden der Aufrichtigkeit und Natürlichkeit hoch
im Kurs. Indem Montaigne seine Freimütigkeit betonte, verwahrte er
sich zugleich gegen einen Vorwurf, der immer wieder gegen die *politiques* erhoben wurde: Sie würden sich verstellen und einschmeicheln
und verdienten kein Vertrauen. An manchen Stellen in den *Essais* klingt
Montaigne fast wie das Zerrbild eines *politique*: uneindeutig, extrem
raffiniert, irreligiös und ausweichend. Es konnte also nicht schaden,
sich gelegentlich unverblümt zu äußern.

Und mit demselben Kniff, der das Fehlen von Türschlössern als
eine gute Sicherheitsmaßnahme erscheinen ließ, erwies sich Montaignes ruppige Ehrlichkeit als hervorragender diplomatischer Trick, der
ihm mehr Türen öffnete, als die gewundenen Täuschungsmanöver seiner Kollegen es jemals vermochten. Selbst den mächtigsten Fürsten im
Land – und vielleicht gerade ihnen – blickte er fest ins Gesicht, um
«ihnen rundheraus zu sagen, wo für mich die Grenzen liegen». Seine
Offenheit bewog auch andere zur Offenheit und löste ihnen die Zunge
wie der Wein und die Liebe.

Die Gefahr, politisch zwischen allen Stühlen zu sitzen, tat Montaigne in der Regel ab. Das Verhalten Menschen gegenüber, die einander
spinnefeind waren, sei nicht wirklich schwierig, schrieb er. Man müsse
sich beiden Seiten gegenüber mit angemessenem Wohlwollen verhalten, ohne sich an den einen oder den anderen zu binden; man dürfe von
anderen nicht zu viel erwarten, ihnen aber auch nichts anbieten. Seine
Strategie könnte man in dem Satz zusammenfassen: Mache deinen Job
gut, aber nicht zu gut. Er selbst folgte dieser Devise. So hielt er sich aus
allen Problemen heraus und blieb gleichzeitig ganz der Mensch, der er
war. Er erfüllte seine Pflicht, nicht mehr und nicht weniger.

Nicht alle konnten dies nachvollziehen, doch nicht seine Zeitgenossen, sondern die Nachwelt tadelte ihn dafür. Cordelias Verhalten

erweist sich in Shakespeares Stück als das richtige: An ihrer aufrichtigen
Liebe zu ihrem Vater gibt es nicht den geringsten Zweifel. Montaigne
dagegen bekam Imageprobleme, die mit seiner Amtsführung als Bürgermeister zu tun hatten. Er wusste, wie riskant es war, in den *Essais*
ganz unprätentiös über sich und seine Handlungen zu schreiben: «Letzten Endes [...] geht es, wenn man von sich selber spricht, nie ohne Verluste ab: Alle finden die Selbstbeschuldigungen glaubwürdig und
unglaubwürdig das Eigenlob.» Vielleicht hatte die alte Regel, nie über
sich selbst zu schreiben, doch etwas für sich.

Moralische Einwände

Wie eng Montaigne seine Pflicht auslegte, zeigte sich in aller Deutlichkeit im Juni 1585, als in Bordeaux nach einer Hitzewelle die Pest aus-
brach: eine besonders unheilvolle Kombination. Die Epidemie wütete
bis Dezember, und in diesen wenigen Monaten starben mehr als 14 000
Menschen, fast ein Drittel der Stadtbevölkerung. Damit forderte die
Pest mehr Opfer als die Massaker der Bartholomäusnacht im gesamten
Land, und dennoch – wie so oft bei Epidemien in Zeiten des Krieges –
blieben kaum Spuren dieser Katastrophe im historischen Gedächtnis:
Im 16. Jahrhundert wütete die Pest so oft, dass man ihre verheerenden
Folgen leicht vergisst.

Als in jenem Jahr in Bordeaux Gerüchte über einen Ausbruch der
Pest in Umlauf kamen, floh aus der Stadt, wer immer die Möglichkeit
dazu hatte. Nur wenige Beamte harrten auf ihren Posten aus. Die meisten Mitarbeiter des Parlaments verließen die Stadt, auch vier der sechs
Schöffen. Am 30. Juni schrieb Matignon an den König: «Die Pest breitet
sich in dieser Stadt so schnell aus, dass niemand geblieben ist, der Mittel und Wege hat, anderswo zu leben.» Das war noch in der Anfangs-
phase der Seuche. Einen Monat später teilte Matignon Montaigne mit:
«Alle Einwohner haben die Stadt verlassen, jedenfalls diejenigen, die ihr
in irgendeiner Weise Hilfe bringen könnten; denn die kleinen Leute,
die geblieben sind, sterben wie die Fliegen.»

Matignon zählte offenbar zu denen, die geblieben waren, Montaigne jedoch hatte sich bei Ausbruch der Pest gar nicht in der Stadt befun-

den. Er war im Begriff gewesen, von zu Hause aus nach Bordeaux aufzubrechen, um am Zeremoniell der Amtsübergabe teilzunehmen.
Seine Amtszeit war vorüber, Matignon sollte sein Nachfolger werden.
Der 1. August 1585 war sein letzter Tag im Amt; wenn also Matignons
Brief vom 30. Juli stammt, blieben Montaigne noch zwei Tage als Bürgermeister. Die einzige Aufgabe, die er zu diesem Zeitpunkt noch zu
erfüllen hatte, bestand offenbar darin, der Zeremonie beizuwohnen,
mit der Matignons Wahl besiegelt wurde. Doch unter den gegebenen
Umständen konnte man davon ausgehen, dass kaum jemand daran teilnehmen würde, falls die Zeremonie überhaupt stattfand.

Montaigne musste sich also entscheiden, ob er zur Amtsübergabe
nach Bordeaux reisen sollte oder nicht. Sein Anwesen war von der Seuche nicht betroffen: Wenn er jetzt nach Bordeaux ginge, würde er um
einer reinen Formalität willen in ein Pestgebiet reisen. Was verlangte
die Pflicht? Unsicher, was er machen sollte, ging er nach Libourne, das
näher an Bordeaux lag, aber noch außerhalb der Gefahrenzone. Von
dort schickte er den wenigen noch verbliebenen Beamten einen Brief
und bat um ihren Rat. «Ich werde weder Leben noch sonst etwas spa-
ren, um Euch einen Dienst zu leisten», versicherte er, fügte aber hinzu,
er überlasse «es Euch, zu urteilen, ob derjenige, den ich Euch durch
meine Anwesenheit bei der nächsten Wahl erweisen kann, wert ist,
dass ich das Wagestück unternehme, nach der Stadt zu gehen, in Anbetracht des schlechten Zustandes, in dem sie sich augenblicklich befindet». Er werde auf Schloss Feuillas auf der anderen Seite des Flusses
Garonne abwarten. Von Feuillas aus schrieb er am folgenden Tag erneut und wiederholte die Frage, was man ihm empfehlen würde.

Die Antwort der Schöffen ist nicht überliefert. Sicher ist nur, dass
Montaigne nicht nach Bordeaux ging. Entweder man riet ihm, der
Stadt fernzubleiben – falls überhaupt noch einer der Schöffen in der
Stadt war –, oder man antwortete ihm gar nicht. Irgendjemand muss
jedoch zu diesem Zeitpunkt noch im Parlament gearbeitet haben, denn
es wurde die Order erlassen, dass niemand in die Stadt einreisen dürfe.
Wäre Montaigne nach Bordeaux gegangen, hätte er gegen diese Anordnung verstoßen. Offenkundig befragte er sein Gewissen und kehrte auf
sein Anwesen zurück. Inzwischen waren auch die letzten beiden Tage
seiner Amtszeit verstrichen, die damit offiziell zu Ende war. Statt eines

Abschiedszeremoniells und feierlicher Dankesreden gab es nur Verwirrung und Chaos.

Zu Montaignes Lebzeiten hat anscheinend niemand seine Entscheidung kritisiert. Massive Kritik wurde erst zweihundertsiebzig Jahre später laut, als im 19. Jahrhundert die Briefe im Stadtarchiv von Bordeaux wiederentdeckt und veröffentlicht wurden. Die Welt hatte sich inzwischen grundlegend verändert: Heroismus und Selbstaufopferung hatten eine ganz neue Bedeutung bekommen.

Der Entdecker der Briefe, Arnaud Detcheverry, meinte, sie dokumentierten Montaignes Tendenz zu einem «unbekümmerten Epikureismus», womit er der späteren Kritik den Ton vorgab. Der frühe Montaigne-Biograph Alphonse Grün attestierte Montaigne mangelnden Mut, weil er auf der anderen, sicheren Flussseite blieb. In einer Vortragsreihe zu Grüns Buch äußerte Léon Feugère, Montaigne habe «das Missgeschick gehabt, in der ernstesten Situation seine Pflicht zu vergessen». In seinen Augen diskreditierte dieser Vorfall Montaignes gesamtes Werk. Wenn der Verfasser der *Essais* in einer solchen Situation versage, wie könne man dann dem trauen, was er über die praktische Lebensführung zu sagen habe? Seine Pflichtvergessenheit entlarve den größten philosophischen Fehler der *Essais:* die «völlige Abwesenheit von Entscheidung». Andere stimmten ihm zu. Der Chronist Jules Lecomte verurteilte Montaigne und seine ganze Philosophie mit einem Wort: «Feigling!»

Was sie alle unerträglich fanden, war nicht in erster Linie der Mangel an persönlichem Mut – schließlich hatte Montaigne eine Woche lang am Sterbebett eines Pestkranken gesessen –, sondern sein Versagen angesichts einer öffentlichen Aufgabe. Montaignes kühles Kalkül und seine schriftlichen Anfragen wurden jetzt von einer Generation missbilligt, deren moralisch strenges Urteil noch dem Geist der Romantik verpflichtet war: man müsse bereit sein, jedes, selbst das sinnloseste Opfer zu bringen.

Grundlegend für diese Beurteilung Montaignes war – wie im 17. Jahrhundert – die Ablehnung seines Skeptizismus. Leser des 19. Jahrhunderts waren in einem Maße irritiert wie nur wenige nach Pascal. Sie störten sich nicht daran, dass Montaigne vermeintliche Tatsachen anzweifelte, lehnten es jedoch ab, das alltägliche Leben aus der Sicht des

Skeptikers zu betrachten und sich von allgemein akzeptierten Verhaltensmustern zu distanzieren. Das skeptische *epoché* – «Ich enthalte mich» – erschien ihnen Grund genug, Montaigne zu misstrauen und ihn des Nihilismus zu verdächtigen, der das Gespenst der neuen Ära war. Im späten 19. Jahrhundert war Nihilismus ein Synonym für Gottlosigkeit und existentielle Leere. Er stand für Atheismus und für etwas noch viel Schlimmeres: die Preisgabe aller moralischen Werte. Schließlich wurde «Nihilist» zum Synonym für «Terrorist». Nihilisten waren Menschen, die an keinen Gott glaubten, Bomben warfen und die soziale Ordnung zerstören wollten. Sie wurden als revolutionärer Flügel der Partei der Skeptiker betrachtet oder auch als Skeptiker, die sich auf die Seite des Bösen geschlagen haben. Wenn sie das Sagen hätten, stünde bald kein Stein mehr auf dem anderen und es gäbe überhaupt keine Gewissheiten mehr.

Vor diesem Hintergrund sahen sich die letzten Verteidiger Montaignes plötzlich gezwungen zu beweisen, dass Montaigne während der Pestepidemie vernünftig gehandelt hatte und dass er letztlich kein extremer Skeptiker war, sondern ein konservativer Moralist und guter Christ. Der einflussreiche Kritiker Émile Faguet veröffentlichte eine ganze Serie von Artikeln, in denen er zu zeigen versuchte, dass der Skeptizismus in den *Essais* nur eine marginale Rolle spielt. Und Edmé Champion entdeckte zumindest keine Spuren jenes destruktiven Skeptizismus, der alles «leugnete» oder «vernichtete».

Die Debatte war deshalb bedeutsam, weil die *Essais* in Frankreich gerade vom Index der verbotenen Bücher genommen worden waren: 1854, ein, zwei Jahre nach der Entdeckung von Montaignes erstem Brief an die Schöffen im pestverseuchten Bordeaux, wenn auch gewiss nicht als Folge dieses Fundes. Die Entscheidung war vielmehr überfällig gewesen. Trotz der Verurteilung durch die Kirche war Montaigne in Frankreich inzwischen Teil des Kanons und Gegenstand einer neuen literarischen und biographischen Forschungsrichtung. Die Aufhebung des Verbots steigerte den Bekanntheitsgrad der *Essais* und ebnete ihnen den Weg zu einer größeren Leserschaft, stellte aber zugleich dringlicher die Frage nach ihrer moralischen Akzeptanz.

Wie Pascal und Malebranche betrachteten jetzt viele Montaigne als Betrüger und Seelenverderber. Guillaume Guizot, der ihn 1866 einen großen «Verführer» nannte, tat alles, um die Leser vor dieser Verführung zu schützen. Er hatte einst selbst im Bann von Montaigne gestanden, jetzt widmete er sich wie ein abtrünniges Sektenmitglied geradezu missionarisch der Aufgabe, andere Opfer aus dieser Verstrickung zu befreien.

Er zählte die Gefahren auf, die bei Montaigne lauerten und sich zu einer gravierenden Charakterschwäche summierten. Montaigne sei willensschwach und egozentrisch. Er sei viel weniger Christ, als behauptet. Er habe sich aus reiner Selbstsucht aus dem öffentlichen Leben zurückgezogen, um mehr Zeit für Kontemplation zu haben – aber nicht für religiöse Kontemplation, was verzeihlich gewesen wäre. Persönliche Fehler, die er dabei an sich entdeckte, habe er nicht zu korrigieren versucht; vielmehr habe er sich so akzeptiert, wie er war. Gottlos und verantwortungslos, sei er nicht der Schriftsteller, den die Leser bräuchten: «Er wird aus uns nicht die Menschen machen, die unsere Zeit benötigt.»

Schuld an all diesen Fehlern und Schwächen war – so sah es der Historiker Jules Michelet, einer der schärfsten Kritiker Montaignes überhaupt – die viel zu freie Erziehung, die Montaigne genossen habe: Sie könne nur einen «schwachen und negativen» Menschen hervorbringen, keinen Helden oder guten Staatsbürger. Schuld sei auch das morgendliche Wecken mit getragenen musikalischen Klängen. Michelet beschrieb den erwachsenen Montaigne als einen Lebensuntauglichen, der sich in seinen Turm zurückzog, «um sich selbst beim Träumen zuzusehen» – die unvermeidliche Folge seiner dekadenten, disziplinlosen Erziehung. In England veröffentlichte der Theologe Richard William Church eine ansonsten im Ton der Bewunderung gehaltene Untersuchung, in der er behauptete, Montaigne habe ein überwältigendes Gespür für «die Nichtigkeit des Menschen, die Kleinheit seiner größten Pläne und die Leere seiner größten Leistungen» gehabt – alles klare Zeichen für Nihilismus. Deshalb habe er auch nicht an «die Idee der Pflicht, das Streben nach dem Guten und den Gedanken der Unsterblichkeit» glauben können. Insgesamt zeige er «Trägheit und Mangel an moralischen Maßstäben».

Ein (zumindest aus heutiger Sicht) weniger gravierendes moralisches Problem, das Montaignes Leser im 19. Jahrhundert beschäftigte, war seine Aufgeschlossenheit gegenüber Sex. Diese Erkenntnis war zwar nicht vollkommen neu, wurde aber jetzt zentral für die Frage nach seiner Autorität als Schriftsteller. Schon in der Vergangenheit hatte seine Verwendung von Wörtern wie Arsch, Spalte und Rute gelegentlich Anstoß erregt. Lord Halifax, dem eine englische Übersetzung des 17. Jahrhunderts gewidmet ist, sagte: «Ich kann das nicht aushalten. Nachdem er über das beispielhafte Leben eines heiligen Mannes gesprochen hat, redet er vom Hörner-Aufsetzen und von Geschlechtsteilen und anderen derartigen Dingen […]. Ich wünschte, er hätte all das beiseitegelassen, damit die Damen nicht erröten müssen, wenn seine *Essais* in ihrer Bibliothek entdeckt werden.» Der letzte Satz wirkt ironisch, da Montaigne gewitzelt hatte, die gewagten Passagen seines letzten Buchs würden dazu führen, dass es aus den Bibliotheken verbannt und in die Boudoirs der Damen Eingang finden würde, wo er sich viel lieber sähe.

Eine Lösung des Problems errötender Damen waren zensierte Ausgaben, im 19. Jahrhundert eine gängige Praxis. Gekürzte Ausgaben der *Essais* gab es zwar schon seit langem, aber ihr Ziel war es gewesen, den Stoff so anzuordnen, dass die Perlen der Weisheit leichter zu finden waren. Jetzt dagegen sah man sich um des guten Geschmacks und der Moral willen zu Eingriffen genötigt.

Eine solche bereinigte Ausgabe der *Essais* für ein weibliches Publikum erschien im Jahr 1800 in England, die Herausgeberin nannte sich Honoria. Ihren *Essays, Selected from Montaigne with a Sketch of the Life of the Author* legte sie Charles Cottons damals gängige englische Übersetzung zugrunde und kürzte sie, um einen von allem Verstörenden und Irritierenden befreiten Montaigne für das bevorstehende 19. Jahrhundert zu schaffen.

«Wenn diese *Essays* durch die Trennung des reinen Erzes von allen Schlacken für die Lektüre meines eigenen Geschlechts geeignet sein werden», schrieb Honoria, «so werde ich mich reich belohnt fühlen.» Dass sie dafür die «groben und geschmacklosen Anspielungen» selbst genau studieren musste, bleibt unerwähnt. Sie hilft Montaigne auch mit grundlegenden Schreibtechniken auf die Sprünge. «Auch ist er bei seinen Themen oft so zusammenhangslos und in seinen Ansichten so sprunghaft, dass nicht immer ersichtlich ist, was er meint.» Honoria

verhilft ihm zu größerer Klarheit und fügt Fußnoten ein, weist ihn
zurecht (etwa weil er die Massaker der Bartholomäusnacht unerwähnt
lässt) und warnt die Leserinnen davor, die gefährlicheren seiner Ideen
zu Hause auszuprobieren. Besonders Kinder sanft durch Musik zu
wecken sei «eine exzentrische Art und Weise der Erziehung», die «hier
keinesfalls als Methode empfohlen wird».

In ihrem Vorwort lässt sie einen unerträglich ernsten und recht-
schaffenen Montaigne auftreten. «Seine Philosophie sollte nicht Spekulation bleiben, vielmehr wollte er sein ganzes Leben, nicht nur die Zeit
im Alter nach deren Grundsätzen gestalten.» Auch seinen politischen
Konformismus hebt sie hervor und verweist auf die «vielen erhabenen
religiösen Ansichten, die in seine *Essais* eingestreut sind». Mit solchen
Bemerkungen würde man heute keine Leser gewinnen, aber Honoria
hatte den Markt des beginnenden 19. Jahrhunderts im Auge und schuf
für diesen Markt einen stirnrunzelnden und nachdenklichen neuen
Montaigne mit gestärktem Kragen.

Freilich schätzten auch im 19. Jahrhundert viele Leser den subver-
siven, individualistischen Montaigne, der sich keine Fesseln anlegen
ließ. Doch Honoria – und nicht nur sie – machte ihn auch für andere
Leser akzeptabel, die gleichfalls einen Montaigne nach ihrem eigenen
Zuschnitt suchten. Jetzt konnten die *Essais* nicht mehr nur im Boudoir,
auf einem romantischen Berggipfel oder in der Bibliothek eines Welt-
manns gelesen werden, sondern von einer sittsamen, unschuldigen
jungen Dame, die Montaigne an einem Sommertag im Garten in einer
bereinigten Fassung im Oktavformat in der Hand hielt. Und was man
ihr dort vorenthielt, das konnte sie in der Bibliothek ihres Vaters nach-
lesen.

Missionen und Morde

Montaigne schockiert tatsächlich immer wieder, aber nicht immer da,
wo man es erwartet. Die Irritation ist dann am größten, wenn er nebenbei spricht und beispielsweise beiläufig sagt: «Ich frage mich, ob ich
ohne Gesichtsverlust gestehen darf, wie wenig es mich an Ruhe und
Seelenfrieden gekostet hat, mehr als die Hälfte meines Lebens mitten

im Zusammenbruch meines Landes zu verbringen.» Es dauert ein paar Momente, ehe man begreift, was man da gerade gelesen hat: erstaunliche Äußerungen, egal, in welcher historischen Epoche. Doch dann wird einem klar, dass er keineswegs immer in Ruhe und Frieden leben konnte. In den 1580er Jahren hatte Montaigne immer wieder Verantwortung zu tragen, die ihm sehr viel abverlangte, sosehr er sie in den *Essais* auch herunterspielte.

Während seiner Amtszeit als Bürgermeister von Bordeaux herrschte zwar offiziell Frieden im Land, aber zu dem Zeitpunkt, als er sich wieder auf sein Gut zurückgezogen hatte, tat die katholische Liga alles, um einen neuen Krieg heraufzubeschwören. Es war auch längst nicht mehr nur ein religiöser Konflikt. Die wichtigste politische Frage lautete, wer Heinrich III. auf dem Thron nachfolgen sollte, da er keinen Sohn oder geeigneten nahen Verwandten hatte. Die Monarchie drohte zum Spielball politischer Kräfte zu werden.

Die meisten Protestanten und einige wenige Katholiken favorisierten Heinrich, den protestantischen König von Navarra, der in der Region Bordeaux sehr einflussreich und in der Erbfolge der französischen Krone am nächsten war. Seine Zugehörigkeit zum Protestantismus war jedoch sein größtes Hindernis. Sein Hauptrivale war sein Onkel Karl von Bourbon, auch Kardinal von Bourbon genannt, dessen Thronanspruch von den Ligisten und deren mächtigem Anführer, dem Herzog von Guise, unterstützt wurde. Der König selbst war allerdings noch am Leben und unschlüssig, welchen seiner potentiellen Nachfolger er unterstützen sollte. Die folgende Phase des Krieges wurde als «Krieg der drei Heinriche» bekannt – ein schwindelerregend schnell rotierendes Karussell mit Heinrich III., Heinrich von Navarra und Heinrich, Herzog von Guise.

Die *politiques*, unter ihnen auch Montaigne, unterstützten aus Prinzip den derzeitigen König, ungeachtet dessen, was er tat. Als Nachfolger befürworteten die meisten von ihnen Heinrich von Navarra, was den Hass der Ligisten noch weiter schürte. In den Augen der katholischen Extremisten war ein protestantischer König auf dem Thron gleichbedeutend mit dem Teufel.

In seiner politischen Rolle als Bürgermeister einer katholischen Stadt unweit des Territoriums Heinrichs von Navarra wie auch persönlich, als guter Diplomat, war Montaigne für eine solche Vermittlung zwischen den Parteien bestens geeignet und rang um einen Kompromiss. Er kam mehrmals mit Heinrich von Navarra zusammen, der auch bei ihm zu Gast war, und schloss Freundschaft mit Heinrichs einflussreicher Mätresse Diane d'Andouins, genannt Corisande. Im Dezember 1584 verbrachte Heinrich von Navarra ein paar Tage auf Montaignes Schloss – zu einem Zeitpunkt, da sogar der König ihn dazu drängte, dem Protestantismus abzuschwören, um seinen Thronanspruch durchzusetzen. Der Navarrer lehnte ab. Jetzt bemühte sich Montaigne darum, Heinrich von Navarra umzustimmen.

In persönlicher Hinsicht war der Besuch ein voller Erfolg. Das Vertrauen Heinrichs in seinen Gastgeber war so groß, dass er sogar die Dienste von Montaignes Personal in Anspruch nahm und die Speisen nicht vorkosten ließ, da er keine Angst hatte, vergiftet zu werden. All das hielt Montaigne in seinem «Beuther» fest:

> 19. Dezember 1584. Der König besuchte mich auf Montaigne, wo er niemals gewesen war, und wurde daselbst zwei Tage von meinen Leuten, ohne einen einzigen seiner Offiziere, bedient. Er litt weder Verkostung, noch gebrauchte er sein Tafelzeug [*il n'y souffrit ni essai ni couvert*] – und er schlief in meinem Bette.

Der Gastgeber hatte also eine große Verantwortung, und Gäste dieses Kalibers erwarteten auch, königlich unterhalten zu werden. Montaigne organisierte eine Jagdpartie: «Am Tag darauf ließ ich einen Hirsch in meinen Wäldern los, der ihn [den König] zwei Tage in Atem hielt.» Montaige spielte die Gastgeberrolle offenbar perfekt, doch sein diplomatischer Plan scheiterte. Ein Brief Montaignes an Matignon einen Monat später zeigt, dass er es dennoch weiter versuchte. Unterdessen wurde Heinrich III. von der (in Paris jetzt sehr mächtigen) katholischen Liga unter Druck gesetzt, die hugenottenfeindliche Gesetzgebung so zu verschärfen, dass zugleich auch Heinrich von Navarra von der Thronfolge ausgeschlossen wurde. Im Gefühl, in seiner eigenen Stadt keinen Rückhalt mehr zu haben, gab Heinrich III. nach und erließ im Oktober 1585 ein Edikt, das den Hugenotten drei Monate Zeit ließ, entweder ihrem Glauben abzuschwören oder das Land zu verlassen.

Wenn dies ein Versuch war, den Krieg zu verhindern, bewirkte er genau das Gegenteil. Der Navarrer rief seine Anhänger zum Widerstand gegen die neuerliche Repression auf. Im Frühjahr erließ König Heinrich III. weitere hugenottenfeindliche Gesetze, die den Navarrer zusehends erbitterten. Katharina von Medici, die Mutter des Königs, versuchte wie Montaigne, in letzter Minute eine Verständigung zu erreichen, aber auch sie scheiterte.

Es war der letzte, aber auch der längste und blutigste Bürgerkrieg. Er dauerte bis 1598, Montaigne sollte also den Frieden nicht mehr erleben. Mehr als je zuvor in den Jahren der *troubles* wurde die Bevölkerung von schrecklichen Verwüstungen, Hungersnot und Seuchen heimgesucht. Plündernde Soldatenhorden und hungernde Flüchtlinge durchzogen das Land.

Nicht nur die Anarchie auf dem flachen Land setzte Montaigne jetzt zu, Gefahr drohte auch von seinen alten Feinden in Bordeaux. Für einen guten Katholiken hatte er einfach zu viele protestantische Freunde. Jeder wusste, dass er Heinrich von Navarra bei sich zu Gast gehabt hatte, und einer seiner Brüder kämpfte in dessen Armee. Wie Montaigne selbst es formulierte, war er «den Ghibellinen ein Guelfe und den Guelfen ein Ghibelline» – eine Anspielung auf die beiden Parteien, die Italien jahrhundertelang gespalten hatten. «Es kam freilich deswegen zu keinen förmlichen Anklagen, denn da gab es nichts, woran man sich hätte festbeißen können», schrieb er, nur «heimliche Verdächtigungen.» Dennoch verließ er sein Gut weiterhin unbewaffnet, getreu seinem Grundsatz der Offenheit. Im Juli 1586 belagerte eine Streitmacht der Liga mit 20 000 Soldaten Castillon an der Dordogne, keine zehn Kilometer entfernt. Auch Montaignes Anwesen blieb von den Kämpfen nicht verschont, da einige Truppen auf seinen Ländereien ihr Lager errichteten. Die Soldaten plünderten seine Felder und raubten seine Bauern aus.

Unterdessen versuchte Montaigne, an seinem Buch weiterzuarbeiten. Er hatte einen dritten Band begonnen und ergänzte frühere Kapitel durch Zusätze. Wie er schrieb, steckte er mitten in dieser Arbeit, als sich «schwere Gewitterwolken mehrere Monate lang über mir zusammenbrauten und mit ihrer ganzen Gewalt gradewegs auf mich zu entladen drohten: Auf der einen Seite hatte ich die Feinde vor meinem

Tor, auf der andern die Plünderer, die schlimmsten Feinde von allen
[…]. So erlitt ich alle Unbill des Krieges auf einmal.» Ende August brach
unter den Soldaten der belagernden Armee die Pest aus, die rasch auf
die Zivilbevölkerung übergriff und auch Montaignes Anwesen be-
drohte.

Er musste sich entscheiden, ob er mit seiner Familie heroisch bei
seinen Bauern ausharren sollte, um mit ihnen zu leiden und notfalls
mit ihnen zu sterben. Doch wer die Möglichkeit hatte, ein Pestgebiet
zu verlassen, ergriff seine Chance. Nur wenigen Bauern stand dieser
Weg offen, Montaigne schon, und er verließ sein Gut. Er unterbrach
seine Arbeit an dem Kapitel «Über die Physiognomie» und zog mit seiner Familie fort.

Man könnte in diesem Fall sagen, er habe seine Bauern im Stich
gelassen. Doch schon vor seinem Aufbruch muss ihre Lage ausweglos
gewesen sein, denn Montaigne schrieb in den *Essais*, manche hätten
sich schon bei voller Gesundheit ihr Grab geschaufelt und sich hineingelegt, um den Tod zu erwarten. Er konnte nichts für sie tun. Montaigne nahm zweifellos seine Diener mit, aber die vielen Menschen, die
auf seinen Ländereien arbeiteten, musste er zurücklassen. Als sie
sahen, wie er und seine Familie ihre Sachen packten und flohen, mussten sie das Gefühl haben, dem sicheren Tod ausgeliefert zu sein; doch
mehr erwarteten sie wohl auch nicht von ihren adligen Beschützern.
Merkwürdigerweise wurde sein Verhalten in dieser Situation kaum
kritisiert, ganz im Gegensatz zu seiner Desertion beim Ausbruch der
Pest in Bordeaux. Doch es lässt sich nur schwer erkennen, wie er sich
anders hätte verhalten können; schließlich trug er auch für seine Familie Verantwortung.

Sie waren jetzt obdachlose Wanderer und sechs Monate lang unterwegs, bis sie im März 1587 hörten, dass sich die Pest zurückgezogen hatte. Es war nicht einfach, für einen so langen Zeitraum irgendwo Unter-
schlupf zu finden. Montaigne musste die Kontakte zu ehemaligen
Kollegen in Bordeaux und seine Familienverbindungen aktivieren.
Doch kaum jemand hatte Platz für alle. Außerdem begegnete man
Pestflüchtlingen im Allgemeinen mit großer Angst. «Ich, der ich so
gastfrei bin», schrieb Montaigne, «sah mich größten Schwierigkeiten
gegenüber, eine Zufluchtsstätte für die Meinen zu finden: eine verstört

herumirrende Familie, die, selbst von Furcht ergriffen, ihren Freunden und Bekannten Furcht einjagte, überall auf entsetzte Abwehr traf, wo sie unterzukommen suchte, und auf der Stelle weiterziehen musste, sobald auch nur einem aus dem verlornen Häuflein eine Fingerspitze wehzutun begann.»

In diesen unsteten Monaten nahm Montaigne auch seine politischen Aktivitäten wieder auf. Vielleicht war dies der Preis, den er bisweilen für eine Unterkunft zu zahlen hatte. Jetzt spielte er eine zunehmend wichtige Rolle bei den Bemühungen der *politiques* und anderer, die Krise beizulegen und Frankreich eine Zukunft zu sichern. Sein Ausscheiden aus allen öffentlichen Ämtern im Jahr 1570 hatte ihm die Muße verschafft, über sein Leben nachzudenken. Diesmal war es anders. Nach dem Ende seiner Amtszeit als Bürgermeister stieg er in der Hierarchie der Macht immer weiter in Höhen empor, wo die Luft dünn war und ein Absturz gefährlich sein konnte. Er knüpfte Verbindungen zu einigen der wichtigsten politischen Akteure jener Zeit: zu Heinrich von Navarra und jetzt auch zu Katharina von Medici, der Mutter des unentschlossenen Königs.

Katharina von Medici war seit jeher überzeugt gewesen, dass man sich nur zusammensetzen und reden musste, um alle Probleme zu lösen. Mehr als jeder andere bemühte sie sich um Verständigung zwischen den feindlichen Parteien, und dabei fand sie in Montaigne einen natürlichen Verbündeten. Sie holte ihn zu mindestens einem von mehreren Treffen mit Heinrich von Navarra, die zwischen Dezember 1586 und Anfang März 1587 im Schloss Saint-Brice bei Cognac stattfanden. Montaigne brachte seine Frau mit, und das Paar erhielt einen Geldbetrag – die Spesen – für Reisekosten und Kleidung. Sie hatten jetzt zumindest einen Ort, an dem sie bleiben konnten, aber der Druck muss enorm gewesen sein. Katharina erhoffte sich einen Vertrag; doch wie zuvor schon so oft, reichten Gespräche nicht aus.

Die Pest im Périgord befand sich auf dem Rückzug, so dass Montaigne mit seiner Familie nach Hause zurückkehren konnte. Das Schloss war unversehrt, jedoch die Felder und Weinberge waren verwüstet. Montaigne nahm die Arbeit an seinem *Essai* wieder auf und schrieb weiter über die vielfältigen Störungen, denen er ausgesetzt war. Sein politischer Einsatz aber war noch nicht zu Ende. In jenem Herbst traf er sich mit Corisande und anschließend mit Heinrich von Navarra, der ihn im Oktober auf seinem Schloss besuchte. Offenkundig drängte Montaigne ihn erneut zu einem Kompromiss mit dem König. Auch Corisande versuchte ihn in dieser Richtung zu beeinflussen, eine Strategie, die sie allem Anschein nach mit Montaigne ausgeheckt hatte: Angriff mit einer Doppelspitze. Der Navarrer zeigte sich allmählich zum Einlenken bereit.

Anfang 1588 traf Montaigne erneut mit ihm zusammen. Kurz darauf schickte Heinrich ihn in streng geheimem Auftrag zum König nach Paris. Alle in der Hauptstadt schienen über diese Mission und ihren geheimnisvollen Protagonisten zu rätseln. Der protestantische Schriftsteller Philippe Duplessis-Mornay erörterte die Frage in einem Brief an seine Frau. Sir Edward Stafford, der englische Gesandte in Frankreich, sprach in seinen Berichten von «einem gewissen Montigny», den er als einen «sehr gelehrten Edelmann aus dem Gefolge des Königs von Navarra» beschrieb. Später fügte er hinzu, «alle Bediensteten des Königs von Navarra hier» erwarteten «begierig seine Ankunft». Das Gefolge Heinrichs von Navarra muss sich ausgegrenzt gefühlt haben. Montaigne war im Auftrag ihres Herrn unterwegs, aber niemand wusste, worin seine Mission bestand. Der spanische Gesandte Don Bernardino de Mendoza schrieb an seinen König, Philipp II., die Männer des Navarrers in Paris «kennen nicht den Grund seines Kommens» und vermuten, er sei «mit irgendeiner geheimen Mission betraut». Ein paar Tage später, am 28. Februar, deutete er den mutmaßlichen Einfluss Montaignes auf Corisande an und fügte hinzu, Montaigne gelte «als ein Mann der Verständigung, wenngleich er ein wenig zu wirren Gedanken neigen soll». Auch Stafford erwähnt die Verbindung zu Corisande. Montaigne, schrieb er, sei «ihr großer Favorit». Er sei auch «a very sufficient man», was in der Sprache der damaligen Zeit nichts anderes bedeutete als «äußerst befähigt». Offenbar war es Corisande und Montaigne gelungen, den Navarrer zu einem Kompromiss zu bewegen, vielleicht zur grundsätzlichen Bereitschaft, dem Protestantismus abzuschwören; und Montaigne war gekommen, dem König diese Botschaft zu überbringen.

Die ganze Angelegenheit war hochsensibel. Und sowohl die Ligisten als auch die protestantischen Anhänger Heinrichs von Navarra hatten allen Grund zu verhindern, dass Montaigne jemals Paris erreichte. Tatsächlich schien diese Mission der Versöhnung und Mäßigung fast allen zu missfallen. Sogar der englische Gesandte fürchtete Heinrichs Konversion zum Katholizismus, denn England wollte seinen Einfluss auf den Navarrer nicht verlieren. Die Einzigen, die über diese Entwicklung glücklich sein konnten, waren der König, Katharina von Medici und die Gruppe der *politiques*, die auf ein geeintes Frankreich hofften. Kein Wunder also, dass Montaignes Reise nach Paris nicht reibungslos verlief. Kurz nach seinem Aufbruch von zu Hause, im Wald von Villebois südöstlich von Angoulême, wurde seine Gruppe von bewaffneten Räubern aus dem Hinterhalt überfallen. Diesmal wurde er nicht wegen seines ehrlichen Gesichts freigelassen wie bei jenem anderen Überfall. Diesmal hatte man es gezielt auf ihn abgesehen, und es steckte ein politisches Motiv dahinter, davon war er überzeugt. In einem Brief an Matignon wenig später äußerte er die Vermutung, die Angreifer seien Ligisten gewesen, die jede Einigung zwischen den beiden feindlichen Lagern verhindern wollten. Unter Androhung von Gewalt wurde er gezwungen, sein Geld, die guten Kleider in seinem Koffer (vermutlich für seinen Auftritt bei Hof) und seine Schriftstücke herauszugeben, zu denen zweifellos geheime Dokumente aus dem Lager Heinrichs von Navarra gehörten. Er hatte Glück, dass er mit dem Leben davonkam und – so darf man vermuten – seine Nachricht überbringen konnte. Doch trotz allem, was Montaigne riskiert hatte, und trotz des ganzen Wirbels um seine Person blieben die Bemühungen auch diesmal fruchtlos. Die Situation spitzte sich eher noch zu.

Im Mai 1588, kurz nach Montaigne, traf auch der Herzog von Guise, nach wie vor der gefährlichste Feind des Königs, in der Hauptstadt ein. Heinrich III. hatte den Herzog aus der Stadt verbannt, sein Erscheinen in Paris forderte also die königliche Autorität heraus. Doch der Herzog wusste, dass er die Rückendeckung der rebellischen Parlamentarier von Paris hatte. Der König hätte auf diese Provokation mit seiner Verhaftung reagieren müssen, aber er unternahm nichts, nicht einmal, als Guise ihn persönlich aufsuchte. Der neue Papst Sixtus V. soll später über diese Begegnung gesagt haben: «Guise war ein leichtsinniger Narr, sich in die Hände eines Königs zu begeben, den er beleidigt hatte; und der König war ein Feigling, dass er ihn unangetastet gehen

ließ.» Wieder eine Situation des prekären Gleichgewichts: Die stärkere
Partei musste entscheiden, wie weit sie mit ihrer Provokation gehen
konnte, die schwächere, ob sie sich beugen oder Widerstand leisten
sollte.

Heinrich III. traf drei falsche Entscheidungen. Er unternahm
nichts, als es geboten gewesen wäre zu handeln. Um diesen Fehler wiedergutzumachen, überreagierte er. In der Nacht des 11. Mai postierte er
überall in der Stadt Soldaten, als rüste er sich zum entscheidenden
Kampf, vielleicht sogar zu einem Massaker an den Anhängern des Herzogs von Guise. Wütend und aufgeschreckt strömten die Ligisten auf
die Straßen, bereit, sich zu verteidigen. Die nachfolgenden Ereignisse
sind als der «Barrikadentag» in die Geschichte eingegangen.

Jetzt beging Heinrich III. seinen dritten Fehler. Er trat in panischer
Hast den Rückzug an – eine schwache und doch maßlose Reaktion, die
Montaigne angesichts eines gewaltbereiten Mobs für verheerend hielt.
Der König bat Guise, seine Anhänger zu beschwichtigen. Guise ritt
durch die Straßen, um der Bitte pro forma Folge zu leisten, in Wirklich-
keit aber putschte er die Massen weiter auf. Ein Volksaufstand war die
Folge. «Ich habe noch nie eine so wütende Orgie des Volkes gesehen»,
schrieb Montaignes Freund Étienne Pasquier später in einem Brief.
Alles sah nach einer zweiten Bartholomäusnacht aus, aber es kamen
weniger Menschen ums Leben, und die Unruhen erreichten schnell ihr
Ziel. Am Ende des folgenden Tages, so Pasquier, «war es wieder so
ruhig, dass man meinen konnte, alles sei nur ein Traum gewesen».
Aber es war keiner. Paris erwachte in einer veränderten Welt: Der
König war aus der Stadt geflohen, so heimlich, dass es kaum jemand
gemerkt hatte. Er war nach Chartres gegangen und hatte Paris dem
Herzog von Guise überlassen.

Nach der kampflosen Aufgabe seiner Stadt war Heinrich III. jetzt
ein König im Exil. Er hatte praktisch abgedankt, auch wenn ihn seine
Anhänger noch als ihren Monarchen betrachteten. Guise verlangte die
Anerkennung des Kardinals von Bourbon als Nachfolger des Königs.
Heinrich hatte keine andere Wahl, er musste der Forderung nachge-
ben. Es fehlte nicht an Stimmen, die ihm darlegten, wie es zu diesem
Desaster hatte kommen können: Er hatte es versäumt, Guise auszu-
schalten, ihn also zu verhaften oder zu töten. Montaigne, nach wie vor

ein loyaler Monarchist, folgte dem König nach Chartres und später nach Rouen. Das überrascht nicht. Die Alternative wäre gewesen, bei den Ligisten in Paris zu bleiben oder nach Hause zurückzukehren. Im Juli 1588 jedoch verließ er den König, um wieder nach Paris zu gehen. Er war krank, ihn plagten Gicht oder Rheuma mit Schmerzattacken, die ihn zeitweilig ans Bett fesselten.

Er hatte nicht damit gerechnet, behelligt zu werden, plante er doch keinen Umsturz, sondern führte lediglich Gespräche mit seinem Verleger: Der dritte Band der *Essais* war gerade abgeschlossen. Aber Paris war der falsche Ort für jemanden, der auf der Seite des Königs stand. Eines Nachmittags, Montaigne lag immer noch krank im Bett, drangen Bewaffnete ein und verhafteten ihn auf Befehl der Liga – vielleicht eine Vergeltungsmaßnahme für die Verhaftung eines Ligisten in Rouen auf Befehl Heinrichs III. Das zumindest vermutete Montaigne in seinem «Beuther». Sie setzten ihn auf sein Pferd und brachten ihn in die Bastille.

In den *Essais* schrieb Montaigne über seinen Horror vor der Gefangenschaft:

> Noch bin ich nie im Innern eines Gefängnisses gewesen, und sei es nur zur Besichtigung. Meine Vorstellungskraft macht mir schon den Anblick von außen zuwider. Ich dürste derart nach Freiheit, dass ich, wenn man mir den Zugang zu irgendeinem Winkel Indiens verböte, mein Leben beengt fühlte, und gewiss werde ich, solang ich anderswo freies Land unter freiem Himmel finde, nie an einem Ort dahinkümmern, wo ich mich verkriechen müsste.

In die Bastille geworfen zu werden, noch dazu in seinem schlechten Gesundheitszustand, muss ein Schock gewesen sein. Doch Montaigne hatte Grund zur Zuversicht. Fünf Stunden später wurde er durch Katharina von Medici gerettet. Auch sie war jetzt in Paris und hatte die Hoffnung noch nicht aufgegeben, die Krise durch Verhandlungen beizulegen. Sie führte gerade ein Gespräch mit dem Herzog von Guise, als die Nachricht von Montaignes Verhaftung eintraf, und forderte ihn auf, Montaigne auf freien Fuß zu setzen, was Guise widerstrebend tat.

Guises Befehl wurde dem Kommandanten der Bastille überbracht, doch das genügte zunächst nicht. Der Kommandant bestand auf einer

Bestätigung durch den *prévôt des marchands* Michel Marteau, Sieur de La Chapelle, der sein Einverständnis durch den gleichermaßen einflussreichen Nicolas de Neufville, Seigneur de Villeroy, übermittelte. Es bedurfte also letztlich der Intervention von vier einflussreichen Personen, bis Montaigne endlich freigelassen wurde. Die Königinmutter muss ihn gemocht haben, der Herzog von Guise wohl weniger, doch sogar er sah ein, dass Montaigne besondere Rücksichtnahme verdiente. Montaigne blieb danach nur noch für kurze Zeit in Paris. Zwar ließen die Gelenkschmerzen nach, aber es traten neue Beschwerden auf, wahrscheinlich eine der gefürchteten Nierenkoliken, die ihn fast das Leben gekostet hätte. Sein Freund Pierre de Brach beschrieb die Episode ein paar Jahre später in einem stoisch grundierten Brief an Justus Lipsius:

> Als wir vor ein paar Jahren zusammen in Paris waren und die Ärzte sein Leben aufgaben, während er selbst nur noch auf sein Ende hoffte, erlebte ich, als der Tod ihm schon ins Gesicht starrte, wie er ihn mit seiner Verachtung der Todesangst in die Flucht schlug. Was für einen großartigen Beweis führte dieser Mann damals für das Ohr, was für eine großartige, weise Belehrung erteilte er der Seele, was für eine mutige Entschlossenheit demonstrierte er, um die Furchtsamsten zu beruhigen! Ich habe nie einen Mann erlebt, der besser redete und entschlossener war zu tun, was die Philosophen empfohlen hatten, wobei die Schwäche seines Körpers der Stärke seiner Seele keinen Abbruch tat.

Brachs Schilderung suggeriert, dass sich Montaigne seit seinem Reitunfall mit seiner Sterblichkeit abgefunden hatte. Er hatte seither einiges durchgemacht, und seine Nierenkoliken hatten ihn immer wieder dem Tod nahe gebracht. Der Anfall war ein Kampf wie auf einem Schlachtfeld. Der Tod würde sich am Ende zwar als der Stärkere erweisen, aber vorerst hatte Montaigne ihm erfolgreich Widerstand geleistet.

Während seiner Genesung besuchte Montaigne eine Freundin, die er im Jahr zuvor in Paris kennengelernt hatte: Marie de Gournay. Sie war von seinem Werk begeistert und hatte ihn auf das Schloss ihrer Familie in die Picardie eingeladen: für Montaigne eine willkommene

Erholungspause. Unterdessen war die neue Ausgabe der *Essais* erschienen, und er dachte bereits über weitere Ergänzungen nach, in die seine jüngsten Erfahrungen einfließen sollten. Allein oder auch unterstützt von Marie de Gournay und anderen, fing er an, das druckfrische Exemplar mit Zusätzen und Einfügungen zu versehen.

Als Montaigne sich erholt hatte, reiste er im November 1588 nach Blois, wo der König und der Herzog von Guise an einer Versammlung der Generalstände teilnahmen. Das Ziel waren weitere Verhandlungen, doch Heinrich III. hatte anderes im Sinn. Er war ein König ohne Reich, und er war verzweifelt. Seit sechs Monaten lagen ihm seine Berater damit in den Ohren, dass alles anders gekommen wäre, hätte er damals den Herzog von Guise getötet.

Jetzt, im Schloss von Blois, bot sich ihm diese Gelegenheit erneut, und Heinrich beschloss, seinen Fehler wiedergutzumachen. Am 23. Dezember lud er den Herzog von Guise zu einer Unterredung in seine Privatgemächer ein. Trotz der Warnungen seiner Berater folgte Guise der Einladung. Als er die Gemächer neben Heinrichs Schlafzimmer betrat, sprangen mehrere Leibgardisten des Königs aus ihrem Versteck hervor, verschlossen hinter ihm die Tür und erdolchten ihn. Zum Entsetzen selbst seiner Anhänger war der König erneut von einem Extrem ins andere gefallen und hatte den Weg des klugen Mittelmaßes verlassen.

Montaigne war zwar nach Blois gekommen, um sich dem Gefolge des Königs anzuschließen, aber nichts deutet darauf hin, dass er in das Mordkomplott eingeweiht war. In den Tagen vor dem Attentat hatte er sich mit den alten Freunden Jacques-Auguste de Thou und Étienne Pasquier getroffen, der die lästige Angewohnheit hatte, Montaigne in seine Gemächer zu entführen und ihm alle stilistischen Fehler der neuesten Ausgabe der *Essais* vor Augen zu führen. Montaigne hörte ihm höflich zu, ignorierte aber seine Ratschläge; so hatte er es schon gegenüber den Inquisitionsbeamten gemacht.

Pasquier, emotional unausgeglichener als Montaigne, verfiel in eine schwere Depression, als er von der Ermordung des Herzogs von Guise hörte. «O entsetzliches Schauspiel!», schrieb er an einen Freund. «Ich trage schon lange eine melancholische Grundstimmung in mir, die ich jetzt in deinen Schoß erbrechen muss. Ich fürchte, ich glaube, dass ich jetzt das Ende unserer Republik mitansehen muss [...] der König wird entweder seine Krone verlieren oder erleben, wie sein Reich auf den Kopf gestellt wird.» Montaigne neigte nicht zu so dramatischen Worten, aber auch er muss entsetzt gewesen sein. Dieser kaltblütige Mord zur falschen Zeit weckte ernste Zweifel an der moralischen Integrität des Königs, von dem sich die *politiques* doch erhofften, er werde dem Land endlich Stabilität bringen.

Heinrich III. hatte offenbar geglaubt, ein klarer Schnitt würde ihn aller seiner Sorgen entledigen, ähnlich wie Karl IX. im Vorfeld der Massaker der Bartholomäusnacht. Doch der Tod des Herzogs führte zu einer weiteren Radikalisierung der Ligisten, und ein neues revolutionäres Organ in Paris, der Rat der Vierzig, erklärte Heinrich zum Tyrannen. Die Sorbonne fragte beim Papst an, ob es theologisch erlaubt sei, einen König zu töten, der seine Legitimität als Herrscher verloren hat. Der Papst verneinte, doch Prediger und Juristen der Liga argumentierten, dass jeder, der sich von Eifer beseelt und von Gott dazu berufen fühle, diese Tat vollbringen dürfe. «Tyrann» – der Begriff lag zwar schon immer in der Luft, aber im Unterschied zu La Boétie in seiner Schrift *Von der freiwilligen Knechtschaft* riefen die Prediger nicht zu passivem Widerstand auf. Sie erließen eine Fatwa. Wenn Heinrich der Stellvertreter des Teufels auf Erden war, wie eine Flut von Propagandaschriften behauptete, dann war dessen Ermordung eine heilige Pflicht.

Die 1589 in Paris ausbrechenden Unruhen machten vor nichts und niemandem Halt. Der protestantische Chronist Pierre de L'Estoile stellte fest, die Stadt sei verrückt geworden:

> Seinen Nachbarn zu überfallen, seine nächsten Verwandten zu töten, Altäre zu plündern, Kirchen zu entweihen, Frauen und Mädchen zu vergewaltigen und jedermann auszurauben ist heute gängige Praxis eines Ligisten und untrügliches Zeichen eines glühenden Katholiken geworden: mit der Religion und der Messe auf den Lippen, aber Atheismus und Raub im Herzen und Mord und Blut an den Händen.

Überall gab es böse Omen. Selbst Montaignes sonst so bedächtiger Freund Jacques-Auguste de Thou sah eine Schlange mit zwei Köpfen aus einem Holzstoß kriechen und nahm dies als ein schlechtes Zeichen. Als es so schien, als könne es gar nicht mehr schlimmer kommen, starb am 5. Januar 1589 Katharina von Medici. Nach dem Tod seiner Mutter stand Heinrich nun ganz allein da. Nur seine schlecht bezahlten Soldaten und jene *politiques*, die, ihren Grundsätzen verpflichtet, noch an seiner Seite standen, schützten ihn jetzt noch vor den hochschlagenden Wellen des Hasses. Wie immer zogen diese *politiques* auch diesmal den Argwohn auf sich. Da half es auch nichts, dass Montaigne in kühlem, auf Ausgleich bedachtem Ton schrieb, die Liga und die radikalen Hugenotten seien jetzt nahezu ununterscheidbar:

> Nehmen wir die ernste Gewissensfrage als Beispiel, ob es dem Untertan erlaubt sei, sich zur Verteidigung seines Glaubens gegen seinen Fürsten mit bewaffneter Hand zu erheben: Erinnert ihr euch, welche Mäuler vergangnes Jahr deren Bejahung zum Eckpfeiler ihrer Partei machten und welche andern ihre Verneinung? Nun hört euch an, von welcher Seite heute die eine, von welcher die andre Haltung lauthals angepriesen und eingeübt wird! Klirren die Waffen für diese Sache hier etwas weniger mörderisch als für jene dort?

Und was die Idee des von Gott gebilligten Tyrannenmordes anginge: Wie könne jemand glauben, dass er durch die Ermordung eines Königs in den Himmel komme? Wie könne er sich «auf dem sichersten Weg zu unsrer Verdammung» Erlösung erhoffen? Irgendwann in dieser Zeit verlor Montaigne auch noch sein letztes bisschen Geschmack an der Politik. Anfang 1589 verließ er Blois. Ende Januar war er wieder auf seinem Landgut und in seiner Bibliothek. Dort war er weiter aktiv und blieb in Verbindung mit Matignon, Generalleutnant und Bürgermeister von Bordeaux in Personalunion. Er scheint jedoch von nun an keine diplomatischen Missionen mehr erfüllt zu haben. Ironischerweise kam es kurz nach seinem Rückzug zu der lang ersehnten Annäherung zwischen Heinrich III. und Heinrich von Navarra. Sie bündelten ihre Kräfte und belagerten im Sommer 1589 die von der Liga beherrschte Hauptstadt.

Dies aber war ein neuer Fehler des Königs. Als sich die Armeen in ihren Lagern außerhalb der Stadttore sammelten, war Heinrich III. in Reichweite der Ligisten von Paris. Der junge Dominikanermönch Jacques Clément fühlte sich von Gott aufgerufen zu handeln. Unter dem Vorwand, dem König eine Botschaft von heimlichen Sympathisanten in der Stadt zu überbringen, wurde er am 1. August zum König vorgelassen, der in diesem Augenblick auf der Toilette saß – der übliche Rahmen für einen Monarchen, Besucher zu empfangen. Clément zückte einen Dolch und stach ihn dem König in den Unterleib, bevor er von Wachen überwältigt und getötet wurde. Heinrich verblutete langsam. Eine seiner letzten Handlungen war die Ernennung Heinrichs von Navarra zum Thronerben – unter der Bedingung, dass er zum katholischen Glauben zurückkehrte.

Die Nachricht vom Tod des Königs wurde in Paris mit Jubel aufgenommen. Papst Sixtus V. lobte die mörderische Tat. Und endlich erklärte sich Heinrich von Navarra bereit, erneut zum Katholizismus zu konvertieren. Anfangs weigerten sich einige Katholiken, ihn anzuerkennen, besonders die Mitglieder des Pariser Parlaments, die den Kardinal von Bourbon als König betrachteten. Aber mit der Zeit gelang es Heinrich, sich durchzusetzen. Er wurde als Heinrich IV. unangefochtener König von Frankreich: der Monarch, der schließlich einen Weg fand, die Bürgerkriege zu beenden und das Land zu einigen. Dies gelang ihm vorrangig durch die Kraft seiner Persönlichkeit. Er war der König, auf den die *politiques* immer gehofft hatten.

Montaigne, der mit dem Navarrer stets eine freundschaftliche Beziehung gepflegt hatte, fand sich jetzt erneut in einer halboffiziellen Rolle als Berater des nunmehrigen Königs Heinrich IV. – als erstaunlich freimütiger Berater, wie sich bald zeigen sollte. Montaigne schrieb Heinrich IV. einen Brief, in dem er ihm seine Dienste anbot, wie es die Etikette verlangte. Am 30. November 1589 bestellte der König Montaigne nach Tours, dem vorübergehenden Sitz des Hofes. Entweder brauchte der Brief sehr lange, oder Montaigne ließ ihn eine Weile auf seinem Kaminsims liegen, bevor er ihn öffnete, denn sein Antwortschreiben datiert vom 18. Januar 1590. Da war es bereits zu spät, der Aufforderung Folge zu leisten. Montaigne war dem König gegenüber zwar zu treuem Dienst bereit, dennoch aber entschlossen, auf eine Reise zu verzichten, zumal sich seine Gesundheit jetzt zunehmend verschlechterte. Er schrieb dem König, sein Brief sei leider sehr spät eingetroffen. Er wiederholte seine Glückwünsche und fügte hinzu, er freue sich, wenn der König weitere Unterstützung gewinne.

Dieser Teil des Briefes war recht konventionell, doch dann wagte es Montaigne, dem neuen König eine Lektion zu erteilen. Formal respektvoll schrieb er ihm, er hätte sich gewünscht, Seine Majestät hätte sich den plündernden Soldaten seiner Armee gegenüber weniger nachsichtig gezeigt. Eroberungen seien nicht nur mit Waffen und Gewalt durchzusetzen, sondern müssten «mit Hilfe von Milde und Großzügigkeit» vollendet werden. Sie seien ein besseres Lockmittel als Strenge und Bestrafung, um die Menschen auf seine Seite zu ziehen. Der König müsse zwar Stärke zeigen, zugleich aber auch Vertrauen in seine Untertanen setzen, um vom Volk mehr geliebt als gefürchtet zu werden.

Am 2. September sandte er ihm einen weiteren Brief. Heinrich hatte Montaigne erneut aufgefordert aufzubrechen, diesmal, um sich mit Matignon zu treffen. Er bot ihm an, die Kosten dieser Reise zu übernehmen. Aber auch diesmal ließ Montaigne sechs Wochen verstreichen, bevor er antwortete, und behauptete erneut, er habe den Brief gerade erst erhalten. Er habe, schrieb er, Matignon bereits drei Briefe geschickt und ihm angeboten, ihn aufzusuchen, jedoch keine Antwort erhalten. Vielleicht, so Montaigne, wolle ihm Matignon in Anbetracht «der Länge des Wegs und der Gefährlichkeit der Straßen» die Reise ersparen. Die Anspielung ist deutlich: Heinrich IV. sollte dieselbe Rücksicht zeigen. Die Erstattung der Spesen wies Montaigne zurück:

Ich habe niemals irgendeinen Vorteil von der Großzügigkeit der Könige genommen noch jemals einen solchen begehrt, geschweige denn verdient, und ich habe keinen Lohn für die Dienste erhalten, die ich ihnen geleistet habe und die Eurer Majestät zum Teil bekannt sind. Was ich für Ihre Vorgänger tat, werde ich noch viel bereitwilliger für Euch tun: Ich bin, Sire, so reich, wie ich es nur wünsche. Sollte mein Geldbeutel aber einmal leer und ich an der Seite Eurer Majestät in Paris sein, werde ich so kühn sein und mir erlauben, es Euch zu sagen.

Erstaunlich bestimmt, dieser Ton gegenüber einem König. Doch
Montaigne war gealtert und krank (er lag mit Fieber im Bett), und er
kannte den König gut genug, um offen reden zu dürfen. In den *Essais*
schrieb er: «Ich betrachte unsre Könige mit einer lediglich von Geset-
zestreue und Bürgerpflicht bestimmten Anhänglichkeit, die meine
Privatinteressen nicht mehren und nicht mindern [...]. Das ist es,
was mich stets erhobnen Hauptes einherschreiten lässt, offenen Herzens und offenen Blicks.» Sein Brief an Heinrich IV. zeigt, dass er diese Einstellung auch in der Praxis beherzigte. Montaigne tritt uns in
diesen beiden Briefen so vor Augen wie in den *Essais:* freimütig,
unbeeindruckt von der Macht und entschlossen, sich seine Freiheit
zu bewahren.

Vielleicht entdeckte er bereits Anzeichen dessen, was zu einem
Grundzug der Regierungszeit Heinrichs IV. werden sollte: die Tendenz
zum Personenkult. Einen starken Herrscher wie ihn brauchte das Land
nach all den schwachen und unentschlossenen Königen zwar dringend,
aber ein Freund subtiler Reflexionen war Heinrich IV. nicht. Kurze
Reden und rasches, entschlossenes Handeln waren sein Stil. Statt sich
regelmäßig zu waschen und zum Essen die Gabel zu benutzen wie
Heinrich III., war er schmuddelig und stank angeblich wie verfaultes
Fleisch. Doch er besaß Charisma. Montaigne gefiel die Vorstellung
eines starken Königs, aber für Selbststilisierung hatte er nichts übrig. In
den *Essais* schrieb er über Heinrich IV. mit verhaltener Zustimmung,
nicht mit blinder Unterwürfigkeit. Auch in seinen Briefen wahrte er
Distanz. Diesen Kampf gewann er, denn er brach nie auf, um sich dem
Gefolge des Königs anzuschließen.

Anfang 1595, erst nach Montaignes Tod, begann Heinrich IV. den
Krieg gegen einen äußeren Feind, Spanien, und entzog damit den
Bürgerkriegen, die 1598 endeten, Kräfte und Ressourcen. Jetzt begann
Frankreich als Nation allmählich zusammenzuwachsen, auch wenn
der Einigungsprozess fragil und an die Person des Herrschers gebunden blieb. Viele waren ihm in leidenschaftlicher Treue ergeben, andere
hassten ihn nicht weniger leidenschaftlich. Auch er wurde schließlich
ermordet: 1610 erstach ihn der fanatische Katholik François Ravaillac.

Einer seiner wichtigsten Beiträge zur französischen Geschichte
war das Edikt von Nantes vom 13. April 1598, das beiden Konfessionen

Gewissensfreiheit und den Protestanten Kultfreiheit gewährte. Aus dem Land, das unter den religiösen Streitigkeiten am meisten zu leiden hatte, wurde der erste westeuropäische Staat, der offiziell zwei christliche Konfessionen anerkannte. In einer Rede vor dem Parlament am 7. Februar 1599 betonte Heinrich, das Edikt sei nicht, wie die vorausgegangenen, dem Wunsch entsprungen, es allen recht zu machen, und dürfe nicht als eine Lizenz betrachtet werden, Unruhen zu schüren. «Ich werde alle Fraktionsbildungen und alle aufrührerischen Predigten im Keim ersticken; und ich werde jeden enthaupten lassen, der dazu aufruft.»

Das Edikt von Nantes, erlassen mit einer Entschlossenheit und beherzten Zuversicht, die Montaigne gefallen hätte, blieb fast hundert Jahre in Kraft. Als es 1685 widerrufen wurde, flohen viele Hugenotten nach England und in andere Länder. Zu diesen Flüchtlingen gehörten auch zahlreiche Leser Montaignes, unter ihnen Pierre Coste, dessen Samisdat-Edition der *Essais* über den Kanal nach Frankreich zurückgelangte und seine leidgeprüften Landsleute mit einem neuen und revolutionären Montaigne bekannt machte.

16

Frage: Wie soll ich leben?

Antwort: Philosophiere nur zufällig!

Fünfzehn Engländer und ein Ire

In dem gesamten Jahrhundert, bevor Coste dem Verfasser der *Essais* 1724 zu einem neuen Image verhalf, ließen die Engländer in ihrer Bewunderung für Montaigne nicht nach. Sie waren die Ersten außerhalb Frankreichs, die sich Montaigne aneigneten und fast als einen der Ihren betrachteten. Die englische Mentalität schien genau auf seiner Wellenlänge zu schwingen, in vollkommener Harmonie, während sich anderswo tiefe geistige Umbrüche vollzogen.

Die Geschichte von Montaignes «Nachleben» wurde in diesem Buch bisher parallel zu seiner Lebensgeschichte erzählt, und zwar vorerst bis zur Mitte des 19. Jahrhunderts. Jetzt scheint es geboten, einen Augenblick innezuhalten, um seinen Erfolg jenseits des Kanals genauer zu betrachten – in einem Land, das zu besuchen ihm offenkundig niemals einfiel. Dass er dort gleichsam als Flüchtling aufgenommen wurde, hätte ihn in höchstem Maße überrascht, zumal es ein protestantisches Land war.

Die Religion war einer der Gründe, warum viele englische Leser seit dem späten 17. Jahrhundert die Freiheit hatten, Montaigne zu lesen. Den englischen Protestanten war es egal, dass die katholische Kirche sein Buch auf den Index gesetzt hatte, es verschaffte ihnen sogar die Genugtuung, den Katholiken eins auszuwischen – und noch mehr den Franzosen. Diese schienen ohnehin unfähig, ihren besten Autoren die angemessene Wertschätzung entgegenzubringen, zumal die Académie Française der französischen Literatur strenge Maßstäbe auferlegte. «Ein form- und regelloses Daherreden», wie Montaigne sein eigenes Schreiben charakterisierte, hatte in dieser neuen französischen Ästhe-

tik keinen Platz. Die englische Sprache nahm ihn dagegen auf wie
einen verlorenen Sohn. Das Englische, das überbordende und anarchische Idiom Chaucers und Shakespeares, schien für diesen Autor die
genuine Sprache zu sein. Lord Halifax, dem eine Übersetzung des
17. Jahrhunderts zugeeignet ist, bemerkte, Montaigne zu übersetzen sei
«für uns nicht nur ein immenser Gewinn, sondern ein gerechter Tadel
der kritischen Impertinenz jener französischen Skribenten, die große
Mühe darauf verwendet haben, an ihm herumzukritteln, um den Ruf
dieses großen Mannes zu schmälern, den die Natur zu groß gemacht
hat, um sich in die engen Grenzen eines bemühten Stils zwängen zu
lassen». Und der Essayist William Hazlitt vereinnahmte Montaigne –
und Rabelais – in einem Text mit dem Titel «On Old English Writers
and Speakers» kurzerhand als englische Autoren, was er mit den Worten begründete: «Diese betrachten wir als in hohem Maße englisch
oder als das, dem die altfranzösische Wesensart zuneigte, bevor sie
durch Höfe und Akademien der Kritik korrumpiert wurde.»

Wenn die englischen Leser vom Stil der *Essais* angetan waren, so
noch viel mehr von deren Inhalt. Sie schätzten Montaignes Bevorzugung konkreter Details gegenüber der Abstraktion, ebenso sein Misstrauen gegenüber allem Akademischen, sein Plädoyer für Mäßigung
und Bequemlichkeit und sein Bedürfnis nach Rückzug, nach einem
«Hinterzimmer in seinem Geschäft». Auf der anderen Seite fanden die
Engländer genau wie Montaigne Geschmack am Reisen und am Exo-
tismus. Unter der ruhigen Oberfläche seines Konservatismus konnte
ein völlig unerwarteter Radikalismus aufbrechen, genau wie bei ihnen.
Meistens jedoch war er am glücklichsten, wenn er seiner Katze beim
Spielen am Kamin zusehen konnte, genau wie die Engländer.

Hinzu kam seine Philosophie, wenn man sie so nennen kann. Die
Engländer waren keine geborenen Philosophen. Sie spekulierten nicht
gern über das Sein, die Wahrheit und den Kosmos. Wenn sie ein Buch
zur Hand nahmen, wollten sie Anekdoten, merkwürdige Charaktere,
geistreiche Tiraden und einen Hauch Phantasie. Wie Virginia Woolf
über Sir Thomas Browne sagte, einen der zahllosen englischen Autoren, die in der Art Montaignes schrieben: «Der englische Geist ist von
Natur aus geneigt, sich in den lockersten Launen und Stimmungen zu
tummeln und darin sein Vergnügen zu finden.» Aus diesem Grund

feierte auch William Hazlitt Montaigne mit Worten, die einer unphilosophischen Nation aus der Seele sprachen:

> Wenn er zur Feder griff, gebärdete er sich nicht als Philosoph, als kluger Kopf, Redner oder Moralist, sondern er wurde dies alles einfach dadurch, dass er wagte, uns zu erzählen, was immer ihm in aller Schlichtheit und Eindringlichkeit durch den Sinn ging und was er in irgendeiner Form für mitteilenswert hielt.

An einer der seltenen Stellen, wo Montaigne sich selbst als Philosophen bezeichnete, tat er dies nur, um zu sagen, er sei ein «Philosoph aus Zufall, ohne Vorbedacht». Er habe seine Gedanken über seine Lebensführung auf so vielen Seiten ausgebreitet, dass er zu seiner eigenen Überraschung merkte, «dass sich diese rein zufällig mit zahlreichen Betrachtungen und Beispielen der Philosophie im Einklang fanden».

Viel von seinem Erfolg in England war gleichfalls eher einem glücklichen Zufall geschuldet: Die *Essais* hatten schlicht und einfach das Glück, an den kongenialen englischen Übersetzer John Florio geraten zu sein.

Dass John Florio der Erste war, der den in Montaigne verborgenen Engländer herauszukitzeln verstand, ist umso bemerkenswerter, als er selbst ein multikultureller Wanderer von höchst unenglischer Sensibilität war. Er gilt gewöhnlich als Italiener, obwohl seine Mutter eine Engländerin war und er 1553 in London geboren wurde. Er war also in erster Linie Engländer, allerdings mit einem italienischen Vater, Michele Agnolo Florio, Sprachlehrer und Autor, der viele Jahre zuvor als protestantischer Flüchtling nach England gekommen war. Als die Katholikin Maria Tudor auf den Thron kam, ging die Familie Florio erneut ins Exil und zog kreuz und quer durch Europa, weshalb der junge John mit so vielen Sprachen in Kontakt kam. Als Erwachsener wieder in England, machte er sich als Französisch- und Italienischlehrer einen Namen, er gab dialogisierte Lehrwerke des Italienischen für englische Muttersprachler heraus sowie ein erfolgreiches italienisch-englisches Wörterbuch.

Die *Essais* übersetzte er auf das Drängen einer reichen Gönnerin, der Gräfin von Bedford. Sie machte ihn auch mit einer ganzen Schar von Freunden und Mitarbeitern bekannt, die ihm bei der Zitatensuche und der Verbreitung des Buches halfen. Florio bedankte sich mit weitschweifigen Widmungen, die manchmal so verschnörkelt waren, dass sich selbst die Adressaten keinen Reim darauf machen konnten. Ein Satz aus seinem Brief an die Gräfin von Bedford liest sich so:

> Ihre Vorzüge gleichen Euren Mängeln so sehr, dass ich zu einem so langwierigen Unterfangen auf einem ebenso trefflichen wie weiten Feld angeregt werden würde und die in mir lodernden Geister mich anstacheln würden, wenn mir Eure sanft zügelnde Hand nicht Einhalt geböte *(wer hat nie den Wunsch verspürt, über das hinauszugelangen, wofür man ihn hält, statt für etwas gehalten zu werden, was man nicht ist)*, oder vielleicht sollte ich durch voreilige Erklärungen Eure unverkennbaren Vorzüge nicht beurteilen, *Wenn Euer Wert gewogen werden wird.*

Das ist ein typisches Beispiel dafür, wohin es führte, wenn man Florio die Zügel schießen ließ. Wie Montaigne konstruierte auch er immer kompliziertere Gedankengänge wie eine Spinne, die ihre Seide produziert. Aber während Montaigne sich immer weiter vorwärtsbewegt, dreht Florio sich um sich selbst und verdichtet seine Sätze zu immer enger geführten barocken Windungen, bis sich ihr Sinn in einer komplizierten Syntax verflüchtigt. Der wirklich magische Funke entzündet sich nur dann, wenn beide aufeinandertreffen: Montaigne und Florio. Der eine ist so sehr der Erde verbunden, dass er des anderen Höhenflüge zügeln kann, während umgekehrt Florio Montaigne eine elisabethanisch-englische Färbung verleiht sowie jede Menge puren Spaß. Wenn Montaigne schreibt: *Nos Allemans, noyez dans le vin* (bei Stilett: «Unsre deutschen Soldaten [...] sternhagelvoll»), heißt es bei Florio: «Our carowsing tospot German souldiers, when they are most plunged in their cups, and as drunke as Rats» («Unsere zechenden, versoffenen deutschen Soldaten, wenn sie tief in ihre Becher schauen und betrunken sind wie die Ratten»). Wo der moderne englische Übersetzer Donald Frame schlicht schreibt: «Werewolves, goblins, and chimeras» (bei Stilett: «Werwölfe, Kobolde und andere Schimären»), übersetzt Florio: «Larves, Hobgoblins, Robbin-good-fellowes, and other such Bug-beares and Chimeraes»: ein Stück reinster *Sommernachtstraum.*

Shakespeare und Florio kannten einander, Shakespeare gehörte zu den ersten Lesern der englischen Übersetzung der *Essais*. Vielleicht hatte er Teile davon schon in der Manuskriptfassung gelesen, also noch bevor die Übersetzung in Druck ging. Spuren Montaignes finden sich nachweislich im *Hamlet*, der vor dem Erscheinen von Florios Übersetzung entstand. Eine sehr viel später entstandene Passage aus dem *Sturm* weist so große Ähnlichkeiten mit Florios Übersetzung auf, dass kein Zweifel bestehen kann, dass Shakespeare sie kannte. Gonzalo beschreibt seine Vision einer perfekten Gesellschaft im Naturzustand:

> Ich wirkte im gemeinen Wesen alles
> Durchs Gegenteil; denn keine Art von Handel
> Erlaubt' ich, keinen Namen eines Amts;
> Gelahrtheit sollte man nicht kennen; Reichtum,
> Dienst, Armut gäb's nicht; von Vertrag und Erbschaft,
> Verzäunung, Landmark, Feld- und Weinbau nichts;
> Auch kein Gebrauch von Korn, Wein, Öl, Metall,
> Kein Handwerk: alle Männer müßig, alle.

Diese Passage zeigt auffällige Ähnlichkeiten mit dem, was Montaigne – in Florios Übersetzung – über die Tupinambá sagt:

> Es ist ein Volk [...], das keine Art von Handel kennt, keine Gelehrtheit, keine Einsicht in Zahlen, keinen Namen eines Amts oder einer Obrigkeit, keine Dienstbarkeiten, keinen Reichtum und keine Armut, keinen Vertrag und keine Erbschaft, keine Güterteilung, keinen Besitz, kein Handwerk, sondern Müßiggang; keine Berücksichtigung anderer Verwandtschaft als der Gemeinschaft, keine Bekleidung, nur Natur, keine Düngung der Felder, keinen Gebrauch von Wein, Korn oder Metall.

Nach der Entdeckung dieser offenkundigen Parallele durch Edward Capell Ende des 18. Jahrhunderts wurde es zu einem Volkssport, auch in anderen Stücken Shakespeares nach Einflüssen Montaignes zu suchen. Am vielversprechendsten ist gewiss der *Hamlet*, dessen Protagonisten oft reden wie ein Montaigne, der, auf einer Bühne stehend, ein dramatisches Rätsel zu lösen hat. Wenn es bei Montaigne heißt: «Wir sind aber, wie soll ich sagen, in uns selber doppelt», oder wenn er sich selbst in einer nicht enden wollenden Kaskade von Adjektiven als «schamhaft und unverschämt, keusch und geil, schwatzhaft und schweigsam, zupackend und zimperlich, gescheit und dumm, mürrisch und leutselig, verlogen und aufrichtig, gebildet und ungebildet, freigebig und geizig und verschwenderisch» charakterisiert, klingt es wie ein Monolog aus Shakespeares *Hamlet*. Auch Montaigne meint, dass einer, der zu viel über all die Umstände und Folgen seines Tuns nachgrübelt, gar nicht mehr handeln kann – ein gutes Resümee von Hamlets Dilemma.

Die Ähnlichkeiten könnten auch darauf zurückzuführen sein, dass beide – Montaigne wie Shakespeare – vom Geist der Spätrenaissance mit all ihren Verwirrungen und Unaufgelöstheiten durchdrungen waren. Man bezeichnete sie als die ersten Autoren, die das Lebensgefühl des modernen Menschen dargestellt haben: die Unsicherheit, wo man hingehörte, wer man war und wie man handeln sollte. Dem Shakespeare-Forscher John M. Robertson zufolge ist die gesamte Literatur nach Montaigne und Shakespeare die Ausarbeitung eines Grundthemas: des in sich selbst gespaltenen Bewusstseins.

Man darf diesen Vergleich aber nicht zu weit treiben, schließlich war Shakespeare Dramatiker und kein Essayist. Er konnte seine Widersprüche zwischen verschiedenen Charakteren aufteilen, um sie auf der Bühne aufeinanderprallen zu lassen. Montaigne dagegen musste alle Widersprüche in sich selbst fassen. Montaigne steht auch nicht einsam und alle überragend ganz oben an der Spitze wie Shakespeare in England. Er hatte weniger Neider, und es gab keine Bilderstürmer, die ihn vom Sockel stürzen wollten, indem sie behaupteten, er habe seine *Essais* nicht selbst geschrieben.

Fast keine. Zu den wenigen Ausnahmen zählt einer der großen «Anti-Stratfordianer» oder Shakespeare-Zweifler des 19. Jahrhunderts: Ignatius Donnelly. Seinem umfangreichen Werk, in dem er den Nachweis zu führen suchte, dass Francis Bacon der Autor von Shakespeares Dramen war, fügte Donnelly ein Kapitel hinzu, das Belege dafür anführte, dass Bacon zusätzlich auch noch der Verfasser von Montaignes *Essais*, Robert Burtons *Anatomy of Melancholy (Anatomie der Schwermut)* sowie Christopher Marlowes Werk sei. Hinweise darauf findet er in den *Essais* überall verstreut, etwa wenn Montaigne schreibt:

«Wer einem Jungen seine eigensinnige und hartnäckige Vorliebe für Schwarzbrot, Speck [*bacon*] und Knoblauch austreibt, treibt ihm damit die Vernaschtheit aus.» Der Name Francis taucht mehrfach in den *Essais* auf, wenn auch zugegebenermaßen in der französischen Form François, womit in der Regel der französische König Franz I. gemeint war. Egal, auch das war ein Hinweis. Um die Sache auf die Spitze zu treiben, führte Donnelly die Entdeckung einer Mrs. Pott an, die ihn auf die häufige Erwähnung von «mountains» (Bergen) oder *Montaines* in Shakespeares Stücken aufmerksam machte. Wenn Bacon der Verfasser von Shakespeares Dramen war, dann war jeder in ihnen enthaltene Bezug auf Montaigne ein Hinweis dafür, dass er auch der Autor der *Essais* war. «Kann irgendjemand glauben, das alles sei Zufall?», fragte Donnelly.

Er zeigte sich verblüfft von anderen Passagen der *Essais*, die für ihn gleichfalls voller Hinweise steckten, aber schwieriger zu deuten seien, insbesondere die Geschichte einer jungen Frau, die sich in ihrer Verzweiflung wild auf die «weiße Brust» trommelt, nachdem ihr geliebter Bruder durch eine verhängnisvolle Kugel getötet worden war. Donnelly streckt die Waffen:

> Wer ist die junge Frau? Der Text verrät nicht mehr über sie. Ist es ihre weiße Brust, die ihren Bruder getötet hat? [...] Woher kam die Kugel? Von der weißen Brust? Das alles ist Unsinn [...]. Und es gibt Hunderte solcher Stellen.

Dass die *Essais* auf Französisch geschrieben waren, könnte für diese These ein Problem sein – nicht bei Donnelly. Seine Erklärung lautet, Bacon habe ein Buch mit skeptischen, religiös unorthodoxen Ansichten veröffentlichen wollen, es aber in England nicht gewagt, so dass er es schließlich als Übersetzung herausbrachte. Wie es der Zufall will, lebte Francis Bacons Bruder Anthony damals in Paris und kannte Montaigne. Er habe ihn überredet, dem Unternehmen seinen Namen zu leihen, andere hätten Florio überredet, als Übersetzer herzuhalten. Demnach hätte Bacon die *Essais* geschrieben, Montaigne seinen Namen daruntergesetzt und Florio das Werk übertragen – allerdings aus dem Englischen ins Französische. «Montaigne» wäre damit in Wirklichkeit ein Engländer gewesen, und zwar in einem sehr viel wörtlicheren Sinn, als Lord Halifax oder William Hazlitt es je zu träumen gewagt hätten.

Ein Aspekt der Geschichte hat tatsächlich Hand und Fuß: Anthony Bacon kannte Montaigne und besuchte ihn zweimal, einmal Anfang der 1580er Jahre und dann noch einmal 1590. Er hätte ein Exemplar der *Essais* leicht seinem Bruder nach England mitbringen können, was bedeutete, dass Francis es (in französischer Sprache) hätte lesen können, bevor er 1597 seine eigenen *Essays* veröffentlichte. Das wäre eine Erklärung für ein großes Rätsel der Forschung: Wie war es möglich, dass Bacon und Montaigne innerhalb weniger Jahre ein Werk desselben Titels herausbrachten?

Allerdings ist der Titel fast die einzige Gemeinsamkeit. All das, was bei Montaigne typisch englisch klingt, fehlt seinem englischen Pendant vollkommen. Bacon schrieb mit sehr viel mehr intellektueller Stringenz als Montaigne. Er war prägnanter, philosophischer – und sehr viel langweiliger. Wenn er Themen wie das Bücherlesen oder das Reisen in Angriff nahm, erteilte er Anweisungen: Das müsst ihr lesen! oder: Das müsst ihr euch unterwegs anschauen. Wenn ein Thema sich zur Untergliederung eignete, unterteilte er es und kündigte jedes Unterkapitel wortreich an. Das hätte Montaigne seinen Lesern niemals angetan.

Als durch Florio und Bacon das Eis gebrochen war, kamen zahllose englische Bücher mit der Titelbezeichnung «Essays» auf den Markt. Einige waren ganz offenkundig von Florios Montaigne-Übersetzung beeinflusst, andere von Bacon, aber fast alle übernahmen den Schreibstil und die Denkweise Montaignes. Nur sehr wenige englische Essays nach Beginn des 17. Jahrhundert waren philosophisch strenge gedankliche Durchdringungen wichtiger Themen. Die meisten waren unterhaltsame Streifzüge durch alles Mögliche. Ein typisches Beispiel war William Cornwallis, der Florios Übersetzung in einer frühen Manuskriptfassung las und in den Jahren 1600, 1601, 1616 und 1617 *Essayes* herausgab zu Themen wie «Of Sleepe» (Über den Schlaf), «Of Discontentments» (Über Unzufriedenheiten), «Of Fantastickness» (Über Phantastereien), «Of Alehouses» (Über Wirtshäuser) und «Of the Observation, and Use of Things» (Über die Beobachtung und den Gebrauch von Dingen).

Auch jene Autoren, die ihre Arbeiten nicht als Essays bezeichneten, schrieben oft in einer unverkennbar beiläufigen, persönlichen Art und Weise. Während die französische Literatur zunehmend getragener und formeller wurde, brachte England Querköpfe und Exzentriker wie Robert Burton hervor, der in seiner umfangreichen Abhandlung *Anatomie der Schwermut* seinen Stil charakterisiert als dahinjagend «wie ein umherstreifender Spaniel», der «jeden Vogel anbellt, der ihm begegnet». Noch exzentrischer war Sir Thomas Browne mit seinen essayistischen Untersuchungen zu Medizin, Parks, Bestattungsarten, imaginären Bibliotheken und vielem mehr – geschrieben in einem so eigenwillig verschlungenen barocken Stil, dass jeder Satz sofort Browne zuzuordnen ist.

Auf dem Höhepunkt dieser hochgradig exzentrischen Phase der Montaigne-Rezeption in England trat ein neuer Übersetzer auf den Plan, der alles ein wenig geraderückte: Charles Cotton, dessen Neuübertragung 1685 und 1686 erschien, nicht lange nachdem die *Essais* in Frankreich auf den Index gesetzt worden waren. Cotton war genauer als Florio, und seine Übersetzung machte die *Essais* einer neuen Generation englischer Leser bekannt. Überraschenderweise war der Autor dieser sehr viel zurückhaltenderen Übersetzung von seinem Naturell her weitaus unberechenbarer und dilettantischer als Florio. Cotton selbst betrachtete seine skatologischen burlesken Gedichte als seine bedeutendste Leistung. Er beschrieb sich einmal selbst als einen «nordländischen Trottel» *(a Northern clod)*, der allabendlich im Pub herumhing und Ale trank, bevor er sich in seine Bibliothek zurückzog, um

> Anzügliche Briefe zu schreiben und manchmal alte Tonnenmärchen,
> Geschichten aus der Guyen[n]e und der Provence zu übersetzen
> Und die alten Haudegen Frankreichs unter die Leute zu bringen.

Charles Cottons Ruhm unterlag nach seinem Tod so merkwürdigen Wandlungen wie der von Montaigne und Shakespeare, freilich auf einem sehr viel niedrigeren Niveau. Im 19. Jahrhundert wurden seine komischen Verse als abstoßend betrachtet, dafür aber seine Naturgedichte geschätzt, für die seine Zeitgenossen nichts übriggehabt hatten;

später gerieten auch diese Verse in Vergessenheit. Man feierte ihn jetzt wegen eines Kapitels über «Forellenkitzeln» in Isaac Waltons *The Compleat Angler*, selbst wiederum ein höchst montaigneskes Werk. Außer vielleicht unter Anglern ist dieser Text heute vergessen. Cotton ist vor allem als Montaigne-Übersetzer in Erinnerung geblieben.

Cottons Übertragung blieb mehr als zweihundert Jahre lang die Standardübersetzung, und sie brachte Montaigne einer neuen Generation weniger barocker Autoren näher, die mehr an den psychologischen Details des Alltagslebens als an den Spinnweben der Phantasie interessiert waren. Alexander Pope notierte in seinem Exemplar der Cotton-Übersetzung: «Das ist (meiner Ansicht nach) das beste Buch, das je über menschliches Verhalten geschrieben wurde. Dieser Autor sagt nichts anderes als das, was jeder in seinem Herzen fühlt.» Und ein Kritiker meinte in der literarischen Zeitschrift *The Spectator*, wenn Montaigne seine persönlichen Erlebnisse und Eigenheiten für sich behalten hätte, wäre er zwar als besserer Mensch erschienen, zugleich aber ein sehr viel weniger unterhaltsamer Autor gewesen. Mit Charles Dédéyan zu sprechen: Engländer ließen einen Autor gern drauflosschwadronieren, solange er es auf angenehme Weise tat.

Von nun an gab es keinen Mangel mehr an englischen Essayisten, die genau so schrieben. Sie bildeten «Montaignes wahre Familie», wie es der Kritiker Walter Pater formulierte: Sie demonstrierten «jene Intimität, jene moderne Subjektivität, die man als das montaigneske Element der Literatur bezeichnen könnte». Zu ihnen gehörte der populäre Essayist Leigh Hunt, der sein Exemplar der *Essais* mit Unterstreichungen und – oft ziemlich albernen – Kommentaren füllte. Wenn Montaigne von einem Jungen ohne Hände erzählt, der ein Schwert und eine Peitsche schwang wie in Frankreich jeder Kutscher, notierte Hunt an den Rand: «Mit seinen Armen natürlich. Trotzdem ist es erstaunlich.»

Ein intellektuell schärferer Bewunderer Montaignes war William Hazlitt, der ihn dafür gelobt hatte, dass er sich nicht als Philosoph gebärdete. Hazlitts Kriterien zur Beurteilung eines guten Essayisten verdeutlichen, was die Engländer jetzt bei Montaigne suchten. Solche Autoren, so Hazlitt, sammelten Merkwürdigkeiten des menschlichen Lebens wie Hobbybiologen Muschelschalen, Fossilien oder Käfer, wäh-

rend sie auf einem Waldpfad oder am Strand spazieren gehen. Sie nahmen die Dinge, wie sie wirklich waren, nicht, wie sie sein sollten. Montaigne war der Beste von allen, weil er alles so hinnahm, wie es war,
auch sich selbst. Für Hazlitt enthält ein idealer Essay

> Details unserer Kleidung, unserer Miene, unseres Aussehens, unserer
> Worte und Gedanken; er zeigt uns, was wir sind und was wir nicht
> sind; er führt uns das ganze Spiel des menschlichen Lebens vor Augen,
> und indem er uns zu aufgeklärten Zuschauern seiner vielfarbigen Sze-
> nen macht, versetzt er uns (wenn möglich) in die Lage, leidlich ver-
> nünftige Akteure in dem Spiel zu werden, in dem wir einen Part über-
> nommen haben.

Mit anderen Worten: Der Essay ist das Genre, das uns – mehr als
jeder Roman und jede Biographie – hilft, die Kunst des Lebens zu
erlernen.

Hazlitts Sohn, der gleichfalls William hieß, gab Cottons Übersetzung der *Essais* zusammen mit Montaignes Briefen, seinem Reisetagebuch und einer kurzen Biographie 1842 unter dem Titel *The Complete
Works* heraus. 1877 wurde diese Ausgabe dann durch Hazlitts Enkel
überarbeitet. Damit prägten die Hazlitts das Bild des englischen Montaigne nachdrücklicher als zuvor Florio. Dieser neue Montaigne wurde
insbesondere wegen seiner Aufmerksamkeit für das alltägliche Leben
geschätzt und wegen seiner Fähigkeit, in angenehmer Weise darüber
zu schreiben, ohne sich formalen literarischen Zwängen zu unterwerfen: Tugenden, die die Hazlitts selbst verkörperten.

Diese Tradition setzte sich ins 20. und sogar ins 21. Jahrhundert hin-
ein fort, bis zu den zahllosen Essayisten und Kolumnisten von Wochen-
endzeitungen, die, ob sie es wissen oder nicht, das «montaigneske
Element in der Literatur» lebendig halten.

Von allen Erben Montaignes jenseits des Kanals verdient das letzte
Wort ein Anglo-Ire: Laurence Sterne, der Autor des *Tristram Shandy* aus
dem 18. Jahrhundert. Sein großer Roman, wenn man überhaupt von
einem Roman sprechen kann, ist ein ins Extreme getriebenes montaigneskes Drauflosschwadronieren, gelegentlich mit betontem Kopf-
nicken in Richtung seines französischen Vorläufers und voller spiele-

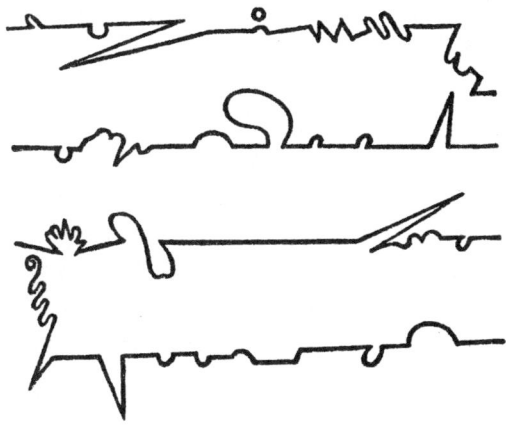

*Diagramm der
Digressionen in Band 6
von Laurence Sternes
Roman «Leben und
Ansichten von
Tristram Shandy,
Gentleman»*

rischer Experimente, Paradoxien und Abschweifungen. Widmungen
und Prologe stehen an den falschen Stellen und sind über den ganzen
Roman verstreut. «Des Autors Vorrede» kommt erst in Band III, Kapitel XX. Einmal bleibt eine ganze Seite leer, damit der Leser das Bild
einer Figur nach seinen eigenen Vorstellungen skizzieren kann. Und an
anderer Stelle gibt es Verlaufslinien, die den bisherigen Gang des
Buches nachzeichnen.

Der Roman bewegt sich ständig am Rand seiner Selbstauflösung.
Handlungsfäden laufen ins Leere, Brüche und Umwege gewinnen die
Oberhand. «Versprach ich nicht der Welt ein Kapitel über Knoten?»,
fragt Sterne an einer Stelle; «zwei Kapitel über das richtige und das falsche Ende einer Frau? Ein Kapitel über Knebelbärte? Ein Kapitel über
Wünsche? – ein Kapitel über Nasen? – Nein, das habe ich bereits geliefert – ein Kapitel über meines Onkel Toby's Züchtigkeit? gar nicht zu
reden von einem Kapitel über Kapitel, das ich noch vor dem Schlafen-
gehen beenden will.» Es klingt wie ein Montaigne auf Speed.

Selbstverständlich, sagt Sterne, könne keine Geschichte, die der
Welt so, wie sie ist, Beachtung schenkt, anders sein. Sie könne nicht
von einem Anfangs- bis zu einem Endpunkt linear fortlaufend erzählt
werden. Das Leben ist kompliziert, und man kann nicht nur einer einzigen Spur folgen.

Könnte ein Historiograph seine Historie so vor sich hertreiben wie ein Mauleseltreiber seinen Maulesel, – immer der Nase nach; – zum Beispiel den ganzen Weg von Rom nach Loretto, ohne jemals den Kopf nach links oder rechts zu wenden, ———— so könnt' er's auf seine Kappe nehmen, Euch auf die Stunde genau vorauszusagen, wann er ans Ende seiner Reise gelangen werde; ———— das aber ist, moralisch gesprochen, ein Unding: Denn wenn er nur ein Fünkchen Geist besitzt, wird er von der geraden Linie unterwegs mit dieser oder jener Gesellschaft auf fünfzig Abwege geraten müssen, die gar nicht zu vermeiden sind.

Wie Montaigne auf seiner Reise nach Italien kann man auch Sterne nicht den Vorwurf machen, dass er von seinem Weg abgewichen ist, denn sein Weg *ist* die Abschweifung. Seine Route liegt per definitionem da, wohin ihn der Zufall treibt.

Mit *Tristram Shandy* begann eine irische Tradition, die ihre äußerste Zuspitzung mit James Joyces *Finnegans Wake* erreichte, einem Roman, der über Hunderte von Seiten assoziativen Nebenlinien und Verzweigungen folgt, bevor er sich am Ende wieder zu sich selbst zurückwendet: Der letzte Halbsatz hakt sich in den Halbsatz ein, mit dem das Buch begann. Für Sterne wie für Montaigne, die es möglichst vermieden, die Dinge sauber zum Abschluss zu bringen, wäre das viel zu ordentlich gewesen. Sie betrachteten das Schreiben und das Leben als einen Fluss, dem man seinen Lauf lassen musste, auch wenn man immer weiter abschweifte, ohne jemals an ein Ziel zu gelangen. Sterne und Montaigne beschreiben eine Welt, die ständig etwas Neues hervorbringt, über das man schreiben kann. Warum also sollte man einen Schlusspunkt setzen? Damit werden sie zu Philosophen aus Zufall: zu Naturforschern auf einer Forschungsreise durch die menschliche Seele ohne Karten und Pläne und ohne eine Vorstellung davon, wo sie letztlich landen oder was sie tun werden, wenn sie erst mal angekommen sind.

17

Frage: Wie soll ich leben?

Antwort: Bedenke alles, bereue nichts!

Je ne regrette rien

Manche Schriftsteller *schreiben* ihre Bücher schlicht und einfach. Andere modellieren sie wie Ton oder konstruieren sie, indem sie immer mehr Material anlagern. Zu Letzteren gehörte auch James Joyce. Sein *Finnegans Wake* wuchs in immer neuen Entwürfen und Druckausgaben, bis aus den leidlich vertraut klingenden Sätzen der ersten Ausgabe, zum Beispiel

Who was the first that ever burst?

eigentümliche Mutationen geworden waren:

Waiwhou was the first thurever burst?

Montaigne verwischte nicht die Bedeutung seiner Worte wie Joyce, sondern überarbeitete, ergänzte und fügte hinzu. Allerdings hielt er es nicht für notwendig, etwas zu streichen. Reue beim Schreiben war ihm fremd – genau wie im Leben, wo er sich dem *amor fati* überließ, der heiteren Ergebenheit in alles, was geschieht.

Damit stand er im Widerspruch zur Lehre des Christentums, der zufolge man seine Fehler bereuen müsse, um ganz von vorne beginnen zu können. Einiges, was Montaigne in der Vergangenheit getan hatte, war ihm zwar nicht mehr nachvollziehbar. Doch gab er sich mit der Erklärung zufrieden, er wäre unter anderen Umständen ein anderer Mensch gewesen. Seine früheren Identitäten waren ihm so vielgestaltig wie die Gäste einer Party. Sowenig es ihm eingefallen wäre, Urteile über sie zu fällen – jeder hatte schließlich seine eigenen Gründe und

Standpunkte –, so wenig dachte er daran, über sich selbst zu Gericht zu sitzen. «Wir bestehen alle nur aus buntscheckigen Fetzen», schrieb er, «die so locker und lose aneinanderhängen, dass jeder von ihnen jeden Augenblick flattert, wie er will.» Für ihn gab es keinen maßgeblichen Standpunkt, von dem aus er zurückblicken und einen in sich konsistenten Montaigne konstruieren konnte, der er gern gewesen wäre. Da er nicht versuchte, seine früheren Identitäten aus seinem Leben wegzuretuschieren, sah er auch keinen Grund, dies in seinem Buch zu tun. Die *Essais* entwickelten sich im Verlauf von zwanzig Jahren immer weiter, genau wie er; sie waren das, was sie geworden waren, und dabei beließ er es.

Er neigte, wie gesagt, nicht zu Reue und Zerknirschung, was ihn jedoch nicht davon abhielt, sein Buch immer wieder zu lesen und häufig etwas hinzuzufügen. Er erreichte nie den Punkt, an dem er die Feder niederlegen und sagen konnte: «So, jetzt habe ich alles zu Papier gebracht, was ich über mich sagen wollte.» Er musste weiterschreiben, solange er lebte:

> Wer sähe nicht, dass ich einen Weg eingeschlagen habe, auf dem ich so mühelos wie unermüdlich fortschreiten werde, bis der Welt Tinte und Papier ausgeht?

Das Einzige, was ihn aufhalten konnte, war der Tod. Wie Virginia Woolf feststellte, gelangen die *Essais* nicht an ihr Ende, sondern «erreichen ihren Abbruch in vollem Galopp».

Zu dieser unermüdlichen Anstrengung wurde Montaigne nicht zuletzt von seinen Verlegern ermuntert. Die ersten Ausgaben hatten sich gut verkauft, und es bestand eine große Nachfrage nach neuen, umfangreicheren und besseren Ausgaben. 1588, nach seiner *grand tour* und seiner Amtszeit als Bürgermeister von Bordeaux, hatte er den *Essais* vieles hinzuzufügen. Noch umfangreichere Ergänzungen machte er in den nachfolgenden Jahren, nach den erschreckenden Erlebnissen am Hof des geflüchteten Königs. Dabei ging es ihm weniger um die aktuelle politische Lage Frankreichs, sondern um Mäßigung, gesunden Menschenverstand, menschliche Unvollkommenheit und viele andere seiner Lieblingsthemen.

Die Ausgabe von 1588 erschien bei dem renommierten Pariser Verleger Abel L'Angelier, das Titelblatt enthielt den Zusatz: «Erweitert um ein drittes Buch und um sechshundert Hinzufügungen zu den ersten beiden Büchern». Das ist zwar korrekt, spielt aber den wahren Umfang der Ergänzungen herunter: Die *Essais* von 1588 waren fast doppelt so umfangreich wie die von 1580. Das dritte Buch bestand aus dreizehn langen Kapiteln, und von den *Essais* der ersten beiden Bücher blieb kaum einer unangetastet.

Der Montaigne, der 1588 an die Öffentlichkeit trat, während der reale Montaigne im Gefolge Heinrichs III. unterwegs war und einen Genesungsurlaub bei seiner Freundin Marie de Gournay in der Picardie ins Auge fasste, demonstrierte ein erstaunliches neues Selbstbewusstsein. Da er nicht zu Zerknirschung neigte, fiel es ihm auch nicht ein, den digressiven, sehr persönlichen Charakter seiner *Essais* zu revidieren. Gleichzeitig zögerte er nicht, Ansprüche an diejenigen zu stellen, die sich auf deren Lektüre einließen, und behauptete angesichts seiner Tendenz, vom Hundertsten ins Tausendste zu kommen: «Es ist der unaufmerksame Leser, der meinen Gegenstand aus den Augen verliert, nicht ich.» Die Versicherung, er schreibe nur für Angehörige und Freunde, ließ er jetzt fallen. Er wusste, was er geschaffen hatte, und wies jedes Ansinnen zurück, es zu verwässern, zu verbrämen oder der Konvention anzupassen.

Manchmal plagten ihn dennoch Selbstzweifel, und er konnte sein Werk nicht ohne Verwirrung zur Hand nehmen: «Ich jedenfalls kann den Wert des meinen nicht klarer beurteilen als den eines andern, und ich weise den *Essais* bald einen hohen, bald einen niedrigen Rang zu, ständig wechselnd und ständig im Zweifel.» Dann musste er erneut zur Feder greifen, um seine Gedanken zu Papier zu bringen.

Erwartungsgemäß fanden auch die *Essais* von 1588 reißenden Absatz, auch wenn einige Leser, die die Ausgabe von 1580 als ein Kompendium stoischer Weisheit verschlungen hatten, jetzt wie vor den Kopf gestoßen waren. Kritische Stimmen wurden laut. Schweifte Montaigne nicht allzu sehr ab, wurde er nicht zu persönlich? War er nicht zu geschwätzig? Gab es überhaupt einen Zusammenhang zwischen den Überschriften und dem in den Kapiteln behandelten Stoff? Waren die Enthüllungen über sein Sexualleben wirklich notwendig? Und hatte sein Freund Pasquier damals in Blois nicht vielleicht doch recht gehabt mit seinem Tadel, Montaigne habe seine Sprache nicht mehr im Griff? Seine Wortwahl war eigenwillig, und er benutzte Neologismen und umgangssprachliche Wendungen der Gascogne.

Welche Unsicherheiten Montaigne auch in sich spürte, sie belasteten ihn wohl nicht sonderlich. Wenn die Kritik ihn überhaupt zu Änderungen bewog, dann zu noch mehr Abschweifungen, noch persönlicheren Bemerkungen und einem noch wilderen und überbordenderen Stil. In den vier Jahren, die ihm nach der Veröffentlichung der *Essais* von 1588 noch blieben, trieb er es damit immer weiter.

Hatte er in dieser Ausgabe die Zügel schießen lassen, verfiel er jetzt in einen rasenden Galopp. Er schrieb zwar keine neuen Kapitel mehr, fügte aber rund tausend neue Abschnitte ein, einige so lang wie seine ersten *Essais*. Das Werk, inzwischen bereits doppelt so dick wie zu Beginn, wurde jetzt um ein weiteres Drittel vermehrt. Trotzdem hatte Montaigne das Gefühl, vieles nur andeuten zu können, weil er entweder keine Zeit oder keine Lust hatte, es auszuarbeiten: «Um noch mehr hiervon unterbringen zu können, staple ich oft nur die Stichworte aufeinander. Wollte ich sie alle ausarbeiten, müsste ich diesen Band um ein Mehrfaches erweitern.» Hier trifft seine Bemerkung über Plutarch zu, der uns «nur einen Fingerzeig [gibt], welchen Weg wir, wenn wir wollen, einschlagen können». Freiheit ist die einzige Regel und Abschweifung der einzige Weg.

Auf die Titelseite eines Arbeitsexemplars setzte Montaigne die Worte Vergils: «viresque aquirit eundo», «im Fortschreiten wächst seine Kraft». Das bezog sich womöglich auf den Verkaufserfolg der *Essais*, beschrieb aber auch die Art und Weise, wie sein Werk immer weiteren Stoff aufnahm – gleich dem Schneeball, der einen verschneiten Hügel hinunterrollt. Montaigne scheint selbst befürchtet zu haben, die Kontrolle darüber zu verlieren. Als er seinem Freund Antoine Loisel ein Exemplar der Ausgabe von 1588 schenkte, bat er ihn in seiner Widmung, ihm zu sagen, was er davon hielt, «denn ich befürchte, fortschreitend schlechter zu werden».

Es stimmt, die *Essais* erreichten allmählich die Grenzen des Fasslichen. Durch all die Wucherungen hindurch lässt sich manchmal dennoch das Skelett der Erstausgabe erkennen; in modernen Editionen

sind die verschiedenen Entstehungsphasen durch Buchstaben gekennzeichnet: A für die Ausgabe von 1580, B für die von 1588 und C für alles
andere danach. Man hat den Eindruck, als stünde man vor der von
Schlingpflanzen überwucherten Tempelanlage von Angkor Wat, und
fragt sich, wie wohl eine weitere Schicht D ausgesehen hätte. Hätte
Montaigne noch dreißig Jahre gelebt, er wäre immer weiter so verfahren, bis das Buch tatsächlich unlesbar geworden wäre. Er war wie der
Maler Frenhofer in Balzacs Erzählung *Das unbekannte Meisterwerk*, der
sein Frauenporträt immer wieder umarbeitet, bis es nur noch ein
undurchdringliches Gewirr aus Farben und Linien ist. Oder hätte Montaigne genau gewusst, wann es aufzuhören galt?

Wir können diese Frage nicht beantworten, aber es scheint, als hätte er zum Zeitpunkt seines Todes nicht den Eindruck gehabt, er hätte
diese Grenze erreicht. Aus seinen letzten Lebensjahren ist ein Exemplar der *Essais* mit zahlreichen Anmerkungen überliefert, das – nachdem es in die Hand der Herausgeberin seines Nachlasses geraten war –
zur Grundlage fast aller weiterer Montaigne-Ausgaben wurde. Diese
Herausgeberin war eine außergewöhnliche junge Frau, die in Paris in
sein Leben trat, als er gerade die Ausgabe von 1588 abgeschlossen
hatte: Marie de Gournay.

18

Frage: Wie soll ich leben?

Antwort: Gib die Kontrolle auf!

Tochter und Schülerin

Marie le Jars de Gournay, Montaignes erste bedeutende Herausgeberin, war äußerst begeisterungsfähig und emotional, und all diese Gefühle schleuderte sie Montaigne bei ihrer ersten Begegnung in Paris ungeniert entgegen. Sie wurde die bei weitem wichtigste Frau in seinem Leben, wichtiger als Ehefrau, Mutter und Tochter, jene übermächtige Trias, die in seinem Haus den Ton angab. Wie diese drei überlebte auch sie ihn: wenig überraschend, denn sie war zweiunddreißig Jahre jünger als er. Als sie sich kennenlernten, war Montaigne fünfundfünfzig und sie dreiundzwanzig.

Marie de Gournay, 1565 geboren, hatte in vieler Hinsicht ähnliche Startbedingungen wie Montaigne, allerdings mit zwei entscheidenden Unterschieden: Sie war eine Frau, und sie war weniger begütert. Ihre Familie stammte aus dem niederen Landadel und lebte teils in Paris, teils auf dem Schloss und Landgut Gournay-sur-Aronde in der Picardie, das ihr Vater 1568 gekauft hatte. Als Erwachsene benannte sich Marie nach diesem Anwesen. Dieses Recht war traditionell den Söhnen vorbehalten, aber es war typisch, dass sie sich über solche Regeln hinwegsetzte. Sie war entschlossen, mehr vom Leben einzufordern, als Geschlecht und Status ihr zugestanden.

Der Tod ihres Vaters im Jahr 1577, ein Schicksalsschlag für die ganze Familie, veränderte ihr Leben von Grund auf. Es fehlte an Geld, und da das Leben in Paris teurer war als in der Picardie, zog sich die Familie fast ganz aus der Hauptstadt zurück. Im Jahr 1580 war Maries Lebenskreis auf die Provinz beschränkt. Doch sie war ein eigensinniger Teenager und brachte sich mit Hilfe der Bücher aus der Familienbibliothek selbst eine Menge bei. Sie las lateinische Autoren mit Hilfe der französischen Übersetzung und schuf sich auf diese Weise ein Fundament humanistischer Bildung, so gut sie es eben konnte. Das Ergebnis war ein zusammengestückeltes, unsystematisches Wissen, aber die junge Frau war hochmotiviert.

Dieser anarchische Bildungseifer hätte Montaigne gefallen, zumindest theoretisch. Denn in der Praxis kann man sich kaum vorstellen, dass er sich mit dem begnügt hätte, was Marie de Gournay sich aneignete. Montaigne konnte es sich leisten, sich über schulische Bildung geringschätzig und über die Ehrfurcht seines Vaters vor Büchern ironisch zu äußern; Marie jedoch war stolz auf das, was sie erreicht hatte, denn es war schwer erkämpft. Sie konnte leicht in die Defensive gedrängt werden und hatte oft das Gefühl, man lache sie aus. Natürlich, sagte sie, fänden die Leute es lustig, einer Frau zu begegnen,

> die den Anspruch erhebt, auch ohne formale Ausbildung zu lernen, weil sie sich rein mechanisch selbst Latein beibrachte, indem sie sich mit Übersetzungen neben dem Original behalf, und es deshalb niemals wagen würde, die Sprache zu sprechen, aus Angst, einen falschen Schritt zu tun – eine Gelehrte, die das Metrum eines lateinischen Verses nicht sicher bestimmen kann; eine Gelehrte ohne Griechisch und Hebräisch und ohne die Fähigkeit, die alten Autoren wissenschaftlich zu kommentieren.

Diesen wütenden und gequälten Ton legte Marie ihr Leben lang nicht ab. In *Peincture de mœurs*, einem Selbstporträt in Versen, beschrieb sie sich als einen Wirrwarr aus Verstand und Gefühl, unfähig, ihre Emotionen zu verbergen. In ihren Schriften lebte sie dieses Dilemma aus.

Ähnlich emotional beschreibt sie ihre erste Begegnung mit Montaigne – zuerst mit seinen *Essais*, dann mit deren Verfasser. Irgendwann mit achtzehn, neunzehn stieß sie, offenkundig per Zufall, auf eine Ausgabe der *Essais*. Diese Erfahrung war so erschütternd, dass ihre Mutter befürchtete, die Tochter habe den Verstand verloren, und ihr Nieswurz geben wollte, ein traditionelles Mittel gegen Wahnsinn. So jedenfalls erzählt es Marie de Gournay. Sie hatte das Gefühl, in Montaigne ihr zweites Ich gefunden zu haben, den einzigen Menschen, zu dem sie sich aufrichtig hingezogen fühlte, und den einzigen, von dem sie sich verstanden glaubte. Diese Erfahrung teilte sie mit vielen seiner Leser:

> Woher wusste er das alles über mich? (Bernard Levin)
>
> Es kommt mir vor, das sei ich selbst. (André Gide)
>
> Hier ist ein Du, in dem mein Ich sich spiegelt, hier ist die Distanz aufgehoben. (Stefan Zweig)

Gournay wollte Montaigne unbedingt persönlich kennenlernen, doch als sie Erkundigungen einholte, hieß es, er sei tot. Als sie dann ein paar Jahre später, 1588, mit ihrer Mutter in Paris war, erfuhr sie, dass er noch lebte. Und nicht nur das, sein Name war in aller Munde. Kühn schickte sie Montaigne eine Einladung ihrer Familie: ein ungewöhnlicher Schritt für eine junge Frau ihres Ranges gegenüber einem sehr viel älteren Mann aus einer höheren sozialen Schicht, über den ganz Paris sprach. Montaigne, angetan von ihrer Chuzpe und den Schmeicheleien einer so jungen Frau nicht abgeneigt, nahm die Einladung an und besuchte sie am folgenden Tag.

Marie de Gournays Schilderung zufolge war diese Begegnung emotional intensiv und intim, wenngleich nicht in körperlicher Weise, denn am Ende lud er sie in aller Form ein, seine geistige Adoptivtochter zu werden, ein Angebot, das sie sofort annahm. Wie die Unterhaltung im Einzelnen verlief, kann man sich nur ausmalen. Schwärmte sie ihm von ihrem Gefühl der inneren «Affinität» vor? Erzählte sie ihm die Geschichte mit der Nieswurz? Man kann sich gut vorstellen, dass sie in einem wirren Redeschwall mit allem herausplatzte. In einem späten Einschub zu den *Essais* beschreibt Montaigne eine merkwürdige Episode, offenkundig bei einer ihren folgenden Begegnungen. Er sah «eine Jungfer» – weitere Bemerkungen lassen keine Zweifel daran, dass es sich um Marie de Gournay handelte, die,

> um ihre Zuneigung, die Inbrunst ihrer Versprechen und auch ihre Standhaftigkeit zu bezeugen, eine große Nadel hervorzog, die sie in ihren Haaren trug, und sich damit vier, fünf tiefe Stiche in den Arm beibrachte, so dass ihre Haut aufriss und sie vom Blut überströmt wurde.

Wann immer dieser an Selbstverstümmelung grenzende Akt geschah, man darf vermuten, dass es Marie de Gournay war, die bei dieser Begegnung die Unterhaltung bestritt. Der Gedanke einer Vater-Tochter-Beziehung stammte wahrscheinlich eher von ihr als von ihm. Vielleicht versuchte Montaigne sogar, aus ihrer Begeisterung sexuellen Vorteil zu ziehen, musste aber einsehen, dass es besser war, sie als seine Adoptivtochter zu betrachten. Vom ersten Augenblick ihrer Montaigne-Lektüre an hatte Gournay das Gefühl gehabt, geistig derselben Familie anzugehören wie er, jetzt wurde dies auch offiziell bekräftigt. Montaigne trat an die Stelle ihres verstorbenen Vaters, und sie wurde in den kleinen Kreis der Frauen um ihn herum aufgenommen, die ihm, Montaigne, ohnehin ein Rätsel waren.

Selbst wenn er vor allem deshalb bereit war, ihren *père d'alliance* zu spielen, um ihren Willen zu erfüllen, wies er sie später nicht zurück. Marie de Gournays Einladung, sie und ihre Mutter in der Picardie zu besuchen, bot ihm eine willkommene Gelegenheit, sich – weit weg von Paris mit seinen politischen Verpflichtungen und der Gefahr, erneut verhaftet zu werden – von seiner Krankheit zu erholen. Es ergab sich auch die Gelegenheit zu arbeiten. Er und seine neue Tochter machten sich unverzüglich ans Werk, die Ausgabe der *Essais* von 1588 durch Zusätze zu ergänzen: für Marie de Gournay gewiss eine aufregende Erfahrung. Ihr Bestreben war es nie gewesen, Montaigne in eine Decke zu packen und beschaulich bis ins hohe Alter zu pflegen. Sie wollte, dass er schreibt, damit sie seine Schülerin sein konnte. Und allem Anschein nach beflügelte sie Montaigne mit ihrem Enthusiasmus, die *Essais* fast unmittelbar nach ihrer Veröffentlichung erneut zur Hand zu nehmen und daran weiterzuarbeiten, auch dann noch, als er aus der Picardie abgereist war. So gab sie den entscheidenden Impuls für die letzten Jahre seines Lebens und Schreibens.

Marie de Gournay wiederum kann nicht der Vorwurf gemacht werden, sie hätte ihre *alliance* kleingeredet. In der Vorrede zu den von ihr nach Montaignes Tod herausgegebenen *Essais* stellte sie sich als die Adoptivtochter des Mannes vor, «den Vater zu nennen ich die Ehre habe». Und sie fügte hinzu: «Ich finde, Leser, keinen anderen Namen für ihn, denn ich bin nur insofern ich selbst, als ich seine Tochter bin.» Und in einem ihrer eigenen Werke schrieb sie:

Wen es überrascht, dass das Wohlwollen, welches uns verbindet, größer ist als das zwischen echten Vätern und Kindern – der ersten und engsten natürlichen Bindung –, obwohl wir nur dem Namen nach Vater und Tochter sind, der soll einmal versuchen, in sich selbst die Tugend zu kultivieren, um sie in einem anderen wiederzufinden; dann wird er sich nicht mehr darüber wundern, dass in der Harmonie der Seelen mehr Stärke und Kraft liegt als in der Natur.

Was Montaignes leibliche Tochter Léonor von dem Anspruch hielt, eine solche Verbindung stehe höher als die biologischen Familienbande, darüber kann man nur spekulieren. Man könnte es ihr nicht verdenken, wenn sie sich ausgegrenzt gefühlt hätte, aber das war offensichtlich nicht der Fall. Sie und Marie de Gournay wurden in späteren Jahren gute Freundinnen, und Gournay nannte sie ihre «Schwester». Wenn Gournay von «größerem Wohlwollen» sprach, dachte sie wahrscheinlich an die Intensität ihrer Verbindung zu Montaigne und nicht daran, eine Rivalin auszustechen. Der Einzige, den sie als ihren Konkurrenten betrachtete, war der längst verstorbene La Boétie, mit dem sich zu vergleichen sie nicht zögerte. Ihre Widmung endete mit einem Zitat aus La Boéties Gedichten: «Man braucht keine Angst zu haben, dass die nachfolgenden Generationen nicht bereit sein werden, unseren Namen in die Reihe der berühmten Freundespaare einzureihen, wenn nur das Schicksal es will.» Und in ihrer Vorrede zu den *Essais* beklagte sie: «Nur vier Jahre ist er mir geblieben, nicht länger als ihm La Boétie.»

Diese Passage enthält auch eine merkwürdige, wenngleich vielleicht aufschlussreiche Bemerkung über Montaigne: «Wenn er mich lobte, gehörte er mir.» Und offenkundig lobte er sie. Ihre Ausgabe der *Essais* enthält einige Zeilen, in denen Montaigne von ihr als seiner geliebten *fille d'alliance* spricht, zu der er eine mehr als väterliche Liebe hege (was auch immer das heißen mag) und der er sich in seiner Zurückgezogenheit «so tief verbunden» fühle, als «wäre sie einer der besten Teile meines eignen Wesens». Er fährt fort:

> Für mich gibt es nur noch sie auf der Welt. Wenn Jugend je vielversprechend war, dann diese. Ihre Seele wird eines Tages der hochherzigsten Dinge fähig sein, unter andern der Vollendung unsrer unverbrüchlichen Freundschaft. (Niemand ihres Geschlechts hat sich bisher, wie wir

aus den Büchern wissen, zu einer solchen erheben können.) Ihr auf-
richtiger und zuverlässiger Charakter gewährleistet das jetzt schon,
und ihre Zuneigung zu mir ist von derart überströmender Herzlich-
keit, dass nichts zu wünschen bliebe, wenn nicht, dass sie von der
Furcht weniger grausam gequält würde, ich könnte, weil ich bei unsrer
ersten Begegnung schon fünfundfünfzig Jahre alt war, in Bälde dahin-
scheiden.

Schließlich spricht er in warmen Worten von ihrem fundierten Urteil
über die *Essais* – «man bedenke: als Frau, und in diesem Jahrhundert,
und so jung, und als Einzige in ihrer Gegend» – und von der «außergewöhnlichen Heftigkeit, mit der sie [...] in Liebe zu mir entbrannte
und mich kennenzulernen wünschte».

Diese Sätze erregten Misstrauen, da sie nur in der von Gournay
betreuten Ausgabe auftauchen, nicht in dem sogenannten Bordeaux-
Exemplar der *Essais*, das Montaigne selbst mit Anmerkungen versehen
hatte. Die Frage liegt nahe, ob sie diese Bemerkungen erfunden hat. Sie
klingen mehr nach Gournay als nach Montaigne, und in einer späteren
Ausgabe strich sie selbst Teile daraus. Andererseits enthält das Bordeaux-Exemplar Spuren von Klebstoff an der Stelle, wo sich diese Zeilen finden, dazu ein kleines Kreuz von Montaignes Hand, mit dem er
gewöhnlich einen Einschub markierte. Ein eingeklebter Zettel könnte
herausgefallen sein, als das Exemplar im 17. und 18. Jahrhundert neu
gebunden wurde. So umstritten die Echtheit dieser Passage ist, es gibt
keinen Grund, an Montaignes Zuneigung für seine Schülerin, an der
Haarnadel, der Nieswurz und allem anderen zu zweifeln.

Nach jenem ersten Jahr jedoch, nach dem Anfall von Arbeitswut in
der Picardie, standen Marie de Gournay und Montaigne nur noch
schriftlich miteinander in Kontakt. Im April 1593 schrieb Gournay an
Justus Lipsius, einen anderen ihrer literarischen Freunde, sie habe Montaigne seit fast fünf Jahren nicht mehr gesehen. Doch sie korrespon-
dierten regelmäßig, denn zum Zeitpunkt ihres Briefes an Lipsius war
sie besorgt, weil Montaigne ihr seit sechs Monaten nicht mehr geschrieben hatte. Sie machte sich zu Recht Sorgen: Montaigne war inzwischen
gestorben, und die Nachricht eines seiner Brüder hatte sie nicht
erreicht. Lipsius musste ihr die traurige Nachricht übermitteln. Er tat
es behutsam, indem er ihr antwortete: «Der, den Sie Ihren Vater nann-

ten, ist nicht mehr auf dieser Welt. Nehmen Sie daher mich als Ihren Bruder an.» Und sie schrieb betroffen zurück: «So, wie andere heute mein Gesicht nicht wiedererkennen, so fürchte ich, dass Sie meinen Stil nicht wiedererkennen werden, so tief hat mich der Verlust meines Vaters getroffen. Ich war seine Tochter, ich bin sein Grab; ich war sein zweites Ich, ich bin seine Asche.»

Sie machte damals selbst eine schwere Zeit durch. Ihre Mutter starb 1591, und Marie erbte große Schulden und hatte jetzt auch die Verantwortung für ihre jüngeren Geschwister zu tragen. Da sie nicht des Geldes wegen heiraten wollte, begann sie, sich ihren Lebensunterhalt durch Schreiben zu verdienen – ein harter und für eine Frau höchst ungewöhnlicher Weg. Für den Rest ihres Lebens schrieb sie über alles, von dem sie sich einen Verkaufserfolg versprach: Gedicht- und Stilanalysen, Feminismus, religiöse Streitfragen, ihre eigene Lebensgeschichte. Auch aktivierte sie alle ihre Kontakte, unter anderem zu Justus Lipsius. Aber keiner war wichtiger als der Mentor, mit dem ihr Name für immer verbunden bleiben wird: Michel de Montaigne.

Den ersten großen Durchbruch brachte ihr der 1594 erschienene Roman *Le Proumenoir de Monsieur de Montaigne (Der Spazierweg des Monsieur de Montaigne)*. Inhaltlich hat der Roman mit Montaigne nichts zu tun, bis auf die Tatsache, dass er auf einer Geschichte beruht, die sie ihm erzählt hatte, als sie im Park des Familienschlosses spazieren gingen; das schreibt sie selbst im Widmungsbrief. Die literarische Vorlage für die tragische Liebesgeschichte entstammt fast vollständig dem Werk eines anderen Autors. Ihr Roman wurde zwar zu einem Verkaufserfolg, doch ihre eigentliche literarische Karriere begann mit dem Erscheinen der von ihr herausgegebenen großen und definitiven Ausgabe der *Essais* im Jahr 1595.

Die Idee, Montaignes Herausgeberin und Verwalterin seines literarischen Nachlasses zu werden, entstand offenkundig erst nach seinem Tod, als seine Witwe und Tochter ein mit Anmerkungen von seiner Hand versehenes Exemplar der Ausgabe von 1588 unter seinen Papieren fanden. Sie schickten es Marie de Gournay nach Paris. Vielleicht wollten sie lediglich, dass sie es an einen geeigneten Verleger übergab, aber Gournay sah darin einen großen editorischen Auftrag und machte sich an die Arbeit: eine gewaltige Aufgabe und so schwierig, dass sie selbst Herausgeber überforderte, die sehr viel erfahrener und besser gerüstet waren als Marie de Gournay. Bis heute herrscht in der wissenschaftlichen Forschung Uneinigkeit, so zahlreich sind die Varianten, so kompliziert ist der Text und so groß die Schwierigkeit, sämtliche Bezüge und Anspielungen Montaignes zu identifizieren. Dennoch: Gournay meisterte ihre Aufgabe brillant. Vielleicht erlag sie der Versuchung und fügte die strittigen Zeilen über sich selbst hinzu, vielleicht sind sie aber auch authentisch. Insgesamt arbeitete Gournay sorgfältiger als die meisten Herausgeber ihrer Zeit. Bis heute überlieferte Exemplare der Erstausgabe der von ihr edierten *Essais* zeigen, dass sie noch in den Druckfahnen Korrekturen vornahm und auch nach der Veröffentlichung unermüdlich weiterkorrigierte – ein Zeichen dafür, wie sehr ihr daran lag, alles richtig zu machen.

Von nun an würde sie weniger Montaignes Tochter als vielmehr die Adoptivmutter seiner *Essais* sein. «Nachdem die *Essais* ihren Vater verloren haben», schrieb sie, «brauchen sie einen Beschützer.» Sie bereitete die Ausgabe vor, verteidigte und warb für sie und verfasste eine lange, kämpferische Vorrede, die jeglicher Kritik den Wind aus den Segeln nehmen sollte. Ihre Argumentation war weitgehend rational und logisch aufgebaut, aber mit viel Emotion gewürzt. Denen, die seinen Stil als vulgärsprachlich oder unrein betrachteten, hielt sie entgegen: «Wenn ich ihn gegen solche Angriffe verteidige, bin ich voller Verachtung.» Und zu dem Vorwurf, er habe konfus geschrieben, meinte sie: «Man kann große Dinge nicht nach Maßgabe eines kleinen Verstandes behandeln [...]. Hier ist nicht das Grundwissen eines Lehrlings, sondern der Koran der Meister, die Quintessenz der Philosophie.»

Auch halbherziges Lob der *Essais* stellte sie nicht zufrieden. «Wer den Scipio einen edelmütigen General und Sokrates einen Weisen nennt, tut ihnen größeres Unrecht an, als der, welcher von ihnen schweigt.» Man könne über Montaigne nicht in gemäßigtem Ton sprechen: Er sei «über alles Maß erhaben». (So viel zu Montaignes Idee der Mäßigung.) Man müsse «hingerissen» sein, so wie sie. Andererseits sollte man in der Lage sein, diese Hingerissenheit zu begründen. Man müsse Montaigne Punkt für Punkt mit den antiken Autoren vergleichen und den Nachweis führen, wo er ihnen ebenbürtig und wo überlegen sei. Für Marie de Gournay waren die *Essais* ein idealer Intelligenztest. Die Antwort ihrer Gesprächspartner auf die Frage, was sie über das Buch dächten, bildete für sie die Grundlage der Bewertung ihres Gegenübers. Diderot äußerte sich später ähnlich: Montaignes Buch sei «der Prüfstein für einen gesunden Geist. Wenn es jemandem missfällt, kann man sicher sein, dass er einen Fehler des Herzens oder des Verstandes hat.»

Marie de Gournay jedoch hatte das Recht, von ihren Lesern viel zu erwarten, war sie doch selbst eine hervorragende Leserin Montaignes. Trotz ihrer Maßlosigkeit besaß sie ein sicheres Gespür dafür, warum dieses Buch einen Platz unter den klassischen Autoren verdient hatte. In einer Zeit, da die *Essais* vielfach als eine Sammlung stoischer Sprüche betrachtet wurden – eine so weit legitime Interpretation –, bewunderte sie Montaignes Stil, seine Weitschweifigkeit, seine Bereitschaft, alles von sich offenzulegen. Gournay hatte das Gefühl, alle anderen verkannten den entscheidenden Aspekt jenes die Zeiten überdauernden Mythos Montaigne, eines Schriftstellers, der zur falschen Zeit geboren worden war und auf Leser warten musste, die seinen wahren Wert erkannten. Aus dem Autor, der populär geworden war, ohne dass er sich dafür besonders angestrengt hätte, machte sie ein missverstandenes Genie.

Gournay störte es nicht, in Montaignes Schatten zu stehen: «Ich kann keinen Schritt tun, sei es schreibend oder sprechend, ohne mich in seinen Fußstapfen zu finden.» In Wirklichkeit kommt ihre eigene Persönlichkeit stets klar und deutlich zum Vorschein, oft als krasser Gegensatz zu seiner. Wenn sie Montaignes Tugenden preist, seine Mäßigung zum Beispiel, dann auf maßlos übertriebene Weise. Wenn sie für den stoischen Gleichmut und eine ruhige Lebensführung plädiert, dann emotional und schrill. Und damit wird ihre Edition zu einem spannenden Ringkampf zwischen zwei Schriftstellern, ähnlich wie zwischen Montaigne und Florio oder zwischen Montaigne und La Boétie in den ersten Versuchen jener Konversation, die die *Essais* sind.

In verschiedener Hinsicht war es eine literarische Partnerschaft derselben Art, allerdings kompliziert durch die Tatsache, dass Marie de Gournay eine Frau war. Es ärgerte sie, dass diese Partnerschaft nie so ernst genommen wurde wie andere, ähnliche Beziehungen – und sie selbst auch nicht. Ihr Leben lang begegnete man ihr mit Spott und Häme, die sie nie auf die leichte Schulter nehmen konnte. Sie schäumte vor Wut, die auch in ihrer Vorrede zu den *Essais* zum Ausdruck kommt. Bisweilen hat man das Gefühl, sie packe ihre männlichen Leser buchstäblich am Kragen und schimpfe sie aus. «Glücklich bist du, Leser, wenn du nicht jenem Geschlecht angehörst, dem man alle Güter verwehrt, jegliche Freiheit, ja sogar jegliche Tugend.» Den törichtesten Männern höre man respektvoll zu, nur weil sie einen Bart tragen, wenn jedoch eine Frau es wagt, sich zu äußern, lächle man nur herablassend, als wollte man sagen: «Hier spricht eine Frau.» Hätte man Montaigne so behandelt, hätte er womöglich gleichfalls nur gelächelt, Marie de Gournay aber verfügte nicht über diese Gabe der Gelassenheit. Und je deutlicher sie ihre Wut zeigte, desto mehr wurde sie verlacht. Doch genau dieses Gequälte macht ihre Faszination aus. Ihre Vorrede ist nicht nur die früheste veröffentlichte Einführung in Montaignes Werk, sie ist eines der frühesten und eloquentesten feministischen Traktate überhaupt.

Als Einführung in das Werk eines Autors, der nicht gerade dafür bekannt war, dass er für die Frauen Partei ergriff, mag dies merkwürdig erscheinen. Aber Gournays Feminismus ist von ihrem «Montaignismus» nicht zu trennen. Ihre Überzeugung von der Gleichheit von Mann und Frau – die auch durch die unterschiedlichen Erfahrungen und Lebensumstände nicht aufgehoben werde – entsprach seinem Relativismus. Sie ließ sich davon inspirieren, dass er soziale Konventionen in Frage stellte, dass er zwischen verschiedenen Standpunkten hin und her sprang. Wenn die Männer ihre Phantasie dazu nutzen würden, die Welt wie eine Frau zu sehen, und sei es nur für ein paar kurze Augenblicke, würden sie ihr Verhalten grundlegend ändern, davon war Marie de Gournay überzeugt. Doch genau diesen Perspektivwechsel brachten sie offenkundig nicht zustande.

Kurz nach der Veröffentlichung ihrer Ausgabe der *Essais* dachte sie dann doch noch einmal über ihre mehr als temperamentvolle Vorrede nach. Zu diesem Zeitpunkt war sie auf Montaignes Anwesen: als Gast von Montaignes Witwe, Mutter und Tochter, die sie aus Freundschaft, Loyalität oder Sympathie in ihren Kreis aufgenommen hatten. Von dort schrieb sie am 2. Mai 1596 an Lipsius, sie habe die Vorrede von

Trauer überwältigt geschrieben und wolle sie jetzt zurückziehen. Der übersteigerte Ton sei das Ergebnis eines «heftigen Seelenfiebers» gewesen. Kurze Zeit später sandte sie korrigierte Exemplare der *Essais* an potentielle Verleger in Basel, Straßburg und Antwerpen, in denen sie das lange durch ein zehnzeiliges neues, nichtssagendes Vorwort ersetzt hatte. Das Original blieb einstweilen in ihrer untersten Schublade, Teile davon tauchten in veränderter Form in einer Ausgabe des *Proumenoir* von 1599 wieder auf. Noch später bereute sie, dass sie bereut hatte: Die letzten Ausgaben der *Essais* zu ihren Lebzeiten enthalten die ursprüngliche Vorrede in all ihrem herrlichen Überschwang.

Alle diese Ausgaben der *Essais*, dazu eine Reihe wenig bedeutender und oft eher polemischer Arbeiten beschäftigten Marie de Gournay bis ins hohe Alter. Sie hatte es letztlich doch geschafft, vom Schreiben zu leben. Inzwischen war sie wieder in Paris und bewohnte mit ihrer treuen Bediensteten Nicole Jamyn ein Dachgeschoss. Sie führte einen unregelmäßigen Salon und schloss Freundschaft mit einigen der interessantesten Männer ihrer Zeit, darunter Libertins wie François le Poulchre de la Motte-Messemé und François de La Mothe le Vayer. Viele verdächtigten sie, selbst eine *libertine* und eine religiöse Freidenkerin zu sein. Tatsächlich bekannte sie in ihrer autobiographischen *Peincture de mœurs*, ihr fehle die tiefe Frömmigkeit, nach der sie sich sehne: vielleicht ein Hinweis auf ihre Glaubenszweifel.

Gournays Bücher wurden gelesen, verkaufsfördernd jedoch waren vor allem der Skandal und der öffentliche Spott, den sie auf sich zog. Im Fokus standen dabei nie die *Essais*, jedenfalls nicht zu ihren Lebzeiten; auch nicht ihre feministischen Schriften. Verspottet wurden vor allem ihr unorthodoxer Lebenswandel und ihre weniger bedeutsamen polemischen Schriften. Bisweilen brachte man ihr zähneknirschend Respekt entgegen. Im Jahr 1634 zählte sie sogar zu den Gründungsmitgliedern der bald schon sehr einflussreichen Académie Française; dennoch wurde sie als Frau zu keiner Versammlung dieser illustren Runde zugelassen, die jahrhundertelang genau jenen trockenen, perfektionistischen Schreibstil propagierte, den sie verachtet hatte. Weder ihre Ansichten über die Sprache der Literatur noch ihr geliebter Montaigne fanden dort Unterstützung.

Marie de Gournay starb am 13. Juli 1645 kurz vor ihrem achtzigsten

Geburtstag. Ihre Grabinschrift (die ihr gefallen hätte) wies sie als eine unabhängige Schriftstellerin und als Montaignes Tochter aus. Wie bei Montaigne war auch ihre Rezeption wechselnden Moden unterworfen und nahm bizarre Formen an. Der von ihr gepflegte überschwängliche Stil blieb lange Zeit verpönt. Ein Kommentator des 18. Jahrhunderts urteilte: «Nichts ist den Lobsprüchen gleich, welche sie in ihrem Leben erhalten [...]. Man hat aber alle diese Lobeserhebungen nachher gar sehr verringert: ihre Werke werden von niemandem gelesen und sind in eine Vergessenheit gefallen, daraus sie sich nimmermehr wieder erholen werden, so große persönliche Verdienste sie auch gehabt haben mag.»

Das Einzige, was sich weiterhin verkaufte, war ihre Ausgabe von Montaignes *Essais*. Doch auch hier schlug ihr Neid entgegen, und im 18. und 19. Jahrhundert fing man an, sie als eine Parasitin auf Kosten Montaignes zu betrachten. Dieser Vorwurf enthält zwar ein Körnchen Wahrheit – sie benutzte Montaigne ja tatsächlich, um zu überleben –, ignoriert aber, wie sehr sie sein Werk förderte und es gegen Angriffe in Schutz nahm. Die Leidenschaftlichkeit dieses Engagements allein konnte allerdings auch verdächtig wirken. Noch im 20. Jahrhundert wurde sie von dem Montaigne-Herausgeber Maurice Rat als «weißhaarige alte Jungfer» geschmäht, «die den Fehler machte, zu lange zu leben» und deren «aggressive und griesgrämige Einstellung» mehr Schaden als Nutzen angerichtet habe. Selbst der bedachtsame Pierre Villey, der gewöhnlich ihre Partei ergriff, erlag bisweilen der Versuchung, sich über sie lustig zu machen, und verübelte ihr, dass sie sich mit La Boétie verglichen hatte. Im Allgemeinen wird Marie de Gournays Freundschaft mit Montaigne nach anderen Kriterien beurteilt als die Freundschaft Montaignes mit La Boétie, die in allen Einzelheiten analysiert und psychologisch durchleuchtet wurde. Gournays «Adoption» durch Montaigne wurde lange mit jenem herablassenden Lächeln bedacht, das sie so erbost hatte.

Mit dem Aufstieg des Feminismus, als dessen Pionierin Marie de Gournay heute betrachtet wird, hat sich ihr Bild gewandelt. Der Erste, der sie angemessen würdigte, war Mario Schiff, der 1910 eine Monographie mit ihrem feministischen Werk im Anhang herausbrachte. Seither ging es stetig bergauf. Das Schlusskapitel von Marjorie Henry Ilsleys

Biographie *A Daughter of the Renaissance* aus dem Jahr 1963 trägt den
Titel «Marie de Gournays Aufstieg». Seither entstanden immer neue
Biographien und wissenschaftliche Ausgaben ihrer Werke sowie ro-
manhafte Beschreibungen ihres Lebens.

In jüngster Zeit hat auch eine Neubewertung ihrer Ausgabe der
Essais von 1595 eingesetzt, die im 20. Jahrhundert weitgehend unbeach-
tet blieb und nur in Fußnoten erwähnt wurde, nachdem sie drei Jahrhunderte lang als die einzig maßgebliche gegolten hatte. Sie scheint,
wie Marie de Gournay selbst, eine erstaunliche Widerstandskraft zu
besitzen.

Die Herausgeberkriege

Gournays Ausgabe von Montaignes *Essais* wurde am schärfsten
abgelehnt, als ihr Ruf sich zu bessern begann. Für dieses merkwürdige
Paradox gibt es eine einfache Erklärung. Vorher gab es für ihre Ausga-
be keine Konkurrenz, doch Ende des 18. Jahrhunderts tauchte in den
Archiven von Bordeaux eine andere Textfassung auf: ein Exemplar der
Ausgabe von 1588 mit zahlreichen handschriftlichen Anmerkungen
Montaignes, seiner Sekretäre und Assistenten, darunter auch Marie de
Gournays.

Dieses sogenannte Bordeaux-Exemplar rückte jedoch erst Ende
des 19. Jahrhunderts ins Zentrum der Aufmerksamkeit, als die Forscher
anfingen, die Texte akribisch genau zu untersuchen. Dabei stellten sie
fest, dass das Bordeaux-Exemplar und Gournays Ausgabe von 1595 nur
oberflächlich übereinstimmten. Mit der Lupe betrachtet, wiesen die
beiden Exemplare mehrere tausend Unterschiede auf, die sich über den
gesamten Text verteilten. Hundert von ihnen waren bedeutungsverän-
dernd, einige präsentierten gravierende Abweichungen wie die Passage mit dem Lob Marie de Gournays. Sie schienen zu belegen, dass
Gournay letztlich doch keine so sorgfältige Herausgeberin gewesen
war; bestenfalls war sie inkompetent gewesen, schlimmstenfalls hatte
sie absichtlich getäuscht. Es folgten vehemente Vorwürfe gegen Gournay, und im frühen 20. Jahrhundert begannen Herausgeberkriege, die –
mit kurzer Unterbrechung – bis heute andauern.

Der Kampf folgte den klassischen Regeln der Kriegführung mit Belagerungen strategisch wichtiger Festungen und der Sicherung von Nachschubwegen. Heerscharen von Transkribenten und Herausgebern stürmten das Bordeaux-Exemplar, schauten sich gegenseitig über die Schulter und taten alles, um dem anderen den Zugang zum Objekt ihrer Begierde zu versperren. Jeder von ihnen entwickelte seine eigene Technik, die verblasste Tinte zu entziffern, die einander überlagernden Schichten der Einschübe und die Notate in den verschiedenen Handschriften kenntlich zu machen. Einige verzettelten sich derart in der Methodologie, dass sie nicht sehr weit vorankamen. Einer der ersten Transkribenten, der *sous-bibliothécaire* Albert Cagnieul, erklärte seinen Vorgesetzten in Bordeaux, warum er so lange brauchte:

> Die Trennung der verschiedenen Textstufen wurde durch Feststellung und Analyse klarer materieller Fakten vorgenommen [...]. Unseres Erachtens ist diese Trennung dann ordnungsgemäß durchgeführt, wenn folgende Bedingungen erfüllt sind: 1. alle von der Analyse gelieferten Elemente zu berücksichtigen; 2. nur diese Elemente zu berücksichtigen. Die Ergebnisse haben die Effizienz dieser Methode bewiesen [...].

Als er ein paar Jahre später erneut Rechenschaft über den Fortschritt seiner Arbeit ablegen musste – seine Transkription war immer noch nicht abgeschlossen –, versuchte er es mit einer anderen Argumentation:

> Was jetzt noch zu tun ist, wurde größtenteils bereits in die Wege geleitet und könnte in relativ kurzer Zeit abgeschlossen sein, was jedoch schwierig ist, da immer wieder neue unvorhergesehene Probleme auftauchen.

Cagnieul brachte sein Vorhaben nie zum Abschluss. Andere waren erfolgreicher. Anfang des 20. Jahrhunderts waren drei verschiedene Fassungen in Vorbereitung: eine Édition Phototypique, die die Bände lediglich als Faksimile reproduzierte; die Édition Municipale, herausgegeben von dem wichtigtuerischen Fortunat Strowski; und die Édition Typographique, herausgegeben von dem nicht weniger selbstherrlichen und schwierigen Arthur-Antoine Armaingaud. Sie versuchten, einander zu übertrumpfen wie zwei sehr langsame Rennpferde bei einem langen Rennen. Strowski gewann die erste Runde und brachte 1906 und 1909 die ersten beiden Bände heraus. Er behauptete kühn, eine andere Edition sei jetzt nicht mehr notwendig. Auf sein Drängen hin wurde das Bordeaux-Exemplar von nun an in einem Raum mit niedriger Zimmertemperatur und lichtgeschützt aufbewahrt, und sein Konkurrent Armaingaud konnte die Seiten des Bandes nur noch durch dicke Scheiben aus grünem oder rotem Glas lesen: eine reine Schikane. Doch Armaingaud ließ sich nicht abschrecken. Sein erster Band erschien 1912, wurde aber auf 1906 vordatiert, um ein zeitgleiches Erscheinen mit Strowskis Ausgabe vorzutäuschen.

Das Spiel ging weiter. Eine Zeitlang lag Armaingaud vorn, doch dann geriet seine Arbeit ins Stocken. Er isolierte sich auch mit unorthodoxen Ansichten über Montaigne, insbesondere mit der Behauptung, dieser sei der wahre Verfasser des Traktats *Von der freiwilligen Knechtschaft*. Wie Marie de Gournay vor ihm und viele Literaturtheoretiker nach ihm betrachtete er sich als denjenigen, der bei Montaigne geheime Bedeutungsebenen zu entdecken vermochte. Wie es einer seiner Konkurrenten sarkastisch formulierte: «Er allein kennt ihn bis auf den Grund, er allein kennt seine Geheimnisse, er allein kann in seinem Namen sprechen und sein Denken interpretieren.» Armaingaud arbeitete zumindest weiter, wenn auch im Schneckentempo, doch Strowski wurde jetzt von anderen Projekten abgelenkt und brachte den letzten Band seiner Edition nicht zum Abschluss. Schließlich übertrugen die Behörden von Bordeaux, die seine Herausgebertätigkeit finanzierten, die Leitung François Gébelin, der 1919 den letzten Band vorlegte, fünfzig Jahre nachdem das Unternehmen in Angriff genommen worden war. Kommentar- und Konkordanzbände folgten 1921 und 1933 unter Federführung des umsichtigen Montaigne-Forschers Pierre Villey, dessen Leistung umso bemerkenswerter ist, da er seit seinem dritten Lebensjahr blind war. Er schloss seine Arbeit gerade noch rechtzeitig vor Beginn der Feierlichkeiten in Bordeaux zu Montaignes vierhundertstem Geburtstag im Jahr 1933 ab, doch die Organisatoren vergaßen, ihn einzuladen. Unterdessen hatte auch Armaingaud seine Ausgabe abgeschlossen, so dass schließlich zwei hervorragende Transkriptionen der *Essais* vorlagen. Beide Editionen hatten ein wichtiges Grundelement gemeinsam: Nachdem die Herausgeber so hart um den Zugang zu dem Bordeaux-Exemplar gekämpft hatten, orientierten sie sich ausschließlich an dieser Textfassung und ignorierten Marie de Gournays Ausgabe fast vollständig. Sie teilten auch die höchst unmontaignische Neigung, in allen Fragen der wissenschaftlichen Textedition das letzte Wort haben zu wollen.

Die beiden Ausgaben blieben für den Rest des 20. Jahrhunderts maßgeblich. Diejenige von 1595 diente von nun an nur noch zum Nachschlagen gelegentlicher Wortvarianten, der Verweis auf diese Ausgabe erfolgte in den Fußnoten. Ansonsten wurden kleine Variationen als Beleg für Marie de Gournays nachlässige Herausgebertätigkeit betrachtet. Man ging davon aus, dass auch Gournay das Bordeaux-Exemplar als Vorlage benutzt und transkribiert, dabei jedoch ein Durcheinander angerichtet hatte.

Doch bereits im Jahr 1866 hatte Reinhold Dezeimeris eine andere Erklärung vorgetragen. Gournay, so behauptete er, habe als Herausgeberin exzellente Arbeit geleistet, allerdings mit einer anderen Vorlage. Es dauerte eine Weile, bis diese These in die Köpfe einsickerte. Doch dann fand sie immer mehr Anhänger, die im Detail zu erklären suchten, wie dies vor sich gegangen sein konnte.

Vielleicht hatte Montaigne ein paar Jahre lang mit dem Bordeaux-Exemplar gearbeitet, bis die Seiten so dicht mit Anmerkungen gefüllt waren, dass kein Platz mehr blieb und er in einem sauberen Exemplar weiterschrieb. Dieser annotierte Band existierte zwar nicht mehr, wurde der Einfachheit halber jetzt aber als das «Exemplar» bezeichnet. Darin trug er weitere, vor allem geringfügige Änderungen ein, denn er war inzwischen fast am Ende seines Lebens angelangt. Nach seinem Tod sei dann dieses Handexemplar – und nicht das Bordeaux-Exemplar – an Marie de Gournay geschickt worden, die es edierte und in Druck gab. Das würde erklären, warum der Band nicht mehr existiert: Autorenmanuskripte oder mit Anmerkungen versehene Handexemplare wurden im Zuge der Drucklegung in der Regel vernichtet. Das nicht ausgewertete Bordeaux-Exemplar dagegen blieb erhalten wie ein Kokon, der am Baum hängen bleibt, nachdem die Zikade geschlüpft ist.

Eine These, die sowohl das Überleben des Bordeaux-Exemplars als

auch die textlichen Divergenzen plausibel erklärt. Sie passt auch zu
dem, was über Marie de Gournays herausgeberische Tätigkeit bekannt
ist: Es wäre merkwürdig gewesen, wenn sie bei der Korrektur der
Druckfahnen so penibel, bei ihrer eigentlichen editorischen Arbeit aber
so nachlässig gewesen wäre. Falls diese These stimmt, wären die Folgen dramatisch, denn dann käme ihre Edition von 1595 und nicht das
Bordeaux-Exemplar der endgültigen Version der *Essais* am nächsten,
wie sie Montaigne vorgeschwebt hatte – und damit wären die editorischen Bemühungen großer Teile des 20. Jahrhunderts nur ein irrlich-
ternder Punkt auf dem Radarschirm der Geschichte.

Selbstverständlich versetzte diese Debatte die Montaigne-For-
schung in hellen Aufruhr, und es entzündete sich ein hitziger Streit.
Einige Herausgeber ruderten zurück und stellten die bisherige Hierarchie auf den Kopf, indem sie die Varianten des Bordeaux-Exemplars in
den Anmerkungsapparat verbannten – ein Platz, mit dem sich Marie de
Gournays Ausgabe so lange hatte begnügen müssen. So verfährt zum
Beispiel die Pléiade-Ausgabe von 2007, herausgegeben von Jean Balsamo, Michel Magnien und Catherine Magnien-Simonin. Andere Wissenschaftler halten weiterhin am Bordeaux-Exemplar als maßgeblich fest,
so beispielsweise André Tournon in der von ihm 1998 verantworteten
Ausgabe, die frühere Editionen in ihrer mikroskopischen Texttreue
übertrifft. Sie gibt Montaignes Zeichensetzung und Markierungen, die
zuvor bereinigt oder modernisiert wurden, getreu wieder, gleichsam
um die physische Nähe zu Montaignes Handschrift und zu seinen
Absichten zu bekunden: als hielte er die noch nasse Feder in der Hand.

Wenn sich der Staub gelegt hat, wird eine für das neue Jahrhundert
maßgebliche Ausgabe erscheinen – mit Konsequenzen für alle Montaigne-Leser. Neue Editionen werden dem einen oder dem anderen
Text den Vorzug geben und nicht beide heranziehen und amalgamie-
ren, da ja die Bedeutung der Varianten jetzt so genau bemessen werden
kann. Falls Gournay «gewinnt», könnte eine Druckseite der *Essais* sehr
viel einfacher aussehen, weil man womöglich darauf verzichten wird,
die verschiedenen Textstufen durch die Buchstaben A, B und C zu
kennzeichnen. Die Textvarianten sind zwar nach wie vor interessant,
aber sie wurden von den Herausgebern eingefügt, die das Bordeaux-
Exemplar als Grundlage nahmen und ihre mühevolle Editionstätigkeit

auch visuell dokumentiert sehen wollten. Gournay selbst hatte nie an so etwas gedacht, auch Montaigne nicht. Für nichtfranzösische Montaigne-Leser wird eine Neuedition ebenfalls Konsequenzen haben. Es werden Neuübersetzungen notwendig werden, auch englische, da die beiden ausgezeichneten Übersetzungen von Donald Frame und Michael A. Screech, die derzeit auf dem Markt sind, sich an dem Bordeaux-Exemplar orientieren. Wir würden auf den Quellentext zurückgehen, den John Florio, Charles Cotton und die Hazlitt-Dynastie ihren Ausgaben zugrunde legten. Doch auch das wird nicht das Ende der Geschichte sein. Man wird weiterstreiten, und sei es um die Kommasetzung, schwerlich aber wird man an der Hybris eines Strowski festhalten können, irgendwann werde es eine perfekte, definitive Ausgabe geben. Die *Essais* werden nie zu einem endgültigen Abschluss kommen. Auch wenn der Mensch Montaigne seine Stiefel an den Nagel gehängt und seine Feder aus der Hand gelegt hat: Solange Leser und Herausgeber über das streiten, was er schrieb, hat der Autor Montaigne nicht den letzten Punkt aufs Papier gesetzt.

Montaigne remixed und embabouyné

Montaigne wusste genau, dass der Autor in dem Augenblick, da sein Buch veröffentlicht ist, die Kontrolle darüber verliert. Andere können damit machen, was sie wollen. Sie können es in einer Form herausbringen oder in einer Weise interpretieren, von der der Autor nie zu träumen gewagt hätte. Selbst ein unveröffentlichtes Manuskript kann außer Kontrolle geraten, wie es im Fall von La Boéties Abhandlung *Von der freiwilligen Knechtschaft* geschah.

Da es zu Lebzeiten Montaignes und La Boéties noch kein Urheberrecht gab und das Abschreiben als literarische Technik hoch im Kurs stand, hatte man sehr viel mehr Freiheiten als heute. Jeder konnte nach Lust und Laune Teile der *Essais* herausnehmen und separat veröffentlichen. Er konnte kürzen oder erweitern, unliebsame Passagen streichen, die Kapitel in eine neue Reihenfolge bringen oder unter einem anderen Namen publizieren. Ein oder mehrere Kapitel konnten herausgelöst und in einem schmalen, handlichen Band veröffentlicht werden – für Leser, deren Bizeps zu schwach war, das ganze Werk zu stemmen. Man konnte eine Entrümpelungsfirma engagieren: Eine furchtlose Bearbeiterin wie Honoria war in der Lage, ein zwanzigseitiges zielloses Geplauder Montaignes auf zwei Seiten zusammenzustreichen, die – ganz unmontaignisch – das im Titel angekündigte Thema behandelten.

Einige Herausgeber griffen noch tiefer in den Text ein. Statt eine Auswahl zusammenzustellen, haben sie die Ärmel hochgekrempelt und die *Essais* ausgeweidet wie eine Weihnachtsgans, um etwas völlig Neues zu schaffen. Der wichtigste von ihnen ist zugleich der früheste und bekannteste: Montaignes Freund und Zeitgenosse Pierre Charron, dem mit seiner Abhandung *De la Sagesse (Von der Weisheit)* ein Bestseller des 17. Jahrhunderts gelang. Montaigne hätte sich kaum wiedererkannt, doch es sind im Wesentlichen die *Essais* unter einem anderen Titel und in einem anderen Format. Man sprach von einem «Remake», und man könnte es auch als «Remix» bezeichnen, doch keiner der beiden Begriffe beschreibt genau, wie sehr sich dieses Werk vom Geist des Originals entfernt hat. Charron schuf einen Montaigne ohne Idiosynkrasien, ohne Zitate und Abschweifungen, ohne Ecken und Kanten oder persönliche Enthüllungen irgendwelcher Art. Er gab den Lesern etwas, dem sie widersprechen oder mit dem sie einverstanden sein konnten: Feststellungen, die sich nicht länger der Interpretation entzogen oder sich auflösten wie Nebelschwaden. Aus Montaignes ungeordneten Gedanken über die Beziehung zwischen Mensch und Tier extrahierte Charron den folgenden, sauber gegliederten Aufbau:

1. Merkmale, die Tiere und Menschen gemeinsam haben
2. Merkmale, die Tiere und Menschen nicht gemeinsam haben
   1. Merkmale, die den Menschen zum Vorteil gereichen
   2. Merkmale, die den Tieren zum Vorteil gereichen
      1. Allgemeine
      2. Besondere
   3. Merkmale von umstrittenem Vorteil

Das ist eindruckvoll – und langweilig, so langweilig, dass *De la Sagesse* immensen Erfolg hatte. Dadurch ermuntert, brachte Charron einen komprimierten *Petit traité de la sagesse* heraus, der sich gleichfalls gut verkaufte. Im Laufe des 17. Jahrhunderts begegneten immer mehr Leser Montaigne in der von Charron zurechtgestutzten Form, weshalb sie in der Lage waren, seinen pyrrhonischen Skeptizismus zu verstehen und gedanklich nachzuvollziehen. (Wenn Pascal ihn dennoch empörend schwer fassbar fand, dann deshalb, weil er das Original las.) Marie de Gournay allerdings missbilligte Charrons Verfahrensweise. In der Vorrede zu ihrer Ausgabe der *Essais* von 1635 nennt sie ihn einen «schlechten Abschreiber» und fügt hinzu, der einzige Grund, warum man ihn lesen sollte, sei, dass er einem das Genie des echten Montaigne in Erinnerung rufe.

Charrons Nachfolger im 17. und 18. Jahrhundert präsentierten einen erneuten Remix Montaignes, und manchmal remixten sie auch Charron. Solange die *Essais* auf dem Index standen, waren Remixes und Remakes die einzige Form, in der das Buch in Frankreich überhaupt veröffentlicht werden konnte. Deshalb wurde der Markt mit schmalen Bändchen überschwemmt, deren Texte nicht Montaigne zugeschrieben wurden, oder mit Werken, deren Titel wie *L'Esprit des Essais de Montaigne (Der Geist von Montaignes Essais)* oder *Penseés de Montaigne (Gedanken Montaignes)* die reine Essenz suggerierten. Die *Penseés de Montaigne* waren ein auf 214 Seiten zusammengeschnurrtes Destillat, in dessen Einleitung es hieß: «Nur wenige Bücher sind so schlecht, dass nichts Gutes in ihnen zu finden ist, und nur wenige sind so gut, dass sie nichts Schlechtes enthalten.»

Bis heute werden immer wieder gekürzte Ausgaben großer Werke der Weltliteratur auf den Markt geworfen. Der Verleger einer solchen jüngst erschienenen Reihe wurde mit den Worten zitiert: «*Moby Dick* muss schon im Jahr 1850 schwierig gewesen sein – im Jahr 2007 ist es nahezu unmöglich, sich darin zurechtzufinden.» Doch wenn man dem *Moby Dick* zu viel Walfischspeck wegschneidet, bleibt irgendwann überhaupt kein Wal mehr übrig. Auch der «Geist» von Montaignes *Essais* lebt in dem, was Verleger am liebsten ganz herausschneiden würden: in seinen Exkursen und Kehrtwendungen und in seiner sprunghaften Gedankenbewegung. Kein Wunder, dass Montaigne selbst sich genötigt sah zu sagen: «Jeder Auszug aus einem gescheiten Buch ist dumm.» Trotzdem wusste auch er, dass Lesen immer ein selektiver Prozess ist. Auch er traf eine Auswahl, wenn er ein Buch zur Hand nahm, und umso entschiedener, wenn er es gelangweilt zur Seite legte. Montaigne las nur, was ihn interessierte; seine Leser und Herausgeber verfahren mit ihm genauso. Und so ist jede Lektüre der *Essais* letztlich ein *Esprit des Essais de Montaigne*, selbst die eines Wissenschaftlers.

Vielleicht sind Wissenschaftler sogar besonders anfällig für dieses selektive Lesen. Moderne Kritiker neigen in extremem Maß zu Remixes und Remakes eines Montaigne, der ihnen selbst ähnlich ist, individuell wie gattungsspezifisch. So, wie die Romantiker einen romantischen Montaigne, die viktorianischen Moralisten einen Moralisten und die Engländer einen englischen Montaigne suchten und fanden, so stürzen sich die «dekonstruktivistischen» oder «postmodernen» Kritiker des späten 20. und frühen 21. Jahrhunderts voller Begeisterung auf das, wofür sie selbst prädisponiert waren: einen dekonstruktivistischen und postmodernen Montaigne. Dieser Montaigne ist dem zeitgenössischen Kritiker so vertraut geworden, dass man sich schon gewaltig anstrengen muss, um einen Schritt zurückzutreten und zu erkennen, was er tatsächlich ist: ein Artefakt oder jedenfalls ein kreativer Remix.

Postmoderne Denker betrachten die Welt als ein sich beständig veränderndes System von Bedeutungen, und so konzentrieren sie sich auf einen Montaigne, der die Welt als «ein ewiges Auf und Ab» und den Menschen als «ein seltsam wahnhaftes, widersprüchliches, hin und her schwankendes Wesen» bezeichnet, «in sich selber doppelt». Überzeugt, es könne kein objektives Wissen geben, fühlen sie sich zu Montaignes Gedanken über sich verändernde Perspektiven und den Zweifel hingezogen. (Auch dieses Buch ist gegen diese Versuchung nicht immun, ist es doch gleichfalls ein Kind seiner Zeit.) Das ist verführerisch, schmeichelhaft: Man blickt in den Spiegel seiner Montaigne-Ausgabe, und noch ehe man die berühmte Frage der Königin aus *Schneewittchen* gestellt hat, kommt schon die Antwort: «*Du* bist die Schönste im ganzen Land.»

Ein Grundzug macht die neuere kritische Literaturtheorie ganz besonders anfällig für diesen Effekt des magischen Spiegels: ihre Neigung, über den Text zu sprechen statt über den Autor. Statt sich zu fragen, was Montaigne «wirklich» hatte sagen wollen, oder den historischen Kontext zu untersuchen, betrachtet man vorrangig das Geflecht der Assoziationen und Bedeutungen, welches wie ein riesiges Fischernetz ausgeworfen werden kann, in dem alles hängen bleibt. Das ist nicht nur ein Wesensmerkmal des strikten Postmodernismus. Auch die neuere psychoanalytische Literaturkritik überträgt ihre Analyse auf die *Essais* statt auf den Menschen Montaigne. Manche scheinen dem Buch geradezu ein Unterbewusstsein zuzuschreiben. Wie ein Psychoanalytiker die Träume eines Patienten deuten kann, um herauszufinden, was darunter verborgen ist, so kann auch ein Kritiker die Etymologie, den Klang, versehentliche Ausrutscher, ja sogar Druckfehler untersuchen, um unterschwellige Bedeutungsschichten freizulegen. Montaigne hatte nicht die Absicht, geheime Bedeutungen in seinem Werk zu verstecken, aber das spielt keine Rolle, da der Text seinen eigenen Weg geht.

Aus diesem Grundverständnis heraus entstehen Interpretationen so barock wie Montaignes eigene Texte. Ein besonders schönes Beispiel bietet Tom Conley, der in «A suckling of cities: Montaigne in Paris and Rome» eine beiläufige Bemerkung Montaignes in seinem *Essai* «Über die Eitelkeit» herausgreift: Er habe, heißt es da, von Rom früher gewusst als vom Louvre in Paris, dem damaligen Palast der französischen Könige. Das Wort «Louvre» hat einen ähnlichen Klang wie das französische *louve*, «die Wölfin». Conley entdeckt hier einen unbewussten Zusammenhang mit der Wölfin, die die Zwillinge Romulus und Remus säugte, die sagenhaften Gründer der Stadt Rom. Sie öffneten ihren Mund, um die Milch der Wölfin zu trinken. In gleicher Weise, so Conley, öffnen wir unseren Blick für Städte wie Rom oder Paris, indem wir über ihr Schicksal im Laufe der Jahrhunderte nachdenken. Der Mund ist es, der diese Perspektive eröffnet. Er *öffnet sie*, auf Französisch *l'ouvre*. Wenn also Montaigne den Louvre in einem Atemzug mit Rom nennt, so verstecke sich hier ein geheimes Bild, in dem «sich die Lippen des Essayisten um eine königliche Brustwarze schließen».

Das Bild des Saugens und Säugens führt zu den Brüsten, die in Form der vielen Kuppeln und Belvederes in Rom überall präsent sind: «erogene Spitzen» der Stadtsilhouette, «die sich zu einem Ensemble von Versorgungsstationen zusammenfügen». Das Bild von Montaignes Lippen wird immer skurriler:

Montaigne saugt von oben an der erigierten Spitze des Jupitertempels auf dem Kapitolshügel in Rom, während sich seine Lippen von unten um die Brustwarzen der Wölfin schließen.

Das alles liest Conley aus Montaignes Bemerkung über den Louvre heraus, aber es geht noch weiter. Im selben *Essai* fährt Montaigne fort: «Lebensumstände und Geschicke des Lucullus, des Metellus und des Scipio hatte ich besser im Kopf [*plus en teste*] als die irgendeines Franzosen.» So unauffällig dieser Satz auch klingt, *tester* oder *têter* bedeutet so viel wie «saugen», «gestillt werden». Diese drei antiken Helden stellt sich Conley als Porträts vor, etwa auf Münzen, die sich Montaigne in den Mund steckt: *«qu'il teste».* Die Seiten dieses *Essai* durchzieht in den Augen Conleys ein großes «Saugen und Fließen von Raum und Zeit».

Mehr noch: Montaigne schreibt in diesem *Essai,* er sei von der römischen Geschichte von Kindesbeinen an fasziniert gewesen: *embabouyné,* was so viel bedeutet wie «verzaubert», «behext», aber auch «gesäugt». Man kann es im Französischen aber auch lesen als *«en bas bou(e) y n(ais)»,* «ich bin im Schlamm geboren», erneut eine Anspielung auf die beiden Säuglinge, die sich in den Schlamm des Tibers hinunterbeugen mussten, um an den Zitzen der Wölfin zu saugen. Schlamm ist matschig und braun, und deshalb kann man sich Montaigne, der *embabouyné* ist, als jemanden denken, der in eine «präsymbolische Welt aus Aromen und Exkrementen» hinabsteigt.

Conleys Aufsatz ist selbst behexend und verzaubernd; er spielt nicht einfach nur mit Worten, wie Romulus und Remus spielen, wenn sie einander mit Tiberschlamm bewerfen. Er will auch nicht behaupten, Montaigne hätte beim Schreiben über Rom tatsächlich Brustwarzen im Kopf gehabt. Es geht ihm vielmehr um dieses assoziative Geflecht. Er will in den scheinbar klaren und einfachen Worten des Textes eine verborgene Bedeutung aufspüren, in der sich die Atmosphäre eines Traums widerspiegelt und die ganz neue Perspektiven eröffnet. Conleys Deutung gewinnt so eine eigene träumerische Schönheit, und es besteht kein Grund, sich zu empören, dass kaum ein Bezug zu Montaigne vorhanden ist. Hier trifft vielmehr auf die *Essais* zu, was Montaigne über Plutarch sagt: Jede Zeile eines so reichen Textes ist voller Fingerzeige, denen wir, wenn wir wollen, folgen können. Moderne Kritiker haben sich das sehr zu Herzen genommen.

Der eigentliche Patient auf der Analytikercouch, dessen Träume nach einer Deutung geradezu schreien, ist nicht der Text der *Essais,* auch nicht deren Autor, sondern der Kritiker. Indem diese Detektive der Literatur Montaignes Text als einen Hort versteckter Hinweise betrachten und diese Hinweise von ihrem ursprünglichen Zusammenhang trennen, bedienen sie sich einer gängigen Technik zur Erschließung des Unterbewussten. Dieselbe Technik wendet eine Wahrsagerin an, wenn sie aus dem Kaffeesatz die Zukunft liest, oder ein Psychologe, der über einem Rorschach-Test brütet: Eine zufällige Konstellation von Zeichen wird aus ihrem gegebenen Kontext herausgelöst, und dann braucht man nur noch abzuwarten, was der Beobachter darin sieht. Das Ergebnis ist – notgedrungen – mindestens ebenso wunderlich wie der *Esprit des Essais de Montaigne.*

Bedauerlich für jeden, der an derlei Geschmack findet, scheint dieser Trend der modernen Literaturkritik inzwischen schon wieder passé zu sein. In den letzten Jahren zeichnet sich eine Gegenreaktion ab, ein langsamer Umschwung. Immer mehr Literaturwissenschaftler kehren zu einer historisch-kritischen Betrachtungsweise zurück. Sie beschäftigen sich wieder ganz nüchtern mit den Bedeutungen von Montaignes Sprache im Kontext des 16. Jahrhunderts und versuchen, seinen Absichten und Motiven auf die Spur zu kommen.

Was hätte Montaigne zu all dem gesagt? Er folgte gern Plutarchs Fingerzeigen, doch von zu viel Interpretation war er genervt. Je mehr sich ein Kritiker mit einem Text beschäftige, sagte er, desto unverständlicher werde dieser Text. «Der hundertste Kommentator reicht es ja strotzend von noch heikleren Schwierigkeiten, als der erste sie vorgefunden hatte, an den hundertundersten weiter.» Man könne jeden Text zu einem Gewirr aus Widersprüchen machen:

Seht euch doch an, wie man Platon hin und her zerrt und mit ihm umspringt! Jeder rechnet es sich zur Ehre an, ihn auf seine Seite zu ziehn; man nimmt ihn ans Gängelband und macht ihn zum Parteigänger für all die neuen Auffassungen, denen sich die Welt verschreibt.

Wird jemals eine Zeit kommen, fragte Montaigne, in der sich die Interpreten zusammensetzen und sich über ein Werk einig werden: «Schluss
nun – über dieses Buch gibt es nichts mehr zu sagen»? Natürlich nicht.
Und Montaigne wusste, dass auch sein Werk von Interpreten zer-
pflückt werden würde, solange es Leser fand. Diese Leser würden
immer etwas in ihm aufspüren, was er gar nicht zu sagen beabsichtigt
hatte. «So entdeckt zum Beispiel ein kundiger Leser in manchen
Schriften noch ganz andere Vollkommenheiten als jene, die der Verfasser hineingelegt oder auch nur bemerkt hat, und gewinnt auf solche
Weise dessen Werk viel reichhaltigere Aspekte und Bedeutungen ab.»

> Ich habe im Titus Livius hundert Dinge gelesen, die ein andrer nicht
> darin gelesen hat. Plutarch wiederum las darin hundert mehr als ich,
> und vielleicht sogar mehr, als der Autor selbst hineinlegte.

Durch diese Interpretationen und Neuinterpretationen entsteht im
Laufe der Jahrhunderte eine lange Kette, und sie verbindet einen
Schriftsteller mit allen seinen Lesern, die häufig nicht nur das Original, sondern auch einander lesen. Virginia Woolf hatte die Vision
einer Abfolge von Generationen, die auf diese Weise miteinander
verbunden sind: wie «ein Geist mit einem anderen verknüpft ist –
wie jeder lebende Geist von demselben Stoff ist wie der von Platon
& Euripides [...]. Dieser gemeinsame Geist verbindet die ganze Welt;
& die ganze Welt ist Geist.» Diese Fähigkeit, in der inneren Welt der
Leser über lange geschichtliche Zeiträume hinweg weiterzuleben,
macht ein Werk wie die *Essais* zu einem echten Klassiker. In jedem
Geist wird es auf andere Weise wiedergeboren und verbindet ihn
zugleich mit anderen Geistern.

Es kann kein wirklich ambitioniertes Schreiben geben, wenn man
nicht anzuerkennen lernt, dass andere mit einem Werk tun, was ihnen
beliebt, und es fast bis zur Unkenntlichkeit verändern. Montaigne
akzeptierte diese Tatsache, in der Kunst wie im Leben, er hatte sogar
seine Freude daran. Die Menschen machen sich merkwürdige Vorstellungen von dem Autor, sie formen ihn nach ihren eigenen Bedürfnissen. Wenn man sich ganz ohne Kontrollzwang einfach im Strom treiben lässt, wendet man den alten hellenistischen Trick des *amor fati* an:

die fröhliche Bejahung dessen, was geschieht. Für Montaigne war *amor fati* eine Antwort auf die Grundfrage, wie man leben soll, und sie ebnete ihm auch den Weg zu literarischer Unsterblichkeit: Es traf sich gut, dass sein Werk so unvollkommen, uneindeutig, unzureichend und für Verzerrungen anfällig war. Man kann Montaigne geradezu ausrufen hören: «Ich möchte bitte missverstanden werden.»

19

Frage: Wie soll ich leben?

Antwort: Sei gewöhnlich und unvollkommen!

Sei gewöhnlich!

Dieses Buch erzählt nicht zuletzt davon, wie Montaigne sich gleichsam auf einem weit verzweigten Kanalsystem des menschlichen Geistes durch die Zeit bewegte. An jeder Schleuse wurden seinen Texten Stichproben entnommen: von

– Montaignes ersten begeisterten Lesern, die seine stoische Weisheit und seine Fähigkeit schätzten, markante Sätze klassischer Autoren zu zitieren;
– Descartes und Pascal, die seinen Skeptizismus und sein Verwischen der Grenze zwischen Mensch und Tier abstoßend und faszinierend zugleich fanden;
– den Libertins des 17. Jahrhunderts, die ihn als kühnen Freigeist liebten;
– den aufklärerischen Philosophen des 18. Jahrhunderts, die seinen Skeptizismus und sein Interesse an der Neuen Welt schätzten;
– den Romantikern, die einen «natürlichen» Montaigne in den Vordergrund stellten, den sie sich allerdings weniger unterkühlt gewünscht hätten;
– Lesern, deren Leben durch Krieg und politische Wirren aus der Bahn geworfen wurde und die sich Montaigne zu ihrem Helden und Gefährten erkoren haben;
– den Moralisten des späten 19. Jahrhunderts, denen seine Derbheit die Schamröte ins Gesicht trieb; sie beklagten seinen Mangel an moralisch-ethischer Stärke, erfanden ihn aber neu nach ihrem eigenen Bild: als einen respektablen Gentleman, ganz wie sie selbst;

- englischen Essayisten und Gelegenheitsphilosophen im Verlauf von vier Jahrhunderten;
- Friedrich Nietzsche, gewiss kein Gelegenheitsphilosoph, der Montaignes Leichtigkeit des Geistes bewunderte und seine stoische und epikureische Lebenskunst einer neuen Epoche anverwandelte;
- Schriftstellern der Moderne wie Virginia Woolf, die das Gefühl, zu existieren und Bewusstsein zu haben, literarisch darzustellen versuchten;
- Herausgebern von textkritischen Editionen und Remixes, die Montaigne zu ganz unterschiedlichen Gestalten umformten;
- Interpreten des späten 20. Jahrhunderts, die aus ein paar beiläufigen Worten Montaignes erstaunliche Gedankengebäude errichteten.

Unterwegs sind wir auch jenen Lesern begegnet, die fanden, Montaigne schreibe zu ausführlich über seine Probleme beim Wasserlassen, sein Schreibstil sei verbesserungsbedürftig, er sei viel zu bequem oder auch, er sei ein Weiser oder ihr zweites Ich, so dass sie am Ende nicht wussten, ob sie die *Essais* lasen oder selbst schrieben.

Viele dieser sehr unterschiedlichen Lesarten stehen im Zeichen der großen hellenistischen Denktraditionen, die Montaigne übermittelt und dabei umgestaltet hatte. Sie waren das Fundament seines eigenen Denkens und von großem Einfluss auf die abendländische Kultur. Selbst in ihren frühesten Anfängen können ihre verschiedenen Strömungen nicht sauber voneinander getrennt werden; in Montaignes Version wurden sie unentwirrbarer als je zuvor. Zusammengehalten werden sie vor allem durch das Grundprinzip des Strebens nach *eudaimonia* oder gelingender Lebensführung und durch die Überzeugung, der beste Weg zu diesem Ziel seien Gleichmut und ein inneres Gleichgewicht, *ataraxia*. Das verbindet sie mit Montaigne und durch ihn mit allen seinen Lesern, die in den *Essais* nach einem Wegbegleiter oder nach praktischer, alltagstauglicher Weisheit suchen.

Die Frage, mit der sich moderne Leser Montaignes *Essais* nähern, ist dieselbe, die er selbst an Seneca, Sextus und Lukrez gerichtet hatte – und diese wiederum an ihre Vorläufer. Das meinte Virginia Woolf

letztlich auch mit der geistigen Verknüpfung: keine wissenschaftliche
Tradition, sondern untereinander verbundene Individuen, die sich für
sich selbst interessieren und über ihr Leben nachdenken. Sie alle teilen
die Erfahrung, *einer* Menschheit anzugehören: das Gefühl, ein denken-
des und fühlendes Wesen zu sein, das ein ganz gewöhnliches Leben
führt – obwohl Montaigne diese geistige Einheit bereitwillig auch auf
andere Spezies ausgedehnt hätte.

Der Grund, warum in dem allergewöhnlichsten Leben bereits alles
liegt, was wir wissen müssen, ist für Montaigne einfach:

> Ich führe ein Leben ohne Glanz und Gloria vor Augen – warum auch
> nicht? Man kann alle Moralphilosophie ebenso gut auf ein niedriges
> und namenloses wie auf ein reicher ausgestattetes Leben gründen.

Sei unvollkommen!

Montaigne geriet in seinen letzten Lebensjahren immer wieder an die
Grenze zum Tod, dem er schon als junger Mann nach seinem Reitun-
fall nahegekommen war. Er war erst Ende fünfzig, wusste aber, dass
jede Nierenkolik tödlich sein konnte, und manchmal waren seine
Schmerzen so stark, dass er den Tod regelrecht herbeisehnte. Doch sein
Steinleiden zwang ihn nicht «mit tyrannischer Gewalt nieder», es ver-
leidete ihm vielmehr das Leben «geschickt und sanft» und ließ ihm viel
Zeit dazwischen. Der Tod hatte ein freundliches Gesicht, genau wie die
Stoiker es gesagt hatten.

> So habe ich von meinen Koliken zumindest den Gewinn, dass ihnen
> gelingen dürfte, wozu ich mich noch nicht zu überwinden vermochte:
> mich mit dem Tod tatsächlich vertraut zu machen und völlig auszu-
> söhnen.

Was er einst nach seinem Sturz in die Bewusstlosigkeit bereits erkannt
hatte, fand er jetzt bestätigt: Die Natur bewerkstelligt alles, man muss
sich darüber nicht den Kopf zerbrechen. Sie reicht uns die Hand, so
Montaigne, und führt uns «einen sanften Hang hinunter [...], ganz

allmählich, Stufe um Stufe, fast unmerklich». Die Natur machte ihn krank und gab ihm damit, was er immer erstrebt hatte: *ataraxia* und *eudaimonia*. Seine besten Momente des Wohlbefindens waren jene unmittelbar nach einer Kolik, wenn der Stein abgegangen war: ein Gefühl körperlicher Erleichterung, aber auch eine befreiende geistige Leichtigkeit.

> Gibt es etwas Wohligeres als den nach den jähesten und schärfsten Koliken eintretenden Umschwung, wenn man durch den Abgang eines Steins aus äußerstem Schmerz blitzartig wieder ins strahlende Licht einer völlig beschwerdefreien Gesundheit versetzt wird?

Ein solches Wohlbefinden überkam ihn manchmal sogar mitten in einer Nierenkolik. So schmerzhaft sie auch war, er lernte es, das Gefühl der Befriedigung auszukosten, wenn er Bewunderung im Blick der anderen entdeckte.

> Natürlich [...] tut es einem gut, wenn man von sich sagen hört: «Schaut doch, welche Seelenstärke! Schaut doch, wie viel er aushält!» Man sieht ja, wie dir vor Qual der Schweiß ausbricht und wie du erbleichst, wie du hernach rot anläufst und erzitterst, wie du alles bis aufs Blut aus-speist und dich in unheimlichen Zuckungen und Krämpfen windest, wie dir zuweilen große Tränen aus den Augen quellen und du einen dicken, schwarzen, widerwärtigen Urin ausscheidest (wenn er nicht von einem gezackten und scharfkantigen Stein aufgehalten wird, der dir das Innre deiner Rute grausam wundscheuert und zersticht); und man sieht, wie du zugleich gelassen wie immer die Anwesenden unter-hältst, hin und wieder mit deinen Leuten herumscherzt, bei einer ernsthaften Erörterung deinen Mann stehst, dich für jeden Schmer-zenslaut ausdrücklich entschuldigst und deine Pein bagatellisierst.

Jetzt erkannte Montaigne, dass es sehr viel einfacher war, während einer solchen Attacke zu scherzen und das Gespräch aufrechtzuerhal-ten – einfacher jedenfalls, als ein Außenstehender es jemals erahnen würde. Wie er bereits in seiner Nahtoderfahrung angedeutet hatte, ver-rät das äußere Erscheinungsbild nicht, was sich in dem Moment im Inneren eines Menschen abspielt. Es war tatsächlich ein Todeskampf, im Unterschied zu seinem Reitunfall, als er, Montaigne, an seinem Wams gezerrt hatte. Und doch empfand er dieselbe Losgelöstheit. Dieses Gefühl schien ihn zu erleichtern.

> Ich beginne, mich mit meinem von der Kolik geplagten Leben gütlich zu einigen, gibt es mir doch auch manchen Anlass zu Hoffnung und Trost.

Eine ähnliche Erfahrung machte er mit dem Alter ganz allgemein. Das Alter war nicht automatisch gleichbedeutend mit Weisheit, im Gegenteil:

> Neben all der so dummen wie tattrigen Wichtigtuerei und anödenden Geschwätzigkeit, neben all den stachlig abweisenden Launen und abergläubischen Grillen, neben all dem lächerlichen Festhalten an den unsrer Nutzung längst entzognen Reichtümern finde ich das Alter auch durch wesentlich mehr Neid, Ungerechtigkeit und Hinterlist gekennzeichnet.

Doch das war der entscheidende Punkt, denn der Wert des Alters lag darin, dass man sich an solche Schwächen gewöhnte. Das Alter bot die Chance, die eigene Fehlbarkeit in einer Weise anzuerkennen, wie es der Jugend in der Regel schwerfällt. Der körperliche und geistige Verfall erleichtert es einem, seine menschlichen Grenzen und Beschränktheiten zu akzeptieren. Wenn man begreift, dass das Alter nicht weise macht, gelangt man schließlich auch zu einer Art Weisheit.

Leben lernen heißt also letztlich lernen, mit den eigenen Unvollkommenheiten zu leben und sie sogar zu bejahen.

> Unser ganzes Sein wird vom Kitt krankhafter Eigenschaften zusammengehalten. […] Wer im Menschen die Saat dieser Eigenschaften ausjäten wollte, würde vernichten, was unser Leben grundlegend mitbestimmt.

Selbst die Philosophie müsse «gedämpft und gedunkelt» werden, um sie an die «Finsternis unsres irdischen Daseins» anzupassen. «Es ist unnötig, das menschliche Tun und Treiben allzu tief und scharf auszuleuchten.» Nichts sei gewonnen, wenn man sich wie Tasso mit seiner eigenen Brillanz blendet. Besser, man mäßigt sich, bescheidet sich und legt sich nicht allzu sehr fest. Alles Übrige könne man getrost der Natur überlassen.

Auch in seinen letzten Lebensjahren arbeitete Montaigne an den *Essais*, abgeklärter als je zuvor. Er zog sich wieder in seinen Turm zurück, korrespondierte aber weiterhin, unter anderem mit König Heinrich IV. Und er traf sich mit Freunden, Schriftstellern und ehemaligen Kollegen aus Bordeaux, unter ihnen Francis Bacons Bruder Anthony. Am 27. Mai 1590 feierte seine Tochter Léonor auf Montaignes Anwesen ihre Hochzeit mit François de la Tour. Im darauffolgenden Jahr wurde Montaigne Großvater, als Léonor am 31. März 1591 ihre Tochter Françoise zur Welt brachte. Er ergänzte seine *Essais* durch letzte Hinzufügungen und Anekdoten und durch abschließende Gedanken über die Kunst des Lebens im Einklang mit Gewöhnlichkeit und Unvollkommenheit. Er wurde mehr und mehr ein Mensch, der gelernt hat, wie man leben kann. Oder war es nur seine altbekannte Nonchalance, in der er es zur Meisterschaft gebracht hat?

20

Frage: Wie soll ich leben?

Antwort: Das Leben sei die Antwort!

Nicht das Ende

Anfang September 1592 bekam Montaigne wieder eine Nierenkolik. Zunächst sah es so aus, als würde er auch diesmal glimpflich davonkommen, doch dann gab es Komplikationen. Statt dass der Stein abging und ihm ein Gefühl der Erleichterung verschaffte, blieb er stecken. Eine Infektion kam hinzu.

Sein ganzer Körper begann anzuschwellen, und bald griff die Entzündung auf seinen Hals über, mit eiternden Abszessen, die ihm die Luft abschnürten.

Die Folge war eine Mandelentzündung, die unbehandelt auch heute noch zum Tod führen kann. Sein Hals war bald so geschwollen, dass er nicht mehr sprechen konnte, aber er blieb bei vollem Bewusstsein und konnte sich schriftlich verständlich machen.

Drei Tage nach Beginn der Mandelentzündung saß Montaigne aufrecht im Bett, umringt von seiner Familie und den Bediensteten, die ihn beobachteten und warteten. Sein Zimmer wurde jetzt zum Schauplatz jener Sterbeszene, die er stets gefürchtet hatte, jener Rituale, die in seinen Augen den Tod schlimmer machten, als er hätte sein müssen, da sie dem Sterbenden und seinen Besuchern nur Angst einjagten. Ärzte und Priester beugten sich über das Bett, von Trauer gezeichnete Besucher umringten ihn, «Scharen bleicher und verheulter Bediener, ein Zimmer ohne Tageslicht, brennende Kerzen […] – kurz, um uns herum nur Graus und Schrecken». All das hatte nichts mit jenem schlichten Tod bei dahindämmerndem Bewusstsein zu tun, der ihm immer vorgeschwebt hatte. Doch nun, als es so weit war, unternahm er nichts, um die um sein Bett Versammelten aus dem Zimmer zu weisen.

Als die Hoffnung auf Genesung schwand, machte er sein Testament. Der Lokalhistoriker Bernard Automne behauptet, Montaigne habe in jenen letzten Tagen «im Nachthemd sein Bett verlassen», um seinen Dienern und anderen Empfängern kleinerer Legate persönlich auszubezahlen, was er ihnen in seinem Testament zugedacht hatte. Dies mag stimmen, aber es passt nicht so recht zu den Beschreibungen des ans Bett gefesselten Montaigne. Keine Schilderung seiner letzten Stunden ist ganz zuverlässig, alle stammen aus zweiter Hand. Relativ wahrheitsgetreu scheint jedoch das Zeugnis seines alten Freundes Étienne Pasquier zu sein. Es basiert auf dem Bericht von Montaignes Frau Françoise, die nicht von seinem Sterbebett wich. Anders als La Boétie vor vielen Jahren schickte Montaigne seine Frau nicht aus dem Zimmer.

Nachdem er sein Testament niedergeschrieben hatte, ließ Montaigne eine letzte Messe lesen. Er bekam jetzt kaum noch Luft. Pasquier zufolge richtete er sich mit verzweifelter Anstrengung im Bett auf, als der Priester den Leib des Herrn erhob, faltete die Hände und befahl Gott seine Seele: ein letztes Zugeständnis an die katholische Konvention und ein knappes Bekenntnis zu Gott am Ende des Lebens dieses unbekümmert säkularen Mannes.

Wenig später schwoll die Luftröhre völlig zu. Er starb möglicherweise an einem Schlaganfall, vielleicht erstickte er auch einfach nur. Michel Eyquem de Montaigne verschied im Kreise seiner Angehörigen, Freunde und Bediensteten am 13. September 1592 im Alter von neunundfünfzig Jahren.

Montaignes Sterben mitanzusehen muss bedrückend gewesen sein: das Ringen nach Luft, die verzweifelte Anstrengung, die qualvolle Schwellung. Dabei nahm er bei vollem Bewusstsein wahr, was um ihn herum geschah – auch das hatte er gehofft, vermeiden zu können. Aber vielleicht empfand er all das als gar nicht so schlimm. Am Tag seines Reitunfalls hatte er Blut erbrochen und wild um sich geschlagen, während sein Geist in wohliger Mattigkeit frei und vom Körper losgelöst war; vielleicht war es auch jetzt so. Vielleicht spürte er, wie das Leben nur noch «am Rande der Lippen» hing, bevor es ihn ganz verließ.

Étienne Pasquier und Pierre de Brach, ein anderer Freund Montaignes, überlieferten der Nachwelt, was sie über seine letzten Stunden gehört hatten, und schilderten einen exemplarischen stoischen Tod. Sie erwiesen seinem Gedenken denselben Dienst, den er, Montaigne, La Boétie erwiesen hatte. Montaigne habe glücklich gelebt, schrieb Pierre de Brach in einem Brief an Justus Lipsius, jetzt sei er glücklich und gut gestorben. Die Einzigen, die Schmerz spürten, seien seine Angehörigen, die seiner angenehmen Gesellschaft für immer beraubt waren.

Die erste Aufgabe, die die Überlebenden zu erfüllen hatten, war das Begräbnis – verbunden mit einer ziemlich brutalen Zerstückelung von Montaignes Leichnam. Wie es im «Beuther» heißt:

> Sein Herz wurde in der Kirche Saint-Michel beigesetzt, und Françoise de la Chaissagne, Madame de Montaigne, seine Witwe, ließ seinen Leichnam nach Bordeaux bringen und in der Feuillantenkirche beisetzen, wo sie ihm ein Grabmal errichten ließ, und kaufte die Rechte dafür von der Kirche.

Es war nicht ungewöhnlich, einzelne Körperteile getrennt beizusetzen, trotzdem mutet es merkwürdig an, dass man nur das Herz in der aus dem 12. Jahrhundert stammenden Kapelle von Montaignes Landsitz bestattete. Neben seinem Vater und den kleinen Skeletten seiner eigenen, früh verstorbenen Kinder hätte er eine friedlichere Ruhestätte gefunden.

Doch seine sterblichen Überreste ohne das Herz wurden in die Kirche des Feuillantenordens gebracht, eine weitere merkwürdige Entscheidung und offenkundig nicht die erste Wahl. Zuerst hatte man ihn in der Kathedrale Saint-André in Bordeaux bestatten wollen, wofür am 15. Dezember 1592 die Erlaubnis erteilt wurde. Damit hätte er an der Seite der Angehörigen von Françoises Familie, nicht seiner eigenen, gelegen. Doch dann überlegte Françoise es sich anders, vielleicht weil sie oder Montaigne den Feuillanten nahestand. Montaigne hatte in den *Essais* seine Wertschätzung für diesen Orden bekundet. Die Entscheidung wird den Mönchen gefallen haben. Montaignes Grabstätte und die regelmäßigen Messen für sein Seelenheil brachte ihnen beträchtliche Summen ein, mit denen sie den Innenraum renovierten. Montaigne erhielt ein Grabmal, das bis heute existiert. Es zeigt ihn in der Rüstung eines Ritters, die Hände zum Gebet gefaltet. Zwei Grabinschriften, eine in griechischer, die andere in lateinischer Sprache, feiern seinen christlichen Pyrrhonismus, seine Treue zum Gesetz und zur Religion seiner Vorfahren, seine «sanften Sitten», die überlegene Urteilskraft, seine Aufrichtigkeit und Tapferkeit. Der lateinische Text endet mit den anrührenden Worten:

> Françoise de La Chassaigne, ewiger Trauer zur Beute, ließ dieses Grabmal errichten zur Erinnerung an ihren Gatten, den sie zu Recht betrauert. Er hatte keine andere Gattin; sie wird nie einen anderen Gatten haben.

Schließlich wurde sein Leichnam ohne das Herz am 1. Mai 1594, einein-halb Jahre nach seinem Tod, in diesem Grab zur Ruhe gebettet. Doch es blieb nicht seine letzte Ruhestätte. Zehn Jahre später begannen Erweiterungsarbeiten an der Kirche, und ihr Grundriss wurde verändert. Damit hätte Montaignes Grab weit entfernt vom neuen Standort des Altars gelegen: ein Bruch mit der Vereinbarung, die Françoise mit den Mönchen getroffen hatte. Sie zog gegen die Feuillanten vor Gericht und gewann. 1614 mussten sie das Grab an eine prominentere Stelle in der neuen Kirche umsetzen.

Es vergingen friedliche Jahre und Jahrzehnte bis zur Französischen Revolution neun Generationen später. Der nun säkulare Staat hob neben den anderen religiösen Kongregationen auch den Feuillanten-orden auf und beschlagnahmte dessen Besitz einschließlich der Kirche samt Inventar. Montaigne wurde damals als Held der Aufklärung und als freidenkerischer Philosoph verehrt, der alle Ehrungen des revolutionären Regimes verdient hatte. Sein Grab dort zu belassen, wo es lag, erschien nicht richtig. Im Jahr 1800 beschloss man daher, ihn zu exhumieren und in der großen neuen, weltlichen Kathedrale von Bordeaux neu zu bestatten: der Académie des sciences, belles-lettres et arts. Begleitet von einer Kavallerieabteilung und von Bläserfanfaren wurden seine sterblichen Überreste in einer feierlichen Prozession in die Akademie überführt.

Zweieinhalb Jahre später machte ein Bibliothekar in den Akten der Akademie von Bordeaux eine peinliche Entdeckung: Der exhumierte Leichnam war gar nicht der von Montaigne, sondern der von Marie de

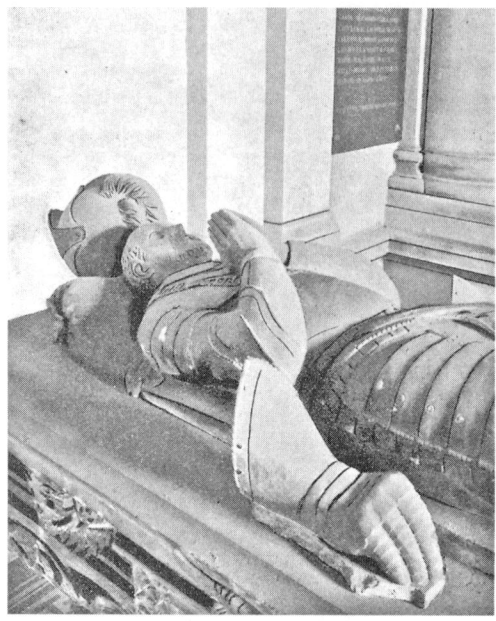

*Montaignes Grabmal
in der Église des
Feuillants in
Bordeaux*

Brian, einer Nichte seiner Frau, die zusammen mit anderen Mitglie-
dern der Familie im selben Grab bestattet worden war. In aller Stille
und ohne Fanfarenklänge wurde sie an ihren alten Platz zurückge-
bracht. Montaigne blieb, wo er die ganze Zeit gewesen war, in dem
ursprünglichen Grab. Jener Mann, der Umbauten, idealistische «Neuerungen» und unnötigen Aufruhr lebenslang verabscheut hatte, war also
von der Revolution verschont geblieben, die über ihn hinweggeglitten
war wie eine Welle über den Grund des Meeres.

Im Mai 1871 wurde die Kirche durch einen Brand zerstört. Das
Grabmal blieb weitgehend unbeschädigt, war aber nun in den Ruinen
der Kirche fast ein Jahrzehnt lang Wind und Wetter ausgesetzt. Im
Dezember 1880 wurde das Grab geöffnet, um den Zustand der sterblichen Überreste zu begutachten: die Bleihülle um seinen Leichnam war
auseinandergefallen. Ein neuer Eichensarg wurde angefertigt. Das res-
taurierte Grabmonument blieb fünf Jahre lang im Depot des Cimetière
de la Chartreuse von Bordeaux, bevor es am 11. März 1886 in der Ein-
gangshalle eines neuen Gebäudes der Universität Bordeaux aufgestellt

wurde, in dem die theologische, die naturwissenschaftliche und die philologische Fakultät untergebracht waren. Heute nimmt es im Musée d'Aquitaine in Bordeaux einen exponierten Platz ein.

Ein abenteuerlicheres Schicksal für jemanden, der sich in seinem Leben dem Lauf der Dinge so bereitwillig überließ und sich der Fehlbarkeit menschlichen Mühens und Trachtens so bewusst war, ist kaum vorstellbar. Noch nach seinem Tod wurde Montaigne immer wieder in den Strudel des Lebens hineingezogen, jedenfalls erstarrte er nicht in ewigem Gedenken. Sein eigentliches Vermächtnis jedoch ist das turbulente Schicksal der *Essais*, seines sich stetig weiterentwickelnden zweiten Ichs. Sie blieben lebendig – und für Montaigne war das Leben das Einzige, was zählte. Diesen Gedanken aus Montaignes letztem *Essai* griff Virginia Woolf immer wieder auf. Es war die ultimative Antwort auf die Frage, wie man leben soll.

> Das Leben muss […] auf sich selber gerichtet sein, sich selber wollen.

Das ist entweder keine oder die einzig mögliche Antwort. Sie ist vergleichbar mit der Antwort des Zen-Meisters, der auf die Frage «Was ist Erleuchtung?» dem Fragenden mit einem Stock einen Schlag auf den Kopf versetzt. Erleuchtung ist etwas, was man am eigenen Körper erfährt. Sie nimmt die Form dessen an, was einem zustößt. Deshalb übermitteln die Stoiker, Epikureer und Skeptiker auch Übungen und keine Vorschriften. Ein Philosoph kann nicht mehr anbieten als diesen Schlag auf den Kopf: eine nützliche Technik, ein Gedankenexperiment oder eine Erfahrung – in Montaignes Fall die Erfahrung der Lektüre der *Essais*. Der Gegenstand, den er lehrt, ist er selbst, ein ganz gewöhnliches Lebewesen.

Die *Essais* präsentieren zwar jedem Leser eine andere Facette, doch alle diese Lesarten sind durch die Figur Montaignes miteinander verbunden. Das ist auch der Grund, weshalb Montaigne gelesen wird wie wenige andere seines Jahrhunderts oder überhaupt ein Schriftsteller irgendeiner Epoche. Die *Essais* sind *seine* Versuche. Sie erkunden und erforschen ein Bewusstsein, das sich selbst ein Ich ist, wie jedes Bewusstsein.

Man könnte fragen, ob für einen Essayisten wie Montaigne heute

Montaignes Katze: Randzeichnung in einem Exemplar von Montaignes «Essais» aus dem Besitz des holländischen Juristen Pieter Van Veen (geboren 1561 oder 1562) und von ihm illustriert, vielleicht als Geschenk an seinen Sohn

überhaupt noch Bedarf besteht. Die Menschen in den Industrienationen des 21. Jahrhunderts sind krasse Individualisten, und sie sind gleichzeitig so eng miteinander vernetzt, wie es sich ein Weingutsbesitzer des 16. Jahrhunderts niemals hätte träumen lassen. Montaignes Ichgefühl könnte man als banal abtun. Doch er hat mehr zu bieten als die Aufforderung, sich mit sich selbst zu beschäftigen. Das 21. Jahrhundert hat von seinem Lebensgefühl viel zu lernen – und in seinen schwierigsten Phasen fehlte ihm bisher eine montaignische Strategie: das Gefühl für Mäßigung; Geselligkeit und Höflichkeit, die er so liebte; die Urteilsenthaltung und das subtile Verständnis der psychologischen Mechanismen angesichts von Konfrontation und Konflikt. Wir brauchen heute Montaignes Überzeugung, dass keine himmlischen oder apokalyptischen Visionen, keine Allmachtsphantasien auch nur das kleinste Ich in der realen Welt überstrahlen können. Für Montaigne ist «jene sehr alte und von allen Religionen geteilte Auffassung [undenkbar], dass wir den

Himmel und die Natur durch Mord und Totschlag besänftigen könnten». Wer glaubt, das Leben könne dies von uns verlangen, verkennt den überragenden Wert der alltäglichen Existenz. Er vergisst, dass ein Welpe, den du in einem Eimer Wasser ertränken willst, oder eine Katze, die gern spielen möchte, dich genauso betrachtet wie du sie: zwei Individuen, die einander Auge in Auge gegenüberstehen und Gutes voneinander erwarten. Vielleicht gebührt ja Montaignes letzte Antwort seiner Katze, einem Individuum des 16. Jahrhunderts, das auf einem Landgut an der Seite eines liebevollen und aufmerksamen Menschen ein recht angenehmes Leben führte. Sie war es, die ihm, wenn sie in einem unpassenden Moment mit ihm spielen wollte, in Erinnerung rief, was es heißt, am Leben zu sein. Sie blickten einander an, und für einen kurzen Moment übersprang Montaigne jene Grenzlinie, um sich selbst mit den Augen seiner Katze zu sehen. Diese und zahllose ähnliche Momente sind der Ursprung seiner ganzen Philosophie.

Und da sind also nun die beiden, in seiner Bibliothek. Das Kratzen von Montaignes Schreibfeder auf dem Papier weckt die Neugier seiner Katze. Sie berührt mit der Pfote vorsichtig die übers Papier streichende Feder. Er schaut sie an, vielleicht einen Moment lang ärgerlich über diese Störung. Dann lächelt er, neigt die Feder und zieht sie über die Seite. Die Katze macht einen Satz. Ihre Pfoten verschmieren die Tinte der zuletzt geschriebenen Wörter, ein paar Blätter fallen zu Boden. An dieser Stelle können wir die beiden ruhig sich selbst überlassen, ihrem Leben und Montaignes Arbeit an den *Essais*, und uns wieder unserem eigenen Leben zuwenden – und der unabgeschlossenen Lektüre der *Essais*.

Dank

Die fünf Jahre meiner Beschäftigung mit Montaigne waren für mich eine außergewöhnliche Zeit, in der ich eine Menge gelernt habe, nicht zuletzt über die Hilfsbereitschaft von Freunden, Wissenschaftlern und Kollegen, die mich in vielfältiger Weise unterstützten. Mein besonderer Dank gilt Warren Boutcher, Emily Butterworth, Philippe Desan, George Hoffmann, Peter Mack und John O'Brien für ihre freundliche Ermunterung und ihre großzügige Bereitschaft, mir ihre Zeit, ihr Wissen und ihre Erfahrung zu schenken.

Ich danke Elizabeth Jones, die mir wertvolles Material aus ihrem Dokumentarfilm *The Man Who Ate His Archbishop's Liver* zur Verfügung stellte, Francis Couturas vom Musée d'Art et d'Archéologie du Périgord in Périgueux, Anne-Laure Ranoux vom Musée du Louvre sowie Anne-Sophie Marchetto von *Sud-Ouest*.

Viel verdanke ich den Bibliotheken (der Bibliothèque nationale de France in Paris, der Stadtbibliothek Bordeaux, der British Library und der London Library), deren Mitarbeitern ich für ihre fachkundige Hilfe danken möchte.

Ohne die finanzielle Unterstützung der Society of Authors und eine London Library Carlyle Membership hätte dieses Buch nicht geschrieben werden können. Beiden Institutionen gilt mein Dank.

Ich danke meiner Agentin Zoë Waldie von Rogers, Coleridge & White, meiner Lektorin Jenny Uglow sowie Alison Samuel, Parisa Ebrahimi, Beth Humphries, Sue Amaradivakara und allen anderen Mitarbeitern des Verlags Chatto & Windus, die an das Buch geglaubt und mitgeholfen haben, es zum Leben zu erwecken.

Für die Lektüre des Manuskripts in den verschiedenen Stadien seiner Entstehung, für ihre klugen Ratschläge und ihre Ermunterung auch in schwierigen Phasen des Projekts danke ich Tündi Haulik, Julie Wheelwright, Jane und Ray Bakewell sowie Simonetta Ficai-Veltroni, die so lange mit Montaigne gelebt und nie den Glauben an ihn (und an mich) verloren hat.

Ich lernte Montaigne kennen, als ich vor zwanzig Jahren in Budapest verzweifelt nach einer Zuglektüre suchte und am Ende eine billige Übersetzung der *Essais* kaufte. Es war das einzige englischsprachige Buch im Regal. Ich bezweifelte, dass ich damit viel würde anfangen können. Diese schicksalhafte Wendung der Ereignisse bestätigt die Wahrheit von Montaignes Satz, dass die besten Dinge im Leben dann passieren, wenn man nicht das bekommt, was man sich vorstellt.

Zeittafel

1533	*28. Februar:* Michel de Montaigne wird geboren.
1539?–1548	Er besucht das Collège de Guyenne in Bordeaux.
1548	*August:* Salzsteueraufstand in Bordeaux; Montaigne wird Zeuge, wie Moneins von einem Mob getötet wird.
1548–1554	Er studiert: wahrscheinlich Jura und wahrscheinlich in Paris und/oder Toulouse.
1554	Er wird Ratsherr am Steuergericht von Périgueux.
1557	Sämtliche Beamte von Périgueux werden ans Parlament nach Bordeaux versetzt.
1558–1559	Beginn der Freundschaft mit Étienne de La Boétie.
1559	Mit dem Frieden von Cateau-Cambrésis enden Frankreichs außenpolitisch motivierte Kriege, mit verheerenden Folgen.
1562	Blutbad von Vassy: Beginn der Bürgerkriege. Im Gefolge Karls IX. begegnet Montaigne in Rouen drei brasilianischen Tupinambá.
1563	*18. August:* La Boétie stirbt, Montaigne ist an seinem Sterbebett.
1565	*23. September:* Montaigne heiratet Françoise de La Chassaigne.
1568	*18. Juni:* Nach dem Tod seines Vaters Pierre Eyquem erbt Montaigne das Landgut der Familie.
1569	Montaigne veröffentlicht seine Übersetzung von Raymond Sebonds *Theologia naturalis*. Montaignes Bruder Arnaud stirbt nach einem Unfall beim Paume-Spiel.
1569 oder Anfang 1570	Montaigne verliert bei einem Reitunfall fast sein Leben.
1570	Montaigne gibt sein Amt als Parlamentsrat auf. Sein erstes Kind wird geboren und stirbt nach zwei Monaten. Er gibt die nachgelassenen Schriften von La Boétie heraus.
1571	*Februar:* Montaigne lässt die Geburtstagsinschrift in seiner Bibliothek anbringen. *9. September:* Léonor wird geboren, das einzige seiner Kinder, welches das Erwachsenenalter erreicht.
1572	Montaigne beginnt wahrscheinlich mit der Niederschrift der *Essais*. *August:* Die Massaker der Bartholomäusnacht.
1574	Tod Karls IX.; Heinrich III. wird König.

1576	Montaigne lässt eine Medaille mit einer zweischaligen Waage und dem Wahlspruch ΕΠΕΧΩ («Ich enthalte mich des Urteils») prägen.
1578	Beginn des Nierensteinleidens.
1580	Veröffentlichung der ersten Ausgabe der *Essais*.
	Juni – November 1581: Montaigne bereist die Schweiz, Deutschland und Italien.
1581	*August:* Er wird zum Bürgermeister von Bordeaux gewählt.
1582	Veröffentlichung der zweiten Ausgabe der *Essais*.
	August: Wiederwahl als Bürgermeister von Bordeaux für eine zweite Amtszeit.
1583	*Dezember:* Heinrich von Navarra besucht Montaigne auf seinem Schloss.
1585	Ausbruch der Pest auf Montaignes Landgut; Montaigne flüchtet mit seiner Familie.
1587	Veröffentlichung der dritten Ausgabe der *Essais*.
	Oktober: Heinrich von Navarra besucht Montaigne zum zweiten Mal auf seinem Schloss.
1588	Montaigne in geheimer Mission in Paris; Aufenthalt am Hof König Heinrichs III. Er lernt Marie de Gournay kennen.
	Mai: Aufstand in Paris («Barrikadentag»); Heinrich III. verlässt Paris.
	Juni: Veröffentlichung der sehr viel umfangreicheren «fünften» Ausgabe der *Essais* (die vierte, falls es sie je gab, wurde nie gefunden).
	10. Juli: Montaigne wird für einige Stunden in der Bastille eingekerkert.
	Herbst: Er erholt sich in der Picardie bei Marie de Gournay.
	Dezember: Heinrich III. lässt den Herzog von Guise ermorden.
1588–1592	Montaigne bereitet die letzte Ausgabe der *Essais* vor.
1589	*August:* Heinrich III. wird ermordet; Heinrich von Navarra tritt als Heinrich IV. die Thronfolge an, obwohl sein Anspruch umstritten ist.
1592	*13. September:* Michel de Montaigne stirbt an einer schweren Mandelentzündung.
1595	Marie de Gournays Ausgabe der *Essais*, die in den nachfolgenden drei Jahrhunderten die Grundlage der Montaigne-Rezeption bildet.
1601	Tod von Montaignes Mutter Antoinette de Louppes de Villeneuve.
	Pierre Charrons Traktat *De la Sagesse*, ein Remix der *Essais*.
1603	*Essayes:* Erste englische Übersetzung von John Florio.
1616	Tod von Montaignes Tochter Léonor.
1637	Tod von Montaignes Witwe Françoise de La Chassaigne.
1637	Descartes' *Discours de la méthode*.
1645	Tod von Marie de Gournay.
1662	Blaise Pascal stirbt und hinterlässt seine Aufzeichnungen, die unter dem Titel *Pensées* veröffentlicht werden.
1676	Die *Essais* werden auf den Index der verbotenen Bücher gesetzt.

1685–1686	Die *Essays* in der englischen Übersetzung von Charles Cotton.
1724	Die französischen *Essais* werden in London von Pierre Coste herausgegeben.
1753	Erste Übersetzung der *Essais* ins Deutsche: *Michaels Herrn von Montagnes Versuche: nebst des Verfassers Leben. Nach der neuesten Ausgabe des Herrn Pierre Coste ins Deutsche übersetzt von Johann Daniel Tietz*, Leipzig 1753.
1772	Entdeckung von Montaignes Reisetagebuch in einem alten Koffer. Das sogenannte Bordeaux-Exemplar der *Essais* wird in einem Archiv entdeckt und bildet die Grundlage einer Neuausgabe.
1789	Beginn der Französischen Revolution.
1793–1799	*Michel de Montaigne's Gedanken und Meinungen über allerley Gegenstände*, übersetzt von Johann Joachim Christoph Bode.
1800	Die Revolutionsbehörden fassen den Beschluss, Montaignes sterbliche Überreste in die Académie von Bordeaux umzubetten, doch das Vorhaben scheitert.
1850	Montaignes «Pestbriefe» werden veröffentlicht und lösen Empörung aus.
1854	Die *Essais* werden vom Index der verbotenen Bücher genommen.
1880–1886	Montaignes Grabmonument wird restauriert und in der Universität Bordeaux aufgestellt.
1906	Der erste Band der *Essais* in der Ausgabe von Fortunat Strowski auf der Grundlage des Bordeaux-Exemplars erscheint.
1912	Der erste Band der Ausgabe von Armaingaud auf der Grundlage des Bordeaux-Exemplars erscheint.
2007	Eine neue Ausgabe der *Essais* in der Bibliothèque de la Pléiade stützt sich auf die Edition von Marie de Gournay.

Anmerkungen

Wenn nicht anders angegeben, wird Montaigne zitiert nach: Michel de Montaigne, *Essais*. Erste moderne Gesamtübersetzung von Hans Stilett, Frankfurt a.M. 1998. Der Kapitelangabe folgt in Klammern die Seitenzahl der deutschen Ausgabe. – Die genauen Angaben zu Werken, die hier nur mit dem Titel genannt sind, finden sich im Literaturverzeichnis, S. 405–412.

Wie soll ich leben?

11 The Oxford Muse: http://www.oxfordmuse.com.

14 Melonen: III, 13 (S. 557 a). Sex: III, 13 (S. 547 a). Singen: II, 17 (S. 319 b). Gerät «schnell in Fahrt und Feuer» und in der «Hitze des Gefechts manchmal Gegenschläge ausgeteilt»: II, 17 (S. 318 a) und III, 8 (S. 471 b). Am Leben zu sein: III, 13 (S. 560 a).

15 Levin, *The Times* (2. Dezember 1991), S. 14.

– Pascal: Pascal, *Pensées*, Nr. 689/64, S. 383.

– «Immer stehen eine Menge Menschen»: Woolf, V., «Montaigne», S. 76.

16 «Wie wir in Omnibussen»: *Das Mal an der Wand*, in: Woolf, V., *Das Mal an der Wand*, Gesammelte Werke. Prosa 1, Frankfurt a.M. 1989, S. 98.

– Tabourot u.a., Étienne Tabourot, sieur des Accords, *Quatrième et cinquième livre des touches*, Paris 1588, Bd. V, f. 65 v. Zitiert bei: Boase, *Fortunes*, S. 7 f., und Millet, S. 62 f. Emerson, S. 127.

– Gide, A., *Essai sur Montaigne*, Paris 1929, S. 91. Zweig, *Montaigne*, S. 17 f.

17 Käufer bei Amazon: http://www.amazon.com/Michel-Montaigne-Complete-Penguin-Classics/dp/0140446044. Kommentare von tepi, Grant, Klumz, diastole1 und lexo-2x.

– «Widerspreche ich mir selber?»: Whitman, W., *Gesang meiner selbst*, in: *Grasblätter*, übersetzt und hg. von Jürgen Brôcan, München 2009, S. 121.

– «So vermag ich den Gegenstand meiner Darstellung nicht festzuhalten»: III, 2 (S. 398 b).

– Einen Pistolenschuss abfeuern: Saint-Sernin, J. de, *Essais et observations sur les Essais du seigneur de Montaigne*, London 1626, f. A6r.

18 «Mein Buch ist auf der Welt das einzige seiner Art»: II, 8 (S. 190 b).

19 «Nur auf unserm Arsch»: III, 13 (S. 566 b).

– Flaubert: Gustave Flaubert an Mlle Leroyer de Chantepie, 16. Juni 1857, zitiert bei: Frame, *Montaigne in France*, S. 61.

1 Habe keine Angst vor dem Tod!

21 Der junge Mann, der am Fieber starb: I, 20 (S. 48 b).
– «Philosophieren heißt sterben lernen»: Cicero, *Tusculanae Disputationes* I, XXX. Cicero entnahm diesen Gedanken Platons *Phaidon* (67 e). Montaigne verwendete ihn als Titel seines *Essai* I, 20.
22 Arnauds Tod und «Wie kann man angesichts der Tatsache»: I, 20 (S. 47 b).
23 «Stellen wir ihn jeden Augenblick»: I, 20 (S. 48 a).
– Montaigne stellt sich sein Sterbebett vor: III, 4 (S. 417 a).
– Das Sterben «geht ja im Nu vorbei»: III, 12 (S. 530 b).
24 Ausritt: Montaigne zufolge passierte der Unfall «während unseres dritten Religionskrieges», also zwischen 1568 und Anfang 1570: II, 6 (S. 185 a). Montaignes Gefühl der Befreiung: III, 5 (S. 438 b). Über Montaigne und das Reiten siehe Balsamo, J., «Cheval», in: Desan, *Dictionnaire*, S. 162–164.
– Ausgedehnte Weinberge: Marcetteau-Paul, S. 137–141.
25 Montaignes Spekulationen: Sperma: II, 12 (S. 277 b). Schiffshalter-Fisch: II, 12 (S. 231 b). Katze: I, 21 (S. 59 a).
– Montaignes Beschreibung des Unfalls und seiner Nachwirkungen: II, 6 (S. 185 a–187 a). Soweit nicht anders angegeben, sind alle nachfolgenden Zitate dieser Beschreibung entnommen.
29 «Ermüdung und Entkräftung»: III, 9 (S. 494 b). Petronius und Tigellinus: III, 9 (S. 494 b). Beides aus Tacitus: Petronius aus *Annalen* XIV, 19; Tigellinus aus *Historien* I, 72. Marcellinus: II, 13 (S. 303 a). Die Quelle ist Seneca: *Briefe an Lucilius,* Brief 77, S. 322 f.
30 «Ich habe in meiner Nachbarschaft noch nie einen Bauern darüber nachgrübeln sehen»: III, 12 (S. 531 a).
– «Falls ihr nicht zu sterben versteht»: III, 12 (S. 530 b).
31 «Ganz zerquetscht und zerschlagen», «Noch heute spüre ich die Wucht jenes Zusammenpralls» und die Rückkehr der Erinnerung: II, 6 (S. 187 a).
– «So viele Löcher»: III, 10 (S. 506 a).

2 Lebe den Augenblick!

33 Montaignes Rückzug aus seinen öffentlichen Ämtern: Das offizielle Datum war der 23. Juli 1570, doch der Posten des Gerichtsrats wurde bereits im April 1570 an seinen Nachfolger übertragen, also muss er die Entscheidung schon früher getroffen haben. Siehe Frame, *Montaigne,* S. 114 f. Zum erfolglosen Bemühen um eine Beförderung siehe ebd., S. 57 f.
– Inschrift hier zitiert nach der englischen Übersetzung von Frame, *Montaigne,* S. 155.
34 La Boéties Vermächtnis: III, 12 (S. 533 a).

- Montaignes Midlife Crisis wurde der Lebenskrise Don Quijotes und Dantes an die Seite gestellt: vgl. Erich Auerbachs Aufsatz zu Montaigne, «L'humaine condition», in: Auerbach, *Mimesis*, Bern/München 1977.
35 Zu Montaignes Schloss und Turm siehe Gardeau und Feytaud; Willett; Hoffmann, S. 8–38; Legros, S. 103–126; und Legros, A., «Tour de Montaigne», in: Desan, *Dictionnaire*, S. 984–987.
36 «Mächtige Glocke»: I, 23 (61 a).
   Bücherregale: III, 3 (S. 413 a).
- «Von den meisten halte ich noch das Schreibzeug in Ehren»: II, 18 (S. 330 a).
- Südamerika-Sammlung: I, 31 (S. 112 a).
37 Trend zur Privatbibliothek: Hale, S. 397. *«Arrière-boutique»* und «Arm dran ist meines Erachtens»: III, 3 (S. 413 a).
- Wandmalereien in dem an die Bibliothek angrenzenden Zimmer: Willett, S. 219; Gardeau und Feytaud, S. 47 f.
38 Zitate auf den Dachbalken: Legros. Zu weiteren ähnlichen Inschriften: Frame, *Montaigne*, S. 9.
- Zur Mode des Rückzugs: Burke, S. 5. «Lösen wir also alle Bindungen an andre»: I, 39 (S. 125 b).
- Senecas Warnungen: Seneca, «Die Ruhe der Seele», in: *Meisterdialoge*, S. 271, 276.
39 Eine «melancholische Gemütsverfassung»: II, 8 (S. 190 b). Durchgegangenes Pferd, Spiegelungen auf dem Wasser und andere Bilder: I, 8 (S. 19 b–20 a).
- Zur *rêverie*: Morrissey, R. J., *La Rêverie jusqu'à Rousseau: recherches sur un topos littéraire*, Lexington, Ky. 1984, bes. S. 37–43.
- Die *rêverie* des Schreibens: II, 8 (S. 190 b).
- «Schimären und phantastische Ungeheuer»: I, 8 (S. 20 a).
40 Die Rettung liegt in der Aufmerksamkeit für die Natur der Erscheinungen: Seneca, *Briefe an Lucilius*, Brief 78, S. 327–330.
- Schreiben für Angehörige und Freunde: «An den Leser», *Essays*, Bd. I, S. 5. Zu Kollektaneenbüchern siehe Moss, A., *Printed Commonplace-Books and the Structuring of Renaissance Thought*, Oxford 1996. Ich danke Peter Mack für den Hinweis auf Amyots Plutarch-Übersetzung, durch deren Lektüre Montaigne gleichfalls zu seinen *Essais* angeregt wurde.
- Zum Zeitpunkt, an dem er die *Essais* zu schreiben begann, nach Villey in *Les Sources*: siehe Frame, *Montaigne*, S. 156. Diese Datierung ist jedoch umstritten.
41 «Jedermann [...] sei sich selbst der beste Lehrmeister»: II, 6 (S. 187 a). Die Quelle ist Plinius, *Naturgeschichte* XXII, 24.
42 «Es ist ein schwieriges Unterfangen»: II, 6 (S. 187 a).
- «Wann immer ich mich glücklich fühle, sinne ich hierüber nach» und: sich aus dem Schlaf reißen lassen: III, 13 (S. 562 a).
- Heraklit, *Fragment* 50. Bewusstseinsstrom: James, W., *The Principles of Psychology*, New York 1890, Bd. I, S. 239.
43 Montaigne zitiert Heraklit: II, 12 (S. 299 b). «Bald sanft, bald heftig»: II, 1 (S. 166 a). Sanddünen: I, 31 (S. 110 b). «Ein unaufhörliches Wechselspiel sich endlos verviel-

fachender Formen»: III, 6 (S. 455 b). *Branloire:* III, 2 (S. 398 b). Siehe Rigolot, S. 203. Zur Faszinationskraft von Fluss und Verwandlung im 16. Jahrhundert: Jeanneret, *Perpetuum mobile.*

44 Theorie von Sex mit hinkenden Frauen: III, 11 (S. 520 b). Die Quelle für Aristoteles ist *Problemata* X, 24, 893 b. Siehe Screech, S. 156 f.

- «Über unser Glück sollte man erst nach dem Tode urteilen»: I, 19 (S. 44 f.). Die Quellen für Solon sind Herodot, *Historien* I, 86, und Plutarchs «Solon», in *Vitae parallelae*, LVIII.

45 «Könnte meine Seele jemals Fuß fassen»: III, 2 (S. 399 a).

- «Ich schildere nicht das Sein»: III, 2 (S. 398 b).

46 «Beobachte, beobachte unaufhörlich»: Woolf, V., «Montaigne», S. 85.

- Die Mynas: Huxley, A., *Eiland*, München / Zürich 1984, S. 19.

- «Wie aus einem reißenden Gießbach»: Seneca, «Die Kürze des Lebens», in: *Meisterdialoge*, S. 291 f.

- «Ein über sich selbst staunendes Bewusstsein»: Merleau-Ponty, S. 322. Staunen und fließende, veränderliche Leichtigkeit: Burrow, C., «Frisks, skips and jumps» (Rezension von Ann Hartles *Michel de Montaigne*), in: *London Review of Books*, 6. November 2003.

47 «Ich will, dass es an Gewicht zunehme»: III, 13 (S. 562 a).

- «Wenn ich einsam durch einen schönen Park spaziere» und «Wenn ich tanze, tanze ich»: III, 13 (S. 560 a).

3 Werde geboren!

49 Seine Geburt: I, 20 (S. 47 a) und Montaigne, *Le Livre de raison*, Eintrag am 28. Februar. Zu seinem Spitznamen Micheau: Frame, *Montaigne*, S. 38. Elf Monate im Mutterleib: II, 12 (S. 278 a). «Auf dieses Gesetz hin»: Rabelais, *Gargantua und Pantagruel*, Bd. 1, Kap. 3, S. 46.

50 Aufrichtigkeit: II, 11 (S. 213 a). Nierensteine: II, 37 (S. 378 b).

- «Meine Geburtsstätte und die der meisten meiner Vorfahrn»: III, 9 (S. 487 b).

- Familie und Aristokratie: Frame, *Montaigne*, S. 7 f., Lazard, S. 26–29; Supple, S. 28 f. Zur Familie Eyquem: Cocula, A.-M., «Eyquem de Montaigne (famille)», und Balsamo, J., «Eyquem de Montaigne (généalogie ascendante)», in: Desan, *Dictionnaire*, S. 381–383. Zum Weinanbau: Marcetteau-Paul.

51 Schwertadel: Supple, S. 27 f.

- Geboren «in confiniis Burdigalensium et Petragorensium»: Montaigne, *Le Livre de raison*, Eintrag am 28. Februar.

52 Zur politischen Situation in Bordeaux: Lazard, S. 12; Frame, *Montaigne*, S. 5 f. Die englische Weinflotte: Knecht, *Rise and Fall*, S. 8.

53 Pierre Eyquems Unterschrift unter Dokumente: siehe z.B. den Eintrag zu Montaignes Geburt im Familienbuch: Montaigne, *Le Livre de raison*, Eintrag am 28. Februar.

– «Wenn sich die andren ebenso aufmerksam betrachteten»: III, 9 (S. 504 b–505 a).

54 Jüdische Vorfahren: Bis auf Roger Trinquet (Trinquet, *La Jeunesse de Montaigne*) gehen die meisten Biographen davon aus, dass seine Familie mütterlicherseits jüdisch war. Siehe Lazard, S. 41, und Frame, *Montaigne*, S. 17–20. Montaigne über die Juden: I, 14 (S. 30 b), I, 56 (S. 161 a), II, 3 (S. 177 a).

– Die Ehe von Montaignes Eltern und das Alter seiner Mutter: Frame, *Montaigne*, S. 29.

– Antoinettes Rechtsurkunden und Pierres Testament: Lazard, S. 45, und Frame, *Montaigne*, S. 24 f.

55 Sie wohnte bis etwa 1587 auf dem Familiensitz: Diese Angabe stützt sich auf die Tatsache, dass sie bei der Abfassung ihres eigenen Testaments am 19. April 1597 seit rund zehn Jahren nicht mehr im Schloss lebte. Rechtsurkunde vom 31. August 1568 und Antoinettes Testament: beide ins Englische übersetzt bei: Frame, *Montaigne*, S. 24–27; hier zitiert nach Weigand, *Michel de Montaigne*, S. 13, Fußnote 2.

56 Montaignes Faulheit und die Umbauten des Anwesens durch seinen Vater: III, 9 (S. 478 a–478 b). Siehe auch II, 17 (S. 324 b).

– Montaignes Vater: Balsamo, J., «Eyquem de Montaigne, Pierre», in: Desan, *Dictionnaire*, S. 383–386.

– Brantôme: P. de Bourdeille, seigneur de Brantôme, *Œuvres complètes*, hg. von L. Lalanne, Paris 1864–1882, Bd. V, S. 92 f.; zitiert bei: Desan, P., «Ordre de Saint-Michel», in: Desan, *Dictionnaire*, S. 734, und bei: Supple, S. 39.

57 Pierres Geschichten: I, 14 (S. 30 b).

– Der Einfluss Italiens auf die französischen Soldaten: Lazard, S. 32 und S. 14; Frame, *Montaigne*, S. 10.

_ Montaignes Beschreibung seines Vaters: II, 2 (S. 170 a–170 b).

58 Erwähnung des Bürgermeisteramts seines Vaters: III, 10 (S. 506 b).

59 «Ich suche Perlen zu verkaufen»: I, 35 (S. 119 a).

– Das vernachlässigte Notizheft und die *Ephemeris historica* befinden sich beide in der Bibliothèque municipale de Bordeaux. «Was bin ich doch für ein Trottel, es versäumt zu haben»: I, 35 (S. 119 b). Eine Faksimile-Ausgabe des «Beuther» mit Transkriptionen erschien als Montaigne, *Le Livre de raison*. Siehe Desan, P., «Beuther», in: Desan, *Dictionnaire*, S. 100–105, in dem auch das vernachlässigte Notizheft erörtert wird. Zu Montaignes Fehlern bei Datierungen zählen das Alter seines Bruders Arnaud nach dessen Tod beim Paume-Spiel (I, 20, S. 47 b); Frame, *Montaigne*, S. 33, sein eigenes Alter bei seiner Heirat (II, 8, S. 193 a), das Datum seiner Verhaftung in Paris 1588, das er später korrigierte (Montaigne, *Le Livre de raison*, Eintrag am 10. und am 20. Juli), und das Alter seiner ersten Tochter bei ihrem Tod (Montaignes Widmungsbrief zu La Boéties Übersetzung von Plutarchs *Lettre de consolation*, 1570).

– «Dass ich es versäumt habe, all die Dinge […] zu Ende zu führen»: III, 9 (S. 478 b). Montaignes Neigung zu Indifferenz: III, 10 (S. 506 b).

60 Pierres Nierenkoliken: II, 37 (S. 378 b); III, 2 (S. 401 b).

- Pierres Testament: Frame, *Montaigne*, S. 14.
- «Ein altes Stück Mauer hochziehn»: III, 9 (S. 478 b). «Man muss den Fleiß seines Vaters nicht überbieten»: Nietzsche, *Die fröhliche Wissenschaft* 210, S. 151.
61 Heilige und Orakel: II, 12 (S. 217 a).
62 Die «brüderliche Eintracht» der Familie Eyquem: I, 28 (S. 100 a). «Aus Achtung vor dem guten Ruf»: zitiert von Montaigne im Brief an seinen Vater, veröffentlicht in seiner Ausgabe von La Boétie, *La Mesnagerie* [etc.], und in: Montaigne, *Gesammelte Schriften* (Flake / Weigand), Bd. 6, S. 271.
63 Montaignes Geschwister: Balsamo, J., «Frères et sœurs de Montaigne», in: Desan, *Dictionnaire*, S. 419–421.
- Montaigne und die kleinen Leute: III, 13 (S. 556 a); Montaignes Gewöhnlichkeit macht ihn so außergewöhnlich: II, 17 (S. 316 a).
64 «Überlasst es dem Schicksal, sie […] heranzubilden»: III, 13 (S. 555 b–556 a).
- Horstanus: Banderier, G., «Précepteur de Montaigne», in: Desan, *Dictionnaire*, S. 813.
65 «Mein Vater und meine Mutter», «ohne System und Buch» und die Komplimente der Lehrer: I, 26 (S. 94 b–95 a).
66 Schlechteres Latein durch künstliche Lernmethode: I, 26 (S. 94 b).
- «So schoben wir uns die Deklinationsformen […] zu»; aber «nur geringe Griechischkenntnisse»: I, 26 (S. 95 a). Siehe auch II, 4 (S. 181 a).
- Vom Wohlklang eines Spinetts geweckt: I, 26 (S. 95 a). Nur zweimal mit der Rute geschlagen und «Umsicht und Fingerspitzengefühl»: II, 8 (S. 192 b).
- Erasmus: Erasmus, D., *De pueris statim ac liberaliter instituendis declamatio*, Basel 1529.
67 «Alle menschenmöglichen Erkundigungen»: I, 26 (S. 94 b).
68 Durch Entwöhnung die Fertigkeit verlieren: II, 17 (S. 318 a); Ausruf auf Lateinisch: III, 2 (S. 401 b).
- Das Französische als unbeständige Sprache gab ihm schriftstellerische Freiheiten: III, 9 (S. 494 a).
69 Lateinische Kommune: Étienne Tabourot, sieur des Accords, *Les Bigarrures*, Rouen 1591, Buch IV, ff. 14r–v. Ähnliche Experimente führten auch Robert Estienne und François de La Trémouïlle durch. Siehe Lazard, S. 57 f.
- «Über die Knabenerziehung»: I, 26 (S. 78 b–96 b).
70 «Da ist keiner, der»: III, 2 (S. 402 a).
71 Montaigne beklagt den Kurswechsel seines Vaters: I, 26 (S. 95 b). Zu anderen Optionen: Lacouture, S. 14–17.
- Bordeaux zur Zeit Montaignes: Cocula, A.-M., «Bordeaux», in: Desan, *Dictionnaire*, S. 123–125.
- Collège de Guyenne: Hoffmann, G., «Études et éducation de Montaigne», in: Desan, *Dictionnaire*, S. 357–359. Lehrplan aus Elie Vinet, *Schola aquitanica*, 1583.
72 Zum Schulsystem: Lazard, S. 62 f.; Trinquet; Porteau, P., *Montaigne et la vie pédagogique de son temps*, Paris 1935. «Mein Latein verlotterte von Stund»: I, 26 (S. 95 b).

73 Montaignes schauspielerische Fähigkeiten: I, 26 (S. 96 a).

–   Gouvéa: Gorris Camos, R., «Gouvéa, André», in: Desan, *Dictionnaire*, S. 438–440.

–   Der Salzsteueraufstand: Knecht, *Rise and Fall*, S. 210 f. und S. 246. Schließung des Collège: Nakam, *Montaigne et son temps*, S. 85. Moneins' Ermordung: I, 24 (S. 71 b–72 a).

74 Zu Montmorency, zur «Befriedung» und zu Bordeaux' Verlust von Privilegien: Knecht, *Rise and Fall*, S. 246 f., Nakam, *Montaigne et son temps*, S. 81 f.

4 *Lies viel, vergiss das meiste wieder, und sei schwer von Begriff!*

76 Montaignes Leselust, in der er von einigen seiner Lehrer nicht entmutigt wurde: I, 26 (S. 95 b–96 a). Zu Vermutungen, wer diese Lehrer waren, siehe Hoffmann, G., «Études et éducation de Montaigne», in: Desan, *Dictionnaire*, S. 357–359.

–   Montaignes Entdeckung Ovids: I, 26 (S. 95 b). Zu Ovid und Montaigne siehe Rigolot und McKinley, «Ovide», in: Desan, *Dictionnaire*, S. 744 f.

77 Montaignes frühe Entdeckungen und «Doch was half 's: Es blieb halt eine Lehranstalt»: I, 26 (S. 95 b).

–   Die Ovid-Begeisterung ebbte ab: II, 10 (S. 202 b). Doch er ahmte Ovids Stil weiterhin nach: II, 35 (S. 370 b). Villey fand in den *Essais* insgesamt 72 Verweise auf Ovid: Villey, *Les Sources*, Bd. I, S. 205 f. Siehe Rigolot, S. 224–226. Bei Vergil gibt es Stellen, über die der Autor «noch einmal mit dem Kamm» hätte gehen können: II, 10 (S. 205 b).

–   Die lebendige und anschauliche Darstellung des Menschen, «mit all der Vielfalt seiner wahren Wesenszüge im Großen und im Kleinen»: II, 8 (S. 208 a). Tacitus: III, 8 (S. 473 b–474 a).

78 Montaigne über Plutarch: «Er ist in allem derart bewandert»: III, 5 (S. 437 b).

–   «Plutarch ist voller Sachlichkeit»: II, 10 (S. 206 b). «So war es ja auch nicht übel!» und «Wie die Fliegen über die glatten Stellen eines Spiegels dahingleiten»: Plutarch, *Von der Heiterkeit der Seele*, S. 7 f. und S. 23. Plutarch gibt «einen Fingerzeig, welchen Weg wir, wenn wir wollen, einschlagen können»: I, 26 (S. 86 a). «Ich glaube, ihn so bis ins Innerste kennengelernt zu haben»: II, 31 (S. 354 a).

79 Es ist unerheblich, wie lange jemand, den man liebt, schon tot ist: III, 9 (S. 503 a). Montaigne bewunderte die gefeierten Plutarch-Übersetzungen von Jacques Amyot: Plutarch, *Vies des hommes illustres*, Paris 1559, und *Œuvres morales*, Paris 1572. Siehe Guerrier, O., «Amyot, Jacques», in: Desan, *Dictionnaire*, S. 33 f.

–   Zu Montaignes Bibliothek: Sayce, S. 25 f. Die Sammlung wurde nach seinem Tod auseinandergerissen; immer wieder wurde der Versuch unternommen, eine Liste seiner Bücher zu erstellen. Siehe Villey, *Les Sources*, Bd. I, S. 273–283; Desan, P., «Bibliothèque», in: Desan, *Dictionnaire*, S. 108–111.

–   Petrarca, Erasmus und Machiavelli: Friedrich, S. 46. Machiavellis Brief wird zitiert bei: Hale, S. 190. Cicero: II, 10 (S. 207 a); Vergil: II, 10 (S. 205 a).

–   «Da oben blättere ich einmal in diesem, einmal in jenem Buch» und «Ich bediene mich ihrer nämlich kaum häufiger»: III, 3 (S. 412 b).

80 «Wir, die wir kaum gelehrten Umgang mit Büchern haben»: III, 8 (S. 473 b). «Sto
ße ich beim Lesen auf Schwierigkeiten»: II, 10 (S. 202 a).

– Lukrez: Screech, M. A., *Montaigne's Annotated Copy of Lucretius*, Genf 1998.

81 «In aller Milde und Freiheit»: I, 26 (S. 95 a).

– «Das Gedächtnis ist ein höchst hilfreiches Instrument»: II, 17 (S. 323 a). «Keinem
Menschen steht es schlechter an als mir»: I, 9 (S. 20 a).

– Gedankenspiele und Träume: III, 5 (S. 438 b). Sein Gedächtnis ist «durchlöchert
wie ein Sieb»: II, 17 (S. 324 a). Die Quelle ist Terenz, *Der Eunuch* I, 105.

– Lynkestes: III, 9 (S. 483 b). Die Quelle ist Quintus Curtius Rufus, *Geschichte Alexanders des Großen* VII, 1, 8 f.

82 Montaigne über die öffentliche Rede: III, 9 (S. 483 b–484 a).

– Tupinambá: I, 31 (S. 115 a–115 b). La Boéties Tod: Montaignes Brief an seinen
Vater in seiner Ausgabe von La Boéties Werken: La Boétie, *La Mesnagerie* [etc.],
und in: *Gesammelte Schriften* (Flake / Weigand), Bd. 6, S. 257–277.

– Ärgerlich darüber, dass man ihm nicht glaubte: I, 9 (S. 20 a). Zu Montaignes
Zitierweise siehe Friedrich, S. 38 f.

83 Baudier: aus einem Prosakommentar zu seinen lateinischen Versen: «An die
edle Heroine Marie de Gournay», Baudier, D., *Poemata*, Leiden 1607, S. 359–365.
Zitiert bei: Millet, S. 151–158, und Villey, *Montaigne devant la postérité*, S. 84 f.

– Malebranche: Malebranche, S. 304 f.

– Ein schlechtes Gedächtnis zeugt von Ehrlichkeit: I, 9 (S. 23 a); II, 17 (S. 323 a). Man
fasst sich kurz: I, 9 (S. 20 b). Es gewährleistet ein gutes Urteilsvermögen: I, 9
(S. 20 a). Man vergisst erlittene Kränkungen: I, 9 (S. 23 a).

– Stewart: Stewart, D., *Elements of the Philosophy of the Human Mind*, in: *Collected
Works*, hg. von W. Hamilton, Edinburgh 1854–1860, Bd. II, S. 370 f.

84 «Nur ganz behutsam darf ich es in Anspruch nehmen»: II, 17 (S. 323 a). Was man
behalten will, entzieht sich einem nur noch mehr: III, 5 (S. 438 b). Der Wunsch zu
vergessen, führt dazu, dass man sich erinnert: II, 12 (S. 246 a).

– «Was mir sonst leicht und natürlich von der Hand geht»: II, 17 (S. 323 a). «So
schwerfällig, schlaff und verschlafen»: I, 26 (S. 95 a).

– Dass er «zum Beispiel nie auch nur das leichteste Rätsel zu lösen vermochte»:
II, 17 (S. 324 a). «Schwer von Begriff»: I, 26 (S. 95 a).

– «Was ich einmal begriffen habe, behalte ich»: II, 17 (S. 324 a). «Was ich freilich sah,
das sah ich gut»: I, 26 (S. 95 a). «Kühne Gedanken»: I, 26 (S. 95 a).

85 Nadolny, S., *Die Entdeckung der Langsamkeit*, München 1983. Zur Langsamkeit
siehe http://www.slowmovement.com/. Siehe auch Honoré, C., *In Praise of
Slow*, London 2005. Es gibt sogar ein Weltinstitut der Langsamkeit: http://
www.theworldinstituteofslowness.com/.

– Ich «bleibe fast immer in derselben Verfassung»: III, 2 (S. 402 a). «Völlig unfähig
gewesen wäre, sich dem Joch von Zwang und Gewalt zu beugen»: I, 26 (S. 96 a).

– «Ich weiß nicht, was mir schwerer fällt»: III, 13 (S. 558 b).

86 «Ich erinnre mich, dass seit meiner zartesten Kindheit»: II, 17 (S. 315 a). Allenfalls
«besprenkelt»: II, 17 (S. 316 a).

– «Ist einer kleinwüchsig» : III, 17 (S. 319 a).

– Mangelnder Respekt aufgrund der geringen Körpergröße: II, 17 (S. 318 a). «Wo ist der Herr?»: III, 17 (S. 319 a). Auf einem Pferd sitzen: III, 13 (S. 554 a).

87 Von «kräftigem Wuchs»: II, 17 (S. 319 a). Auf einen Stock gestützt: II, 25 (S. 342 a). Fast nur asketisches Schwarz und Weiß zu tragen: I, 36 (S. 120 b). Mantel: I, 26 (S. 93 b).

– La Boéties Gedicht: Es ist das zweite der beiden Montaigne gewidmeten Gedichte und ist enthalten in Montaignes Ausgabe von La Boéties Werken: La Boétie, *La Mesnagerie* [etc.], ff. 102r–103r («Ad Belotium et Montanum») und 103v–105r («Ad Michaëlem Montanum»). Sie wurden veröffentlicht in *Montaigne Studies* 3, Nr. 1 (1991) mit der englischen Übersetzung von Robert D. Cottrell (S. 16–47).

88 Toulouse: Montaigne sagt, er habe dort den Arzt Simon Thomas getroffen (I, 21, S. 52 b), und erwähnt den Prozess gegen Martin Guerre, ohne zu sagen, dass er selbst ihn verfolgt hatte: III, 11 (S. 518 b–519 a). Paris: III, 9 (S. 488 b).

– Montaignes Amt als Gerichtsrat: siehe Almqvist, K., «Magistrature», in: Desan, *Dictionnaire, S.* 619–622.

– Zu den Anfängen in Périgueux und dem Umzug nach Bordeaux: Frame, *Montaigne, S.* 46–51, einschließlich Frames Übersetzung des Resümees von Montaignes Rede.

89 Montaignes Tätigkeit: fünf Rechtsgutachten Montaignes sind erhalten geblieben. Siehe Lazard, S. 89.

90 «Es macht einem mehr zu schaffen»: III, 13 (S. 539 b). Richter Reitgans: Rabelais, *Gargantua und Pantagruel*, Bd. 1, Kap. 39–44, S. 450–468. Würfeln: ebd., S. 451.

– Fälle von Ungerechtigkeit: III, 13 (S. 540 a).

91 Montaigne über das Gesetz: siehe Tournon, A., «Justice and the Law», in: Langer (Hg.), *Cambridge Companion, S.* 96–117, und «Droit», in: Desan, *Dictionnaire, S.* 284–286. Zu anderen zeitgenössischen Kritikern siehe Sutcliffe, F., «Montaigne and the European legal system», in: Cameron (Hg.), *Montaigne and his Age, S.* 39–47.

– Fehlbarkeit der Richter: II, 12 (S. 280 b). Fehlbarkeit der Gesetze: III, 13 (S. 541 b).

– Reisen nach Paris: Zwischen 1559 und 1561 unternahm Montaigne mehrere Reisen nach Paris. Siehe Lazard, S. 91 und S. 107.

92 Heinrich II. vermochte «einen Edelmann aus meiner heimatlichen Gascogne nie korrekt anzureden»: I, 46 (S. 140 b).

– Zur politischen und religiösen Lage Frankreichs in den 1550er und 1560er Jahren: siehe Holt; Knecht, *Rise and Fall* und *The French Civil Wars*; Nakam, *Montaigne et son temps.*

95 «Es ist Torheit»: Michel de L'Hôpital zitiert bei: Knecht, *Rise and Fall*, S. 338. «Jeder seinen Gott als den wahren Gott betrachtet» und *«Une foi, une loi, un roi»*: Elliott, J. H., *Europe Divided 1559–1598*, London 1968, S. 93 f.; Ersteres ist ein Zitat aus Pedro Cornejos *Compenio y breve relación de la Liga*, Brüssel 1591, f. 6.

– «Große Furcht»: Knecht, *Rise and Fall*, S. 338. Vassy und der Ausbruch des Krieges: ebd., S. 352–355.

96 Pasquier an M. de Fonssomme, Frühjahr 1562: Pasquier, E., *Lettres historiques*, S. 98–100; zitiert bei: Holt, S. 50.

98 «Den Nachbarn herauszufordern»: II, 23 (S. 340 a).

99 Monlucs Geschichten: Monluc, S. 246–272.

– Mehr Galgen und Räder angefertigt: Nakam, *Montaigne et son temps*, S. 144.

100 Montaigne über Monluc: II, 8 (S. 196 a).

101 D'Escars' Feldzug gegen Montaigne und dessen Reaktion: siehe Frame, *Montaigne*, S. 53–55; mit der englischen Übersetzung von Montaignes Rede aus Payen, J.-F., *Recherches sur Montaigne. Documents inédits*, Nr. 4 (Techener, 1856), S. 20. Montaignes Sympathie für die Lagebâton-Partei: II, 17 (S. 328 b).

– «Neige ich doch von Natur aus zum Jähzorn»: III, 5 (S. 445 a). Die Reaktion wird erörtert bei Frame, *Montaigne*, S. 52–55.

5 Verkrafte Liebe und Verlust!

103 La Boétie: siehe Cocula; Magnien, M., *Montaigne Studies* 11 (1999), widmet sich besonders La Boétie.

– «Die wir zwischen uns [...] auf derart vollkommene Weise gepflegt haben»: I, 28 (S. 99 a–99 b). «Fühlten uns so zueinander hingezogen»: I, 28 (S. 101 b).

105 La Boéties Gedicht ist enthalten in Montaignes Ausgabe von La Boéties Werken: La Boétie, *La Mesnagerie* [etc.], ff. 103v–105r («Ad Michaëlem Montanum»). Es wurde veröffentlicht in *Montaigne Studies* 3, Nr. 1 (1992) mit der englischen Übersetzung von Robert D. Cottrell (S. 1–47); ins Englische übersetzt auch bei Frame, *Montaigne*, S. 75.

– «Die seinen ganzen Willen ergriff und mitriss»: I, 28 (S. 101 b). Zu Liebe und Freundschaft siehe Schachter, M. D., «‹That friendship which possesses the soul›: Montaigne loves La Boétie», in: *Journal of Homosexuality*, Nr. 41, 3 f. (2001), S. 5–21, und Beck, W. J., «Montaigne face à la homosexualité», in: BSAM 6e sér. 9–10 (Januar–Juni 1982), S. 41–50.

106 Hässlichkeit: III, 12 (S. 534 a). Siehe Desan, P., «Laid-Laideur», in: Desan, *Dictionnaire*. S. 561. Sokrates und Alkibiades: Platon, *Das Gastmahl*, S. 94 (216 a–b).

– «Bei der Freundschaft hingegen»: I, 28 (S. 101 b).

107 «Wenn man in mich dringt» und «Die unsere hatte kein andres Vorbild als sich selber»: I, 28 (S. 101 b); die Phrase «Weil er es war, weil ich es war» wurde abweichend von Stilett übersetzt. «Oftmals würde ich gern sehen»: Platon, *Das Gastmahl*, S. 94 (216 a–b).

– Montaigne über die Abhandlung *Von der freiwilligen Knechtschaft*: I, 28 (S. 104 a–104 b). Das Originalmanuskript ist verschollen und nur durch Abschriften bekannt; die von Henri de Mesmes bildet die Textgrundlage der meisten modernen Ausgaben. Hier jedoch wird zitiert nach der von Horst Günther übersetzten und herausgegebenen Fassung (siehe Literaturverzeichnis). Ein Rimbaud der politischen Soziologie: Lacouture, S. 87. Siehe Magnien, M., «Discours de la servitude volontaire», in: Desan, *Dictionnaire*, S. 272–276.

108 Nero und Julius Caesar: La Boétie, *Von der freiwilligen Knechtschaft*, S.73. «Eine Million Menschen in elender Knechtschaft»: ebd., S.35.

109 «Sehen Sie, es ist Liebe»: Colonel Abdullah Nasur, interviewt für *The Man Who Ate His Archbishop's Liver*, Channel 4 (UK), 12. März 2004. Ich danke Elizabeth C. Jones für dieses Zitat.

— Verlust der Erinnerung an den Zustand der Freiheit: La Boétie, *Von der freiwilligen Knechtschaft*, S.51; und die Macht der Gewohnheit: ebd., S.63.

— Das Abschütteln des Jochs: La Boétie, *Von der freiwilligen Knechtschaft*, S.63.

110 Ziele von La Boétie: siehe Smith, S.53.

— «Contr'un», in: *Reveille-matin des François*, 1574, und Goulart, S., *Mémoires de l'estat de France sous Charles IX*, 1577, 2. Auflage 1579. Auch enthalten in *Vive description de la tyrannie*. Siehe Magnien, M., «Discours de la servitude volontaire», in: Desan, *Dictionnaire*, S.273f., und Smith, M., Einleitung zu seiner Ausgabe von La Boétie, *De la Servitude volontaire*, 1987, S.24–26.

— *Anti-Dictator:* La Boétie, *Anti-Dictator*, ins Englische übersetzt von H. Kurz, New York 1942. Die Rezeptionsgeschichte von La Boéties Schrift in Frankreich und Deutschland wird behandelt im Anhang zu Étienne de La Boétie, *Von der Freiwilligen Knechtschaft*, 1980, S.97–235.

111 Eine «anonyme, verdeckte Ein-Mann-Revolution»: Martin, James J., Einleitung zu La Boétie, *The Will to Bondage*, hg. von W. Flygare, Colorado Springs 1974, S.IX.

— Gegen das Frauenwahlrecht: Spooner, L., «Against woman suffrage», in: *New Age*, 24. Februar 1877. Diese und andere Texte sind verfügbar auf http://www.voluntaryist.com/. Die Vorstellung einer Revolution durch Stimmenthaltung bei den Wahlen inspirierte José Saramago zu seinem Roman *Die Stadt der Sehenden*, Reinbek 2006.

— «Es war mir, als ob»: Emerson, S.127.

112 Montaignes Bemerkungen zu La Boéties *Von der freiwilligen Knechtschaft*: I, 28 (S.104a–104b).

113 Montaignes Offenlegung der Urheberschaft: siehe Magnien, M., «Discours de la servitude volontaire», in: Desan, *Dictionnaire*, S.274f.

— «So werde ich jetzt sein ernstes Werk»: I, 28 (S.104b).

— «Die Gedichte wurden inzwischen anderswo veröffentlicht»: I, 29 (S.105a). Die 29 Sonette, ins Englische übersetzt von Randolph P. Runyon, sind enthalten in: Schaefer (Hg.), *Freedom over Servitude*, S.223–235.

— Die Dichter der Pléiade: La Boétie, *Von der freiwilligen Knechtschaft*, S.79. «Um aber dahin zurückzukehren, wo ich vor meiner Abschweifung den Faden verlor»: ebd.

114 Zuschreibung an Montaigne: Armaingaud, A., «Montaigne et La Boétie», in: *Revue politique et parlementaire* 13 (März 1906), S.499–522, und (Mai 1906), S.322–348, später entwickelt in seinem *Montaigne pamphlétaire: l'enigme du «Contr'Un»*, Paris 1910. Schaefer, «Montaigne and La Boétie» in: Schaefer (Hg.), *Freedom over Servitude*, S.1–30, bes. S.9f.; und sein Werk *Political Philosophy of Montaigne*. Zu

Schaefer siehe Supple, J., «Davis Lewis Schaefer: Armaingaud rides again», in: Cameron/Willett (Hg.), *Le Visage changeant*, S. 259–275. Martin, D., «Montaigne, author of *On Voluntary Servitude*», in: Schaefer (Hg.), *Freedom over Servitude*. S. 127–188 (die Flöte: S. 137).

115 Der hilfreiche Trick: I, 21 (S. 53b–54a). Montaignes Aufrichtigkeit: I, 9 (S. 20a–25b). Seine Begriffsstutzigkeit beim Spielen und Rätselraten: II, 17 (S. 324a).

116 Montaigne über La Boétie: *Tagebuch der Reise nach Italien über die Schweiz und Deutschland*, S. 238f.

117 Montaignes Brief an seinen Vater wurde in seiner Ausgabe von La Boéties Werken veröffentlicht: La Boétie, *La Mesnagerie* [etc.]; auch in: *Gesammelte Schriften* (Flake/Weigand), Bd. 6, S. 257–277, dem alle nachfolgenden Zitate entnommen sind.

119 «Sein Geist war nach dem Vorbild anderer Zeiten als dieser geformt»: I, 28 (S. 104b).

122 Montaignes und La Boéties unterschiedliche Ansichten über die Erfahrung des Sterbens: II, 6 (S. 185b).

– «Nichts als freudlose, dunkle Nacht»: I, 28 (S. 104a). «Verfiel ich in ein derart quälendes Grübeln»: *Tagebuch der Reise nach Italien über die Schweiz und Deutschland*, S. 238f. (Eintrag vom 11. Mai 1581). «Ein solcher hat mir auf all meinen Reisen schmerzlichst gefehlt» und «An keinem Vergnügen, das ich nicht mit einem teile»: III, 9 (S. 498a).

– Seneca über den Verlust eines Freundes: Seneca, *Briefe an Lucilius*, Brief 9, S. 23. «Einem wohlgesinnten Mann»: III, 9 (S. 493a).

123 «Ist es da nicht eine ausgemachte Dummheit»: III, 3 (S. 408b).

– «Lasst das Übrige uns weiter gehören»: I, 39 (S. 126b).

– Inschrift für La Boétie: Sie ist in Thibaudets Ausgabe von Montaignes Werken übersetzt (Montaigne, *Œuvres complètes*, Paris 1962); vgl. Starobinski, *Montaigne. Denken und Existenz*, S. 23, Anmerkung 1 (hier zitiert), und Frame, *Montaigne*, S. 80.

– Suche dir einen «hervorragend tüchtigen Mann als Muster»: Seneca, *Briefe an Lucilius*, Brief 11, S. 33.

124 «Für einen anderen musst du leben, wenn du für dich selbst leben willst»: ebd., Brief 48, S. 163.

– «Er wohnt noch so ganz und so lebhaft bei mir»: Montaignes Widmungsbrief (an Henri de Mesmes) in seiner Ausgabe von La Boéties Werken, La Boétie, *La Mesnagerie* [etc.], in: *Gesammelte Schriften* (Flake/Weigand), Bd. 6, S. 282.

6 Bediene dich kleiner Tricks!

125 Zur hellenistischen Philosophie allgemein siehe Hadot.

– Übersetzungen von *eudaimonia* und *ataraxia*: Nussbaum, S. 15; die Definition von *ataraxia* als «Freiheit von Unruhe und Angst» stammt von Popkin, S. XV.

126 Pacuvius: Seneca, *Briefe an Lucilius*, Brief 12, S. 37.

127 Lukrez' zwei Möglichkeiten, zitiert bei: Montaigne: I, 20 (S. 51 a). Die Quelle ist
    Lukrez, *De rerum natura* III, 938–942.
    – Sich in jene Zeit zurückzuversetzen, da das Kind noch nicht geboren war:
      Plutarch, «Trostschrift an die Gattin», in: *Moralphilosophische Schriften*, S. 135.
128 «Wenn wir uns vorstellen, dass wir es entbehren müssten»: Plutarch, *Von der Hei-*
    terkeit der Seele, S. 13.
    – Sich in die Betrachtung der Welt in ihrer ganzen Mannigfaltigkeit versenken:
      Seneca, *Briefe an Lucilius*, Brief 78, S. 336.
    – Plötzlich an uns gerichtete Fragen: Epiktet, *Diatriben* II, 16, 2 f., und III, 8, 1–5,
      zitiert bei: Hadot, S. 18. «Recht zu leben»: III, 13 (S. 560 a).
129 «Wie man bei Fleischgerichten»: Marc Aurel, *Selbstbetrachtungen*, VI, 13 (über-
    setzt von O. Kiefer, Frankfurt a.M. 1992), S. 87. Plötzlich über der Erde zu schwe-
    ben: ebd., XII, 24, S. 198.
    – «Stelle dir die Unendlichkeit»: Seneca, *Briefe an Lucilius*, Brief 99, S. 187.
    – Ewige Wiederkehr: Dieser Gedanke findet sich bei Nemesius, *De natura hominis*
      XXXVII, 147 f., Platon, *Timaios* 39d, und Cicero, *De natura deorum* II, 20. Siehe
      White, Michael J., «Stoic natural philosophy (physics and cosmology)», in:
      Inwood, B. (Hg.), *Cambridge Companion to the Stoics*, Cambridge 2003, S. 124–152,
      und Barnes, J., «La Doctrine du retour éternel», in: *Les Stoïciens et leur logique.*
      Actes du colloque de Chantilly 18.–22. September 1976, Paris 1978, S. 3–20. Der
      Gedanke wurde von Friedrich Nietzsche weiterentwickelt: siehe z.B. Nietzsche,
      Die fröhliche Wissenschaft, 285 (S. 167), und Stambaugh, J., *Nietzsche's Thought of*
      Eternal Return, Washington, DC, 1988.
    – «Verlange nicht»: Epiktet, *Handbüchlein* 8, zitiert bei: Hadot, S. 60; hier zitiert
      nach Epiktet, *Handbüchlein der Moral* und *Unterredungen*, hg. von Heinrich
      Schmidt, Stuttgart 1978, S. 25.
130 «Wenn ich noch einmal zu leben hätte»: III, 2 (S. 404 b).
    – Senecas Asthmaanfälle: Seneca, *Briefe an Lucilius*, Brief 54, S. 187–189.
    – Lykas und Thrasylaos: II, 12 (S. 246 a–246 b). Die Geschichte des Lykas ent-
      stammt Erasmus, *Adages* Nr. 1981: «In nihil sapiendo iucundissima vita». Die
      Geschichte des Thrasylaos entstammt Aelian, *Varia Historia* IV, 25.
131 «Ein quälender Gedanke bedrängt mich»: III, 4 (S. 416 b).
    – Tröstung der Witwe: III, 4 (S. 414 a).
132 «Ich wurde einst von einem mächtigen Schmerz ergriffen»: III, 4 (S. 416 a).
    – «Vielmehr ließ ich sie auf sich beruhn»: III, 4 (S. 416 a).
    – «Von diesem wolken- und gewitterschweren Himmel [abzuwenden], der sich
      vor mir türmt»: III, 5 (S. 419 a).
133 Zaleukos: I, 43 (S. 137 b). Die Quelle ist Diodorus Siculus, *Bibliotheca historica* XII,
    V, 21.
    – «Grübelt also nicht darüber nach»: III, 12 (S. 530 b). «Im Augenblick des Todes
      denken wir stets an andres» und «berühren kaum auch nur deren äußerste Scha-
      le»: III, 4 (S. 415 b–416 a).
    – Pasquier an A. M. de Pelgé, 1619, in: Pasquier, *Choix de lettres*, S. 45 f., ins Engli-

sche übersetzt bei: Frame, *Montaigne*, S. 283. Raemond, *Erreur populaire*, S. 159.

Expilly, C., Sonett in Goularts Ausgabe von Montaignes *Essais*, 1595 und in: *Poèmes*, Paris 1596, zitiert bei: Boase, *Fortunes*, S. 10.

134 «Wir sind aber, wie soll ich sagen, in uns selber doppelt»: II, 16 (S. 309 a). Der Gedanke einer Verinnerlichung La Boéties durch Montaigne wurde erstmals von Michel Butor entwickelt in: *Essais sur les* Essais, 1968.
   – Montaigne hätte stattdessen Briefe veröffentlicht: I, 40 (S. 131 a). Herr-Knecht-Beziehung: Wilden, A., «Par divers Moyens on arrive à pareille fin: a reading of Montaigne», in: *Modern Language Notes* 83 (1968), S. 577–597, bes. S. 590.
   – «Sorgfältig alles gesammelt»: Montaignes Widmungsbrief zu La Boéties «Vers françois» («Französische Verse») in seiner Ausgabe von La Boéties nachgelassenen Werken: La Boétie, *La Mesnagerie* [etc]. Der Brief ist enthalten in: *Gesammelte Schriften* (Flake / Weigand), Bd. 6, S. 292.

137 Sebond-Übersetzung: II, 12 (S. 217 b). Der Originaltitel lautet Sebond, R. de, *Theologia naturalis, sive liber creaturarum*, Deventer 1484, übersetzt von Montaigne unter dem Titel Sebond, *Théologie naturelle*, Paris 1569. Zu Sebond siehe Habert, M., «Sebond, Raimond», in: Desan, *Dictionnaire*, S. 898–900.
   – «Aber da ich damals zufällig nichts andres zu tun hatte»: II, 12 (S. 217 b). Zu der Zeit, die er für die Übersetzung benötigte, siehe Montaignes Widmungsbrief an seinen Vater in: *Gesammelte Schriften* (Flake / Weigand), Bd. 6, S. 278 f.

138 «Apologie für Raymond Sebond»: II, 12 (S. 217 a–300 b). Es war wohl Margarete von Valois, die 1578 oder 1579 Montaigne um eine solche Verteidigungsschrift bat, nachdem sie seine Übersetzung gelesen hatte. Siehe E. Naya, «Apologie de Raimond Sebond», in: Desan, *Dictionnaire*, S. 50–54, bes. S. 51. Zu seinem Werk allgemein siehe Blum, C. (Hg.), *Montaigne: Apologie de Raymond Sebond: de la «Theologia» à la «Théologie»*, Paris 1990.
   – «Wie die Schlinge den Gehenkten»: Cons, L., *Anthologie littéraire de la Renaissance française*, New York 1931, S. 143; ins Englische übersetzt bei: Frame, *Montaigne*, S. 170.

7 Stelle alles in Frage!

140 Estienne: Er erzählt diese Geschichte in der Einleitung zu seiner Ausgabe von Sextus Empiricus, *Sexti Philosophi Pyrrhoniarum Hypotyposeon libri III*, hg. von H. Estienne, [Genf] 1562, S. 4 f.
141 Von Hervets Entdeckung des Sextus berichtet Popkin, S. 33 f.
142 «Ich enthalte mich»: II, 12 (S. 250 b). Zum pyrrhonischen Skeptizismus, dessen Vermittlung an Montaigne und dessen Weitergabe siehe Bailey; Popkin und Nussbaum.
   – Sandkörnchen: Bailey, S. 21 f.
   – Drei Sentenzen zur *epoché*: Sextus Empiricus, *Grundriss der pyrrhonischen Skepsis*, S. 138–141 (Buch I, 196, 197 bzw. 202).

143 «Falls ihr nachweist»: II, 12 (S. 250 a).

 - Moore, T., *Poetical Works*, hg. von A. D. Godley, London 1910, S. 278.

144 Anekdoten über Pyrrhon: II, 29 (S. 349 a–349 b). Die Quelle für alle diese Geschichten über seine Gleichgültigkeit, aber auch seine Unfähigkeit, in allen Lebenssitutionen daran festzuhalten, ist Diogenes Laertius, *Von dem Leben und den Meinungen berühmter Philosophen* X, 52–54.

 - «Er wollte sich keineswegs zum fühllosen Klotz oder Stein machen»: II, 12 (S. 251 a)

145 «Die Wahrheit festzulegen, zu reglementieren und zu schulmeistern»: II, 12 (S. 251 a).

 - Montaignes Medaillen: das einzige noch vorhandene Exemplar befindet sich in einer Privatsammlung. Deren Beschreibung: II, 12 (S. 263 b). Siehe Demonet, M.-L., *A Plaisir: sémiotique et scepticisme chez Montaigne*, Orléans 2002, bes. S. 35–77.

146 «Die Unbesonnenheit unsrer Behauptungen mildern und mäßigen»: III, 11 (S. 518 b). «Wie kümmerlich und verkürzt»: III, 6 (S. 455 b). Philosophie der «Bescheidung»: Friedrich, S. 127. Montaignes tiefes Bedürfnis, sich überraschen zu lassen: Friedrich, S. 125.

 - «Ich stehe auf so unsichren und wackligen Füßen»: II, 12 (S. 282 a). Zu seinen wechselnden Ansichten: II, 12 (S. 281 b).

 - Wirkung von Fieber, Medizin oder einem Schnupfen: II, 12 (S. 281 b–282 a).

147 Der delirierende Sokrates: II, 2 (S. 171 b) und II, 12 (S. 275 b). «Da Gift alle Philosophie, sobald eingekörpert, in rasenden Irrsinn zu treiben vermag» und «Diese Saite haben die Philosophen, scheint mir, kaum je angeschlagen»: II, 12 (S. 274 b–275 a).

 - Tiere sehen Farben anders: II, 12 (S. 297 b). Wir bräuchten acht oder zehn Sinne: II, 12 (S. 294 b). Unsere menschliche Natur verhindert, dass wir die Dinge so sehen, wie sie sind: II, 12 (S. 299 a).

 - «Samt Verstand rollen und fließen wir wie alle sterblichen Wesen ohne Unterlass dahin»: II, 12 (S. 299 a).

148 «Man sollte wenigstens durch Schaden klug werden»: II, 12 (S. 281 a).

 - «Man muss das Bewusstsein der Seele erheblich schärfen»: III, 13 (S. 558 b). Sich der Fehlbarkeit des eigenen Verstandes bewusst zu werden: III, 13 (S. 542 a).

 - Zur Billigung der pyrrhonischen Skepsis durch die Kirche: Popkin, S. 3–6, S. 34.

149 «Eine außergewöhnliche Eingebung»: II, 12 (S. 218 b). Die Kirche und ihr Recht, seine Gedanken zu überwachen: I, 56 (S. 159 a).

 - «Ich halte mich an die Verfassung»: II, 12 (S. 284 a).

150 Katzen, die Vögel hypnotisieren: Zu Montaignes Zeit ging das Interesse an solchen Kräften der «Imagination» zur Erklärung ungewöhnlicher Phänomene oft einher mit der Ablehnung des Glaubens an Hexen und böse Geister.

 - «Mit eingezognem Kopf stürze ich mich dann blindlings in den Tod»: III, 9 (S. 488 a). Kritik übten Arnauld, A., und Nicole, P., *La Logique ou l'art de penser*, Paris 1662. Siehe Friedrich, S. 275–278. «Kreuzigt niemanden!»: Quint, S. 74.

 - Inquisition: *Tagebuch der Reise nach Italien über die Schweiz und Deutschland*, S. 146

und S. 180 f. Zur Vorsehung siehe Poppi, A., «Fate, fortune, providence, and human freedom», in: Schmitt, C., u. a. (Hg.), *The Cambridge History of Renaissance Philosophy*, Cambridge 1988, S. 641–667.

151 Wappnung gegen die Häresie: Raemond, *Erreur populaire*, S. 159 f. «Großartige Apologie» und «Merkwürdige Dinge, für die wir den Grund nicht kennen»: Raemond, *L'Antichrist*, S. 20 f. Zu Raemond siehe Magnien-Simonin, C., «Raemond, Florimond de», in: Desan, *Dictionnaire*, S. 849 f.

152 Der Seepapagei und andere Beispiele für Zusammenarbeit: II, 12 (S. 238 a–238 b). Mathematische Thunfische: II, 12 (S. 238 b). Der reumütige Elefant: II, 12 (S. 239 a). Der Eisvogel: II, 12 (S. 239 a). Tintenfische und Chamäleons: II, 12 (S. 231 b).

153 «Ein Hase ohne Knochen und Fell»: II, 12 (S. 240 a).

154 Bossuet, J.-B., *Troisième sermon pour la fête de tous les saints*, 1668, zitiert in: Boase, *Fortunes*, S. 414.

– Descartes über Tiere: Das fünfte Kapitel seiner *Abhandlung über die Methode*, 1637, widmet sich diesem Thema. Siehe Gontier, T., *De l'Homme à l'animal: Montaigne et Descartes ou les paradoxes de la philosophie moderne sur la nature des animaux*, Paris 1998, und sein «D'un Paradoxe à l'autre: l'intelligence des bêtes chez Montaigne et les animaux-machines chez Descartes», in: Faye, E. (Hg.), *Descartes et la Renaissance*, Paris 1999, S. 87–101.

155 «Wenn ich mit meiner Katze spiele»: II, 12 (S. 224 a). «Die närrischen Spiele, mit denen wir uns vergnügen»: II, 12 (S. 224 a). Diese Passage ist in der Ausgabe der nachgelassenen Schriften von 1595 enthalten und fehlt in einigen modernen Ausgaben (siehe Kapitel 18 dieses Buches).

156 «Der ganze Montaigne»: Lüthy, S. 39.

– Der Aufsatz: Michel, P., «La Chatte de Montaigne, parmi les chats du XVIe siècle», in: *Bulletin de la Société des Amis de Montaigne* 29 (1964), S. 14–18. Der Tagebucheintrag: Shannon, L., «Chatte de Montaigne», in: Desan, *Dictionnaire*, S. 162.

– «Diese Unfähigkeit zur Kommunikation» und «Wir können uns in die Empfindungen der Tiere»: II, 12 (S. 224 a).

157 Descartes' Gedanken am Ofen: Descartes, *Abhandlung über die Methode*, S. 17–22 (zweites Kapitel).

– Zu Descartes' Argumentation siehe die *Abhandlung über die Methode* und die *Meditationen*. «Alles, was ich klar und deutlich erkenne, ist wahr»: *Meditationen*, S. 71 (*Meditation 5*).

158 «Ich bin durch die gestrige Meditation»: Descartes, *Meditationen*, S. 27 (*Meditation 2*).

– «Irgendein boshafter Genius»: Descartes, *Meditationen*, S. 24 (*Meditation 1*).

159 Böse Geister in den Wolken und in den Gehirnwindungen: Clark, S. 163. Der Betrüger-Gott: Descartes, *Meditationen*, S. 19–25 (*Meditation 1*). Siehe Popkin, S. 187.

160 «Wir sind aber, wie soll ich sagen, in uns selber doppelt»: II, 16 (S. 309 a). «Wir haben keinerlei Anteil am wahren Sein»: II, 12 (S. 299 a).

161 Pascals *Mémorial*, datiert 1654: zitiert nach: Blaise Pascal, *Pensées*, S. 484 f.

- «Der geometrische Geist»: Blaise Pascal, «Betrachtungen über die Geometrie im allgemeinen» – «Vom geometrischen Geist und Von der Kunst zu überzeugen», in: Pascal, *Kleine Schriften zur Religion und Philosophie,* S. 69–108.
162 «Der große Widersacher»: Eliot, S. 157.
- Aussichtslosigkeit, den Pyrrhonismus zu besiegen: Pascal, *Pensées* Nr. 691/432, S. 384.
- «Er setzt alle Dinge einem umfassenden und so allgemeinen Zweifel aus» und «Er findet ja in diesem allumfassenden Zweifel»: Pascal, «Gespräch mit Herrn de Sacy», in: *Kleine Schriften zur Religion und Philosophie,* S. 124–126.
163 «Montaigne zählt zu den Autoren»: Eliot, S. 157.
- «Nicht bei Montaigne»: Pascal, *Pensées* Nr. 689/64, S. 383.
- Montaigne: «Wie wir über ein und denselben Gegenstand lachen und weinen»: I, 38 (S. 123a). Pascal: «Daher kommt es»: Pascal, *Pensées* Nr. 54/112, S. 57. Montaigne: Sie «streben über sich hinaus»: III, 13 (S. 566a). Pascal: «Der Mensch ist weder Engel noch Tier»: Pascal, *Pensées* Nr. 678/358, S. 378. Montaigne: «Man setze einen Philosophen in einen Käfig»: II, 12 (S. 296a).
164 Pascal: «Bei dem größten Philosophen der Welt»: Pascal, *Pensées* Nr. 44/82, S. 49.
- «Einen schwerwiegenden Fall von Verdauungsstörung»: Bloom, H., *The Western Canon,* London 1996, S. 150. Borges, J. L., «Pierre Menard, Autor des Quijote», in: *Sämtliche Erzählungen,* München 1970, S. 161–170.
- «Wir haben eine so große Vorstellung»: Pascal, *Pensées,* Nr. 411/400, S. 222.
- «Mir scheint, wir könnten»: I, 50 (S. 154a).
165 «Wer sich auf diese Art betrachtet»: Pascal, *Pensées,* Nr. 199/72, S. 132. «Wenn ich die Verblendung»: Pascal, *Pensées,* Nr. 198/693, S. 129.
- «Woran aber denkt die Welt?»: Pascal, *Pensées,* Nr. 620/146, S. 365.
- «Das Empfindungsvermögen des Menschen für die kleinen Dinge»: Pascal, *Pensées,* Nr. 632/198, S. 368.
166 Voltaire: «Über die *Gedanken* des Herrn Pascal», in: *Philosophische Briefe,* hg. und übersetzt von Rudolf von Bitter, Frankfurt a.M. 1985, S. 115–138. «Ich wage die Partei der Menschheit zu ergreifen»: ebd., S. 115. «Wenn ich London oder Paris betrachte»: ebd., S. 120. «Diese bezaubernde Absicht»: ebd., S. 133.
- «Ich nehme aus ganzem Herzen dankbar entgegen»: III, 13 (S. 562b).
167 Wir können unserem Menschsein nicht entrinnen: II, 12 (S. 299a). «Es ist höchste, fast göttergleiche Vollendung»: III, 13 (S. 566b).
- «Bequemlichkeit und Sorglosigkeit» und moralische Gefahr: Pascal, «Gespräch mit Herrn de Sacy», in: *Kleine Schriften zur Religion und Philosophie,* S. 139 bzw. S. 141f.
- Malebranche: Malebranche, S. 299–308. «Seine Ideen sind falsch, aber schön»: ebd., S. 308.
168 «Der Verstand kann»: ebd., S. 299.
- Montaigne der «Verführer»: Guizot, *Montaigne: études et fragments,* zitiert bei: Tilley, S. 275. Die «gewaltige Verführungsmaschinerie»: Mathieu-Castellani, G., *Montaigne: l'écriture de l'essai,* S. 255.

- «Um sich Gedanken anzupassen, die natürlich sind»: La Bruyère, J. de, «Von den Werken des Geistes», in: Ders., *Charaktere*, übersetzt von O. Flake, Frankfurt a.M. 2007, Nr. 44, S. 32.
- Zu Libertins siehe Pessel, A., «Libertins–libertinage», in: Desan, *Dictionnaire*, S. 588 f., und in: *Montaigne Studies* 19 (2007).
169 Zu Marie de Gournay siehe Dotoli, G., «Montaigne et les libertins via Mlle de Gournay», in: Tetel (Hg.), *Montaigne et Marie de Gournay*, S. 105–141, bes. S. 128 f. Zu Jean de La Fontaine, siehe Boase, *Fortunes*, S. 396–406.
- La Rochefoucauld: La Rochefoucauld, F. de, *Die Maximen*, übersetzt von E. Hardt, München / Berlin 1938. «Manchmal ist man von sich ebenso verschieden»: ebd., Nr. 135, S. 40. «Das sicherste Mittel, betrogen zu werden»: ebd., Nr. 127, S. 38. «Glück und Laune»: ebd., Nr. 435, S. 95. «Oft belästigt man andere»: ebd., Nr. 242, S. 62.
170 *Bel esprit*: «fröhlich, lebendig, voll Feuer» lautet die Definition bei: Bohours, *Entretiens d'Ariste et d'Eugène*, 1671, S. 194, zitiert bei: Pessel, A., «Libertins–libertinage», in: Desan, *Dictionnaire*, S. 589.
- *Honnêteté*: Definition der Académie, zitiert bei: Villey, *Montaigne devant la postérité*, S. 339. Siehe Magendie, M., *La Politesse mondaine et les théories de l'honnêteté, en France, au XVII siècle*, Paris 1925.
- «Einer geistreichen Gefallsucht»: Nietzsche, *Menschliches, Allzumenschliches*, Aphorismus 37, S. 478. «Diese freieste und kräftigste Seele» und «Dass ein solcher Mensch geschrieben hat»: Nietzsche, «Schopenhauer als Erzieher», in: *Unzeitgemäße Betrachtungen* 135, S. 296.
171 «Wenn ich noch einmal zu leben hätte»: III, 2 (S. 404 b). Zu Nietzsche und Montaigne siehe Donellan, B., «Nietzsche and Montaigne», in: *Colloquia Germanica* 19 (1986), S. 1–20; Williams, W. D., *Nietzsche and the French: A Study of the Influence of Nietzsche's French Reading on his Thought and Writing*, Oxford 1952; Molner, David, «The influence of Montaigne on Nietzsche: a raison d'être in the sun», in: *Nietzsche-Studien* 22 (1993), S. 80–93; Panichi, Nicola, *Picta historia: lettura di Montaigne e Nietzsche*, Urbino 1995.
- Arnaulds und Nicoles Angriff: Arnauld, A., und Nicole, P., *La Logique ou l'art de penser*, Paris 1662; 2. Auflage Paris 1664. Siehe Boase, *Fortunes*, S. 410 f.
- «Bücher, die, wenn sie verboten sind, umso mehr gekauft und verbreitet werden»: III, 5 (S. 424 b).
172 «Nicht bei Montaigne»: Pascal, *Pensées* Nr. 689 / 64, S. 383.

8 Habe ein Hinterzimmer in deinem Geschäft!

173 «Nie aber habe ich erlebt»: III, 5 (S. 450 a). «Ich gehe dann so aus mir heraus»: III, 3 (S. 408 b).
174 «Abgewiesen zu werden»: III, 5 (S. 433 a). «Wenn die Frauen einem Mann nur noch aus Mitleid zugetan sind»: III, 5 (S. 449 b). «Jemanden zu belästigen, belas-

tet mich»: III, 5 (S. 433 a). «Die Vorstellung entsetzt mich» und die Geschichte des «wahnsinnigen Ägypters»: III, 5 (S. 441 b). «Ja, hier umschmeichelt die Lust»: III, 5 (S. 449 a–449 b).

- «Nur mit einer Gesäßbacke» und «Wie, wenn sie, während sie dein Stangenbrot kaut»: III, 5 (S. 441 b).

- «So werden sie von ihrer Begierde und Hoffnung dazu verführt» und «Welche schädliche Vorstellungen»: III, 5 (S. 430 a).

175 «Denn ist mein allerbestes Stück»: III, 5 (S. 444 a). Die Quelle ist *Diversorum veterum poetarum in Priapum lusus*, Venedig 1517, Nr. 72 (1), f. 15v., und Nr. 7 (4 f.), f. 4v., adaptiert von Montaigne. «Dann hat mich die Natur»: III, 5 (S. 444 a); abweichend von der Stilett-Übersetzung zitiert.

- «Unser Leben, das teils aus Vernunft, teils aus Torheit besteht» sowie die Zitate von Bèze und Saint-Gelais: III, 5 (S. 444 b). Bèze, T. de, *Poemata*, Paris 1548, f. 54v. Saint-Gelais, «Rondeau sur la dispute des vits par quatre dames», in: *Œuvres poétiques françaises*, hg. von D. H. Stone, Paris 1993, Bd. I, S. 276 f.

- Françoise de La Chassaigne und ihre Familie: Balsamo, J., «La Chassaigne (famille de)» und «La Chassaigne, Françoise de», in: Desan, *Dictionnaire*, S. 566–568. Über Françoise und die Heirat: Insdorf, S. 47–58. Montaigne über Aristoteles' ideales Heiratsalter: II, 8 (S. 193 a). Die Quelle ist Aristoteles, *Politik*, VII, 16, 1335 a. Montaigne vermerkte Françoises Geburtstag und den Tag seiner Eheschließung mit ihr in seinem «Beuther»: Einträge am 13. Dezember und am 23. September.

176 Ehefrauen «haben von Natur aus die Neigung»: II, 8 (S. 195 b).

- «Ich ermahne freilich jene»: II, 31 (S. 355 b).

- Sokrates und die Wasserschöpfräder: III, 13 (S. 546 b). Die Quelle ist Diogenes Laertius, *Von dem Leben und den Meinungen berühmter Philosophen*, II, 36. Sokrates und die Bosheit seiner Frau: II, 11 (S. 210 b).

177 Beschreibung bei Gamaches: Gamaches, C., *Le Sensé raisonnant sur les passages de l'Escriture Saincte contre les pretendus réformez*, 1623, zitiert bei: Frame, *Montaigne*, S. 87. Ihre Korrespondenz mit Dom Marc-Antoine de Saint-Bernard: Frame, *Montaigne*, S. 87 f.

- Françoises Turm: Gardeau und Feytaud, S. 21.

178 «Meine Gedanken schlafen ein, wenn ich sitze»: III, 3 (S. 413 a).

- «Mann und Gattin brauchen jeder ein getrenntes Schlafzimmer»: Leon Battista Alberti, *Zehn Bücher über die Baukunst*, übersetzt von Max Theuer, Wien / Leipzig 1912, S. 279 (V, 17).

- «Wer glaubt»: I, 38 (S. 123 b). Zu unterschiedlichen Ansichten über die Ehe siehe Lazard, S. 146.

- «Lassen wir sie reden» und «Und weil ich sicherlich keinen Vertrauteren habe»: Montaignes Widmungsbrief an seine Frau anlässlich der Veröffentlichung von La Boéties Übersetzung von Plutarchs *Lettre de consolation*, in: La Boétie, *La Mesnagerie* [etc.], und in: *Gesammelte Schriften* (Flake / Weigand), Bd. 6, S. 295 f.

179 Montaignes Bemerkungen über seine Ehe: III, 5 (S. 426 a–426 b).

180 «Ich habe den Autor oft sagen hören»: F. de Raemonds Randnotizen in seiner

Ausgabe der *Essais* zitiert bei Boase, «Montaigne annoté par Florimond de Raemond», S. 239, und ins Englische übersetzt bei Frame, *Montaigne*, S. 93, nach dem hier zitiert wird.

– «Der Mann […] dürfe seine Frau nur zurückhaltend und zuchtvoll berühren» und «verderbe den Samen»: III, 5 (S. 425 a). «Die Könige von Persien»: I, 30 (S. 106 a). Zu solchen Theorien siehe Kelso, R., *Doctrine for the Lady of the Renaissance*, Urbana 1956, S. 87–89. «Mögen sie solche Schamlosigkeiten wenigstens von andrer Hand erlernen»: I, 30 (S. 106 a).

181 Den meisten Frauen ist es lieber so: III, 5 (S. 426 a).

181 Eine gute Ehe «strebt dem Vorbild der Freundschaft nach»: III, 5 (S. 426 a). Aber nicht frei gewählt, und: die Seele der Frauen ist «nicht stark genug»: I, 28 (S. 100 b).

– «Verwundet bis ins Herz»: Sand, G., *Histoire de ma vie*, Paris 1856, Bd. VIII, S. 231. Zur weiblichen Erziehung und zu Louise Labé: Davis, N. Z., «City women and religious change», in: Davis, *Society and Culture*, S. 72–74. Zur These, Labé sei das Pseudonym einer männlichen Dichtergruppe: Huchon, M., *Louise Labé: une créature de papier*, Genf 2006.

182 «Die Frauen haben gar nicht so unrecht»: III, 5 (S. 427 a–427 b). «Dass Mann und Frau aus ein und demselben Lehm geknetet sind»: III, 5 (S. 450 b). Zweierlei Maß: III, 5 (S. 427 b). «Wir Männer sind in nahezu allem ungerechte Richter»: III, 5 (S. 443 a).

– «Frauen und Kinder, Vermögen und vor allem Gesundheit zu besitzen sollte jeder anstreben»: I, 39 (S. 125 b); abweichend von der Stilett-Übersetzung zitiert.

183 Einträge zum Tod der Kinder: in: Montaigne, *Le Livre de raison*, Einträge am 21. Februar, 16. Mai, 28. Juni, 5. Juli, 9. September und 27. Dezember.

– Montaigne über den Tod seiner Kinder: I, 14 (S. 34 b). Die Datierung seines Reitunfalls: II, 6 (S. 185 a).

184 «Im zweiten Jahre ihres Lebens»: Montaignes Widmungsbrief an seine Frau anlässlich der Veröffentlichung von La Boéties Übersetzung von Plutarchs *Lettre de consolation* in: La Boétie, *La Mesnagerie* [etc.], und in: *Gesammelte Schriften* (Flake/Weigand), Bd. 6, S. 296.

– «Ich sehe durchaus, dass es alltäglich genug andere Anlässe zur Betrübnis gibt»: I, 14 (S. 35 a).

– «Über die Traurigkeit»: I, 2 (S. 11 a–12 a). Datierung 1572–74 bei Donald Frame in seiner Ausgabe der *Complete Works*, S. VII. Niobe: I, 2 (S. 11 b). Die Geschichte stammt von Ovid, *Metamorphosen* VI, 304.

185 Léonor: siehe Balsamo, J., «Léonor de Montaigne», in: Desan, *Dictionnaire*, S. 575 f.

– «Die weibliche Erziehung», die Geschichte mit dem Wort *fouteau* und Léonors «schwächliche Konstitution»: III, 5 (S. 428 b).

186 Bestrafung durch milde Worte: II, 8 (S. 192 b).

– «Ich spiele Karten»: I, 23 (S. 61 b). Das Spiel, bei dem «die äußersten Gegensätze zusammentreffen»: I, 54 (S. 157 a).

- «Es ist kläglich»: III, 9 (S. 478 a). «Es gibt ja immer etwas, das schiefgeht»: III, 9 (S. 477 b). Zu Missernten, Verwüstungen und der Nutzung seiner Beziehungen, um Wein zu verkaufen: Hoffmann, S. 9 f.
187 «Weingärung»: II, 17 (S. 324 b).
- «Bei Anstrengungen halte ich gut durch»: II, 17 (S. 319 b).
- Nie einen Rechtstitel eingesehen: III, 9 (S. 479 b).
- «Wo ich doch gar nicht rechnen kann»: II, 17 (S. 324 b).
188 Liste seiner Unzulänglichkeiten: vgl. I, 31 (S. 111 b).
- Er bewunderte praktische Kenntnisse: III, 9 (S. 479 a). «Da ich bis zur Stunde noch nie» und «In höchstem Maße frei – und in höchstem Maße faul»: II, 17 (S. 319 b). «Freiheitsdrang und Müßiggang»: III, 9 (S. 500 b).
- Besser gelegentlich Geld verlieren, als sich über jeden Pfennig Rechenschaft ablegen: II, 17 (S. 320 a). Auch Geizhälse werden oft übers Ohr gehauen: III, 9 (S. 479 b). Die Geschichte des Marquis du Trans: II, 8 (S. 194 b–195 a). Montaigne nennt den Namen nicht; er wurde von Raemond identifiziert. Siehe Boase, «Montaigne annoté par Florimond de Raemond».
189 «Nichts setzt mir derart zu» und der Wunsch, einen Schwiegersohn zu haben: III, 9 (S. 479 a–b).
- «Ich meide es, mich irgendwelchen Bindungen zu unterwerfen»: III, 9 (S. 485 b). «Ich versuche, keines Menschen dringend zu bedürfen»: III, 9 (S. 486 b). «Ich habe einen tödlichen Hass darauf»: III, 9 (S. 487 a).
- Hippias von Elis: III, 9 (S. 486 b). Die Geschichte entstammt Platon, *Hippias minor* 368 b–d, und Cicero, *De oratore* III, 32.
190 «Freigesinnten»: Nietzsche, *Menschliches, Allzumenschliches*, Aphorismus 291, S. 622 f.

9 Sei gesellig! Lebe mit anderen!

191 «Es gibt ungesellige, nach innen gewandte und verschlossne Naturen» und «Mein wesentlicher Charakterzug»: III, 3 (S. 410 a).
- Gespräche sind besser als Bücher: I, 17 (S. 41 b). «Die plötzlichen Einfälle und pointierten Wechselreden»: III, 8 (S. 472 b). «Aus dem Umgang mit Land und Leuten»: I, 26 (S. 86 b).
- «Keine Behauptung bringt mich aus der Fassung»: III, 8 (S. 462 b).
192 Er mochte es, wenn man ihm widersprach: III, 8 (S. 463 a). Sehr freundliche Gespräche: Raemond, *Erreur populaire*, S. 159. «Den Besuchern beim Empfang entgegenzugehn»: III, 3 (S. 410 b).
- Smalltalk langweilt ihn: II, 17 (S. 314 b). Seinen Gedanken nachhängen: III, 3 (S. 410 b). Aber er erkennt den Wert des gesitteten Benehmens: I, 13 (S. 29 a).
- «Dessen sich sogar ein Kind schämen müsste»: III, 3 (S. 408 a). «Gelöstheit und geselliges Wesen»: III, 13 (S. 560 b). «Fröhliche und gesellige Weisheit»: III, 5 (S. 420 b).

193 Wohlwollen: Nietzsche, *Menschliches, Allzumenschliches*, Aphorismus 49, S. 485.
   - Familie Foix: siehe Balsamo, J., «Foix (famille de)», in: Desan, *Dictionnaire*, S. 405–408. Der Mann, dessen Hauswesen «mit vielen Ausgaben und fremden Besuchen belastet war»: II, 8 (S. 193 b). Der Mann, der sich nicht ins Taschentuch schneuzte: I, 8 (S. 62 a). Montaignes Zeitgenosse Florimond de Raemond identifizierte ihn als Jean de Lusignan beziehungsweise François de La Rochefoucauld: siehe Boase, «Montaigne annoté par Florimond de Raemond». Adlige Damen, denen er einzelne Kapitel der *Essais* widmete: Diane de Foix, Comtesse de Gurson (I, 26), Marguerite de Gramond (I, 29) und Mme d'Estissac (II, 8).

194 Er organisierte im Jahr 1584 eine Hirschjagd für Heinrich von Navarra: siehe Montaigne, *Le Livre de raison*, Eintrag am 19. Dezember. Tunierwettkämpfe: III, 8 (S. 471 b). Gesellschaftsspiele: I, 54 (S. 157 a). Die Rätsel ähnelten wahrscheinlich den von Tabourot des Accords beschriebenen: siehe dessen Sammlung *Bigarrures*: Étienne Tabourot, sieur des Accords, *Les Bigarrures*, Rouen 1591 [Buch 1].
   - Hirsekörner werfen: I, 54 (S. 157 a). Missgeborenes Kind: II, 30 (S. 352 a–352 b). Hermaphroditischer Schäfer: II, 30 (S. 352 b). Mann ohne Arme: I, 23 (S. 61 b).
   - Monstren sind «wider die Gewohnheit», nicht «wider die Natur»: II, 30 (S. 353 a). «Dafür habe ich auf der ganzen Welt bisher kein ausgeprägteres Monster und Mirakel gesehn als mich selbst»: III, 11 (S. 518 a).

195 Die Bewirtschaftung des Anwesen: siehe Hoffmann, S. 14 f.
   - Angst, im Schlaf ermordet zu werden: III, 9 (S. 487 b). «Mich mitzuteilen und zu offenbaren»: III, 3 (S. 410 a).
   - Botero: Botero, G., *The Reason of State and The Greatness of Cities*, ins Englische übersetzt von R. Peterson, P. J. und D. P. Waley, London 1956, S. 279, zitiert bei: Hale, S. 426. «Nach altem Brauch einen Pförtner»: II, 15 (S. 305 b–306 a).

196 «Verriegelte Türen locken den Einbrecher an, offne lässt er links liegen» mit einer Erklärung aus Seneca: II, 15 (S. 305 b). Die Quelle ist Seneca, *Briefe an Lucilius*, Brief 68, S. 259. Ein leicht zugängliches Haus auszurauben ist nicht gerade eine Ruhmestat: II, 15 (S. 305 b). «Kann der eigene Diener es mit der Partei halten, die man fürchtet»: II, 15 (S. 306 a).
   - Soldaten entwaffnet von Montaignes offenherzigem Auftreten: III, 12 (S. 536 a).
   - Der Überfall im Wald: III, 12 (S. 536 a–536 b). Ganz anders als der Zwischenfall 1588 auf seiner Reise nach Paris, von dem gleichfalls in den *Essais* berichtet wird.

197 Geschichten von Konfrontation und Unterwerfung: I, 1 (S. 9 a–11 a).

198 Der Hirsch: II, 11 (S. 215 b). Der Kritiker David Quint betrachtet die Geschichte mit dem Hirsch als eine Urszene, die in den *Essais* immer wieder durchgespielt, aber nie aufgelöst wird: Quint, S. 63.

199 Um Gnade ersuchen und Gnade gewähren, ohne sich selbst zu erniedrigen: I, 5 (S. 17 a–17 b). «Selbstsicherheit» und «Vertrauen»: I, 24 (S. 71 b).
   - «Nicht vom Waffenblitzen»: III, 1 (S. 398 a).

200 Epaminondas: II, 36 (S. 376 a), I, 42 (S. 133 a) und (für «oberster Herr und Gebieter» des Kriegs): III, 1 (S. 397 b). Siehe Vieillard-Baron, J.-L., «Épaminondas», in: Desan, *Dictionnaire*, S. 330.

- «Entreißen wir den bösartigen Naturen»: III, 1 (S. 398 a).
- «Einen grausamen Hass auf die Grausamkeit»: II, 11 (S. 214 a). Ablehnung der Jagd: II, 11 (S. 215 b). Huhn und Hase: II, 11 (S. 214 a). Zu Montaigne und Grausamkeit siehe Brahami, F., «Cruauté», in: Desan, *Dictionnaire*, S. 236–238, und Hallie, P. P., «The ethics of Montaigne's ‹De la cruauté›», in: La Charité, R. C. (Hg.), *O un amy! Essays on Montaigne in Honor of Donald M. Frame*, Lexington, Ky. 1977, S. 156–171.
- «Selbst in der Rechtsprechung»: II, 11 (S. 214 b). «Ich scheue derart davor zurück, jemandem wehzutun»: III, 12 (S. 537 a).
201 Franzosen und ihre «andern Hälften»: I, 31 (S. 115 b). «Es ist ein und dieselbe Natur»: II, 12 (S. 231 a).
- «Wir sind zu einer gewissen Achtung» und «Ich selbst bin aufgrund meiner kindlichen Natur»: II, 11 (S. 216 b).
- Pascals spöttische Bemerkung: Blaise Pascal, «Gespräch mit Herrn de Sacy», in: *Kleine Schriften zur Religion und Philosophie*, S. 139.
202 Leonard Woolf über Montaigne und die Grausamkeit und das Ertränken der Welpen: Woolf, L., S. 17–21.
203 William James: James, W., «On a certain blindness in human beings», in: *Talks to Teachers on Psychology*, New York 1912, in: *The Writings of William James*, hg. von J. J. McDermott, Chicago 1977, S. 629–645. «Freude» und «prickelnde Erregung»: S. 629–631. Diese Ähnlichkeit außer Acht zu lassen sei der größte Fehler: S. 644 f.

10 *Erwache aus dem Schlaf der Gewohnheit!*

204 «Ich erinnere mich»: Woolf, V., *Tagebücher 1*, S. 304 (Eintrag vom 8. September 1918).
- Beispiele für unterschiedliche Sitten und Gebräuche: I, 23 (S. 62 a–64 a); I, 49 (S. 151 a–152 b); II, 12 (S. 240 a–240 b).
205 «Diese weite Welt»: I, 26 (S. 87 a).
- Kartoffeln aus Amerika: Hale, S. 173.
206 Frankreichs koloniale Abenteuer: Knecht, *Rise and Fall*, S. 287, S. 297–300 (Brasilien) und S. 392–394 (Florida).
- Montaignes Begegnung mit den Tupinambá: I, 31 (S. 115 a). Seine Sammlung von Americana: I, 31 (S. 112 a–112 b). Der Diener, der Brasilien kannte: I, 31 (S. 109 b).
207 Montaignes Lektüre: López de Gómara, *Historia de las Indias*, 1568 ins Französische übersetzt von Martin Fumée als *Histoire generalle des Indes*. Bartolomé de Las Casas, *Brevisima relación de la destruccción de las Indias*, ins Französische übersetzt unter dem Titel *Tyrannies et cruautés des Espagnols [...]*, 1579. Thevet, A., *Les Singularitez*, und Léry, J. de, *Histoire d'un voyage fait en la terre du Brésil*, La Rochelle 1578. Anekdoten aus Léry hier zitiert nach der modernen deutschen Übersetzung: Jean de Léry, *Unter Menschenfressern am Amazonas. Brasilianisches Tagebuch*, *1556–1558*, Düsseldorf 2001. Nur wenige Tupinambá haben im Alter weißes Haar:

ebd., S. 167 f. Kampf um der Ehre willen: ebd., S. 249–262. Festmahl der Kannibalen: ebd., S. 262–275. Der Menschenfuß: ebd., S. 314 f. Léry fühlte sich sicherer
«als bei unredlichen und entarteten Leuten an vielen Orten Frankreichs»: ebd.,
S. 323. Kannibalismus in Sancerre: Léry, J. de, *Histoire mémorable de la ville de Sancerre*, [La Rochelle] 1574. Zu Léry siehe Lestringant, F., *Jean de Léry ou l'invention
du sauvage*, 2. Auflage, Paris 2005.

208 Inkas und Azteken: III, 6 (S. 456 a).

209 «Hier haben wir ein Volk»: I, 31 (S. 111 b).
 – «Es war einmal eine Zeit, da gab es keine Schlangen»: Kramer, S. N., *History
    Begins at Sumer*, New York 1959, S. 222, zitiert bei: Levin, S. 10.
 – Taipi: Melville, H., *Taipi. Abenteuer in der Südsee*, Berlin 1977, S. 156.
 – Stoiker: Seneca, *Briefe an Lucilius*, Brief 90, S. 93–97. Zu den Stoikern und zum
    Primitivismus siehe Lovejoy, A. O., und Boas, G., *A Documentary History of Primitivism and Related Ideas*, Bd. 1, Baltimore 1934, S. 106 f.

210 «Wie wir die Früchte *wild* nennen»: I, 31 (S. 111 a). Die zwei Lieder der Kannibalen: I, 31 (S. 114 b und 115 a). Das Liebeslied wird hier zitiert nach Herders Übersetzung in: Montaigne, *Essais*, übersetzt von Herbert Lüthy, Zürich 1953, S. 897.
 – «Rein natürliche Volksdichtung»: I, 54 (S. 158 a).

211 Weiteres Schicksal des «Liebeslieds eines Kannibalen»: Chateaubriand, *Mémoires
    d'outre-tombe*, hg. von M. Levaillant und G. Moulinier, Paris 1864, S. 247 f. (Buch
    VII, Kap. 9), zitiert bei: Lestringant, S. 189. Kleist, Herder und Goethe: siehe Langer, U., «Montaigne's ‹coulevre›: notes on the reception of the Essais in 18th-century Germany», in: *Montaigne Studies* 7 (1995), S. 191–202, und Bouillier, *La Renommée de Montaigne en Allemagne*, S. 30 f. Über Goethe siehe Bouillier, V., «Montaigne
    et Goethe», in: *Revue de littérature comparée* 5 (1925), S. 572–593. Zu deutschen
    Öfen: Moureau, F., «Le Manuscrit du Journal de Voyage: découverte, édition et
    copies», in: Michel u. a. (Hg.), *Montaigne et les Essais 1580–1980*, S. 289–299, hier
    S. 297.
 – «So verbrennt man die Opfer oft lebendigen Leibes»: I, 30 (S. 109 a).
 – «Was mich ärgert, ist keineswegs»: I, 31 (S. 113 a).

212 Coste: Montaigne, *Essais*, hg. von P. Coste, London 1724 und Den Haag 1727. Zu
    Coste siehe Rumbold, M. E., *Traducteur Huguenot: Pierre Coste*, New York 1991. Es
    fragte sich, warum es so lange gedauert hatte, bis man ihn wirklich verstand:
    z. B. Nicolas Bricaire de la Dixmerie, *Eloge analytique et historique de Michel Montagne*, Amsterdam / Paris 1781, S. 2. Siehe Moureau, F., «Réception de Montaigne
    (XVIIIe siècle)» in: Desan, *Dictionnaire*, S. 859.

213 Diderot, D., *Supplément au voyage de Bougainville*, 1796; deutsch unter dem Titel
    Nachtrag zu «Bougainvilles Reise», übersetzt von T. Lücke, Frankfurt a. M. 1965.
    Folge deiner Natur, um glücklich zu werden: ebd., S. 64. Zu Diderot siehe
    Schwartz, J., *Diderot and Montaigne: the Essais and the Shaping of Diderot's Humanism*, Genf 1966.
 – Zu Rousseau und Montaigne siehe Fleuret und Dréano. Rousseaus Exemplar
    der *Essais* befindet sich heute in der Bibliothek der Universität Cambridge.

214 Rousseau, *Diskurs über die Ungleichheit*. «Ich sehe ein Tier»: S. 79.
  - Widrige Umstände machen ihn stark: ebd., S. 81–83. «Indem er soziabel und Sklave wird, wird er schwach»: S. 93. Ein Wilder in Freiheit tötet sich nicht selbst: S. 135. Mord unter dem Fenster eines Philosophen: S. 149.
215 Rousseau, *Émile*. Siehe Fleuret, S. 83–121.
  - «Ich rechne Montaigne»: Dieses Vorwort wurde in der Neuchâtel-Ausgabe der *Bekenntnisse*, aber nicht in modernen Ausgaben veröffentlicht, die auf dem Pariser Manuskript basieren. Es ist enthalten als Anhang in Angela Scholars Übersetzung ins Englische: Rousseau, *Confessions*, S. 643–649, hier S. 644.
216 «Dies ist das einzige Porträt eines Menschen»: Vorwort für die Ausgabe nach dem Pariser Manuskript, Rousseau, *Confessions*, S. 3 (in englischer Sprache).
  - «Ich kenne die Menschen»: Rousseau, *Bekenntnisse*, S. 7. 193. Montaigne «trägt die ganze Gestalt des Menschseins in sich»: III, 2 (S. 399 a).
  - Vorwürfe von Zeitgenossen: Cajot, J., *Plagiats de M. J. J. R[ousseau], de Genève, sur l'éducation*, Den Haag 1766, S. 125 f. Bricaire de la Dixmerie, N., *Eloge analytique et historique de Michel Montagne*, Amsterdam / Paris 1781, S. 209–276, hier S. 259.

11 Finde das rechte Maß!

218 Zu den Reaktionen im frühen 19. Jahrhundert, insbesondere auf Montaignes Freundschaft mit La Boétie siehe Frame, *Montaigne in France*, S. 17–23. Sand: Sand, G., *Histoire de ma vie*, Paris 1856, Bd. VIII, S. 230 f. «Das Einzige, was ich an ihm bewundere», «Weil du du bist» und «Freund Montaigne»: Lamartine an Aymon de Virieu, 21. Mai [1811], 26. Juli 1810 und 9. November 1809, in: Lamartine, Bd. I, S. 290, S. 235 und S. 178.
219 Zum Turm als Pilgerstätte siehe Legros. Zum Zustand des Schlosses Anfang des 19. Jahrhunderts: Willett, S. 121.
  - Compan und Gaillon: zitiert bei: Legros, S. 65–75.
220 «Ich habe, da von trägem und schwerfälligem Temperament»: II, 12 (S. 283 b). «Ich liebe die bedächtigen Naturen»: I, 30 (S. 105 a). «Meine Ausschweifungen [tragen] mich keineswegs sehr weit fort»: III, 2 (S. 402 a). «Meiner Ansicht nach sind jene Leben am schönsten»: III, 13 (S. 566 b).
  - Lamartine kritisiert Montaigne: Lamartine an Aymon de Virieu, 21. Mai [1811], in: Lamartine, Bd. I, S. 290. Sand «nicht Montaignes Schülerin»: George Sand an Guillaume Guizot, 12. Juli 1868, in: Sand, G., *Correspondance*, Paris 1964–1969, Bd. V, S. 268 f.
  - Zu Tasso: II, 12 (S. 244 b–245 a).
221 Dichtung braucht eine «Beimischung von Wahnsinn»: II, 2 (S. 172 b). Aber «der Bogenschütze, der übers Ziel hinausschießt»: I, 30 (S. 105 b).
  - «Kein Dichter»: Chasles, P., *Etudes sur le XVIe siècle en France*, Paris 1848, S. XLIX. «Stoische Gleichgültigkeit»: Lefèvre-Deumier, J., *Critique littéraire*, Paris 1825–1845, S. 344. Zu beiden siehe Frame, *Montaigne in France*, S. 15 f.

– «Die Mäßigkeit sieht sich selber als schön»: Nietzsche, *Morgenröte*, Viertes Buch 361, S. 1206.

222 Zur Ekstase in der Renaissance siehe Screech, S. 10.

– «Ins Jenseits entrückte Seelenzustände erschrecken mich»: III, 13 (S. 566 a).

– «Statt sich zu erheben, stürzen sie zu Boden»: III, 13 (S. 566 a).

– «Recht zu leben»: III, 13 (S. 560 a).

223 «Nichts ist so schön und unsrer Bestimmung gemäß wie ein rechter Mensch sein»: III, 13 (S. 561 b).

– West, Rebecca, *Black Lamb and Gray Falcon*, London 1941, Bd. II, S. 496 f.; hier zitiert nach der gekürzten deutschen Ausgabe unter dem Titel *Schwarzes Lamm und grauer Falke. Eine Reise durch Jugoslawien*, übersetzt von H. Gebhard, Berlin 2002, S. 245.

12 Bewahre dir deine Menschlichkeit!

225 Zu der Frage, wer hinter dem Attentat auf Coligny steckte, siehe Holt, S. 83–85.

226 Zur Bartholomäusnacht allgemein siehe Diefendorf sowie Sutherland, N. M., *The Massacre of Saint Bartholomew and the European Conflict 1559–72*, London 1972. Über diese Ereignisse schreibt Montaigne nichts in den *Essais*, vielleicht jedoch in seinem Familienbuch, dem «Beuther» – es fehlen die Seiten für den 24. August und den 3. Oktober, als die Massaker in Paris beziehungsweise Bordeaux stattfanden. Vielleicht bereute er, was er geschrieben hatte, und riss die Seiten heraus: er selbst oder vielleicht seine Nachkommen. Siehe Nakam, *Montaigne et son temps*, S. 192.

– Die Geschichte der Lussaults wird zitiert bei Diefendorf, S. 100–102. Zur Gewalt als Läuterung durch Feuer und Wasser: Davies, N. Z., «The rites of violence», in: *Society and Culture*, S. 152–187, bes. S. 187.

– Zur Zahl der Opfer siehe Holt, S. 92–94, und Langer, U., «Montaigne's political and religious context», in: Langer (Hg.), *Cambridge Companion*, S. 14.

– Das Massaker in Bordeaux: Holt, S. 92–94.

227 Gesang und Lauten in Orléans: Holt, S. 91. Zur Beteiligung von Kindern, zur übernatürlichen Deutung der Ereignisse und zur römischen Siegesmedaille: Crouzet, Bd. II, S. 122 f. Medaillen des französischen Königs Karl IX.: Crouzet, Bd. II, S. 122 f.

– Jean La Rouvière: zitiert bei: Salmon, J. H. M., «Peasant revolt in Vivarais, 1575–1580», in: *Renaissance and Revolt*, Cambridge 1987, S. 221 f. Siehe Holt, S. 112–114.

228 Bevorstehende Apokalypse: siehe Cunningham / Grell, S. 19–91, mit Analyse der einzelnen «Reiter». Werwolf, siamesische Zwillinge und die Nova: Crouzet, Bd. II, S. 88–91.

230 «Endgültiger Untergang»: Gournay, *Apology for the Woman Writing* [etc.], S. 138. Postel: Crouzet, Bd. II, S. 335.

– Das letzte große Werk des Teufels: siehe Clark, S. 321–326. Wier: Wier, J., *De prae-*

stigiis daemonum, Basel 1564, zitiert bei: Delumeau, S. 251. Bodin und der Hexen-glaube: Bodin, J., *On the Demon-Mania of Witches*, ins Englische übersetzt von R. A. Scott, Toronto 1995, Übersetzung von *De la Démonomanie des sorciers*, Paris 1580, S. 200. Zum Wiederaufleben mittelalterlicher Praktiken wie der Wasser-probe und der Feuerprobe mit glühenden Eisen: Clark, S. 590 f. Die Angst vor Hexen grassierte in Europa bis Mitte des 17. Jahrhunderts; Zehntausende Frau-en fielen ihr zum Opfer. Die Folter als Instrument der Wahrheitsfindung unge-eignet: II, 5 (S. 183 a). «Um deretwillen einen Menschen bei lebendigem Leib ver-brennen lassen»: III, 11 (S. 520 a).

– Antichrist: Die Geschichten aus Afrika und Babylon berichtet Jean de Nury in seinen *Nouvelles admirables d'un enfant monstre*, 1587, zitiert bei: Crouzet, Bd. II, S. 370.

231 Raemond: Raemond, *L'Antichrist*. Siehe Magnien-Simonin, C., «Raemond, Flo-rimond de», in: Desan, *Dictionnaire*, S. 849 f.

– Religiöser Eifer: Crouzet, Bd. II, S. 439–444.

– Zu den radikalen protestantischen Schriften jener Zeit zählen François Hotman, *Francogallia* (großteils früher geschrieben, aber 1573 veröffentlicht und nach dem Massaker sehr populär), Théodore de Bèze, *Du Droit des magistrats sur leurs sub-iets*, 1574, und die *Vindiciae contra tyrannos*, 1579, von Hubert Languet (manchmal Philippe Duplessis-Mornay zugeschrieben). Siehe Holt, S. 100 f.

232 Die Geschichten über die Exzesse Heinrichs III. stützen sich weitgehend auf Pierre de L'Estoile, einen nur bedingt zuverlässigen protestantischen Chronis-ten. L'Estoile, P. de, *The Paris of Henry of Navarre as seen by Pierre de l'Estoile*, hg. von N. Lyman Roelker, Cambridge, Mass. 1958. Essen mit Gabeln, Pyjama tra-gen und Haarewaschen: Knecht, *Rise and Fall*, S. 489.

– Ungewöhnliche Ereignisse sind keine Zeichen einer kommenden Apokalypse: I, 26 (S. 86 b). Zur Unzuverlässigkeit von Zukunftsdeutungen: I, 11 (S. 25 b–27 b). Berichte über Hexereien als Ausgeburten der menschlichen Phantasie: III, 11 (S. 519 a).

233 Gefährlichkeit, apokalyptische Ereignisse als Hirngespinste abzutun: Del Rio, M., *Disquisitionum magicarum libri sex*, 1599, und Lancre, P., *De l'Incrédulité et mescreance du sortilège*, 1622, beide zitiert bei: Villey, *Montaigne devant la postéri-té*, S. 360 und S. 367–371. Siehe Courcelles, D. de, «Martin Del Rio», und Legros, A., «Lancre, Pierre Rostegui de», beide in: Desan, *Dictionnaire*, S. 234 f. und S. 561 f.

– *Politiques*: Crouzet, Bd. II, S. 250–252.

234 «Er trägt einen Schafspelz»: Dieudonné, R. de, *La Vie et condition des politiques et athéistes de ce temps*, Paris 1589, S. 17.

– Vorwürfe der *politiques* gegen die Liga: siehe z.B. *Lettre missive aux Parisiens d'un Gentilhomme serviteur du Roy*, 1591, S. 4 f., zitiert bei: Crouzet, Bd. II, S. 561. Mon-taigne: «Unser Glaubenseifer tut Wunder» und «Die Christen übertreffen alle andern»: II, 12 (S. 219 b).

– Die *politiques* waren überzeugt, die Situation werde sich beruhigen: siehe z.B.

Loys Le Caron, *De la Tranquillité de l'esprit*, 1588, Saint-Germain d'Apchon, *L'Irenophile discours de la paix*, 1594, und Guillaume du Vair, *La Constance et consolation ès calamitez publiques*, 1594 f. Crouzet, Bd. II, S. 555–557.

235 Zum Krieg als prägende Erfahrung Montaignes siehe bes. Frieda Brown, *Religious and Political Conservatism in the Essais of Montaigne*, Genf 1963. Siehe auch Coleman, J., «Montaigne and the Wars of Religion», in: Cameron (Hg.), *Montaigne and his Age*, S. 107. Montaigne: «Wundre ich mich eher» und «Wer sich aber wie auf einem Gemälde»: I, 26 (S. 86 b–87 a). «Da dürfte es schon viel sein»: II, 16 (S. 313 a).

– «Ich jedenfalls überlasse mich keineswegs der Verzweiflung»: III, 9 (S. 483 a).

236 Lipsius-Briefe: Justus Lipsius an Montaigne, 30. August 1588 und 18. September 1589, zitiert bei: Morford, M. P. O., *Stoics and Neostoics: Rubens and the Circle of Lipsius*, Princeton, NJ 1991, S. 160.

237 Zweig wusste mit den *Essais* zunächst wenig anzufangen: siehe Zweig, «Montaigne», S. 8 f.

238 Zweigs Exil: Zweig, *Die Welt von Gestern*, S. 485–487.

– «So gehöre ich nirgends mehr hin»: Zweig, *Die Welt von Gestern*, S. 8.

239 «Dazwischen halte ich mich an Montaigne»: Stefan Zweig an Joachim Maass, 25. Dezember 1941, in: S. Zweig, *Briefe 1932–1942*, hg. von Knut Beck und Jeffrey B. Berlin, Frankfurt a.M. 2005, S. 334. «Erst in dieser Bruderschaft des Schicksals»: Zweig, «Montaigne», S. 10.

– Wie bewahre ich mir «die Humanität des Herzens»: Zweig, «Montaigne», S. 14. «Er hat nichts von den rollenden Tiraden»: ebd., S. 16. Montaigne war kein Held: ebd., S. 79.

– Zweigs «Tabelle»: Zweig, «Montaigne», S. 59.

240 Zweigs Abschiedsbrief vor seinem Freitod: Stefan Zweig, *Briefe, 1932–1942*, Frankfurt a.M. 2005, S. 345 (Brief vom 22. Februar 1942).

– Es bleibt nichts außer dem «nackten Ich»: Zweig, «Montaigne», S. 10. «Nur wer in der eigenen erschütterten Seele»: ebd., S. 7. Leonard Woolf: Woolf, L., S. 18 f.

241 Macé-Scaron: Macé-Scaron, S. 76.

– Flaubert: Gustave Flaubert an Mlle Leroyer de Chantepie, 16. Juni 1857, zitiert bei: Frame, *Montaigne in France*, S. 61.

13 Tu etwas, was noch nie zuvor jemand getan hat!

242 Zu allen frühen Ausgaben der *Essais* siehe Literaturverzeichnis; siehe auch Sayce/Maskell. Millanges: siehe Hoffmann, S. 66–83. Zu den beiden Ausgaben bei Simon Millanges (1580 und 1582) siehe Blum, C., «Dans l'Atelier de Millanges», in: Blum/Tournon (Hg.), *Editer les* Essais *de Montaigne* (S. 79–97).

243 Zur Druckfassung der ersten Ausgabe: Desan, P., «Édition de 1580», in: Desan, *Dictionnaire*, S. 297–300, hier S. 300.

– La Croix du Maine: La Croix du Maine, S. 329. Die *Essais* tauchten auch auf in

Antoine Du Verdiers Bibliographie *La Bibliothèque d'Antoine Du Verdier, seigneur de Vauprivas*, Lyon 1585, Eintrag zu «Michel de Montaigne», S. 872–881. Den *Essais* war ein besseres Schicksal beschieden, als Montaigne es erwartet hatte: III, 9 (S. 484 b). «Gewöhnlich nur als Einrichtungsgegenstand»: III, 5 (S. 424 a).
- «Dann müssen Eure Majestät mich mögen»: La Croix du Maine, S. 329. Vgl. Montaignes Beschreibung seines Buches als «mit seinem Autor wesensgleich»: II, 18 (S. 330 a).
244 Rotwein: Scaliger und Dupuy, beide zitiert bei: Villey, *Montaigne devant la postérité*, S. 73. «Von Weiß- auf Rotwein übergegangen, dann von Rot- zurück zu Weißwein»: III, 13 (S. 557 a). Unverfrorenheit *(effronterie)*: Malebranche, *La recherche de la vérité*, 1674, zitiert bei: Marchi, S. 48. Pascal: Pascal, *Pensées* Nr. 649 / 65, S. 373.
- Pattison: Pattison, M., Rezension, in: *Quarterly Review* 198 (September 1856), S. 396–415, hier S. 396.
- «Geschwätz»: St. John, B., *Montaigne the Essayist*, London 1858, Bd. I, S. 316 f. «Den Menschen selbst», den «Kern» seiner selbst: Sterling, S. 323 f.
- «Ich wende meinen Blick nach innen»: II, 17 (S. 327 a); abweichend von der Stilett-Übersetzung zitiert. Zu dieser Passage siehe Starobinski, S. 213 f.
245 Zu den *Essais* als barockes oder manieristisches Werk siehe: Buffum; Butor; Sayce, R. A., «Baroque elements in Montaigne», in: *French Studies* 8 (1954), S. 1–15; Nakam, G., «Montaigne manieriste», in: Nakam, *Le dernier Montaigne*, S. 195–228; Rigolot, F., «Montaigne's anti-Mannerist Mannerism», in: Cameron / Willett (Hg.), *Le Visage changeant de Montaigne*, S. 207–230. Montaigne: «Grotesken» und «monströse […] Zerrbilder»: I, 28 (S. 99 a). Horaz über die Dichtung: Horaz, *Ars poetica*, 1–23.
246 Schreiben im natürlichen Rhythmus der Gedanken: II, 17 (S. 317 b–318 a). In seinen Anweisungen für den Drucker des Bordeaux-Exemplars spricht er von seiner «langage coupé»: siehe Sayce, S. 283.
- «Von den hundert Gliedern und Gesichtern»: I, 50 (S. 153 a).
- «Über Wagen»: III, 6 (S. 450 b–459 a). Zum Titel dieses *Essai* siehe Tournon, A., «Fonction et sens d'un titre enigmatique», in: *Bulletin de la Société des Amis de Montaigne* 19 f. (1984), S. 59–68, und sein Eintrag «Coches», in: Desan, *Dictionnaire*, S. 175 f. «Über die Physiognomie»: III, 12 (S. 521 b–537 a).
- Thackeray: siehe Dédéyan, Bd. I, S. 288. «Oft bezeichnen sie ihn nur durch ein bestimmtes Merkmal» und «In irgendeiner Ecke wird sich stets ein Wort finden»: III, 9 (S. 502 a). Siehe McKinley, M. B., *Words in a Corner: Studies in Montaigne's Latin Quotations*, Lexington, Ky., 1981.

14 *Schau dir die Welt an!*

248 «Ewiger Wandel der Erscheinungsformen unsrer Natur»: III, 9 (S. 489 a). ‹Tüchtige Neugierde»: I, 26 (S. 86 a). Verbundenheit mit seinen antiken Heroen: III, 9 (S. 503 b). Sein «Gehirn an ihrem reiben und verfeinern»: I, 26 (S. 84 b).

– Steine herausschwemmen: *Tagebuch der Reise nach Italien über die Schweiz und Deutschland*, S. 259. Sein Vater, Großvater und Urgroßvater: II, 37 (S. 379 a).

249 Venezianischer Terpentinbalsam: *Tagebuch der Reise nach Italien über die Schweiz und Deutschland*, S. 146. Der Ziegenbock: II, 37 (S. 387 a). Über Bäder: II, 37 (S. 386 a).

250 Zu seiner Route und zu den Reisedaten siehe *Tagebuch der Reise nach Italien über die Schweiz und Deutschland*.

– Mattecoulon nahm an einem Duell teil und tötete den gegnerischen Sekundanten. Durch Intervention des französischen Königs wurde er aus dem Gefängnis entlassen: all dies, wie Montaigne kommentierte, nach Maßgabe eines sinnlosen Ehrenkodex: II, 27 (S. 345 a). Zu einem anderen jungen Mann, M. de Cazalis, der in Padua die Reisegesellschaft verließ, siehe *Tagebuch der Reise nach Italien über die Schweiz und Deutschland*, S. 118.

– Zu den Reisebedingungen: Heath, M., «Montaigne and travel», in: Cameron (Hg.), *Montaigne and his Age*, S. 121–132; Hale, S. 145–148. Montaignes Änderung seiner Route: *Tagebuch der Reise nach Italien über die Schweiz und Deutschland*, S. 106.

251 Montaignes Bevorzugung des Reitens: III, 6 (S. 451 b). Flussfahrt: III, 6 (S. 452 a), *Tagebuch der Reise nach Italien über die Schweiz und Deutschland*, S. 71 und S. 107. Seekrank: ebd., S. 118. Die Fortbewegung im Sattel bei einer Nierenkolik sei besonders angenehm: III, 6 (S. 451 b–452 a).

– «Maßvolles Bewegtsein»: III, 9 (S. 489 a). «Sieht es rechts bedenklich aus»: III, 9 (S. 497 a). Über Virginia Woolf: Woolf, L., *Downhill All the Way*, London 1968, S. 178 f. «Im Dahinrollen der Himmel gelassen mitrollen»: II, 17 (S. 326 a).

254 Es gibt keinen rechten Weg: *Tagebuch der Reise nach Italien über die Schweiz und Deutschland*, S. 106.

– Spätaufsteher: III, 9 (S. 489 b); III, 13 (S. 553 b). Er verschmähte nicht die regionale Küche und bedauerte, keinen Koch mitgenommen zu haben: *Tagebuch der Reise nach Italien über die Schweiz und Deutschland*, S. 63.

– Andere reisten «verschlossen, in ein misstrauisches […] Schweigen gehüllt»: III, 9 (S. 497 b). «Natürlich floss in sein positives Urteil»: *Tagebuch der Reise nach Italien über die Schweiz und Deutschland*, S. 63.

– Das Tagebuch in italienischer Sprache: III, 5 (S. 436 b–437 a). Er sprach einigermaßen gut Italienisch, und in den frühen Ausgaben des Reisejournals wurden seine Fehler korrigiert. Siehe Garavini, F., «Montaigne: écrivain italien?», in: Blum / Moreau (Hg.), *Études montaignistes*, S. 117–129, sowie Cavallini, C., «Italianismes», in: Desan, *Dictionnaire*, S. 515 f.

255 Taschentuch in Augsburg: *Tagebuch der Reise nach Italien über die Schweiz und Deutschland*, S. 79.

- Kindstaufe: *Tagebuch der Reise nach Italien über die Schweiz und Deutschland*, S. 75. Synagogen: ebd., S. 157 f. Beschneidung: ebd., S. 158 f.
- «Eine Stelle seines Barts und eine halbe Augenbraue waren ganz weiß»: *Tagebuch der Reise nach Italien über die Schweiz und Deutschland*, S. 30. Mädchen, als Männer verkleidet: ebd., S. 25.
256 Schweizer Tischsitten: *Tagebuch der Reise nach Italien über die Schweiz und Deutschland*, S. 41 f. und S. 50 f.; Schlafzimmer: ebd., S. 42.
- Vogelkäfig: *Tagebuch der Reise nach Italien über die Schweiz und Deutschland*, S. 62. Straußenvögel: ebd., S. 82. Langstielige Bürste: ebd., S. 78. Ferngesteuerte zweitorige Anlage in der Stadtmauer: ebd., S. 82 f.
- Park der Fugger: *Tagebuch der Reise nach Italien über die Schweiz und Deutschland*, S. 80 f.
257 Michelangelo: *Tagebuch der Reise nach Italien über die Schweiz und Deutschland*, S. 131.
- Das Reisejournal: Nach seiner Veröffentlichung wurde es in der königlichen Bibliothek aufbewahrt. Es müsste sich heute in der Bibliothèque nationale befinden, gilt aber als verschollen. Wir kennen nur die 1774 veröffentlichte Version sowie eine handschriftliche Kopie mit einem anderen Text. Siehe Moureau, F., «La Copie Leydet du *Journal de Voyage*», in: Moureau, F., und Bernoulli, R. (Hg.), *Autour du* Journal de voyage *de Montaigne*, Genf/ Paris 1982, S. 107–185; und sein «Le manuscrit du *Journal de Voyage*: découverte, édition et copies», in: Michel u.a. (Hg.), *Montaigne et les Essais 1580–1980*, S. 289–299; und Rigolot, F., «Journal de voyage», in: Desan, *Dictionnaire*, S. 533–537.
- «Dreimaligen Stuhlgang»: *Tagebuch der Reise nach Italien über die Schweiz und Deutschland*, S. 50. «vorn wie hinten»: ebd., S. 52. «Er war groß und lang wie ein Tannenzapfen»: ebd., S. 286. Kachelöfen und Feuerstellen in der Schweiz: ebd., S. 43.
258 Zum Sekretär: siehe Brush, C. B., «The secretary, again», in: *Montaigne Studies* 5 (1993), S. 113–138, bes. S. 136–138. Der Sekretär stammte wahrscheinlich aus Montaignes eigenem Haushalt, denn er war mit dem Anwesen und den Orten in der Umgebung des Schlosses vertraut: *Tagebuch der Reise nach Italien über die Schweiz und Deutschland*, S. 66 und S. 85. Lange Ansprachen: *Tagebuch der Reise nach Italien über die Schweiz und Deutschland*, S. 37 und S. 56.
- «Nach Krakau oder Richtung Griechenland» und «Nie erlebte ich ihn weniger abgeschlagen»: *Tagebuch der Reise nach Italien über die Schweiz und Deutschland*, S. 105 f.
259 Venedig: *Tagebuch der Reise nach Italien über die Schweiz und Deutschland*, S. 115–117. Zu Veronica Franco siehe Rigolot, F., «Franco, Veronica», in: Desan, *Dictionnaire*, S. 418.
- Ferrara: *Tagebuch der Reise nach Italien über die Schweiz und Deutschland*, S. 123–125. Begegnung mit Torquato Tasso: II, 12 (S. 244 b–245 a). Fechten in Bologna: *Tagebuch der Reise nach Italien über die Schweiz und Deutschland*, S. 125. Wasserspiele im Park: ebd., S. 134 und S. 192 f.
- Ankunft in Rom: *Tagebuch der Reise nach Italien über die Schweiz und Deutschland*, S. 141–145.

260 Inquisitionsbeamte: *Tagebuch der Reise nach Italien über die Schweiz und Deutschland*, S. 146. «Ich hatte den Eindruck»: ebd., S. 196.

– Rom intolerant, aber kosmopolitisch: *Tagebuch der Reise nach Italien über die Schweiz und Deutschland*, S. 191. Römisches Bürgerrecht: *Essais* II, 9 (S. 504 a); «Den Titel eines römischen Bürgers zu erwerben»: *Tagebuch der Reise nach Italien über die Schweiz und Deutschland*, S. 191.

– Predigten, Disputationen und Prostituierte: *Tagebuch der Reise nach Italien über die Schweiz und Deutschland*, S. 182 f.

261 Vatikanische Bibliothek: *Tagebuch der Reise nach Italien über die Schweiz und Deutschland*, S. 170–172. Beschneidung: ebd., S. 158 f.

– Audienz beim Papst: *Tagebuch der Reise nach Italien über die Schweiz und Deutschland*, S. 148 f.

262 Bußprozession: *Tagebuch der Reise nach Italien über die Schweiz und Deutschland*, S. 185–188. Exorzismus: ebd., S. 168. Catenas Hinrichtung: ebd., S. 152; vgl. *Essais* II, 11 (S. 215 a) zu Grausamkeiten an Leichen.

263 Der «obere Rand des antiken Mauerwerks»: *Tagebuch der Reise nach Italien über die Schweiz und Deutschland*, S. 145. Hohe Säulen: ebd., S. 157.

264 «Allein aus den Spänen» Senecas und Plutarchs gezimmert: II, 32 (S. 356 b). Imaginative Kraft: *Tagebuch der Reise nach Italien über die Schweiz und Deutschland*, S. 155.

– Goethe: Goethe, J. W., *Italienische Reise*, in: *Sämtliche Werke*, Bd. 11, München 1977: «Alle Träume meiner Jugend seh' ich nun lebendig»: S. 137 (Eintrag am 1. November 1786).

265 «Ich lebe nun hier mit einer Klarheit»: ebd., S. 146 (Eintrag am 10. November 1786). Freud: Freud, S., «Eine Erinnerungsstörung auf der Akropolis», in: *Gesammelte Werke*, Bd. 16, Frankfurt a. M. 1961, S. 250–257. «Dieses Rom und dieses Paris, die ich in der Seele trage»: II, 12 (S. 239 b).

265 «Dabei konnte ich mich eines ruhigen Gemüts erfreuen»: *Tagebuch der Reise nach Italien über die Schweiz und Deutschland*, S. 281.

– Loreto: *Tagebuch der Reise nach Italien über die Schweiz und Deutschland*, S. 204–210. Die Bagni della Villa: ebd., S. 230–263 und S. 279–291.

15 Mache deinen Job gut, aber nicht zu gut!

266 Die beiden Briefe der Schöffen (*jurats*) und Montaignes Romreise: *Tagebuch der Reise nach Italien über die Schweiz und Deutschland*, S. 290.

267 «Ich lehnte zunächst ab»: III, 10 (S. 506 a). Brief des Königs: siehe Lacouture, S. 236.

– Ankunft zu Hause: *Tagebuch der Reise nach Italien über die Schweiz und Deutschland*, S. 316, und Montaigne, *Le Livre de raison*, Eintrag am 20. November.

268 Zu seinen Aufgaben als Bürgermeister und den Problemen jener Zeit: Lazard, S. 282 f.; Lacouture, S. 234 f.; Cocula, A.-M., *Montaigne, maire de Bordeaux*, Bordeaux 1992.

– «Andersartige Meinungen leidenschaftslos» anzuhören: III, 8 (S. 463 a).

269 Zu Matignon siehe Cooper, R., «Montaigne dans l'entourage du maréchal de Matignon», in: *Montaigne Studies* 13 (2011), S. 99–140; und sein «Matignon, Maréchal de» in: Desan, *Dictionnaire*, S. 640–644.

– Zu Pierres Erschöpfung durch beschwerliche Reisen: III, 10 (S. 506 b). Montaignes Dienstreisen als Bürgermeister: Frame, *Montaigne*, S. 238–240. Amtsgeschäfte vom Schloss aus: Nakam, *Montaigne et son temps*, S. 311.

270 «Bei mir war es der Fall, nach nur zwei früheren Beispielen»: III, 10 (S. 506 a). Zu seiner Wiederwahl trotz Widerstands: Frame, *Montaigne*, S. 232–234.

– Montaigne als Vermittler: Frame, *Montaigne*, S. 232–234.

– Vaillacs Vorstoß und Verbannung aus Bordeaux: Frame, *Montaigne*, S. 238–240.

271 Briefe Montaignes an Matignon, 22. und 27. Mai 1585, in: *Gesammelte Schriften* (Flake / Weigand), Bd. 6, S. 311–314.

– Bewunderung durch die Zeitgenossen: Thou, J.-A. de, *Mémoires*, 1714, und Duplessis-Mornay an Montaigne, 25. November 1583, ins Englische übersetzt bei: Frame, *Montaigne*, S. 229 und S. 233.

– «Ordnung» und «wohltuende und ungestörte Ruhe»: III, 10 (S. 516 a).

272 «Keinen rechten Eifer zeige» und «Das ist ja köstlich»: III, 10 (S. 514 a). «Neuerungen»: III, 10 (S. 515 b). Die wahren Motive für öffentliches Engagement: III, 10 (S. 514 b).

– «Was die wohlverstandene Pflicht von mir verlangte»: III, 10 (S. 514 b).

– Shakespeare, W., *König Lear* (geschrieben um 1603–1606). «In den Geruch eines Schmeichlers zu kommen»: I, 40 (S. 131 a–131 b).

273 «Ihnen rundheraus zu sagen, wo für mich die Grenzen liegen»: III, 1 (S. 393 b). Verhalten gegenüber Menschen, die einander spinnefeind sind: III, 1 (S. 393 a–393 b).

– Nicht alle verstanden: III, 1 (S. 394 a).

274 «Letzten Endes aber geht es, wenn man von sich selber spricht, nie ohne Verluste ab»: III, 8 (S. 462 a).

– Matignon an Heinrich III., 30. Juni 1585, und an Montaigne, 30. Juli 1585, beides ins Englische übersetzt bei: Frame, *Montaigne*, S. 240.

275 Montaignes Briefe an die Schöffen der Stadt Bordeaux, 30. und 31. Juli 1585, in: *Gesammelte Schriften* (Flake / Weigand), Bd. 6, S. 315 f.

– Order, die das Betreten der Stadt verbot: siehe Bonnet, P., «Montaigne et la peste de Bordeaux», in: Blum / Moreau (Hg.), *Études montaignistes*, S. 59–67, hier S. 64.

276 Kritik an Montaignes Entscheidung: Detcheverry, Grün, Feugère und Lecomte, alle zitiert bei: Bonnet, P., «Montaigne et la peste de Bordeaux», in: Blum / Moreau (Hg.), *Études montaignistes*, S. 59–67, hier S. 59–62. Die Briefe wurden zuerst veröffentlicht bei: Detcheverry, A., *Histoire des Israélites de Bordeaux*, Bordeaux 1850.

277 «Ich enthalte mich»: II, 12 (S. 250 b).

– Zum Nihilismus jener Zeit siehe Gillespie, M. A., *Nihilism before Nietzsche*, Chicago 1995.

– Faguet: Seine Schriften wurden 1999 mit einem Vorwort von Antoine Compagnon unter dem Titel Faguet, *Autour de Montaigne* herausgegeben. Champion:

Champion, E., *Introduction aux Essais de Montaigne*, Paris 1900: siehe Compagnon, A., Vorwort zu Faguet, S. 16.

– Guizot: Guizot, G., *Montaigne: études et fragments*.

278 «Er wird aus uns nicht die Menschen machen, die unsere Zeit benötigt»: Guizot, G., *Montaigne: études et fragments*, S. 269. Guizot arbeitete fünfundzwanzig Jahre lang an der Ausgabe der *Essais* und an einer Studie zu Montaignes Leben; beide wurden nicht zu Ende geführt, doch nach seinem Tod stellten seine Freunde die Fragmentensammlung zu einem Band zusammen.

– Michelet: Michelet, *Histoire de France*, 1861, Bd. VIII, S. 429 («einen schwachen und negativen» Menschen), und Bd. X, S. 397 f. («sich selbst beim Träumen zuzusehen»). Beides zitiert bei: Frame, *Montaigne in France*, S. 42 f.

– Church, R. W., «The Essays of Montaigne», in: *Oxford Essays contributed by Members of the University*, London 1857, S. 239–282. «Die Nichtigkeit des Menschen» und «die Idee der Pflicht»: ebd., S. 265. «Trägkeit und Mangel an moralischen Maßstäben»: ebd., S. 280. Zu Church siehe Dédéyan, Bd. I, S. 295–308.

279 Halifax' Bemerkungen sind wiedergegeben in Hazlitts Montaigne-Ausgabe aus dem Jahr 1842, *The Complete Works*, S. XXXV.

– Honorias Ausgabe: Montaigne, *Essays*, hg. von Honoria, 1800 (siehe Literaturverzeichnis). «Wenn […] durch die Trennung des reinen Erzes» und «Auch ist er bei seinen Themen oft so zusammenhangslos»: Honorias Einleitung, S. XIX.

280 Kritik an Montaigne, weil er die Massaker der Bartholomäusnacht unerwähnt lässt: Honorias Ausgabe, S. 104, Fußnote. Kinder nicht mit Musik wecken: ebd., S. 157, Fußnote. Montaignes politischer Konformismus und seine «vielen erhabenen religiösen Ansichten»: Honorias Einleitung, S. XVIII.

– «Ich frage mich, ob ich ohne Gesichtsverlust»: III, 12 (S. 528 a).

281 Die Frage der Thronfolge und die Präferenz der *politiques*: Nakam, *Montaigne et son temps*, S. 329–332.

282 Besuch Heinrichs von Navarra bei Montaigne und die Hirschjagd: Montaigne, *Le Livre de raison*, Eintrag am 19. Dezember, ins Englische übersetzt bei: Frame, *Montaigne*, S. 235; hier zitiert nach Weigand, *Michel de Montaigne*, S. 87 f.

– Er versuchte es dennoch weiter: Montaigne an Matignon, 18. Januar 1585, in *The Complete Works*, ins Englische übersetzt von D. Frame, S. 1314 f.

283 «Den Ghibellinen war ich ein Guelfe»: III, 12 (S. 527 a). «Es kam freilich deswegen zu keinen förmlichen Anklagen»: III, 12 (S. 527 a). Belagerung von Castillon: Frame, *Montaigne*, S. 256.

– «Schwere Gewitterwolken brauten sich mehrere Monate lang über mir zusammen»: III, 12 (S. 525 b).

284 Die Pest: III, 12 (S. 529 a).

– «Manche schaufelten sich schon bei voller Gesundheit ihr Grab»: III, 12 (S. 529 b).

– «Ich, der ich so gastfrei bin»: III, 12 (S. 529 a).

285 Zu Montaignes politischen Aktivitäten während und nach den Monaten seiner Flucht vor der Pestepidemie: Frame, *Montaigne*, S. 247.

– Die Einladung Montaignes und seiner Frau und die Spesen sind Gegenstand eines Briefs Katharina von Medicis an ihren Schatzmeister am 31. Dezember 1586: siehe Frame, *Montaigne*, S. 269 f.; in Auszügen auch zitiert bei: Lacouture, S. 286.

286 Montaignes Zusammenarbeit mit Corisande: Frame, *Montaigne*, S. 269 f.
 – Montaignes geheime Mission und die Briefe, in denen davon die Rede ist: Frame, *Montaigne*, S. 270–273. Berichte des englischen Botschafters: ebd., S. 276; vgl. auch Lacouture, S. 297–301.

287 Überfall im Wald: Montaigne an Matignon, 16. Februar [1588?], in: *The Complete Works*, ins Englische übersetzt von D. Frame, S. 1330 f.
 – Heinrich III. und der Herzog von Guise in Paris und der Barrikadentag: siehe Knecht, *Rise and Fall*, S. 523 f. Die Bemerkung des Papstes wird zitiert bei: Neale, J. E., *The Age of Catherine de Medici*, Neuauflage, London 1957, S. 96.

288 «Ich habe noch nie»: Pasquier an Sainte-Marthe, Mai 1588, in: Pasquier, *Lettres historiques*, S. 286–297.

289 Montaignes Verhaftung und Freilassung: Montaigne, *Le Livre de raison*, Einträge am 10. und 20. Juli; ins Englische übersetzt bei: Frame, *Montaigne*, S. 281. Wie so oft bringt Montaigne die Daten durcheinander: Er trug das Ereignis unter dem Datum des 20. Juli ein, dann korrigierte er seinen Fehler und machte einen Eintrag unter dem 10. Juli. Die zweite Version ist knapper; entweder langweilte es ihn, zum zweiten Mal darüber zu schreiben, oder er fasste sich bei der Überarbeitung kürzer. «Noch bin ich nie im Innern eines Gefängnisses gewesen»: III, 13 (S. 541 b).

290 Brach: Pierre de Brach an Justus Lipsius, 4. Februar 1593, ins Englische übersetzt bei: Frame, *Montaigne*, S. 282. Zu Brach siehe Magnien, M., «Brache, Pierre de», in: Desan, *Dictionnaire*, S. 126–128.
 – Zu Marie de Gournay siehe Kapitel 18 dieses Buches.

291 Pasquiers stilistische Ratschläge und deren Missachtung durch Montaigne: Pasquier an A. M. de Pelgé, 1619, in: Pasquier, *Choix de lettres*, S. 45 f., ins Englische übersetzt bei: Frame, *Montaigne*, S. 283. «O entsetzliches Schauspiel!»: Pasquier, *Lettres historiques*, S. 286–297. Zu Étienne Pasquier siehe Magnien, C., «Etienne Pasquier ‹familiar› de Montaigne?», in: *Montaigne Studies* 13 (2001), S. 277–313.

292 Prediger, die zur Ermordung des Königs aufrufen: z.B. Boucher, J., *De justa Henrici tertii abdicatione*, August 1589. Siehe Holt, S. 132.
 – Eine verrückt gewordene Stadt: L'Estoile und Thou, beide zitiert bei: Nakam, *Montaigne et son temps*, S. 341 f.

293 «Nehmen wir die ernste Gewissensfrage als Beispiel»: II, 12 (S. 219 b).
 – «Auf dem sichersten Weg zu unsrer Verdammung»: III, 12 (S. 526 b).

294 Montaignes Briefe an Heinrich IV.: Montaigne an Heinrich IV., 18. Januar [1590?] und 2. September [1590?] in: *The Complete Works*, ins Englische übersetzt von D. Frame, S. 1332–1336; auch in: *Gesammelte Schriften* (Flake/Weigand), Bd. 6, S. 319–323; der Brief vom 2. September ist zitiert nach Lacouture, S. 324.

296 «Ich betrachte unsre Könige»: III, 1 (S. 392 b).
 – Zu Heinrich IV.: Knecht, *Rise and Fall*, S. 559–561.

297 Rede Heinrichs IV. von 1599: zitiert bei: Knecht, *Rise and Fall*, S. 545–547.

16 Philosophiere nur zufällig!

298 «Ein form- und regelloses Daherreden»: II, 17 (S. 317 a).

299 Halifax: Brief, enthalten in der Originalausgabe von Cottons englischer Übersetzung der *Essais* (1683–1686) und wiederabgedruckt in der Ausgabe Hazlitts von
1842, unpaginiertes Vorsatzblatt. Hazlitt: Hazlitt, W., «On Old English Writers
and Speakers», Essai X, in: *The Plain Speaker*, London 1826, Bd. II, S. 277–307, hier
S. 305.

– «Der englische Geist»: Woolf, V., «Reading», in: *Essays*, Bd. 3, hg. von A. McNeil-
lie, London 1988, S. 141–161, hier S. 154.

300 «Wenn er zur Feder griff»: Hazlitt, S. 180; hier zitiert nach: *Über Montaigne*, hg.
von Daniel Keel, Zürich 1992, S. 492.

– «Ein Philosoph aus Zufall, ohne Vorbedacht»: II, 12 (S. 273 a).

– Zu Florio: Yates, *John Florio*; Pfister, M., «Inglese italianato – Italiano Anglizza-
to: John Florio», in: Höfele, A. / Koppenfels, W. von (Hg.), *Renaissance Go-Bet-
weens: Cultural Exchange in Early Modern Europe*, Berlin / New York 2005, S. 32–54.
Seine dialogisierten Lehrwerke des Italienischen für englische Muttersprachler und sein italienisch-englisches Wörterbuch: Florio, J., *Firste Fruites*, London
[1578], *Second Frutes*, London 1591, und *A Worlde of Wordes*, London 1598. Seine
Übersetzung der *Essais*: Montaigne, *Essayes*, 1603: siehe Literaturverzeichnis.

301 «Ihre Vorzüge gleichen Euren Mängeln so sehr»: Montaigne, *Essayes*, 1915–1921,
Bd. I, S. 2.

– «Unsre deutschen Soldaten»: II, 2 (S. 169 a). «Our carowsing tospot German souldiers»: Montaigne, *Essayes*, 1915–1921, Bd. II, 2, S. 17. «Werwölfe, Kobolde und
andere Schimären»: I, 18 (S. 43 b). «Larves, Hobgoblins, Robbin-good-fellowes»:
Montaigne, *Essayes*, 1915–1921, Bd. I, 17, S. 67. Die Nummerierung der Kapitel
weicht bei Florio ab, weil seiner Übersetzung die Ausgabe Marie de Gournays
von 1595 zugrunde liegt. Siehe dazu Kapitel 18 dieses Buches.

– Gonzalo in *Der Sturm* II, 1, 145–152 (hier zitiert nach der deutschen Übersetzung
von Schlegel und Tieck). Vgl. die Passage in Montaignes «Über die Menschenfresser»: Montaigne, *Essayes*, 1915–1921, Bd. I, 30, S. 220. Auch hier weicht die Ka-
pitelzählung wegen der anderen Textvorlage Florios ab. Auf die Ähnlichkeiten
verwies zuerst Edward Capell in: *Notes and Various Readings to Shakespeare*, London [1773], Bd. II, S. 63.

302 Vergleich mit Hamlet: «Wir sind aber, wie soll ich sagen, in uns selber doppelt»:
II, 16 (S. 309 a).

303 «Schamhaft und unverschämt, keusch und geil»: II, 1 (S. 167 a). Wer zu viel nachdenkt, kann nicht handeln: II, 20 (S. 336 b). Siehe hierzu Boutcher, W., «Marginal
commentaries: the cultural transmission of Montaignes Essais in Shakespeare's
England», in: Kapitaniak / Maguin (Hg.), *Shakespeare et Montaigne*, S. 13–27, und
sein «'Learning mingled with Nobilitie': directions for reading Montaigne's
Essais in their institutional context», in: Cameron / Willett (Hg.), *Le Visage chan-*

geant de Montaigne, S. 337–362, bes. S. 337–339; und *Reading and Rhetoric in Montaigne and Shakespeare* von Peter Mack, London 2010. Bei der Datierung des *Hamlet* wurden in letzter Zeit erhebliche Fortschritte gemacht; man geht heute von Ende 1599 oder Anfang 1600 aus; dabei stellt sich die Frage, ob Shakespeare Florios Übersetzung kannte. Wir wissen, dass Abschriften dieser Übersetzung schon lange vor deren Veröffentlichung in Umlauf waren: Shakespeares Zeitgenosse William Cornwallis erwähnt 1599, sie gingen «von Hand zu Hand».

– Gemeinsames Grundthema: Robertson, J. M., *Montaigne and Shakespeare*, London 1891, zitiert bei: Marchi, S. 193. Die geistige Atmosphäre jener Epoche wird auch bei Sterling, S. 321 f., erörtert.

– Bacon als Verfasser von Montaignes *Essais:* Donnelly, I., *The Great Cryptogram: Francis Bacon's Cipher in the So-called Shakespeare Plays*, London 1888, Bd. II, S. 953–965 und S. 971–974.

304 «Bacon» (*Essais*, III, 13, S. 555 b) und «weiße Brust» (*Essais*, I, 4, S. 16 a): Donnelly, Bd. II, S. 971. «Mountaines»: ebd., S. 972–973. «Kann irgendjemand glauben, das alles sei Zufall?»: ebd., S. 974. Zur Rolle Anthony Bacons: ebd., S. 955.

305 Zu den Brüdern Bacon: siehe Banderier, G., «Bacon, Anthony», und Gontier, T., «Bacon, Francis», in: Desan, *Dictionnaire*, S. 89 f. Francis Bacon erwähnt Montaigne in seinen *Essays*, allerdings nicht in der Erstausgabe.

– Cornwallis: Cornwallis, W., *Essayes*, hg. von D. C. Allen, Baltimore 1946.

306 Burton: Burton, R., *The Anatomy of Melancholy*, New York 2001, Bd. I, S. 17.

– Browne: Browne, Thomas, *The Major Works*, Harmondsworth 1977. Siehe Texte, J., «La Descendance de Montaigne: Sir Thomas Browne», in: Thomas Browne, *Etudes de littérature européenne*, Paris 1898, S. 51–93.

– Cotton: Montaigne, *Essays*, übersetzt von Charles Cotton, 1685–1686: siehe Literaturverzeichnis. Zu Cotton siehe Nelson, N., «Montaigne with a Restoration voice: Charles Cotton's translation of the *Essais*», in: *Language and Style* 24, Nr. 2 (1991), S. 131–144; und Hartle, P., «Cotton, Charles», in: *Oxford Dictionary of National Biography* http://dx.doi.org/10.1093/ref:odnb/6410), dem das Gedicht entnommen ist.

307 Pope: zitiert bei: Coleman, S. 167.

– *The Spectator: Spectator* Nr. 562 (2. Juli 1714), zitiert bei: Dédéyan, Bd. I, S. 29.

– Das «montaigneske Element der Literatur»: Pater, W., «Charles Lamb», in: *Appreciations*, London 1890, S. 105–123, hier S. 116 f.

– Leigh Hunts Kommentar: Montaigne, *Complete Works*, 1842, S. 41, Ausgabe in der British Library (C.61.h.5). Die Passage hier ist I, 22 (S. 61 b) der *Essais*.

– Hazlitt über das Schreiben von Essays: Hazlitt, S. 178–180.

308 Hazlitts Cotton-Übersetzung von Montaigne: Montaigne, *Complete Works*, 1890. Überarbeitete Fassung: Montaigne, *Essays*, ins Englische übersetzt von C. Cotton, hg. von W. Hazlitt und W. C. Hazlitt, London 1877. Zum Familienunternehmen Hazlitt siehe Dédéyan, Bd. I, S. 257 f.

– Sterne: Sterne, L., *Leben und Ansichten von Tristram Shandy, Gentleman*, übersetzt von Michael Walter, Frankfurt a.M. 2006.

– Bezüge zu Montaigne: Sterne, L., *Leben und Ansichten von Tristram Shandy, Gentleman*, S. 12, S. 189, S. 337 (Bd. I, Kap. IV; Bd. III, Kap. IV; Bd. IV, Kap. XV).

309 Die Verlaufslinien: Sterne, L., *Leben und Ansichten von Tristram Shandy, Gentleman*, S. 543 (Bd. VI, Kap. XL). Versprochene Kapitel: S. 326 f. (Bd. IV, Kap. IX).

310 «Könnte ein Historiograph»: Sterne, L., *Leben und Ansichten von Tristram Shandy, Gentleman*, S. 47 (Bd. I, Kap. XIV).

17 Bedenke alles, bereue nichts!

311 Joyce, J., *Finnegan's Wake*: Die Beispiele nennt Burgess, A., *Here Comes Everybody*, überarbeitete Ausgabe, London 1987, S. 189 f.

– Montaigne war in der Vergangenheit ein anderer: III, 2 (S. 403 a–403 b).

312 «Wir bestehen alle nur aus buntscheckigen Fetzen»: II, 1 (S. 168 a).

– «Wer sähe nicht»: III, 9 (S. 475 b). «Diese Essays erreichen nicht ihr Ende, sondern ihren Abbruch in vollem Galopp»: Woolf, V., «Montaigne», S. 84.

– Ausgabe der *Essais* von 1588: Montaigne, *Essais*, «5. Ausgabe», 1588: siehe Literaturverzeichnis.

313 «Es ist der unaufmerksame Leser»: III, 9 (S. 502 a). «Ich jedenfalls»: III, 8 (S. 473 a).

314 «Um noch mehr hiervon unterbringen zu können»: I, 40 (S. 130 b). Plutarchs Fingerzeig: I, 26 (S. 86 a).

– «Im Fortschreiten wächst seine Kraft»: Das steht auf der Titelseite des «Bordeaux-Exemplars»: Montaigne, *Essais. Reproduction en fac-similé*. Die Quelle ist Vergil, *Aeneis*, 4, 169–177.

– «Denn ich befürchte, fortschreitend schlechter zu werden»: Montaigne an A. Loisel, Eintrag in einem Exemplar der *Essais* in der Ausgabe von 1588, in: *The Complete Works*, ins Englische übersetzt von D. Frame, S. 1332.

18 Gib die Kontrolle auf!

316 Über Marie de Gournay: Fogel; Ilsley; Tetel (Hg.), *Montaigne et Marie de Gournay*; Nakam, G., «Marie le Jars de Gournay, ‹fille d'alliance› de Montaigne (1565–1645)», in: Arnould (Hg.), *Marie de Gournay et l'édition de 1595 des Essais de Montaigne*, S. 11–21. Ihre gesammelten Werke sind erschienen als Gournay, *Œuvres complètes* (2002).

317 Eine Frau, «die den Anspruch erhebt»: Gournay, *Apology for the Woman Writing* (Version von 1641), ins Englische übersetzt von Hillman und Quesnel in ihrer Ausgabe von Gournay, *Apology for the Woman Writing and Other Works*, S. 107–154, hier S. 126.

– Wirrwarr aus Verstand und Gefühl: Gournay, *Peincture de mœurs*, in: *L'Ombre de la demoiselle de Gournay*, 1626, zitiert bei: Ilsley, S. 129.

– Nieswurz: Gournay, *Preface*, 1998, S. 27.

318 «Woher wusste er das alles über mich?»: Levin: *The Times* (2. Dezember 1991), S. 14. «Es kommt mir vor, das sei ich selbst»: Gide, A., *Essai sur Montaigne*, Paris 1929, S. 91. «Hier ist ein Du»: Zweig, «Montaigne», S. 17.
   − Begegnung: Gournay, *Preface*, 1998, S. 27.
   − «Eine Jungfer»: I, 14 (S. 34 a). Im Bordeaux-Exemplar heißt es lediglich «eine Jungfer», doch in Gournays Ausgabe der *Essais* wird gesagt, es sei eine «Jungfer in der Picardie», die er vor seiner Reise nach Blois gesehen habe.

319 Zusammenarbeit in der Picardie: Tatsächlich stammen nur drei der neuen Hinzufügungen von ihrer Hand. Montaigne, *Essais. Reproduction en fac-similé*, ff. 42v., 471r. und 290v. Siehe Hoffmann, G. und Legros, A., «Sécretaires», in: Desan, *Dictionnaire*, S. 901–904, hier S. 901.
   − Der Mann «den Vater zu nennen ich die Ehre habe» und «Ich finde, Leser, keinen anderen Namen für ihn»: Gournay, *Preface*, 1998, S. 27 und S. 29.

320 «Wen es überrascht»: Gournay, *The Promenade of Monsieur de Montaigne*, in: Gournay, *Apology for the Woman Writing* [etc.], S. 21–67, hier S. 29.
   − Léonor als Marie Gournays Schwester: Ilsley, S. 34.
   − «Man braucht keine Angst zu haben»: Gournay, *The Promenade of Monsieur de Montaigne*, in: Gournay, *Apology for the Woman Writing* [etc.], S. 21–67, hier S. 32. «Nur vier Jahre ist er mir geblieben» und «Wenn er mich lobte»: Gournay, *Preface to the* Essais, S. 99.
   − «Für mich gibt es nur noch sie auf der Welt»: II, 17 (S. 329 a). Die Skepsis gegenüber dieser Passage geht zurück auf einen Vortrag von Arthur-Antoine Armaingaud, der 1913 im ersten *Bulletin de la Société des Amis de Montaigne* veröffentlicht wurde. Siehe Keffer, S. 129. In Marie de Gournays Ausgabe der *Essais* von 1635 ist diese Passage gestrichen.

321 Zu herausgefallenen Zetteln siehe z.B. I, 18, S. 63, Anmerkung, und I, 21, S. 624, Anmerkung, in: D. Frames Ausgabe der *Complete Works*. Zur Neubindung des Bordeaux-Exemplars siehe Desan, P., «Exemplaire de Bordeaux», in: Desan, *Dictionnaire*, S. 363–368, hier S. 366.
   − Briefe an Lipsius: Gournay an Lipsius, 25. April 1593 und 2. Mai 1596, ins Englische übersetzt bei: Ilsley, S. 40 f. und S. 79 f.; Lipsius an Gournay, 24. Mai 1593, veröffentlicht bei: Lipsius, J., *Epistolarum selectarum centuria prima ad Belgas*, Antwerpen 1602, Bd. I, S. 15, und ins Englische übersetzt bei: Ilsley, S. 42.

322 *Le Proumenoir:* Gournay, M. de, *Le Proumenoir de Monsieur de Montaigne*, Paris 1594, englische Übersetzung in: Gournay, *Apology for the Woman Writing* [etc.], S. 21–67. Zur Herkunft der Romanhandlung siehe den Widmungsbrief, S. 25.
   − Gournays Ausgabe: Montaigne, *Essais*, 1595: siehe Literaturverzeichnis.

323 Zu ihren Korrekturen in den Druckfahnen: Sayce / Maskell, S. 28 (Eintrag 7A); und Céard, J., «Montaigne et ses lecteurs: l'édition de 1595», Beitrag im Rahmen einer Diskussion über die Ausgabe von 1595 in der Bibliothèque nationale 2002, S. 1 f. http: / / www.amisdemontaigne.net / cearded1595.pdf.
   − Gournay als Beschützerin: Gournay, *Preface to the* Essais: «Nachdem die *Essais* ihren Vater verloren haben»: ebd., S. 101.

– «Wenn ich ihn gegen solche Angriffe verteidige»: ebd., S. 43. «Man kann große Dinge»: ebd., S. 53. «Wer den Scipio»: ebd., S. 79. Er sei «über alles Maß erhaben» und «hingerissen»: ebd., S. 81.

324 Die Menschen nach ihrer Ansicht zu den *Essais* beurteilen: ebd., S. 31. Diderot: Artikel «Pyrrhonienne», in der *Encyclopédie*, zitiert bei: Tilley, S. 269.

– «Ich kann keinen Schritt tun»: Gournay, *Preface to the* Essais, S. 85. Zu den Unterschieden zwischen ihrer und Montaignes Persönlichkeit: Bauschatz, C. M., «Imitation, writing, and self-study in Marie de Gournay's 1595 ‹Préface› to Montaigne's *Essais*», in: Logan, M. R. / Rudnytsky, P. L. (Hg.), *Contending Kingdoms*, Detroit 1991, S. 346–364, hier S. 346.

– «Glücklich bist du, Leser»: Gournay, *Preface to the* Essais, S. 35.

325 Meinungsänderung bezüglich der Vorrede: Gournay an Lipsius, 2. Mai 1596, zitiert bei: McKinley, M., «An editorial revival: Gournay's 1595 Preface to the Essais», in: *Montaigne Studies* 7 (1996), S. 193. Das zehnzeilige Vorwort ist in allen Ausgaben des 17. Jahrhunderts bis 1617 enthalten; danach wurde die längere Vorrede in einer überarbeiteten Fassung verwendet: Montaigne, *Essais*, hg. von Marie de Gournay, Paris 1617. Eine andere Fassung war inzwischen erschienen in: Gournay, *Le Proumenoir*, 1599.

326 Mangel an tiefer Frömmigkeit: Gournay, *Peincture de mœurs*, in: *L'Ombre*, 1626. Siehe Ilsley, S. 129. Zu Gournay als heimlicher Freidenkerin: Dotoli, G., «Montaigne et les libertins via Mlle de Gournay», in: Tetel (Hg.), *Montaigne et Marie de Gournay*, S. 105–141.

– Zur Académie: Ilsley, S. 217–242. Gournays Ansichten über den Schreibstil: Ilsley, S. 200–216, und Holmes, P. P., «Mlle de Gournay's defence of Baroque imagery», in: *French Studies* 8 (1954), S. 122–131, hier S. 122–129.

327 Gournays Grabinschrift: zitiert bei: Ilsley, S. 262. Die Rezeption nach ihrem Tod: Ilsley, S. 266–277. «Nichts ist den Lobsprüchen gleich»: Niceron, J.-P., *Mémoires pour servir à l'histoire des hommes illustres dans la République des lettres*, Paris 1727–1745, Bd. XVI, S. 231 (1733), auf Englisch zitiert bei: Ilsley, S. 270; hier zitiert nach: Niceron, *Nachrichten von den Begebenheiten und Schriften berühmter Gelehrten. Zwölfter Theil*, Halle 1755, S. 214.

– Gournay als Parasitin: Diesen Vorwurf erhob insbesondere Chapelain, der an einer konkurrierenden Ausgabe bei Elzevir arbeitete: siehe Boase, *Fortunes*, S. 54, und Ilsley, S. 255.

– «Weißhaarige alte Jungfer»: Rat, M., Einleitung zu Montaigne, *Œuvres complètes*, Paris 1962, ins Englische übersetzt von R. Hillman in: Gournay, *Apology for the Woman Writing*, S. 18. Villey: Villey, *Montaigne devant la postérité*, S. 44.

– Neuere Rezeption: Schiff, M., *La fille d'alliance de Montaigne, Marie de Gournay*, Paris 1910. Romane, basierend auf ihrem Leben: Mairal, M., *L'Obèle*, Paris 2003, und Diski, J., *Apology for the Woman Writing*, London 2008.

328 Zu den neueren wissenschaftlichen Ausgaben ihrer Werke zählt eine französische Gesamtausgabe: Gournay, *Œuvres complètes*, 2002.

– Die Herausgeberkriege: siehe Keffer, dort auch die englische Übersetzung der

Briefe Cagnieuls: S. 62 f.; und Desan, P., «Cinq siècles de politiques éditoriales des Essais», in: Desan, *Montaigne dans tous ses états,* S. 121–191.

329 Zu Strowski: Compagnon, A., «Les Repentirs de Fortunat Strowski», in: Tetel (Hg.), *Montaigne et Marie de Gournay,* S. 53–77, hier S. 69. Zu Armaingauds Datierung: Keffer, S. 18 f. Seine Zuschreibung der *Servitude volontaire:* Armaingaud, A., *Montaigne pamphlétaire,* Paris 1910.

330 «Er allein kennt ihn bis auf den Grund»: Perceval, E. de, Artikel im *Bulletin de la Société des Bibliophiles de Guyenne,* 1936, ins Englische übersetzt bei: Keffer, S. 163. Zu Villey: Defaux, G., «Villey, Pierre», in: Desan, *Dictionnaire,* S. 1023 f. Zu seiner Blindheit: Villey, P., «Le Travail intellectuel des aveugles», in: *Revue des deux mondes* (1. März 1909), S. 420 f. Die versäumte Einladung zu den Feierlichkeiten im Jahr 1933: Keffer, S. 21.

331 Zu den Ausgaben des 20. Jahrhunderts auf der Grundlage des Bordeaux-Exemplars zählen die Pléiade-Ausgabe von A. Thibaudet; M. Rat: Montaigne, *Œuvres complètes,* Paris 1962, die D. Frames englischer Übersetzung zugrunde liegt; sowie die überarbeitete Fassung von Villeys Ausgabe: Montaigne, *Les Essais,* hg. von P. Villey und V.-L. Saulnier, Paris 1965.

– Dezeimeris' Hypothese: Dezeimeris, R., *Recherche sur la recension du texte posthume des Essais de Montaigne,* Bordeaux 1866. Zu dieser Theorie allgemein: Maskell, D., «Quel est le dernier état authentique des *Essais* de Montaigne?», in: *Bibliothèque d'humanisme et Renaissance* 40 (1978), S. 85–103, und sein «The evolution of the *Essais*», in: McFarlane / Maclean (Hg.), *Montaigne: Essays in Memory of Richard Sayce,* S. 13–34; Desan, P., «L'Exemplar et L'Exemplaire de Bordeaux», in: Desan, *Montaigne dans tous ses états,* S. 69–120; Balsamo, J./Blum, C., «Édition de 1595», in: Desan, *Dictionnaire,* S. 306–312; Arnould, J.-C. (Hg.), *Marie de Gournay et l'édition de 1595 des Essais de Montaigne;* O'Brien.

332 Zur neuen Pléiade-Ausgabe und zur Tournon-Ausgabe: siehe Literaturverzeichnis. André Tournon und Jean Céard, die die beiden Positionen repräsentieren, waren Teilnehmer einer Diskussion in der Bibliothèque nationale am 9. Februar 2002, «Les deux visages des *Essais*» (Die zwei Gesichter der *Essais*): siehe ihre Vorträge unter http://www.amisdemontaigne.net/visagesessais.htm.

334 Entrümpelung: Montaigne, *Essays,* hg. von Honoria (1800).

– Charron: Charron, *De la Sagesse.* Beziehung zwischen Menschen und Tieren: S. 72–86. Zu Charron, siehe Gontier, E., «Charron, Pierre», in: Desan, *Dictionnaire,* S. 155–159. Remake: Bellenger, S. 188. Charron, *Petit traité de la sagesse,* Paris 1625.

335 «Schlechter Abschreiber»: Montaigne, *Les Essais,* hg. von Marie de Gournay, Paris 1635, Vorrede, zitiert bei: Villey, *Montaigne devant la postérité,* S. 162; hier zitiert nach *Vorrede der Jungfer Gournay* in: *Michaels Herrn von Montagne Versuche, nebst des Verfassers Leben nach der neuesten Ausgabe des Herrn Peter Coste,* ins Deutsche übersetzt von Johann Daniel Tietz, Leipzig 1754, Bd. 3, S. 557–597, hier S. 589.

– Reine Essenz: *L'Esprit des Essais de Montaigne,* Paris 1677. *Pensées de Montaigne, propres à former l'esprit et les mœurs,* Paris 1700, darin «Nur wenige Bücher sind so schlecht»: S. 5.

- «*Moby Dick* muss schon im Jahr 1850 schwierig gewesen sein»: Ben Hoyle, «Publisher makes lite work of the classics», in: *The Times* (14. April 2007). «Jeder Auszug aus einem gescheiten Buch ist dumm»: III, 8 (S. 473 b).

336 «Die Welt ist nichts als ein ewiges Auf und Ab»: III, 2 (S. 398 b) und «Wahrlich, der Mensch ist ein seltsam wahnhaftes, widersprüchliches, hin und her schwankendes Wesen»: I, 1 (S. 10 a). Wir sind «in uns selber doppelt»: II, 16 (S. 309 a).

337 Das Unbewusste und Conleys Beispiel: Conley. Montaignes Bemerkung, dass er von Rom früher gehört habe als vom Louvre: III, 9 (S. 503 a).

338 «Embabouyné»: III, 9 (S. 502 b). Conleys Gewährsmann ist Cotgrave, R., *A Dictionarie of the French and English Tongues*, London 1611: *embabouyner* wird hier wiedergegeben mit «to deceive, gull, ride, bring into a fools Paradise; to give sucke unto; to use like a child».

339 «Welchen Weg wir, wenn wir wollen, einschlagen können»: I, 26 (S. 86 a).

- «Der hundertste Kommentator»: III, 13 (S. 539 a). «Seht euch doch an, wie man Platon hin und her zerrt»: II, 12 (S. 292 b).

340 «Schluss nun – über dieses Buch gibt es nichts mehr zu sagen»: III, 13 (S. 539 a).

- «So entdeckt zum Beispiel ein kundiger Leser»: I, 24 (S. 70 a). «Ich habe im Titus Livius hundert Dinge gelesen»: I, 26 (S. 86 a).

- Wie «ein Geist mit einem anderen verknüpft»: Woolf, V., *A Passionate Apprentice: The Early Journals*, hg. von M. A. Leaska, London 1990, S. 178 f.; zitiert bei: Lee, H., *Virginia Woolf,* London 1997, S. 171.

19 Sei gewöhnlich und unvollkommen!

344 «Ich führe ein Leben ohne Glanz und Gloria vor Augen»: III, 2 (S. 399 a).

- «Geschickt und sanft»: III, 13 (S. 551 b). «So habe ich von meinen Koliken zumindest den Gewinn»: II, 37 (S. 377 a).

345 Seine Gewöhnung an die Nierenkoliken und an die Nähe des Todes: III, 13 (S. 549 a).«Einen sanften Hang hinunter»: I, 20 (S. 49 b–50 a). Siehe auch III, 13 (S. 552 a), III, 13 (S. 556 b). «Gibt es etwas Wohligeres»: III, 13 (S. 552 a). «Natürlich […] tut es einem gut, wenn man von sich sagen hört»: III, 13 (S. 551 a).

346 «Ich beginne, mich mit meinem von der Kolik geplagten Leben gütlich zu einigen»: II, 37 (S. 376 b).

- «Neben all der so dummen wie tattrigen Wichtigtuerei»: III, 2 (S. 407 a).

- «Unser ganzes Sein»: III, 1 (S. 391 b).

- «Etwas dämpfen und dunkeln» und «Es ist unnötig, das menschliche Tun und Treiben allzu tief und scharf auszuleuchten»: II, 20 (S. 336 b).

347 Montaignes Briefe an Heinrich IV. sind enthalten in: Montaigne, *The Complete Works*, ins Englische übersetzt von D. Frame, S. 1332–1336; vgl. auch *Gesammelte Schriften* (Flake/Weigand), Bd. 6, S. 319–323. Zu seinen Besuchern: Frame, *Montaigne*, S. 303 f.

- Léonor und ihre Kinder: Die Tochter Françoise starb als Heranwachsende, aber Marie de Gamaches, Léonors Tochter aus zweiter Ehe, erreichte das Erwachsenenalter und erbte Montaignes Anwesen, das über Jahrhunderte in Familienbesitz blieb. Frame: *Montaigne*, S. 303 f. Zur Familie Gamaches: Legros, A., «Gamaches (famille de)», in: Desan, *Dictionnaire*, S. 425 f.

20 Das Leben sei die Antwort!

348 Diese Beschreibung von Montaignes Tod basiert hauptsächlich auf Pasquier: Pasquier, *Choix de lettres*, S. 48 f., zitiert bei: Frame, *Montaigne*, S. 304–306. «Scharen bleicher und verheulter Bedienter»: I, 20 (S. 52 b). Bernard Automne: Automne, B., *Commentaire sur les coustumes géneralles de la ville de Bourdeaux*, Bordeaux 1621, zitiert bei Frame, *Montaigne*, S. 305.

349 Eine Untersuchung der genauen Todesursache durch die Société des Amis de Montaigne 1996 ergab, dass es ein Schlaganfall war: Eyquem, A. (u. a.), «La Mort de Montaigne: ses causes rediscutées par la consultation posthume de médecins spécialistes de notre temps», in: *Bulletin de la Société des Amis de Montaigne* 8, Nr. 4 (Juli–Dezember 1996), S. 7–16.

– Brachs Schilderung: Pierre de Brach an Justus Lipsius, 4. Februar 1593, zitiert bei: Villey, *Montaigne devant la posterité*, S. 350 f., und Millet, S. 64–66.

350 «Sein Herz wurde in der Kirche Saint-Michel beigesetzt»: Montaigne, *Le Livre de raison*, Eintrag am 13. September. Zu seiner Beisetzung in der Kirche siehe Legros, A., «Montaigne, Saint Michel de», und Balsamo, J., «Tombeau de Montaigne», in: Desan, *Dictionnaire*, S. 683 f. bzw. S. 983 f.

– Die Feuillanten: Balsamo, J., «Tombeau de Montaigne», in: Desan, *Dictionnaire*, S. 983 f.; Montaigne über die Feuillantenkirche in Bordeaux: I, 37 (S. 121 a).

351 Grabinschrift: zitiert bei: Millet, S. 192 f.; ins Englische übersetzt bei: Frame, *Montaigne*, S. 307 f. Schicksal von Montaignes sterblichen Überresten: Frame, *Montaigne*, S. 306 f., und Balsamo, J., «Tombeau de Montaigne», in: Desan, *Dictionnaire*, S. 983 f.; Umbettung zur Zeit der Französischen Revolution: Nicolaï, A., «L'Odyssée des cendres de Montaigne», in: *Bulletin de la Société des Amis de Montaigne* 2, Nr. 15 (1949–52), S. 31–45.

353 Das Leben muss «auf sich selber gerichtet sein, sich selber wollen»: III, 12 (S. 531 a). Virginia Woolf schrieb in ihr Tagebuch: «Immer mehr wiederhole ich meine eigene Fassung von Montaigne: ‹Es ist das Leben, was zählt›», Woolf, V., *Tagebücher 3*, S. 26 (Eintrag vom 8. April 1925). Ähnlich in zwei weiteren Einträgen: *Tagebücher 2*, S. 435 (5. Mai 1924), und *Tagebücher 4*, S. 267 (3. September 1933), sowie in ihrem Essay über Montaigne: Woolf, V., «Montaigne», in: *Der gewöhnliche Leser. Essays*, Bd. I, Frankfurt a.M. 1989, S. 76–88.

354 Kein Bedarf mehr für Montaigne? Zur Diskussion dieser Frage in der frühen Nachkriegszeit siehe Spencer, T., «Montaigne in America», in: *The Atlantic* 177, Nr. 3 (März 1946), S. 91–97.

– «Dass wir den Himmel und die Natur durch Mord und Totschlag besänftigen könnten»: I, 30 (S. 109 a).

Literatur

Von Montaigne verfasste Werke

Œuvres complètes, hg. von A. Thibaudet und M. Rat, Paris 1962 (alte Pléiade-Ausgabe)
The Complete Works, übersetzt von C. Cotton, hg. von W. Hazlitt, London 1842
The Complete Works, hg. und ins Englische übersetzt von D. Frame, London 2005 (zuerst Palo Alto 1943)
Le Livre de raison de Montaigne sur l'Ephemeris historica de Beuther, hg. von J. Marchand, Paris 1948 (Faksimile-Ausgabe von Montaignes Familientagebuch, dem «Beuther»)
Essais, Bordeaux 1580
  - 2. Ausgabe, Bordeaux 1582
  - 3. Ausgabe, Paris 1587
  - «5. Ausgabe», Paris 1588
  - Ein Faksimile-Druck des mit Anmerkungen versehenen Bordeaux-Exemplars dieser Ausgabe erschien als Montaigne, Essais. Reproduction en fac-similé de l'exemplaire de Bordeaux de 1588, hg. von R. Bernoulli, Genf 1987
  - Hg. von M. de Gournay, Paris 1595
  - Hg. von P. Coste, London 1724
  - Hg. von P. Coste, La Haye 1727
  - Hg. von P. Villey und V.-L. Saulnier, Paris 1965
  - Hg. von A. Tournon, Paris 1988
  - Hg. von J. Balsamo, M. Magnien und C. Magnien-Simonin, Paris 2007 (Pléiade-Ausgabe)
Essayes, ins Englische übersetzt von J. Florio, London 1603
  - Ins Englische übersetzt von J. Florio, London 1915–1921
Essays, ins Englische übersetzt von C. Cotton, London 1685 1686
  - Ins Englische übersetzt von C. Cotton, hg. von W. Hazlitt und W. C. Hazlitt, London 1877
Essays, Selected from Montaigne with a Sketch of the Life of the Author, hg. von Honoria, London 1800
The Complete Essays, ins Englische übersetzt von M. A. Screech, London 2004 (zuerst London 1991)
Michaels Herrn von Montagne Versuche, nebst des Verfassers Leben nach der neuesten Ausgabe des Herrn Peter Coste ins Deutsche übersetzt von Johann Daniel Tietz, 3 Bde., Leipzig 1753/54; Neuausgabe in drei Bänden unter dem Titel

Essais, Zürich 1992; Ausgabe in einem Band als Michel de Montaigne, Essais.
Sämtliche 107 Essais nach der ersten deutschen Gesamtausgabe von Johann
Daniel Tietz. Durchgesehene Neuausgabe, Frankfurt a.m. 2010
Michel de Montaigne's Gedanken und Meinungen über allerley Gegenstände, über-
setzt von Johann Joachim Christoph Bode, 7 Bde., Berlin 1793–1799
Gesammelte Schriften. Historisch-kritische Ausgabe mit Einleitung und Anmerkun-
gen unter Zugrundelegung der Übertragung von Johann Joachim Bode, hg. von
Otto Flake und Wilhelm Weigand, 8 Bde., München und Leipzig 1908–1915
Essais. Ausgewählt, übersetzt und mit einer Einleitung von Herbert Lüthy, Zürich
1953
Essais. Erste moderne Gesamtübersetzung von Hans Stilett, Frankfurt a.m. 1998;
sofern nicht anders angegeben, wird hier nach dieser Ausgabe zitiert. (Auch in
einer dreibändigen Ausgabe erschienen: München 2011)
Journal de voyage, hg. von M. de Querlon, Rom und Paris 1774
 – Hg. von F. Garavini, Paris 1983
 – Hg. von F. Rigolot, Paris 1992
Tagebuch der Reise nach Italien über die Schweiz und Deutschland von 1580 bis 1581,
übersetzt, hg. und mit einem Essay von Hans Stilett, Frankfurt a.m. 2002

Von Montaigne übersetzte oder herausgegebene Werke

La Boétie, E. de: La Mesnagerie de Xenophon, Les règles de mariage de Plutarque,
Lettre de consolation de Plutarque à sa femme, hg. von M. de Montaigne, Paris
1572 [1570]
Sebond, R. de: Théologie naturelle, übersetzt von M. de Montaigne, Paris 1569

Weitere Werke

Arnould, J.-C. (Hg.): Marie de Gournay et l'édition de 1595 des Essais de Montaigne.
Actes du colloque (1995), Paris 1996
Bailey, A.: Sextus Empiricus and Pyrrhonian Scepticism, Oxford 2002
Bellenger, Y.: Montaigne: une fête pour l'esprit, Paris 1987
Blum, C./F. Moreau (Hg.): Études montaignistes en hommage à Pierre Michel, Paris
1984
Blum, C./A. Tournon (Hg.): Editer les Essais de Montaigne. Actes du colloque tenu
à l'Université Paris IV Sorbonne les 27 et 28 janvier 1995, Paris 1997
Boase, A. M.: «Montaigne annoté par Florimond de Raemond», Revue du XVIe sièc-
le, 15 (1928), S. 237–278
 – The Fortunes of Montaigne: A History of the Essays in France, 1580–1669, Lon-
don 1935
Bouillier, V.: La Renommée de Montaigne en Allemagne, Paris 1921

Brunschvicq, L.: Descartes et Pascal, lecteurs de Montaigne, Neuchâtel 1942

Buffum, I.: Studies in the Baroque from Montaigne to Rotrou, New Haven 1957

Bulletin de la Société des Amis de Montaigne

Burke, P.: Montaigne, Oxford 1981; deutsch unter dem Titel Montaigne zur Einführung, Hamburg 1993

Butor, M.: Essais sur les Essais, Paris 1968

Cameron, K. (Hg.): Montaigne and his Age, Exeter 1981

Cameron, K./L. Willett (Hg.): Le visage changeant de Montaigne/The Changing Face of Montaigne, Paris 2003

Charron, P.: De la Sagesse livres trois, Bordeaux 1601

Clark, S.: Thinking with Demons: The Idea of Witchcraft in Early Modern Europe, Neuausgabe, Oxford 1999

Cocula, A.-M.: Étienne de La Boétie, Bordeaux 1995

Coleman, D. G.: Montaigne's Essais, London 1987

Compagnon, A.: «Montaigne chez les post-modernes», in: Critique 433 f. (Juni–Juli 1983), S. 522–534

Conley, T.: «A suckling of cities: Montaigne in Paris and Rome», in: Montaigne Studies 9 (1997), S. 167–186

Crouzet, D.: Les Guerriers de Dieu, Seyssel 1990

Cunningham, A./O. P. Grell: The Four Horsemen of the Apocalypse, Cambridge 2000

Davis, N. Z.: Society and Culture in Early Modern France, London 1975

– «A Renaissance text to the historian's eye: the gifts of Montaigne», in: Journal of Medieval and Renaissance Studies 15 (1985), S. 47–56

Dédéyan, C.: Montaigne chez ses amis anglo-saxons, Paris 1946

Delumeau, J.: La Peur en Occident, XIVe-XVIIIe siècles, Paris 1978

Desan, P.: «Montaigne en lopins ou les Essais à pièce décousues», in: Modern Philology 88, Nr. 4 (1991), S. 278–291

– Montaigne dans tous ses états, Fassano 2001

– Portraits à l'essai: iconographie de Montaigne, Paris 2007

– (Hg.), Dictionnaire de Montaigne, Paris 2004; Neuausgabe 2007

Descartes, R.: Abhandlung über die Methode des richtigen Vernunftgebrauchs, übersetzt von Kuno Fischer, Stuttgart 1995

– Meditationen. Mit sämtlichen Einwänden und Erwiderungen, hg und übersetzt von Christian Wohlers, Hamburg 2009

Diefendorf, B.: Beneath the Cross, Oxford 1991

Dréano, M.: La Renommée de Montaigne en France au XVIIIe siècle, Bordeaux 1952

Eliot, T. S.: «The *Pensées* of Pascal», in: Selected Prose, London 1975

Emerson, R. W.: «Montaigne; or, the Skeptic», in: Emerson: Representative Men (1850), Collected Works, Bd. IV, Cambridge, Mass./London 1987, S. 83–105; deutsch unter dem Titel «Montaigne oder der Skeptiker», in: Über Montaigne, hg. von Daniel Keel, Zürich 1992, S. 115–148

Faguet, E.: Autour de Montaigne, Paris 1999

Fleuret, C.: Rousseau et Montaigne, Paris 1980

Fogel, M.: Marie de Gournay: itinéraires d'une femme savante, Paris 2004

Frame, D.: Montaigne in France, 1812–1852, New York 1940
- Montaigne's Discovery of Man, New York 1955
- Montaigne: A Biography, London 1965

Friedrich, H.: Montaigne, Tübingen/Basel 1993

Gardeau, L./J. de Feytaud: Le Château de Montaigne, Paris 1984

Gournay, M. de: Œuvres complètes, hg. von J.-C. Arnould, É. Berriot, C. Blum u. a.,
    Paris 2002
- Apology for the Woman Writing and Other Works, hg. und ins Englische über-
    setzt von R. Hillman und C. Quesnel, Chicago/London 2002
- Le Proumenoir de Monsieur de Montaigne, Paris 1594
- «Préface» (Vorrede: Fassung von 1595) in ihrer Ausgabe von Montaigne, Essais,
    Paris 1595
- Preface to the Essays of Michel de Montaigne. By his adoptive daughter, Marie
    Le Jars de Gournay, hg. und ins Englische übersetzt von R. Hillman und C. Ques-
    nel auf der Grundlage der Ausgabe von F. Rigolot, Tempe, Arizona 1998
- Égalité des hommes et des femmes, Paris 1622; deutsch unter dem Titel: Zur
    Gleichheit von Frauen und Männern, hg. und übersetzt von F. Hervé und
    I. Nödinger, Aachen 1997
- Apologie pour celle qui escrit (Fassung von 1626) und Peincture de mœurs in:
    L'Ombre de la demoiselle de Gournay, Paris 1626
- Apologie (Fassung von 1641) in: Les advis ou Les présens de la demoiselle de
    Gournay, 3. Auflage, Paris 1641

Gray, F.: Le Style de Montaigne, Paris 1958

Greengrass, M.: Governing Passions: Peace and Reform in the French Kingdom,
    1576–1585, Oxford 2007

Guizot, G.: Montaigne: études et fragments, hg. von M. A. Salles, Paris 1899

Hadot, P.: Philosophie als Lebensform. Geistige Übungen in der Antike, übersetzt
    von I. Hadot und C. Marsch, Berlin 1991

Hale, J.: The Civilization of Europe in the Renaissance, London 1993

Hartle, A.: Michel de Montaigne: Accidental Philosopher, Cambridge 2003

Haydn, H.: The Counter Renaissance, New York 1950

Hazlitt, W.: «On the periodical essayists», Lecture V in: Lectures on the Comic Wri-
    ters, London 1819, S. 177–208

Hoffmann, G.: Montaigne's Career, Oxford 1998

Holt, Mack P.: The French Wars of Religion, 2. Auflage, Cambridge 1995

Horowitz, M. C.: «Marie de Gournay, editor of the Essais of Michel de Montaigne: a
    case-study in mentor-protégée friendship», in: Sixteenth Century Journal 17
    (1986), S. 271–284

Ilsley, M. H.: A Daughter of the Renaissance: Marie le Jars de Gournay, her Life and
    Works, Den Haag 1963

Insdorf, C.: Montaigne and Feminism, Chapel Hill, NC 1977

Jeanneret, M.: Perpetuum mobile, Paris 2000
– Perpetual Motion: Transforming Shapes in the Renaissance from da Vinci to Montaigne, ins Englische übersetzt von N. Pollet, Baltimore / London 2001
Kapitaniak, P. / J.-M. Maguin (Hg.): Shakespeare et Montaigne: vers un nouvel humanisme, Montpellier 2004
Keffer, K.: A Publication History of the Rival Transcriptions of Montaigne's «Essays», Lewiston, NY 2001
Knecht, R. J.: The French Civil Wars, 1562–1598, Harlow 2000
– The Rise and Fall of Renaissance France, London 1996; Neuauflage: Oxford 2001
La Boétie, Étienne de: Mémoire sur la pacification des troubles, hg. von M. Smith, Genf 1983
– De la Servitude volontaire, ou, Contr'un, hg. von M. Smith, Genf 1987
– Von der freiwilligen Knechtschaft, hg. und übersetzt von Horst Günther, Frankfurt a.M. 1980
Lacouture, J.: Montaigne à cheval, Paris 1996; deutsch unter dem Titel: Michel de Montaigne. Ein Leben zwischen Politik und Philosophie, Frankfurt a. M. / New York 1998
La Croix du Maine, François Grudé, seigneur de: «Messire Michel de Montagne», in: Premier volume de la Bibliothèque du sieur de la Croix-dumaine, Paris 1583, S. 328–330
Lamartine, A.: Correspondance, 2e série (1807–29), hg. von C. Croisille und M.-R. Morin, Paris 2004
Langer, U. (Hg.): The Cambridge Companion to Montaigne, Cambridge 2005
Lazard, M.: Michel de Montaigne, Paris 1992
Legros, A.: Essais sur poutres. Peintures et inscriptions chez Montaigne, Paris 2000
Léry, J. de: Histoire d'un voyage fait en la terre du Brésil, 1578; deutsch unter dem Titel: Unter Menschenfressern am Amazonas. Brasilianisches Tagebuch 1556–1558, Düsseldorf 2001
Lestringant, F.: Le cannibale, Paris 1994, deutsch unter dem Titel: Der Kannibale, Berlin 2001
Levin, H.: The Myth of the Golden Age in the Renaissance, London 1970
Lüthy, Herbert: «Dass man bei Montaigne nicht suchen soll, was er nicht hat», Einleitung zu Michel de Montaigne, Essais, ausgewählt und übersetzt von H. Lüthy, Zürich 1953, S. 7–40
Macé-Scaron, J.: Montaigne: notre nouveau philosophe, Paris 2002
Magnien, M.: Étienne de la Boétie, Paris 1997
Magnien-Simonin, C.: Une Vie de Montaigne, ou Le sommaire discours sur la vie de Michel Seigneur de Montaigne, Paris 1992
Malebranche, N.: Erforschung der Wahrheit, hg. von A. Buchenau, Bd. 1, München 1920 (Übersetzung von De la Recherche de la verité, 1674)
Marcetteau-Paul, A.: Montaigne propriétaire foncier: inventaire raisonné du Terrier de Montaigne conservé à la Bibliothèque municipale de Bordeaux, Paris 1995
Marchi, D.: Montaigne among the Moderns, Providence, RI / Oxford 1994

Maskell, D.: «Quel est le dernier état authentique des Essais de Montaigne?», in: Bibliothèque d'humanisme et Renaissance 40 (1978), S. 85–103

Mathieu-Castellani, G.: Montaigne: l'écriture de l'essai, Paris 1988
– Montaigne ou la vérité du mensonge, Genf 2000

McFarlane, I. D./Maclean, Ian (Hg.): Montaigne: Essays in Memory of Richard Sayce, Oxford 1982

McGowan, M.: Montaigne's Deceits: The Art of Persuasion in the «Essais», London 1974

Merleau-Ponty, M.: «Lecture de Montaigne», in: Éloge de la philosophie et autres essais, Paris 1960, S. 321–347

Michel, P., u.a. (Hg.): Montaigne et les Essais 1580–1980: Actes du Congrès de Bordeaux, Paris/Genf 1983

Millet, O.: La Première Réception des Essais de Montaigne (1580–1640), Paris 1995

Monluc, B. de: The Commentaries of Messire Blaize de Montluc, London 1674 (englische Übersetzung von Commentaires, 1592)

Montaigne Studies (erscheint jährlich seit 1989)

Nakam, G.: Montaigne et son temps: les événements et les «Essais», Paris 1982
– Les Essais de Montaigne: mirroir et procès de leur temps, Paris 1984
– Le dernier Montaigne, Paris 2002

Nietzsche, F.: Die fröhliche Wissenschaft in: Werke in drei Bänden, Bd. 2, München 1977
– Menschliches, Allzumenschliches in: Werke in drei Bänden, Bd. 1, München 1977
– Morgenröte in: Werke in drei Bänden, Bd. 1, München 1977
– Unzeitgemäße Betrachtungen in: Werke in drei Bänden, Bd. 1, München 1977

Nussbaum, M. C.: The Therapy of Desire, Princeton 1994

O'Brien, J.: «Are we reading what Montaigne wrote?», in: French Studies 58 (2004), S. 527–532

Pascal, B.: Gedanken über die Religion und einige andere Themen, hg. von Jean-Robert Armogathe, übersetzt von Ulrich Kunzmann, Stuttgart 1997 (in den Anmerkungen zitiert als *Pensées*)
– Kleine Schriften zur Religion und Philosophie (darin «Gespräch mit Herrn de Sacy über Epiktet und Montaigne [1655]»), übersetzt von Ulrich Kunzmann, Hamburg 2005

Pasquier, E.: Choix de lettres, hg. D. Thickett, Genf 1956
– Lettres historiques pour les années 1556–1594, hg. von D. Thickett, Genf 1966

Platon: Das Gastmahl oder Von der Liebe, übersetzt von K. Hildebrandt, Stuttgart 1979

Plutarch: Moralphilosophische Schriften, ausgewählt, hg. und übersetzt von Hans-Josef Klauck, Stuttgart 2010
– Von der Heiterkeit der Seele. Moralia, hg. und übersetzt von Wilhelm Ax, Zürich 2000

Popkin, R.: The History of Scepticism from Erasmus to Spinoza, Berkeley 1997

Pouilloux, J.-Y.: Lire les «Essais» de Montaigne, Paris 1970

Quint, D.: Montaigne and the Quality of Mercy: Ethical and Political Themes in the Essais, Princeton 1998

Rabelais, F.: Gargantua und Pantagruel, hg. von Horst und Edith Heintze, übersetzt unter Benutzung der deutschen Fassung von Ferdinand Adolf Gelbcke, Bd. 1, Frankfurt a.M. 1974

Raemond, F. de: Erreur populaire de la papesse Jane, 2. Auflage, Bordeaux 1594
– L'Antichrist, Lyon 1597

Rigolot, F.: Les Métamorphoses de Montaigne, Paris 1988

Rousseau, J.-J.: Diskurs über die Ungleichheit, neu hg. und übersetzt von H. Meier, Paderborn 1993 (Übersetzung von Discours sur l'origine et les fondements de l'inégalité parmi les hommes, 1755)
– Emil oder Über die Erziehung, übersetzt von L. Schmidts, Paderborn 1971 (Übersetzung von Émile, 1762)
– Bekenntnisse, übersetzt von Ernst Hardt, Leipzig 1955 (Übersetzung von Les Confessions, 1782)

Sayce, R. A.: The Essays of Montaigne: A Critical Exploration, London 1972

Sayce, R. A./D. Maskell: A Descriptive Bibliography of Montaigne's Essais 1580–1700, London 1983

Schaefer, D. L.: The Political Philosophy of Montaigne, Ithaca/London 1990
– (Hg.): Freedom over Servitude: Montaigne, La Boétie, and On Voluntary Servitude, Westport, Conn. 1998

Screech, M. A.: Montaigne and Melancholy, Harmondsworth 1991

Seneca: Briefe an Lucilius, in: Philosophische Schriften, Drittes Bändchen, Briefe an Lucilius, Erster Teil: Brief 1–81, und Philosophische Schriften. Viertes Bändchen, Briefe an Lucilius, Zweiter Teil: Brief 82–124, übersetzt von Otto Apelt, Hamburg 1924
– Meisterdialoge, hg. und übersetzt von Gerhard Fink, Düsseldorf/Zürich 2006

Sextus Empiricus: Grundriss der pyrrhonischen Skepsis, eingeleitet und übersetzt von M. Hossenfelder, Frankfurt a.M. 1985

Smith, M. C.: Montaigne and Religious Freedom: The Dawn of Pluralism, Genf 1991

Starobinski, J.: Montaigne. Denken und Existenz, übersetzt von Hans-Horst Henschen, Darmstadt 1986 (Übersetzung von Montaigne en mouvement, 1982)

Sterling, J.: «Montaigne and his Essays», London and Westminster Review 29 (1883), S. 321–352

Supple, J. J.: Arms versus Letters: The Military and Literary Ideals in the «Essais» of Montaigne, Oxford 1984

Tetel, A. (Hg.): Montaigne et Marie de Gournay: actes du colloque international de Duke, Paris 1997

Thevet, A.: Les Singularitez de la France antarctique, Paris 1557

Tilley, A.: «Montaigne's interpreters», in: Studies in the French Renaissance, Cambridge 1922, S. 259–293

Trinquet, R.: La Jeunesse de Montaigne, Paris 1972

Villey, P.: Les Sources et l'évolution des Essais de Montaigne, Paris 1933

- Montaigne devant la postérité, Paris 1935

Weigand, Wilhelm: Michel de Montaigne. Eine Biographie, Zürich 1985 (zuerst München/Berlin 1915)

Willett, L.: «Romantic Renaissance in Montaigne's chapel», in: Yannick Portebois/ Nicholas Terpstra (Hg.): The Renaissance in the Nineteenth Century – Le XIXe Siècle renaissant, Toronto 2003, S. 217–240

Woolf, L.: The Journey Not the Arrival Matters, London 1969

Woolf, V.: Tagebücher 1, 1915–1919, hg. von Klaus Reichert, Frankfurt a.M. 1990
- Tagebücher 2, 1920–1924, hg. von Klaus Reichert, Frankfurt a.M. 1994
- Tagebücher 4, 1931–1935, hg. von Klaus Reichert, Frankfurt a.M. 2003
- «Montaigne», in: Der gewöhnliche Leser. Essays, Bd. 1, hg. von Klaus Reichert, Frankfurt a.M. 1989, S. 76–88

Yates, F. A.: John Florio: The Life of an Italian in Shakespeare's England, Cambridge 1934

Zweig, S.: Die Welt von Gestern. Erinnerungen eines Europäers, Frankfurt a.M. 2010
- «Montaigne», in: Europäisches Erbe, hg. von R. Friedenthal, Frankfurt a.M. 1960, S. 7–81

Bildnachweis

Seite 15: Bibliothèque des Arts Decorativs, Paris/Archives Charmet/The Bridgeman Art Library

Seite 24: Sandra Oakins

Seite 35: SZ-Photo

Seite 67: Aus: Adolphe Best Andrew/Isidore Leloir, Le Réveil de Montaigne enfant, aus: Musée des Familles, Lectures du soir, VII (Jan. 1840), S. 100

Seite 80: akg-images

Seite 145: Zeichnung von Sarah Bakewell nach einer Photographie in: Marie-Luce Demonet, A Plaisir, Editions Paradigme, Orléans 2002

Seite 155: Bibliothèque nationale de France, Paris

Seite 208: Privatsammlung/The Stapleton Collection/The Bridgeman Art Library

Seite 225: Musée d'Archéologie et d'Histoire, Lausanne/Giraudon/The Bridgeman Art Library

Seite 229: Privatsammlung/The Bridgeman Art Library

Seite 233: Bibliothèque nationale de France, Paris/The Bridgeman Art Library

Seite 245: Privatsammlung/Archives Charmet/The Bridgeman Art Library

Seite 252/253: Sandra Oakins

Seite 309: Aus: Laurence Sterne, The Life and Opinions of Tristram Shandy, Bd. 6, Kap. 40, J. F. Taylor, New York 1904

Seite 352: Aus: Fortunat Strowski, Montaigne, Nouvelle Revue Critique, Paris 1938

Seite 354: The British Library, London

Personenregister